Information und Recht

Band 46

Schriftenreihe
Information und Recht

Herausgegeben von
Prof. Dr. Thomas Hoeren
Prof. Dr. Gerald Spindler
Prof. Dr. Bernd Holznagel, LL.M.
Prof. Dr. Georgios Gounalakis
PD Dr. Herbert Burkert

Band 46

Verlag C. H. Beck München 2003

Die Registrierungspraktiken für Internet-Domain-Namen in der EU

von

Rudolf Rayle

Verlag C. H. Beck München 2003

D6

Verlag C. H. Beck im Internet:
beck.de

ISBN 3 406 50964 9

© 2003 Verlag C.H. Beck oHG
Wilhelmstraße 9, 80801 München
Druck: Nomos Verlagsgesellschaft
In den Lissen 12, 76547 Sinzheim

Gedruckt auf säurefreiem, alterungsbeständigem Papier
(hergestellt aus chlorfrei gebleichtem Zellstoff)

Meinen Eltern

Vorwort

Diese Arbeit lag der Rechtswissenschaftlichen Fakultät der Westfälischen Wilhelms-Universität Münster im Sommersemester 2002 als Dissertation vor. Sie hat den Stand Juni 2002. Die zitierten Internet-Materialen wurden zu dem jeweils angegebenen Zeitpunkt zuletzt aufgerufen. Gerichtsentscheidungen, die bis zum Stand der Arbeit nicht in Fachzeitschriften oder amtlichen Sammlungen veröffentlicht, aber im Web abrufbar waren, wurden unter Angabe der entsprechenden Startseite zitiert.

Mein Dank gilt meinem Doktorvater, Professor Dr. Thomas Hoeren, und dem Zweitgutachter, Professor Dr. Bernd Holznagel, für die zügige Begutachtung der Arbeit. Meinem Doktorvater gilt besonderer Dank für die Leitung eines überaus gewinnbringenden Doktorandenkolloquiums sowie für die zu jeder Zeit gewährte wissenschaftliche Freiheit.

Darüber hinaus danke ich meiner Schwester Tanja für die gründliche Durchsicht des Manuskripts. Mein abschließender Dank gilt meiner Frau Eva für ihre fortwährende Unterstützung.

Frankfurt am Main, im Februar 2003 *Rudolf Rayle*

Inhaltsverzeichnis

Vorwort VII

Abkürzungsverzeichnis XVII

Literaturverzeichnis XXV
   I. Aufsätze, Anmerkungen und RFCs XXV
   II. Kommentare, Monographien und Sammelbände XXXVII
   III. Sonstige Materialien XLVII

1. **Teil: Einleitung** 1
   A. Hintergrund 1
   B. Problemdarstellung 3
   C. Ziel der Arbeit und Gang der Darstellung 5

2. **Teil: Überblick über die Registrierungspraktiken** 7
   A. Das Domain-Name-System (DNS) 7
      I. Anfänge des DNS 7
      II. gTLDs 8
      III. ccTLDs 9
      IV. Heutige Organisationsstruktur 10
         1) Allgemeines 10
         2) ccTLDs 12
   B. Die Domain-Namen-Registrierung 13
      I. Grundprinzipien 13
      II. Das gTLD Modell 14
      III. Die ccTLDs 16
   C. Die Registrierungspraktiken in den ccTLDs 16
      I. Anmeldeverfahren 16
         1) Das Verfahren für „.de" 16
         2) Die Verfahren in den übrigen Mitgliedstaaten 17
      II. Anmeldeinformation und Whois 19
      III. Domain-Namen-Format 20
      IV. Registrierungsmodelle 21
         1) Das Modell der unbeschränkten Vergabe 21
         2) Das Modell der semi-beschränkten Vergabe 22

a) Das Modell „.gr"	22
b) Das Modell „.it"	22
c) Die Modelle „.de" und „.lu"	23
3) Das Modell der restriktiven Vergabe	23
a) Das Modell der flachen Registrierung	23
(1) „.ie"	23
(2) „.fi"	24
(3) „.es"	24
b) Das Modell der Subdomain-Bereiche	25
(1) „.fr"	25
(2) „.pt"	26
(3) „.se"	27
(4) „.uk"	28
4) Bedenken	28
V. Weitere Beschränkungen	29
1) Ausschluss bestimmter Begriffe (Negativlisten)	29
a) „Unsittliche" Begriffe	29
b) Geographische und hoheitliche Bezeichnungen	30
c) Generische und beschreibende Bezeichnungen	31
2) Beschränkungen für Privatpersonen	32
3) Übertragungsverbote	34
4) Numerische Beschränkungen	35
VI. Zusammenfassung	36
3. Teil: Binnenmarktrecht	**37**
A. Einführung	37
B. Drittwirkung	38
I. Rechtsprechung	39
II. Literatur	39
III. Übertragung auf die Registrierungsbedingungen	40
C. Bewertungsgrundlage	44
D. Tatbestandliche Diskriminierungen	45
I. Formelle Diskriminierungen	46
II. Versteckte Diskriminierungen	46
1) Privatpersonen	46
2) Unternehmen	46
a) Das Problem der Staatszugehörigkeit	46
b) Zweigstellenerfordernis	48
c) Sonderfälle: „.de" und „.lu"	49
d) Sonderfälle: „.plc.uk" und „.ltd.uk"	51
E. Rechtfertigung der formellen Diskriminierungen	51
F. Rechtfertigung der versteckten Diskriminierungen	52

I. Territoriales Verständnis	53
II. Das Argument der Domain-Knappheit	55
III. Rechtsdurchsetzung	56
1) Schützenswertes Allgemeininteresse	56
a) Klägerschutz als taugliches Rechtfertigungsmerkmal	56
b) Zielrichtung der Beschränkungen	57
2) Vorfragen	58
a) Die Besonderheiten bei Domain-Streitigkeiten	58
b) Einschlägige Rechtsquellen	59
c) Die Bedeutung der Konventionen	61
(1) Einschränkung des Anwendungsbereichs des Diskriminierungsverbots	61
(2) Abschließende Regelung durch Konventionen	62
3) Die Auswirkungen der Auslandsberührung auf Domain-Streitigkeiten	65
a) Das Problem der internationalen Zuständigkeit	65
b) Das Problem der Anerkennung und Vollstreckbarerklärung im Ausland	67
c) Das Problem der Auslandszustellung	68
4) Zwischenergebnis	69
IV. Verhältnismäßigkeit der Präsenzpflichten	69
1) Geeignetheit	69
2) Erforderlichkeit	70
V. Verhältnismäßigkeit des Erfordernisses zur Benennung eines Zustellungsbevollmächtigten	70
1) Geeignetheit	71
2) Erforderlichkeit	71
a) Problemlösungen	71
(1) Problemlösung durch fiktive Inlandszustellungen	71
(2) Verbesserung durch unmittelbaren Behördenverkehr	73
(3) Direktzustellungen	74
(i) Postalische Direktzustellung	74
(ii) Unmittelbare Parteizustellung	76
(4) Einfluss der EuGVVO auf die Zustellung	77
(5) Bewertung	77
b) Mildere Mittel	78
c) Europarechtliche Beurteilung von nationalem Prozessrecht	79

(1) Die Kasuistik zur Prozesskostensicherheitsleistung	80
(2) Die *Mund & Fester*-Entscheidung	81
(3) Die Diskussion um §§ 174, 175 ZPO a.F.	81
(i) Kritik an §§ 174, 175 ZPO a.F.	82
(ii) Übertragbarkeit auf die Domain-Registrierung	83
3) Zusammenfassung	84
G. Ergebnis	84
4. Teil: Wettbewerbsrecht	85
A. Beurteilungsgrundlage	85
B. Anwendbarkeit der Wettbewerbsvorschriften	86
I. Die Unternehmenseigenschaft der NICs	86
II. Besonderheiten für öffentliche Unternehmen	87
C. Marktbeherrschung	89
I. Bisherige Stellungnahmen	89
II. Marktabgrenzung	90
1) Der sachlich relevante Markt	90
a) Austauschbarkeit	91
(1) Austauschbarkeit der ccTLDs mit den gTLDs	91
(i) Die TLDs „.com", „.org" und „.net"	91
(ii) Die gTLDs „.gov", „.int", „.edu" und „.mil"	94
(iii) Die neuen gTLDs	94
(2) Austauschbarkeit der ccTLDs untereinander	95
(3) Zwischenergebnis	96
b) Austauschbarkeit und Unterscheidungskraft	96
c) Substitutionsmöglichkeiten	99
(1) Alternatives DNS	99
(2) Subdomain-Angebote	101
(3) IP-Adressen	102
2) Der räumlich relevante Markt	103
III. Beherrschungsgrad	103
IV. Zwischenergebnis	104
D. Missbrauchskontrolle	104
I. Vorüberlegungen	104
II. Bewertungsmaßstab	105
III. Formatvorgaben	107
1) Ausschluss reiner Zahlenkombinationen	108
a) Bestandsaufnahme	108

b) Bewertung	109
2) Mindestlänge und Ausschluss von TLDs	111
a) Bestandsaufnahme	111
b) Fehlende technische Notwendigkeit	112
c) Markenrechtliche Entwicklung	113
d) Bewertung	114
3) Höchstlänge	115
4) Zeichenformat	116
5) Zusammenfassung	117
IV. Nachweis der Berechtigung	117
1) Das Internet als Kommunikationsmedium	117
2) Parallele zum markenrechtlichen Eintragungsverfahren	120
3) Ausgestaltung der Nachweisobliegenheit	121
4) Zusammenfassung	122
V. Aufteilung in Subdomain-Bereiche	122
1) Die wettbewerbsrechtliche Zulässigkeit von Subdomains	122
2) Die Ausgestaltung der Subdomain-Bereiche	124
3) Zusammenfassung	126
VI. Ausschluss bestimmter Begriffe	126
1) Vorüberlegungen	126
2) „Unsittliche" Begriffe	127
3) Geographische Bezeichnungen und hoheitliche Begriffe	128
a) Problemdarstellung	128
b) Gebietskörperschaften mit überragender Verkehrsgeltung	129
c) Weitere hoheitliche Begriffe	131
d) Weniger bekannte Städte- und Gemeindenamen	131
e) Beurteilung für die übrigen Mitgliedstaaten	133
f) Zusammenfassung	133
4) Die Reservierung bestimmter Begriffe für Private	133
5) Gattungsbegriffe und internetspezifische Begriffe	134
a) Wettbewerbsrechtliche Zulässigkeit eines Ausschlusses	134
b) Besonderheiten bei bestehendem Kennzeichenschutz	136
VII. Weitere Beschränkungen	138
1) Die wettbewerbsrechtliche Zulässigkeit	138
a) Übertragungsverbot	139
b) Numerische Beschränkungen	140

         c) Privatpersonen 141
      2) Sachliche Rechtfertigung 141
   E. Ergebnis 145

5. Teil: Datenschutzrecht 147
   A. Beurteilungsgrundlagen 147
      I. Europarechtliche Beurteilungsgrundlage 147
      II. Beurteilungsgrundlage nach deutschem Recht 148
      III. Abgrenzungen in der Praxis 149
         1) Praktische Relevanz einer Abgrenzung 150
         2) Klassifizierung nach dem Schichtenmodell 151
         3) Problemdarstellung 153
         4) Domain-Vergabe als Teledienst 154
         5) Anwendbarkeit des BDSG 155
         6) Zusammenfassung 156
   B. Datenschutzrechtliche Beurteilung 157
      I. Zweckbindungsgebot 157
         1) Zweckbestimmung für den Whois-Dienst 158
         2) Zusammenfassung 161
      II. Die aktuelle Notwendigkeit des Whois-Systems 162
      III. Das Verbot mit Erlaubnisvorbehalt 163
      IV. Umfang der veröffentlichten Information 164
         1) Allgemeines 164
         2) Vorüberlegungen 165
         3) Domain-Inhaber 166
            a) Name des Domain-Inhabers 166
            b) Anschrift des Domain-Inhabers 167
            c) Postfach 167
            d) Telefon- und Faxnummern 169
            e) E-Mail-Adressen 170
            f) Zusammenfassung 171
         4) Kontaktpersonen 171
            a) Administrativer Ansprechpartner 172
            b) Technischer Ansprechpartner 175
            c) Rechnungsempfänger 177
         5) Weitere Angaben 177
            a) Nameserver 177
            b) Tag der Registrierung 178
         6) Zusammenfassung 179
      V. Abfragemöglichkeiten 180
         1) Problem der Abfrage für beliebige Zwecke 180
            a) Maßnahmen 182

b) Bewertung		184
2) Reverse Abfrage		185
3) Alphabetische Auflistung		188
VI. Erlaubnistatbestand		190
1) Zweck der Vertragserfüllung		190
2) Rechtliche Verpflichtung		190
3) Gefahren für die öffentliche Sicherheit und Ordnung		191
4) Allgemeine Interessenabwägung		192
VII. Einwilligung als Erlaubnistatbestand		196
1) Informierte Einwilligung auf Grund freier Willensentscheidung		197
a) Unterrichtungspflichten		197
b) Koppelungsverbot		199
c) „opt-in" und „opt-out"		202
d) Zusammenfassung		203
2) Form		204
a) Problem der Online-Einwilligung		204
b) Domainspezifisches Vertragsgeflecht		205
3) Höchstpersönlichkeit		206
C. Ergebnis		207
6. Teil: Schluss		209
A. Zusammenfassung		209
I. Binnenmarktrecht		209
II. Wettbewerbsrecht		209
III. Datenschutzrecht		210
B. Ausblick		211
Annexe		215
Annex I		217
Annex II		218
Annex III		224
Annex IV		225
Sachverzeichnis		227

Abkürzungsverzeichnis

ABlEG .... Amtsblatt der EG
Abs. .... Absatz
Admin-C .... Administrative Contact
ADR .... Alternative Dispute Resolution
a.F. .... alte Fassung
AFNIC .... Association Française pour le Nommage Internet en Coopération.
AG .... Amtsgericht
AGB .... Allgemeine Geschäftsbedingungen
AKIT .... Bayreuther Arbeitskreis für Informationstechnologie – Neue Medien – Recht
AktG .... Aktiengesetz
Anh. .... Anhang
ARPA .... Advanced Research Projects Agency
Art. .... Artikel
Aufl. .... Auflage
AVAG .... Gesetz zur Ausführung zwischenstaatlicher Anerkennungs- und Vollstreckungsverträge in Zivil- und Handelssachen
Az. .... Aktenzeichen
BayOBlG .... Bayerisches Oberstes Landesgericht
BB .... Betriebsberater
Bd. .... Band
BDSG .... Bundesdatenschutzgesetz
Begr. .... Begründung
ber. .... berichtigt
Beschl. .... Beschluss
BFH .... Bundesfinanzhof
BGB .... Bürgerliches Gesetzbuch
BGBl. .... Bundesgesetzblatt
BGH .... Bundesgerichtshof
BGHZ .... Entscheidungen des Bundesgerichtshofs in Zivilsachen
Billing-C .... Billing Contact
BPatG .... Bundespatentgericht
BSG .... Bundessozialgericht
BT-Drucks. .... Bundestags-Drucksache

BVerfGE	Entscheidungen des Bundesverfassungsgerichts
BVerwG	Bundesverwaltungsgericht
ccTLD	country code Top-Level-Domain
CENTR	Council of European National Top Level Domain Registries
C.M.L.R.	Common Market Law Review
CR	Computer und Recht
CRi	Computer und Recht International
DARPA	Defense Advanced Research Projects Agency
DB	Der Betrieb
DENIC	Deutsche Network Information Center eG
ders.	derselbe
d.h.	das heißt
dies.	dieselbe, dieselben
DM	Deutsche Mark
DNS	Domain-Name-System
DNS BE	Domain Name Registration Belgium
DNS-Server	Domain-Name-System-Server
DPMA	Deutsches Patent- und Markenamt
DuD	Datenschutz und Datensicherheit
DZWir	Deutsche Zeitschrift für Wirtschafts- und Insolvenzrecht
ECRL	Electronic Commerce Richtlinie
eG	eingetragene Genossenschaft
EGBGB	Einführungsgesetz zum Bürgerlichen Gesetzbuche
EGG	Elektronischer Geschäftsverkehr-Gesetz
EGV	Vertrag zur Gründung der Europäischen Gemeinschaft
EheGVO	EG-Verordnung über die Zuständigkeit und die Anerkennung und Vollstreckung von Entscheidungen in Ehesachen
Einf.	Einführung
E.I.P.R.	European Intellectual Property Review
EMRK	Europäische Menschenrechtskonvention
endg.	endgültig
Entsch.	Entscheidung
Erl.	Erläuterung
EuG	Europäischer Gerichtshof – Gericht Erster Instanz
EuGH	Europäischer Gerichtshof
EuGVÜ	Übereinkommen über die gerichtliche Zuständigkeit und die Vollstreckung gerichtlicher Entscheidungen in Zivil- und Handelssachen

EuGVVO	EG-Verordnung über die gerichtliche Zuständigkeit und die Anerkennung und Vollstreckung von Entscheidungen in Zivil- und Handelssachen
EuZVO	Europäische Zustellungsverordnung
EuZW	Europäische Zeitschrift für Wirtschaftsrecht
EWG	Vertrag zur Gründung der Europäischen Wirtschaftsgemeinschaft
EWiR	Entscheidungen zum Wirtschaftsrecht
EWS	Zeitschrift für europäisches Wirtschafts- und Steuerrecht
f., ff.	folgende
FamRZ	Zeitschrift für das gesamte Familienrecht
FAQ	Frequently Asked Questions
FAZ	Frankfurter Allgemeine Zeitung
FCCN	Fundação para a Computação Científica Nacional
Fed. Reg.	Federal Register
FICORA	Finnish Communications Regulatory Authority
Fn.	Fußnote
FS	Festschrift
FTP	File-Transfer-Protocol
GAC	Governmental Advisory Committee
gem.	gemäß
GG	Grundgesetz
GmbH	Gesellschaft mit beschränkter Haftung
GMV	Gemeinschaftsmarkenverordnung
GRUR	Gewerblicher Rechtsschutz und Urheberrecht
GRUR Int.	Gewerblicher Rechtsschutz und Urheberrecht International
GRUR-RR	Gewerblicher Rechtsschutz und Urheberrecht Rechtsprechungs-Report
GVL	Gesellschaft zur Verwertung von Leistungsschutzrechten
GWB	Gesetz gegen Wettbewerbsbeschränkungen
gTLD	generic Top-Level-Domain
Hess. Landtag	Hessischer Landtag
HGB	Handelsgesetzbuch
h.M.	herrschende Meinung
http	hyper text transfer protocol
HZPÜ	Haager Zivilprozessübereinkommen
HZÜ	Haager Zustellungsübereinkommen
IAB	Internet Architecture Board
IAHC	(Internet) International Ad Hoc Committee
IANA	Internet Assigned Numbers Authority
ICANN	Internet Corporation for Assigned Names and Numbers

ICS-FORTH GR	Institute for Computer Science of the Foundation for Research and Technology Hellas
i.d.F.	in der Fassung
iDNs	Internationalized Domain Names
i.d.R.	in der Regel
i.d.S.	in diesem Sinne
IETF	Internet Engineering Task Force
i.S.d.	im Sinne des
IEDR	IE Domain Registry Limited
INPI	Institut National de la Propriété Industrielle
INSEE	Institut national de la statistique et des études économiques
InterNIC	Internet Information Network Center
IntGesR	Internationales Gesellschaftsrecht
IP-Adressen	Internet-Protocol-Adressen
IPRax	Praxis des Internationalen Privat- und Verfahrensrechts
ISI	Information Sciences Institute
ISO	International Organization for Standardization
ISP	Internet Service Provider
IStR	Internationales Steuerrecht
iTLD	internationale Top-Level-Domain
ITRB	Der IT-Rechtsberater
IuKDG	Informations- und Kommunikationsdienste-Gesetz
i.V.m.	in Verbindung mit
IZPR	Internationales Zivilprozessrecht
JBItalR	Jahrbuch für italienisches Recht
J. Marshall L. Rev.	John Marshall Law Review
JPRS	Japan Registry Service
JR	Juristische Rundschau
JurBüro	Das Juristische Büro
JuS	Juristische Schulung
JZ	Juristenzeitung
KG	Kammergericht, Kommanditgesellschaft
KK-Antrag	Konnektivitäts-Koordinations-Antrag
K&R	Kommunikation & Recht
LG	Landgericht
m. Anm.	mit Anmerkung
MarkenG	Markengesetz
MarkenR	Zeitschrift für deutsches, europäisches und internationales Markenrecht
MDNs	Multilinguale Domain-Namen
MDR	Monatsschrift für Deutsches Recht

MDStV	Mediendienstestaatsvertrag
Mitt.	Mitteilungen des Verbandes Deutscher Patentanwälte
MMR	MultiMedia und Recht
MRL	Markenrechtsrichtlinie
MünchKommBGB	Münchener Kommentar zum Bürgerlichen Gesetzbuch
MünchKommZPO	Münchener Kommentar zur Zivilprozessordnung
MuW	Markenschutz und Wettbewerb
NCPC	Nouveau Code Procédure Civile
n.F.	neue Fassung
NIC(s)	Network Information Center
nic.at	Internet Verwaltungs- und Betriebsgesellschaft m.b.H.
NIC-SE	Network Information Centre Sweden AB
NJW	Neue Juristische Wochenschrift
NJW-CoR	Neue Juristische Wochenschrift-Computerrecht
NJW-RR	NJW-Rechtsprechungs-Report Zivilrecht
No.	Number
Nr.	Nummer
NSF	National Science Foundation
NSI	Network Solutions Incorporated
NIC-SE	Network Information Centre Sweden AB
NVwZ	Neue Zeitschrift für Verwaltungsrecht
m.w.N.	mit weiteren Nachweisen
NZG	Neue Zeitschrift für Gesellschaftsrecht
OECD	Organisation für wirtschaftliche Zusammenarbeit und Entwicklung
OHG	Offene Handelsgesellschaft
ÖOGH	Österreichischer Oberster Gerichtshof
OLG	Oberlandesgericht
PLI	Practising Law Institute
PVÜ	Pariser Verbandsübereinkunft
RA	Registration Authority Italiana
RDV	Recht der Datenverarbeitung
RED.ES	Ente Público de la Técnica de Televisión
RESTENA	Réseau Téléinformatique de l'Education Nationale et de la Recherche
RFC	Request for Comments
RGZ	Entscheidungen des Reichsgerichts in Zivilsachen
RIPE	Réseaux IP Européens
RIW	Recht der Internationalen Wirtschaft
Rn.	Randnummer(n)
RPA	Reichspatentamt
RPfleger	Der Deutsche Rechtspfleger

Rs.	Rechtssache
S.	Seite
s.a.	siehe auch
SDGMW	Simitis/Dammann/Geiger/Mallmann/Walz
SIDN	Stichting Internet Domainregistratie Nederland
SLD	Second-Level-Domain
Slg.	Sammlung
SRI	Stanford Research Institute
SRS	Shared-Registry-System
StGB	Strafgesetzbuch
str.	strittig
TAC	Telecommunications Administrations Centre
TAZ	die tageszeitung
TCP/IP	Transfer Control Protocol/Internet Protocol
TCP	Transfer Protocol
TDDSG	Teledienstedatenschutzgesetz
TDG	Teledienstegesetz
TDSV	Telekommunikations-Datenschutzverordnung
Tech-C	Technical Contact
TKG	Telekommunikationsgesetz
TLD	Top-Level-Domain
u.a.	und andere, unter anderem
UCLA	University of California at Los Angeles
UDRP	Uniform Domain-Name Dispute-Resolution
URL	Uniform Resource Locator
Urt.	Urteil
US	United States of America
u.U.	unter Umständen
UWG	Gesetz gegen den unlauteren Wettbewerb
v.	vom
VersR	Versicherungsrecht
vgl.	vergleiche
Vorb.	Vorbemerkung
VwGO	Verwaltungsgerichtsordnung
VwVfG	Verwaltungsverfahrensgesetz
WIA	World Internetworking Alliance
WIPO	World Intellectual Property Organization
WM	Wertpapier-Mitteilungen – Zeitschrift für Wirtschafts- und Bankrecht
WRP	Wettbewerb in Recht und Praxis
WuW/E	Wirtschaft und Wettbewerb/Entscheidungssammlung
WWTLD	World Wide Alliance of Top Level Domains

WWW	World-Wide-Web
WZG	Warenzeichengesetz
ZAP	Zeitschrift für die Anwaltspraxis
z.B.	zum Beispiel
ZEuP	Zeitschrift für Europäisches Privatrecht
ZHR	Zeitschrift für das gesamte Handelsrecht und Wirtschaftsrecht
Zone-C	Zone Contact
ZPO	Zivilprozessordnung
ZUM	Zeitschrift für Urheber- und Medienrecht
ZUM-RD	Zeitschrift für Urheber- und Medienrecht-Rechtsprechungsdienst
ZustDG	EG-Zustellungsdurchführungsgesetz
ZustellG	Zustellgesetz
ZustRG	Zustellungsreformgesetz
ZZP	Zeitschrift für Zivilprozeß

Literaturverzeichnis

I. Aufsätze, Anmerkungen und RFCs

Apel, Jürgen/Große-Ruse, Henning: Markenrecht versus Domainrecht, WRP 2000, 816–823.
Arndt, Hans-Wolfgang: Anmerkung zum Urteil des BGH vom 31.10. 1990, NJW 1991, 1776.
Bachmann, Birgit: Anmerkung zum Urteil des BGH vom 22.11.1995, FamRZ 1996, 1276, 1278.
Bäumler, Helmut: Das TDDSG aus Sicht eines Datenschutzbeauftragten, DuD 1999, 258–262.
Barcélo, Rosa Julia: Spain: New Trademark Law, CRi 01/2002, 30–31.
Barger, G. Andrew: Cybermarks: A Proposed Hierarchical Modeling System of Registration and Internet Architecture for Domain Names, 29 John Marshall Law Review 623–676 (1996).
Beckmann, Marcus: Anmerkung zum Urteil des LG Düsseldorf vom 06.07.2001 – literaturen.de, K&R 2002, 99–101.
ders.: Anmerkung zum Beschluss des OLG Hamburg vom 04.02.2002 – handy.com, CR 2002, 446–447.
Behrens, Peter: Die internationale Sitzverlegung von Gesellschaften vor dem EuGH, EuZW 2002, 129.
Bender, Achim: Neue Markenformen in Alicante, MarkenR 1999, 117–123.
Berlit, Wolfgang: Anmerkung zum Urteil des OLG Hamm vom 13.01.1998 – krupp.de, MMR 1998, 216–217.
ders.: Anmerkung zum Urteil des LG Hannover vom 12.09.2001 – verteidigungsministerium.de, K&R 2001, 654–656.
Berners-Lee, Tim/Masinter, Larry/McCahill, Mark: RFC 1738, Uniform Resource Locators (URL), Dezember 1994, <http://www.rfc-editor.org/rfc/rfc1738.txt>.
Bettinger, Torsten: Kennzeichenrecht im Cyberspace: Der Kampf um die Domain-Namen, GRUR Int. 1997, 402–420.
ders.: Anmerkung zum Urteil des OLG Hamm vom 13.01.1998 – krupp.de, CR 1998, 243–244.
ders.: Abschlußbericht der WIPO zum Internet Domain Name Process, CR 1999, 445–448.
ders.: Anmerkung zum Urteil des LG Hamburg vom 30.06.2000 – lastminute.com, CR 2000, 618–619.

Bettinger, Torsten/Freytag, Stefan: Verantwortlichkeit der DENIC e.G. für rechtswidrige Domains, CR 1999, 28–37.

Bettinger, Torsten/Thum, Dorothee: Überlegungen zu internationaler Tatortzuständigkeit, Kollisionsrecht und materiellem Recht bei Kennzeichenkonflikten im Internet, GRUR Int., 1999, 659–681.

Biere, Sebastian: Anmerkung zum Beschluss des OLG Köln vom 18.12.1998 – herzogenrath.de, CR 1999, 387–388.

ders.: Anmerkung zum Urteil des LG Frankfurt/M vom 14.10.1998 – ambiente.de, CR 1999, 453–454.

Biermann, Claudia: Kennzeichenrechtliche Probleme des Internets: Das Domain-Name-System, WRP 1999, 997–1005.

Bizer, Johann: Datenschutz als Standortfaktor, DuD 2000, 254.

Bizer, Johann/Trosch, Daniel: Die Anbieterkennzeichnung im Internet, DuD 1999, 621–627.

Bottenschein, Florian: Namensschutz bei Streitigkeiten um Domains, MMR 2001, 286–292.

Bücking, Jens: Update Domainrecht: Aktuelle Entwicklungen im deutschen Recht der Internetdomains, MMR 2000, 656–664.

ders.: Liberalisierung im Vergabewesen deutscher Domainadressen? – DENIC und die „Essential Facilities"-Doktrin, GRUR 2002, 27–35.

Büllesbach, Alfred: Das TDDSG aus Sicht der Wirtschaft, DuD 1999, 263–265.

Büser, Frank: Rechtliche Probleme im Rahmen der Datenübermittlung beim Franchising, BB 1997, 213–218.

Bungert, Hartwin: Sicherheitsleistung durch Ausländer und europäische Dienstleistungsfreiheit – zum Urteil des EuGH vom 1.7.1993, IStR 1993, 481–486.

Cooper, Ann/Postel, Jonathan: RFC 1480, The US Domain, Juni 1993, <http://www.rfc-editor.org/rfc/rfc1480.txt>.

Crocker, David H.: RFC 822, Standard for the Format of ARPA Internet Text Messages, 13.08.1982, <http://www.rfc-editor.org/rfc/rfc822.txt>.

Dieselhorst, Jochen: Anmerkung zum Urteil des LG Hamburg vom 06.10.2001 – bodenseeklinik.net, CR 2001, 420–421.

Dingeldey, Daniel: 01051.de Kein Anschluss unter dieser Nummer, 06.02.2002, <http://www.domain-recht.de/magazin/01051.php3>.

Eckhardt, Jens: Anmerkung zum Urteil des OLG Koblenz vom 25.01.2002 – vallendar.de, CR 2002, 282–284.

Ehricke, Ulrich: Zur teleologischen Reduktion des § 917 II ZPO, NJW 1991, 2189–2192.

Engel-Flechsig, Stefan: „Teledienstedatenschutz" – Die Konzeption des Datenschutzes im Entwurf des Informations- und Kommunikationsdienstegesetzes des Bundes, DuD 1997, 8–16.
ders.: Die datenschutzrechtlichen Vorschriften im neuen Informations- und Kommunikationsdienste-Gesetz, RDV 1997, 59–67.
ders.: Das Informations- und Kommunikationsdienstegesetz des Bundes und der Mediendienstestaatsvertrag der Bundesländer, ZUM 1997, 231–239.
Engel-Flechsig, Stefan/Maennel, Frithof A./Tettenborn, Alexander: Das neue Informations- und Kommunikationsdienste-Gesetz, NJW 1997, 2981–2992.
Ernst, Stefan: Deutsche Städte im Internet und das Namensrecht, NJW-CoR 1997, 426–428.
ders.: Anmerkung zum Urteil des OLG Hamm vom 13.01.1998 – krupp.de, NJW-CoR 1998, 177–178.
ders.: Anmerkung zum Urteil des OLG München vom 25.03.1999 – shell.de, MMR 1999, 487–489.
ders.: Anmerkung zum Urteil des LG Köln vom 16.05.2001 – guenterjauch.de, CR 2001, 625–626.
ders.: Internetadressen, MMR 2001, 368–374.
Fezer, Karl-Heinz: Grundprinzipien und Entwicklungslinien im europäischen und internationalen Markenrecht, WRP 1998, 1–14.
ders.: Die Kennzeichenfunktion von Domainnamen, WRP 2000, 669–674.
Flechsig, Norbert P.: Anmerkung zum Urteil des LG Mannheim vom 08.03.1996 – heidelberg.de, ZUM 1996, 707–708.
Florstedt, Jens: Anmerkung zum Urteil des OLG München vom 11.07.2001 – boos.de, MMR 2001, 825.
Freytag, Stefan: Anmerkung zum Urteil des BGH vom 17.05.2001 – ambiente.de, CR 2001, 853–855.
Funk, Axel: Anmerkung zum Beschluss des OLG Stuttgart vom 03.02.1998 – steiff.com, K&R, 1998, 265–266.
Gabel, Detlef: Internet: Die Domain-Namen, NJW-CoR 1996, 322–326.
Gavrun, Ehud: RFC 1535, A Security Problem and Proposed Correction With Widely Deployed DNS Software, Oktober 1993, <http://www.rfc-editor.org/rfc/rfc1535.txt>.
Geimer, Reinhold: Salut für die Verordnung (EG) Nr. 44/2001 (Brüssel I-VO), IPRax 2002, 72–74.
Gnielinski, Oliver: Anmerkung zum Urteil des OLG Brandenburg vom 12.04.2000 – luckau.de, K&R 2000, 408.

Gola, Peter/Klug, Christoph: Die Entwicklung des Datenschutzrechts in den Jahren 2000/2001, NJW 2001, 3747–3755.

Grabrucker, Marianne: Aus der Rechtsprechung des Bundespatentgerichts im Jahre 1997, Teil II: Markenrecht, GRUR 1998, 625–642.

dies.: Aus der Rechtsprechung des Bundespatentgerichts, Teil II: Markenrecht, GRUR 2000, 366–383.

dies.: Aus der Rechtsprechung des Bundespatentgerichts im Jahre 2000, Markenrecht, neue Markenformen, absolute Schutzfähigkeit, GRUR 2001, 373–389.

Graefe, Thomas: Marken und Internet, MA 1996, 100–103.

Graf, Thorsten: Anmerkung zum Urteil des LG Düsseldorf vom 06.07.2001 – literaturen.de, CR 2002, 138–140.

Grimm, Rüdiger/Löhndorf, Nils/Scholz, Philip: Datenschutz in Telediensten (DASIT), DuD 1999, 272–276.

Haas, Marie-E.: Die französische Rechtsprechung zum Konflikt zwischen Domain-Namen und Kennzeichenrechten, GRUR Int. 1998, 934–941.

Hackbarth, Ralf: Anmerkung zum Urteil des OLG München vom 25.03.1999 – shell.de, CR 1999, 384–385.

ders.: Anmerkung zum Urteil des OLG München vom 02.04.1998 – freundin.de, CR 1998, 558–559.

Härting, Niko: Die Gewährleistungspflichten von Internet-Dienstleistern, CR 2001, 37–43.

ders.: Domainverträge, ITRB 2002, 96–98.

Hahn, Harald/Wilmer, Thomas: Die Vergabe von Top-Level-Domains und ihre rechtlichen Konsequenzen, NJW-CoR 1997, 485–489.

Hanloser, Stefan: Die Pfändung deutscher Internet-Domains, RPfleger, 2000, 525–529.

Harrenstien, Ken/Stahl, M./Feinler, E.: RFC 952, DoD Internet Host Table Specification, Oktober 1985, <http://www.rfc-editor.org/rfc/rfc952.txt>.

Harrenstien, Ken/White, Vic: RFC 812, NICNAME/WHOIS, 01.03.1982, <http://www.rfc-editor.org/rfc/rfc812.txt>.

Haslach, Christian: Unmittelbare Anwendung der EG-Datenschutzrichtlinie, DuD 1998, 693–699.

Hausmann, Rainer: Anmerkung zum Beschluss des BGH vom 22.02.1989, FamRZ 1989, 1288–1289.

ders.: Zustellung durch Aufgabe zur Post an Parteien mit Wohnsitz im Ausland, IPRax 1988, 140–144.

Henning-Bodewig, F.: Das Europäische Wettbewerbsrecht: Eine Zwischenbilanz, GRUR Int. 2002, 389–398.

Herget, Harald v.: Domainmediation und Domainschiedsgericht für „.de" Domains – Domainmediation – die Lösung für Kennzeichenkonflikte bei „.de" Domains?, <http://www.juramail-symposium.de/ 2001/berlin/docs/domainmediation.pdf>.

Herzig, Klaus: Mit Internetnamen aus Frankfurt in der ganzen Welt erreichbar, 24.02.2000, <http://www.denic.de/doc/DENIC/presse/ internetnamen_aus_frankfurt.html>.

Heß, Burkhard: Der Binnenmarktprozeß, JZ 1998, 1021–1032.

ders.: Die „Europäisierung" des internationalen Zivilprozessrechts durch den Amsterdamer Vertrag – Chancen und Gefahren, NJW 2000, 23–32.

ders.: Die Zustellung von Schriftstücken im europäischen Justizraum, NJW 2001, 15–23.

ders.: Aktuelle Perspektiven der europäischen Prozessrechtsangleichung, JZ 2001, 573–583.

Hoeller, Boris: BGH: Verwechslungsgefahr beim Domainstreit, 21.02. 2002, <http://aktuell.bonnanwalt.net/story.asp?BGH-defacto-de>.

Hoeren, Thomas: Anmerkung zum Urteil des LG Mannheim vom 08.03.1996 – heidelberg.de, CR 1996, 355–356.

ders.: Internet und Recht – Neue Paradigmen des Informationsrechts, NJW 1998, 2849–2854.

ders.: Anmerkung zum Urteil des OLG München vom 25.03.1999 – shell.de, EWiR 1999, 543–544.

ders.: Anmerkung zum Urteil des OLG Karlsruhe vom 09.06.1999 – bad-wildbad.com, EWiR 1999, 983–984.

ders.: Anmerkung zum Urteil des OLG München vom 11.07.2001 – boos.de, EWiR 2001, 847–848.

ders.: Anmerkung zum Urteil des BGH vom 17.05.2001 – mitwohnzentrale.de, MMR 2001, 669–671.

ders.: Anmerkung zum Urteil des BGH vom 22.11.2001 – shell.de, MMR 2002, 386–388.

Hoffmann, Helmut: Die Entwicklung des Internet-Rechts, Beilage zu NJW 2001, Heft 14.

Hoffmann, Markus: Internet Domain Namen – Praktische Konflikte und Juristische Herausforderungen unter Englischem Recht, JurPC Web-Dok. 127/2001, Abs. 1–16 <http://www.jurpc.de>.

Holden, Julia: Trade Marks Domain name hijacking – first Italian decision, [1999] European Intellectual Property Review, N–104-N–106.

Hunt, Craig: TCP/IP, 2. Auflage, Köln 1998, (zit.: Hunt).

Ide, Nicolas: „Famous Name Grabbing": A Breakthrough in Belgium, CRi 2002, 92–93.

Imhof, Ralf: One-to-One-Marketing im Internet – Das TDDSG als Marketinghindernis, CR 2000, 110–116.

Ingerl, Reinhard: Anmerkung zum Urteil des BGH vom 17.05.2001 – ambiente.de, EWiR 2001, 1157–1158.

Internet Architecture Board (IAB): RFC 2826, IAB Technical Comment on the Unique DNS Root, Mai 2000, <http://www.rfc-editor.org/rfc/rfc2826.txt>.

Jäger, Martin: Anmerkung zum Urteil des OLG Rostock vom 16.02.2000 – mueritz-online.de, K&R 2000, 304–305.

Jaeger-Lenz, Andrea: Kennzeichenschutz gegen ähnliche Domainbezeichnungen?, K&R 1998, 9–16.

dies.: Anmerkung zum Urteil des BGH vom 17.05.2001 – mitwohnzentrale.de, CR 2001, 780–782.

Jankowski, Rayner: Kosten beim Empfänger unverlangter E-Mails – nur ein Scheinargument?, K&R 2000, 499–502.

Joller, Gallus: Zur Verletzung von Markenrechten durch Domainnames – eine Standortbestimmung, MarkenR 2000, 341–350.

Kaum, Markus: Ausländersicherheit und Europarecht, IPRax 1994, 180–183.

Kelleher, Denis: Generic Domain Names on the Internet, [1998] European Intellectual Property Review, 62–64.

Kiethe, Kurt/Groeschke, Peer: Die „Classe E"-Entscheidung des BGH als Ausgangspunkt für den Rechtsschutz gegen das Domain-Grabbing, WRP 2002, 27–36.

Kilian, Matthias: Die Adresse im Internet – Domains und ihr rechtlicher Schutz, DZWir 1997, 381–390.

Kleinevoss, Tim: Anmerkung zum Urteil des LG Düsseldorf vom 09.05.2001 – duisburg-info.de, MMR 2001, 628–629.

Kleinwächter, Wolfgang: ICANN als United Nations der Informationsgesellschaft? Der lange Weg zu Selbstregulierung des Internet, MMR 1999, 452–459.

ders.: Fortschritt, aber kein Durchbruch: Die 5. Tagung des ICANN Board in Kairo, MMR 04/2000, XVIII-XX.

ders.: Ein zögerlicher Schritt in ein neues Territorium: ICANN und die neuen gTLDs, MMR 01/2001, XVI-XVIII.

ders.: 10. ICANN-Tagung in Melbourne: Auf dem Weg in die Normalität, MMR 04/2001, XXI-XXII.

ders.: 10. ICANN-Tagung in Stockholm, MMR 08/2001, XVI-XVII.

Klensin, John C.: RFC 3071, Reflections on the DNS, RFC 1591, and Categories of Domains, Februar 2001, <http://www.rfc-editor.org/rfc/rfc3071.txt>.

Koenig, Christian/Neumann, Andreas: Internet-Protokoll-Adressen als „Nummern" im Sinne des Telekommunikationsrechts?, K&R 1999, 145–151.

Körber, Torsten: Europäisierung des Privatrechts durch Direktwirkung des Gemeinschaftsrechts?, EuZW 2001, 353.
Kort, Michael: Namens- und markenrechtliche Fragen bei der Verwendung von Domain-Namen, DB 2001, 249–257.
ders.: Markenrechtliche Verwechslungsgefahr bei Domain-Namen, WRP 2002, 302–303.
Kotthoff, Jost: Die Anwendbarkeit des deutschen Wettbewerbsrechts auf Werbemaßnahmen im Internet, CR 1997, 676–683.
Kur, Annette: Internet Domain names – Brauchen wir strengere Zulassungsvorschriften für die Datenautobahn?, CR 1996, 325–331.
dies.: Namens- und Kennzeichenschutz im Cyberspace, CR 1996, 590–594.
dies.: Der Bericht des International Ad Hoc Committee – Neue Regeln für die Vergabe von Domainnamen, CR 1997, 325–330.
dies.: Neue Perspektiven für die Lösung von Domainnamen-Konflikten: Der WIPO-Interim Report, GRUR Int. 1999, 212–219.
dies.: Territorialität versus Globalität – Kennzeichenkonflikte im Internet, WRP 2000, 935–940.
Lange, Knut Werner: Neue Marketingstrategien im Internet – ökonomische und rechtliche Analyse, BB 2002, 561–569.
Leible, Stefan/Sosnitza, Olaf: Anmerkung zum Urteil des LG Köln vom 16.05.2001 – guenter-jauch.de, CR 2001, 624–625.
dies.: Anmerkung zum Urteil des BGH vom 17.05.2001 – mitwohnzentrale.de, K&R 2001, 587–588.
Levi, Stuart E./Esteves, Jose/Marglin, David: The Domain Name System & Trademarks, Practising Law Institute, PLI Order No. G0-0001, Juni–Juli 1998 <http://cyber.law.harvard.edu/property/domain/nsilevi.html>.
Lindacher, Walter F.: Europäisches Zustellungsrecht, ZZP 114 (2001), 179–194.
Linke, Thomas: Das Recht der Namensgleichen bei Domains, CR 2002, 271–279.
Lober, Andreas: Anmerkung zum Urteil des BGH vom 22.11.2001 – shell.de, EWiR 2002, 535–536.
Lwowski, Hans-Jürgen/Dahm, Patrick: Auf dem Weg zur europäischen Informationsgesellschaft – Zu Übertragbarkeit und Pfändbarkeit von de- und eu-Domains –, WM 2001, 1135–1145.
Mankowski, Peter: Zum Arrestgrund der Auslandsvollstreckung in § 917 Abs. 2 ZPO, RIW 1991, 181–188.
ders.: Der Arrestgrund der Auslandsvollstreckung und das Europäische Gemeinschaftsrecht, TranspR 1993, 182–186.

ders.: Der Arrestgrund der Auslandsvollstreckung und das Europäische Gemeinschaftsrecht, NJW 1995, 306–308.

ders.: Anmerkung zum Urteil des BGH vom 17.05.2001 – mitwohnzentrale.de, MDR 2002, 47–48.

Marwitz, Petra: Domainrecht schlägt Kennzeichenrecht?, WRP 2001, 9–13.

Mennicke, Petra: Zum Arrestgrund der Auslandsvollstreckung bei Urteilen aus Vertragsstaaten des EuGVÜ, EWS 1997, 117–122.

Meyer, J.: Europäisches Übereinkommen über die Zustellung gerichtlicher und außergerichtlicher Schriftstücke in Zivil- und Handelssachen in den Mitgliedstaaten der Europäischen Union, IPRax 1997, 401–404.

Micklitz, Hans W./Rott, Peter: Vergemeinschaftung des EuGVÜ in der Verordnung (EG) Nr. 44/2001, EuZW 2001, 325–334.

dies.: Vergemeinschaftung des EuGVÜ in der Verordnung (EG) Nr. 44/2001, EuZW 2002, 15–24.

Mietzel, Jan Gerd/Hero Marco: Sittenwidriger Domainhandel: Gibt es die „Hinterhaltsdomain"?, MMR 2002, 84–88.

Mills, D.L.: RFC 799, Internet Name Domains, September 1981, <http://www.rfc-editor.org/rfc/rfc799.txt>.

Mockapetris, Paul: RFC 882, Domain Names – Concepts and Facilities, November 1983, <http://www.rfc-editor.org/rfc/rfc882.txt>.

ders.: RFC 1034, Domain Names – Concepts and Facilities, November 1987, <http://www.rfc-editor.org/rfc/rfc1034.txt>.

ders.: RFC 1035, Domain Names Implementation and Specification, November 1987, <http://www.rfc-editor.org/rfc/rfc1035.txt>.

Müthlein, Thomas/Gola, Peter/Jaspers, Andreas: Die neuen „Tele-Gesetze" – Eine Abgrenzung zwischen Telekommunikation, Telediensten und Mediendiensten, IT-Sicherheit 05/1997, 3–10.

Nägele, Thomas: Die Rechtsprechung des Bundesgerichtshofs zu Internet-Domains, WRP 2002, 138–159.

Nordemann, Axel: Internet-Domains und zeichenrechtliche Kollision, NJW 1997, 1891–1897.

Nordemann, Jan Bernd/Czychowski, Christian/Grüter, Patrick Winfried: Das Internet, die NameServer und das Kartellrecht, NJW 1997, 1897–1902.

Oeter, Stefan R.: First come, first surf – im Domainrecht können die schnelleren Rechte den besseren unterliegen, Der Syndikus, 09–10/2001, 37–40.

Omsels, Hermann-Josef: Die Kennzeichenrechte im Internet, GRUR 1997, 328–337.

Perrey, Elke: Das Namensrecht der Gebietskörperschaften im Internet – Umfang und Durchsetzung, CR 2002, 349–357.

Pfeiffer, Tim: Cyberwar gegen Cybersquatter, GRUR 2001, 92–98.

Piltz, Burghard: Vom EuGVÜ zur Brüssel-I-Verordnung, NJW 2002, 789–794.

Plaß, Gunda: Die Zwangsvollstreckung in die Domain, WRP 2000, 1077–1085.

Postel, Jonathan: RFC 791, Internet Protocol, DARPA Internet Program Protocol Specification, September 1981, <http://www.rfc editor.org/rfc/rfc791.txt>.

ders.: RFC 805, Computer Mail Meeting Notes, 08.02.1982, <http://www.rfc-editor.org/rfc/rfc805.txt>.

ders.: RFC 921, Domain Name System Implementation Schedule – Revised, Oktober 1984, <http://www.rfc-editor.org/rfc/rfc921.txt>.

ders.: RFC 1591, Domain Name System Structure and Delegation, März 1994, <http://www.rfc-editor.org/rfc/rfc1591.txt>.

Postel, Jonathan/Reynolds, Joyce: RFC 920, Domain Requirements, Oktober 1984, <http://www.rfc-editor.org/rfc/rfc920.txt>.

Puttfarken, Hans-Jürgen: Anmerkung zum Urteil des OLG Koblenz vom 02.05.1975, RIW 1977, 360–364.

Rastl, Peter : Es begann an der Uni Wien: 10 Jahre Internet in Österreich, Juni 2000, <http://www.univie.ac.at/comment/arch/00-2/002_2.html>.

Reichold, Hermann: Arbeitsrechtsstandards als „Aufenthaltsmodalitäten" – Personenverkehrsfreiheiten zwischen „Bosman"-Urteil und Entsende-Richtlinie, ZEuP 1998, 434–459.

Reinhart, Andreas: Kollisionen zwischen eingetragenen Marken und Domain-Namen, WRP 2001, 13–19.

ders.: Bedeutung und Zukunft der Top-Level-Domains im Markenrecht einerseits und im Namens- und Wettbewerbsrecht andererseits, WRP 2002, 628–635.

Renck, Andreas: Kennzeichenrechte versus Domain-Names – Eine Analyse der Rechtsprechung, NJW 1999, 3587–3594.

Ress, Hans-Konrad: Der Arrestgrund der Auslandsvollstreckung nach § 917 II ZPO und das gemeinschaftsrechtliche Diskriminierungsverbot – EuGH, EuZW 1994, 216, JuS 1995, 967–971.

Rinkler, Axel: BGH: Shell.de – Grundsatzentscheidung zu Domain-Namen, MMR 12/2001, V–VI.

Röhrborn, Jens: Anmerkung zum Urteil des OLG Dresden vom 28.11.2000 – kurt-biedenkopf.de, CR 2001, 410–411.

Roßnagel, Alexander: Datenschutz international, DuD 2000, 442.

Roth, Herbert: Wert und Unwert von Fiktionen im internationalen Zivilprozeßrecht (§ 175 Abs. 1 S. 3 ZPO), IPRax 1990, 90–93.

ders.: Anmerkung zum Urteil des BGH vom 10.11.1998, JZ 1999, 419–420.

ders.: Remise au parquet und Auslandszustellung nach dem Haager Zustellungsübereinkommen von 1965, IPRax 2000, 497–499.

Rottenburg, Franz v.: Rechtsprobleme beim Direktbanking, WM 1997, 2381–2387.

Schaar, Peter: Datenschutzrechtliche Einwilligung und Internet, MMR 2001, 644–648.

ders.: Neues Datenschutzrecht im Internet, RDV 2002, 4–14.

Schack, Haimo: Rechtsangleichung mit der Brechstange des EuGH – Vom Fluch eines falsch verstandenen Diskriminierungsverbots, ZZP 108 (1995), 47–58.

Schafft, Thomas: Die systematische Registrierung von Domain-Varianten, CR 2002, 434–441.

Schanda, Reinhard: Anmerkung zum Beschluss des ÖOGH vom 13.09.2000 – bundesheer.at, MMR 2001, 307.

ders.: Anmerkung zum Beschluss des ÖOGH vom 17.08.2000 – gewinn.at, MMR 2001, 309.

ders.: Anmerkung zum Urteil des ÖOGH vom 25.09.2001 – bundesheer.at II, MMR 2002, 303.

Schild, Hans-Hermann: Die EG-Datenschutzrichtlinie, EuZW 1996, 549–555.

Schlafen, Dieter: Anmerkung zum Urteil des OLG Koblenz vom 02.05.1975, NJW 1976, 2082–2083.

Schließ, Markus: Übertragung von Domainnamensrechten, ZUM 1999, 307–316.

Schlosser, Peter: Anmerkung zum Urteil des BGH vom 24.09.1986, JR 1987, 157–161.

ders.: Prozeßkostensicherheitsleistung durch Ausländer und gemeinschaftsrechtliches Diskriminierungsverbot – Zugleich Anmerkung zu EuGH, EuZW 1993, 514, EuZW 1993, 659–661.

Schmieder, Heinrich: Die Entwicklung des Markenrechts seit Mitte 1999, NJW 2001, 2134–2144.

Schmittmann, Jens M.: Anmerkung zum Urteil des BGH vom 16.03.1999, MMR 1999, 478–480.

ders.: Domain-Names von Gebietskörperschaften – Streitpunkte in der Praxis, K&R 1999, 510–513.

ders.: Kosten beim Empfänger unerwünschter E-Mail-Werbung, K&R 2002, 135–138.

Schneider, Harald: Pfändung und Verwertung von Internet-Domains, ZAP 1999, 1199–1204.
Schneider, Michael: Domain und Namensrecht, November 1996, <http://www.anwalt.de/publicat/seyb9611.htm>.
ders.: Wirtschaftliche Implikationen des Domain-Name-Systems (DNS), 24.02.1997, <http://www.anwalt.de/dnslaw/bmwi9702.htm>.
Schricker, Gerhard/Henning-Bodewig, F.: Elemente einer Harmonisierung des Rechts des unlauteren Wettbewerbs in der Europäischen Union, WRP 2001, 1367–1407.
Schuster, Fabian/Müller, Ulf: Entwicklung des Internet- und Multimediarechts von Januar bis Juni 2000, MMR-Beilage 10/2000.
dies.: Entwicklung des Internet- und Multimediarechts von Juli 2000 bis März 2001, MMR-Beilage 7/2001.
Seifert, Bernd: Firmenrecht „online", RPfleger 2001, 395–398.
Sengpiel, Markus/Mostardini, M./Durand, Stéphane Vital: Conflicts between Domain Names and Distinctive Signs, CRi 06/2001, 171–177.
Sieber, Ulrich: Kontrollmöglichkeiten zur Verhinderung rechtswidriger Inhalte in Computernetzen (I), CR 1997, 581–598.
Simitis, Spiros: Der Transfer von Daten in Drittländer – ein Streit ohne Ende?, CR 2000, 472–481.
ders.: Auf dem Weg zu einem neuen Datenschutzkonzept, DuD 2000, 714–726.
Sosnitza, Olaf: Gattungsbegriffe als Domain-Namen im Internet, K&R 2000, 209–216.
Spindler, Gerald/Schmittmann, Jens M.: Unerwünschte E-Mail-Werbung, MMR Beilage 08/2001, S. 10–19.
Stadler, Astrid: Neues europäisches Zustellungsrecht, IPRax 2001, 514–521.
Stahl, M.: RFC 1032, Domain Administrators Guide, November 1987, <http://www.rfc-editor.org/rfc/rfc1032.txt>.
Starck, Joachim: Marken und sonstige Kennzeichenrechte als verkehrsfähige Wirtschaftsgüter – Anmerkungen zum neuen Markenrecht, WRP 1994, 698–703.
Stoodley, Jonathon: Internet Domain Names and Trademarks, [1997] European Intellectual Property Review, 509–514.
Stotter, Martin: Streitschlichtung bei UK-Domains, MMR 2002, 11–14.
Stratmann, Holger: Internet domain names oder der Schutz von Namen, Firmenbezeichnungen und Marken gegen die Benutzung durch Dritte als Internet-Adresse, BB 1997, 689–694.
Streinz, Rudolf/Leible, Stefan: Prozeßkostensicherheit und gemeinschaftsrechtliches Diskriminierungsverbot, IPRax 1998, 162–170.

dies.: Die unmittelbare Drittwirkung der Grundfreiheiten, EuZW 2000, 459–467.

Strömer, Tobias H.: Anmerkung zum Urteil des LG Lüneburg vom 29.01.1997 – celle.de, CR 1997, 290–291.

ders.: Anmerkung zum Urteil des LG Augsburg vom 15.11.2000 – boos.de, K&R 2001, 423–424.

ders.: Freibrief für Kennzeichenverletzungen, Oktober 2001, <http://www.netlaw.de/beitraege/2001/ambiente.htm>.

ders.: First come-first serve: Keine Regel ohne Ausnahme, K&R 2002, 306–309.

Su, Zaw-Sing/Postel, Jonathan: RFC 819, The Domain Naming Convention for Internet User Applications, August 1982, <http://www.rfc-editor.org/rfc/rfc819.txt>.

Tettenborn, Alexander: Die Evaluierung des IuKDG – Erfahrungen, Erkenntnisse und Schlussfolgerungen, MMR 1999, 516–522.

Tettenborn, Alexander/Bender, Gunnar/Lübben, Nathalie/Karenfort, Jörg: Rechtsrahmen für den elektronischen Geschäftsverkehr, Beilage 1 zu K&R 12/2001.

Thiele, Clemens: Rechtliche Grundlagen der Domainvergabe – Regulierung für „.at"?, <http://www.internet4jurists.at/literatur/thiele1.htm>.

ders.: Anmerkung zum Urteil des ÖOGH vom 25.09.2001 – bundesheer.at II, K&R 2002, 327–328.

Thorn, Karsten: Das Centros-Urteil des EuGH im Spiegel der deutschen Rechtsprechung, IPRax 2001, 102–110.

Thümmel, Roderich C.: Der Arrestgrund der Auslandsvollstreckung im Fadenkreuz des Europäischen Rechts, EuZW 1994, 242–245.

ders.: Einstweiliger Rechtsschutz im Auslandsrechtsverkehr, NJW 1996, 1930–1934.

Tilmann, Winfried: Das neue Markenrecht und die Herkunftsfunktion, ZHR 158 (1994), 371–389.

Ubber, Thomas: Rechtsschutz bei Mißbrauch von Internet-Domains, WRP 1997, 497–513.

ders.: Anmerkung zum Urteil des BGH vom 17.05.2001 – ambiente.de, K&R 2001, 593–595.

ders.: Anmerkung zum Urteil des BGH vom 22.11.2001 – shell.de, BB 2002, 1167–1170.

Ullrich, Norbert: Der Schutz einer Unternehmens-Domain, WM 2001, 1129–1134.

Viefhues, Martin: Reputationsschutz bei Domain Names und Kennzeichenrecht, MMR 1999, 123–127.

ders.: Anmerkung zum Beschluss des LG Essen vom 22.09.1999, MMR 2000, 286–291.

ders.: Folgt die Rechtsprechung zu den Domain Names wirklich den Grundsätzen des Kennzeichenrechts?, NJW 2000, 3239–3243.

Völker, Stefan/Weidert, Stefan: Domain-Namen im Internet, WRP 1997, 652–663.

Wagner, Gerhard: Zeichenkollisionen im Internet, ZHR 162 (1998), 701–721.

Wagner, Rolf: Vom Brüsseler Übereinkommen über die Brüssel I-Verordnung zum Europäischen Vollstreckungstitel, IPRax 2002, 75–95.

Wegner, Ralf: Rechtlicher Schutz von Internetdomains – Kollisionsrecht, CR 1998, 676–683.

ders.: Der rechtliche Schutz von Internetdomains – Kennzeichenrechtliche und deliktische Anspruchsgrundlagen, CR 1999, 250–256.

Welzel, Stefan: Anmerkung zum Urteil des OLG Frankfurt/M vom 14.09.1999 – ambiente.de, MMR 2000, 39–40.

ders.: Anmerkung zum Urteil des LG Frankfurt/M vom 22.03.2000 – 01051.de, MMR 2000, 627–629.

ders.: Zwangsvollstreckung in Internet-Domains, MMR 2001, 131–139.

ders.: Anmerkung zum Urteil des OLG Dresden vom 28.11.2000 – kurt-biedenkopf.de, MMR 2001, 462–465.

ders.: Anmerkung zum Urteil des BGH vom 17.05.2001 – ambiente.de, MMR 2001, 744–747.

ders.: Anmerkung zum Urteil des LG Wiesbaden vom 13.06.2001 – rey.de, MMR 2001, 770–771.

Wendlandt, Bettina: Kennzeichenfunktion von Subdomains und Verzeichnisnamen im deutschen und amerikanischen Recht, CR 2001, 612–618.

Wiebe, Andreas: Die „guten Sitten" im Wettbewerb – eine europäische Regelungsaufgabe, WRP 2002, 283–293.

Wilmer, Thomas: Offene Fragen der rechtlichen Einordnung von Internetdomains, CR 1997, 562–566.

Winter, Konrad T./Donath, Dydra: Das Vergabesystem von Domain-Namen: entspricht es den Bedürfnissen der Internet-User und der Zeicheninhaber?, Mitt. 2000, 291–293.

II. Kommentare, Monographien und Sammelbände

Albitz, Paul/Liu, Cricket: DNS and BIND, 4. Auflage, Sebastopol, CA 2001, (zit.: *Albitz/Liu*).

Althammer, Werner: Das Deutsche Patentamt: Aufgaben, Organisation und Arbeitsweise, Köln 1970, (zit.: *Althammer*, Das Deutsche Patentamt).

Althammer, W. (Begr.)/Ströbele, Paul (Bearb.)/Klaka, Rainer (Bearb.): Markengesetz, 6. Auflage, Köln 2000, (zit.: *Bearbeiter* in: Althammer).

Auernhammer, Herbert: Bundesdatenschutzgesetz, 3. Auflage, Köln 1993, (zit.: *Auernhammer*).

Badura, Peter/Scholz, Rupert: Wege und Verfahren des Verfassungslebens, Festschrift für Peter Lerche zum 65. Geburtstag, München 1993 (zit.: *Bearbeiter* in: FS Lerche).

Bähler, Konrad/Lubich, Hannes P./Schneider, Marcel/Widmer, Ursula: Internet Domainnamen, Zürich 1996, (zit.: *Bähler/Lubich/Schneider/Widmer*).

Bajons, Ena-Marlis: Internationale Zustellung und Recht auf Verteidigung, in: FS Schütze, S. 49–73, (zit.: *Bajons* in: FS Schütze).

Bartsch, Michael/Lutterbeck, Bernd (Hrsg.): Neues Recht für neue Medien, Köln 1998, (zit.: *Bearbeiter* in: Bartsch/Lutterbeck).

Baumbach, Adolf/Hefermehl, Wolfgang: Warenzeichenrecht und Internationales Wettbewerbs- und Zeichenrecht, 12. Auflage, München 1985, (zit.: *Baumbach/Hefermehl*, Warenzeichenrecht).

dies.: Wettbewerbsrecht: Gesetz gegen den unlauteren Wettbewerb, Zugabeverordnung, Rabattgesetz und Nebengesetze, 22. Auflage, München 2001, (zit.: *Baumbach/Hefermehl*, Wettbewerbsrecht).

Baumbach, Adolf/Lauterbach, Wolfgang/Albers, Jan/Hartmann, Peter: Zivilprozeßordnung, 60. Auflage, München 2002, (zit.: *Bearbeiter* in: Baumbach/Lauterbach/Albers/Hartmann).

Bechtold, Rainer: Kartellgesetz – Gesetz gegen Wettbewerbsbeschränkungen, 2. Auflage, München 1999, (zit.: *Bechthold*).

Bergmann, Lutz/Möhrle, Roland/Herb, Armin: Datenschutzrecht, Band 1, Teil III, Kommentar zum Bundesdatenschutzgesetz, Loseblatt, 25. Lieferung, Stuttgart Juni 2001, (zit.: *Bergmann/Möhrle/Herb*, BDSG).

dies.: Datenschutzrecht, Band 3, Bereichsspezifischer Datenschutz, Teil VI, Multimedia und Datenschutz, Loseblatt, 25. Lieferung, Stuttgart Juni 2001, (zit.: *Bergmann/Möhrle/Herb*, MMuD).

Bettinger, Torsten: Kennzeichenkollisionen im Internet, in: Mayer-Schönberger/Galla/Fallenböck, S. 139–167.

Bizer, Johann/Trosch, Daniel: Datenschutz, in: Spindler/Wiebe, S. 249–278.

Bleckmann, Albert: Europarecht: Das Recht der Europäischen Union und der Europäischen Gemeinschaften, 6. Auflage, Köln 1997, (zit.: *Bleckmann*).

Bleisteiner, Stephan: Rechtliche Verantwortlichkeit im Internet, Köln, 1998, (zit.: *Bleisteiner*).

Bücking, Jens: Namens- und Kennzeichenrecht im Internet (Domainrecht), Stuttgart, 1999, (zit.: *Bücking*, Domainrecht).

Büchner, Wolfgang (Hrsg.): Beck'scher TKG-Kommentar, München 2000, (zit.: *Bearbeiter* in: Beck'scher TKG-Kommentar).
Burgstaller, Peter/Feichtinger, Veronika: InternetDomain-Recht, Wien 2001, (zit.: *Burgstaller/Feichtinger*).
Calliess, Christian/Ruffert, Matthias (Hrsg.): Kommentar des Vertrags über die Europäische Union und des Vertrags zur Gründung der Europäischen Gemeinschaft: EUV/EGV, Neuwied 1999, (zit.: *Bearbeiter* in: Calliess/Ruffert).
Dammann, Ulrich/Simitis, Spiros: EG-Datenschutzrichtlinie – Kommentar, Baden-Baden, 1997 (zit.: *Dammann/Simitis*, EG-Datenschutzrichtlinie).
Dauses, Manfred A. (Hrsg.): Handbuch des EU-Wirtschaftsrechts, Band 1, Loseblatt, 10. Lieferung, München Mai 2001, (zit.: *Bearbeiter* in: Dauses, Bd. 1).
ders. (Hrsg.): Handbuch des EU-Wirtschaftsrechts, Band 2, Loseblatt, 10. Lieferung, München Mai 2001, (zit.: *Bearbeiter* in: Dauses, Bd. 2).
Due, Ole/Lutter, Marcus/Schwarze, Jürgen (Hrsg.): Festschrift für Ulrich Everling, Band I, Baden-Baden 1995, (zit.: *Bearbeiter* in: FS Everling, Bd. I).
dies. (Hrsg.): Festschrift für Ulrich Everling, Band II, Baden-Baden 1995, (zit.: *Bearbeiter* in FS Everling, Bd. II).
Eckhard, Rolf Andreas: Das Domain-Name-System, Frankfurt am Main 2001, (zit.: *Eckhard*).
Ehmann, Eugen/Helfrich, Marcus: EG Datenschutzrichtlinie – Kurzkommentar, Köln 1999, (zit.: *Ehmann/Helfrich*).
Engel-Flechsig, Stefan: Die neue Medienordnung, in: Bartsch/Lutterbeck, S. 61–81.
Engel-Flechsig, Stefan/Maennel, Frithjof A./Tettenborn, Alexander (Hrsg.): Beck'scher IuKDG-Kommentar, München 2001, (zit.: *Bearbeiter* in Beck'scher IuKDG-Kommentar).
Fezer, Karl-Heinz: Markenrecht: Kommentar zum Markengesetz, zur Pariser Verbandsübereinkunft und zum Madrider Markenabkommen, 3. Auflage, München 2001, (zit.: *Fezer*).
Fischer, Hans Georg: Europarecht: Grundlagen des europäischen Gemeinschaftsrechts in Verbindung mit deutschem Staats- und Verwaltungsrecht, 3. Auflage, München 2001, (zit.: *Fischer*).
Fleischauer, Jens: Inlandszustellung an Ausländer: eine rechtsvergleichende Untersuchung des deutschen, US-amerikanischen und französischen Zivilprozessrechts unter verfassungs- und völkerrechtlichen Aspekten, Berlin 1996, (zit.: *Fleischauer*).

Florstedt, Jens: www.kennzeichenidentitaet.de – Zur Kollision von Kennzeichen bei Internet-Domain-Namen, Frankfurt am Main 2001, (zit.: *Florstedt*).
Forgó, Nikolaus: Das Domain Name System, in: Mayer-Schönberger/ Galla/Fallenböck, S. 1–12.
Freitag, Andreas: Wettbewerbsrechtliche Probleme im Internet, in: Kröger/Gimmy, Kapitel 12, S. 369–409, (zit.: *A. Freitag,* Wettbewerbsrechtliche Probleme, in: Kröger/Gimmy).
Ganten, Ted Oliver: Die Drittwirkung der Grundfreiheiten: die EG-Grundfreiheiten als Grenze der Handlungs- und Vertragsfreiheit im Verhältnis zwischen Privaten, Berlin 2000, (zit.: *Ganten*).
Geimer, Gregor: Neuordnung des internationalen Zustellungsrechts: Vorschläge für eine neue Zustellungskonvention, Berlin 1999, (zit.: *G. Geimer,* Neuordnung).
Geimer, Reinhold (Hrsg.): Wege zur Globalisierung des Rechts, Festschrift für Rolf A. Schütze zum 65. Geburtstag, München 1999, (zit.: *Bearbeiter* in: FS Schütze).
ders.: Internationales Zivilprozeßrecht, 4. Auflage, Köln 2001, (zit.: *R. Geimer,* IZPR*).*
Geimer, Reinhold/Schütze, Rolf A.: Europäisches Zivilverfahrensrecht: Kommentar zum EuGVÜ und zum Lugano-Übereinkommen, München 1997, (zit.: *Geimer/Schütze*).
Gola, Peter/Jaspers, Andreas: Das neue BDSG im Überblick, Frechen 2001, (zit.: *Gola/Jaspers,* BDSG).
Gola, Peter/Müthlein, Thomas: TDG/TDDSG, Frechen 2000, (zit.: *Gola/Müthlein,* TDG/TDDSG).
Gottwald, Peter: Sicherheit vor Effizienz? – Auslandszustellung in der Europäischen Union in Zivil- und Handelssachen, in: FS Schütze, S. 225–235, (zit.: *Gottwald* in: FS Schütze).
ders. (Hrsg.): Grundfragen der Gerichtsverfassung – Internationale Zustellung, Bielefeld 1999, (zit.: *Bearbeiter* in: Gottwald, Gerichtsverfassung).
Grabitz, Eberhard/Hilf, Meinhard (Hrsg.): Das Recht der Europäischen Union, Band I, Loseblatt, 17. Lieferung, München Januar 2001, (zit.: *Bearbeiter* in: Grabitz/Hilf, Recht der EU, Bd. I).
dies. (Hrsg.): Das Recht der Europäischen Union, Band 1, Amsterdamer Fassung, Loseblatt, 18. Lieferung, München Mai 2001, (zit.: *Bearbeiter* in: Grabitz/Hilf, Amsterdamer Fassung, Bd. 1).
dies. (Hrsg.): Das Recht der Europäischen Union, Band 2, Sekundärrecht, Loseblatt, 16. Lieferung, München Juli 2000, (zit.: *Bearbeiter* in: Grabitz/Hilf, Sekundärrecht, Bd. 2).

Groeben, Hans von der/Thiesing, Jochen/Ehlermann, Claus-Dieter (Hrsg.) : Kommentar zum EU-/EG-Vertrag, Artikel A–F EUV, Artikel 1–84 EGV, Band 1, 5. Auflage, Baden-Baden 1997, (zit.: *Bearbeiter* in: Groeben/Thiesing/Ehlermann, Bd. 1).

dies. (Hrsg.): Kommentar zum EU-/EG-Vertrag, Artikel 85–87 EGV, Band 2/I, 5. Auflage, Baden-Baden 1999, (zit.: *Bearbeiter* in: Groeben/Thiesing/Ehlermann, Bd. 2/I).

dies. (Hrsg.): Kommentar zum EU-/EG-Vertrag, Artikel 88–102 EGV, Band 2/II, 5. Auflage, Baden-Baden 1999, (zit.: *Bearbeiter* in: Groeben/Thiesing/Ehlermann, Bd. 2/II).

dies. (Hrsg.): Kommentar zum EU-/EG-Vertrag, Artikel 210–248 EGV, Artikel H-S EUV, Band 5, 5. Auflage, Baden-Baden 1997, (zit.: *Bearbeiter* in: Groeben/Thiesing/Ehlermann, Bd. 5).

Habscheid, Walther J./Schwab, Karl Heinz: Beiträge zum Internationalen Verfahrensrecht und zur Schiedsgerichtsbarkeit, Festschrift für Heinrich Nagel zum 75. Geburtstag, Münster 1987, (zit.: *Bearbeiter* in: FS Nagel).

Hafner, Katie/Lyon, Matthew: ARPA KADAPRA oder die Geschichte des Internet, 2. Auflage, Heidelberg 2000, (zit.: *Hafner/Lyon*).

Hailbronner, Kay/Klein, Eckhart/Magiera, Siegfried/Müller-Graf, Peter-C.: Handkommentar zum Vertrag über die Europäische Union (EUV/EGV), Loseblatt, 7. Lieferung, Köln 1998, (zit.: *Bearbeiter* in: Handkom. EUV/EGV).

Herdegen, Matthias: Europarecht, 4. Auflage, München 2002, (zit.: *Herdegen*).

Heywood, Drew/Scrimger, Rob: MCSE TCP/IP, Haar 1998, (zit.: *Heywood/Scrimger*).

Hoeren, Thomas: Internetrecht, März 2002, <http://www.uni-muenster.de/Jura.itm/hoeren>, (zit.: *Hoeren*, Internetrecht).

Hoeren, Thomas/Sieber Ulrich (Hrsg.): Handbuch Multimedia Recht, Loseblatt, 3. Lieferung, München Dezember 2001, (zit.: *Bearbeiter* in: Hoeren/Sieber).

Hohloch, Gerhard (Hrsg.): EU-Handbuch Gesellschaftsrecht, Loseblatt, 4. Lieferung, Herne August 2001, (zit.: Bearbeiter in: Hohloch).

Huber, Florian/Dingeldey, Daniel: Ratgeber Domain-Namen, Starnberg 2001, (zit.: *Huber/Dingeldey*).

Immenga, Ulrich/Mestmäcker, Ernst-J.: GWB – Kommentar zum Kartellgesetz, 3. Auflage, München 2001, (zit.: *Bearbeiter* in: Immenga/Mestmäcker, GWB).

dies.: EG-Wettbewerbsrecht Kommentar, Band I, München 1997, (zit.: *Bearbeiter* in: Immenga/Mestmäcker, EG-Wettbewerbsrecht).

Immenga, Ulrich/Lübben, Nathalie/Schwintowski, Hans-P. (Hrsg.): Das internationale Wirtschaftsrecht des Internet, Baden-Baden 2000, (zit.: *Bearbeiter* in: Immenga/Lübben/Schwintowski).

Ingerl, Reinhard/Rohnke, Christian: Markengesetz, München 1998, (zit.: *Ingerl/Rohnke*).

Ipsen, Hans Peter: Europäisches Gemeinschaftsrecht, Tübingen 1972, (zit.: *Ipsen*).

Jaensch, Michael: Die unmittelbare Drittwirkung der Grundfreiheiten: Untersuchung der Verpflichtung von Privatpersonen durch Art. 30, 48, 52, 59, 73b EGV, Baden-Baden 1997, (zit.: *Jaensch*).

Jarass, Hans D.: Die Grundfreiheiten als Grundgleichheiten – Systematische Überlegungen zur Qualifikation und Rechtfertigung von Beschränkungen der Grundfreiheiten, in: FS Everling, Bd. I, S. 593–609, (zit.: *Jarass* in: FS Everling, Bd. I).

Kingreen, Thorsten: Die Struktur der Grundfreiheiten des Europäischen Gemeinschaftsrechts, Berlin 1999, (zit.: *Kingreen*).

Koch, Frank A.: Internet-Recht, München 1998, (zit.: *Frank A. Koch*).

Köhler, Markus/Arndt, Hans-Wolfgang: Recht des Internet, 2. Auflage, Heidelberg 2000, (zit.: *Köhler/Arndt*).

Köhler, Helmut/Piper, Henning: Gesetz gegen den unlauteren Wettbewerb: mit Zugabeverordnung, Rabattgesetz und Preisangabenverordnung, 2. Auflage München 2001, (zit.: *Köhler/Piper*).

Kondring, Jörg: Die Heilung von Zustellungsfehlern im internationalen Zivilrechtsverkehr, Berlin 1995, (zit.: *Kondring*).

Kröger, Detlef/Gimmy, Marc A. (Hrsg.): Handbuch zum Internetrecht – Electronic Commerce – Informations-, Kommunikations- und Mediendienste, Berlin 2000, (zit.: *Bearbeiter* in: Kröger/Gimmy).

Krol, Ed: Die Welt des Internet, Bonn 1995, (zit.: *Krol*).

Kropholler, Jan: Europäisches Zivilprozeßrecht, Kommentar zu EuGVO und Lugano-Übereinkommen, 7. Auflage, Heidelberg 2002, (zit.: *Kropholler*).

Kur, Annette: Kennzeichenkonflikte im Internet – «Kinderkrankheiten» oder ernstzunehmendes Problem?, in: FS Beier, S. 265–277.

dies.: Internet und Kennzeichenrecht, in: Loewenheim/Koch, S. 325–380.

Langen, Eugen (Begr.)/Bunte, H.-J. (Hrsg.): Kommentar zum deutschen und europäischen Kartellrecht, 7. Auflage, Neuwied 1994, (zit.: *Bearbeiter* in: Langen/Bunte).

Lenz, Carl Otto (Hrsg.): Kommentar zu dem Vertrag zur Gründung der Europäischen Gemeinschaften, 2. Auflage, Köln 1999, (zit.: *Bearbeiter* in: Lenz, EGV).

Linke, Hartmut: Internationales Zivilprozeßrecht: Leitfaden für Verfahren mit Auslandsbezug, 3. Auflage, Köln 2001, (zit.: *Linke, IZPR*).
ders.: Die Probleme der internationalen Zustellung, in: Gottwald, Gerichtsverfassung, S. 97–132.
Löw, Petra: Datenschutz im Internet – Eine strukturelle Untersuchung auf der Basis der neuen deutschen Medienordnung, Tübingen, 2000, (zit.: *Löw*).
Loewenheim, Ulrich/Koch, Frank A. (Hrsg.): Praxis des Online-Rechts, New York 1998, (zit.: *Bearbeiter* in: Loewenheim/Koch).
Lurger, Brigitta: IZVR und IPR bei Internet Domain Namen, in: Mayer-Schönberger/Galla/Fallenböck, S. 103–138.
Lutter, Marcus/Oppenhoff, Walter/Sandrock, Otto/Winkhaus, Hanns (Hrsg.): Festschrift für Ernst C. Stiefel zum 80. Geburtstag, München 1987, (zit.: *Bearbeiter* in: FS Stiefel).
Masterson, Michael/Knief, Herman/Vinick, Scott/Roul, Eric: DNS unter windows nt, München 1999, (zit.: *Masterson/Knief/Vinick/Roul*).
Mayer-Schönberger, V./Galla, Franz/Fallenböck, Markus (Hrsg.): Das Recht der Domain Namen, Wien 2001, (zit.: *Bearbeiter* in: Mayer-Schönberger/Galla/Fallenböck).
Medicus, Dieter u.a. (Hrsg.): Schadensrecht, Arzt-Haftung, Domain-Namen, Übernahmerecht, Kapitalmarkt, Rechtswahl, Jahrbuch für Italienisches Recht, Band 14, Heidelberg 2001, (zit.: *Bearbeiter* in: JbItalR 14 (2001)).
Müller-Henneberg, H./Schwartz, Gustav/Hootz, Christian (Hrsg.): Gesetz gegen Wettbewerbsbeschränkungen und Europäisches Kartellrecht: Gemeinschaftskommentar, 5. Auflage, Köln 2001, (zit.: *Bearbeiter* in: Gemeinschaftskommentar).
Münchener Kommentar: Zivilprozeßordnung mit Gerichtsverfassungsgesetz und Nebengesetzen, Band 3, §§ 803–1066, EGZPO, GVG, EGGVG, Internationales Zivilprozeßrecht, 2. Auflage, München 2001, (zit.: *Bearbeiter* in: MünchKommZPO, Bd. 3).
Münchener Kommentar: Bürgerliches Gesetzbuch, Band 7, Einführungsgesetz zum Bürgerlichen Gesetzbuch, Internationales Privatrecht, 2. Auflage, München 1990, (zit.: *Bearbeiter* in: MünchKommBGB, Bd. 7, 2. Aufl.).
Münchener Kommentar: Bürgerliches Gesetzbuch, Band 11, Internationales Handels- und Gesellschaftsrecht, Einführungsgesetz zum Bürgerlichen Gesetzbuch (Art. 50–237), 3. Auflage, München 1999, (zit.: *Bearbeiter* in: MünchKommBGB, IntGesR).
Müthlein, Thomas/Jaspers, Andreas: TELE-Gesetze – Datenschutz bei Multimedia, Telekommunikation und Post, Frechen 1998, (zit.: *Müthlein/Jaspers*, TELE-Gesetze).

Musielak, Hans-Joachim (Hrsg.): Kommentar zur Zivilprozeßordnung mit Gerichtsverfassungsgesetz, 2. Auflage, München 2000, (zit.: *Bearbeiter* in: Musielak).

Nagel, Heinrich/Gottwald, Peter: Internationales Zivilprozessrecht, 4. Auflage, Münster 1997, (zit.: *Nagel/Gottwald*).

Olsen, John R./Maniatis, Spyros M./Wood, Nicholas (Hrsg.): Domain Names – Global Practice and Procedures, Loseblatt, London Dezember 2000, (zit.: *Bearbeiter* in: Olsen/Maniatis/Wood).

Ordemann, H.-J. (Begr.)/Gola, Peter (Bearb.)/Schomerus, R. (Bearb.): Bundesdatenschutzgesetz, 4. Auflage, München 1997, (zit.: *Ordemann/Gola/Schomerus*).

Palandt, Otto (Begr.): Bürgerliches Gesetzbuch, 61. Auflage, München 2002, (zit.: *Bearbeiter* in: Palandt).

Peterson, Larry L./Davie, Bruce S.: Computernetze, Heidelberg 2000, (zit.: *Peterson/Davie*).

Pilz, Michael: Domain-Vergabe – Die Haftung der Registrierungsstelle, in: Mayer-Schönberger/Galla/Fallenböck, S.89–102.

Recke, Martin: Medienpolitik im digitalen Zeitalter – Zur Regulierung der Medien und Telekommunikation in Deutschland, Berlin 1998 <http://userpage.fu-berlin.de/~mr94/diplom>.

Reitmaier, Marion-A.: Inländerdiskriminierung nach dem EWG-Vertrag, Kehl am Rhein 1984, (zit.: *Reitmeier*).

Robinson, Gail: You Paid How Much For That Domain Name?, 03.02.2000, <http://www.webdevelopersjournal.com/articles/domain_names.html>.

Roßnagel, Alexander (Hrsg.): Recht der Multimedia-Dienste – Kommentar zum IuKDG und zum MDStV, Loseblatt, 2. Lieferung, Heidelberg November 2000, (zit.: *Bearbeiter* in: Roßnagel).

Roßnagel, Alexander/Pfitzmann, Andreas/Garstka, Hansjürgen: Modernisierung des Datenschutzes, Gutachten im Auftrag des Bundesministeriums des Innern, September 2001, (zit.: *Roßnagel/Pfitzmann/Garsta*).

Roth, Wulf-Henning: Drittwirkung der Grundfreiheiten?, in: FS Everling, Bd. II, 1231–1279.

Samson, Yann: Domain-Grabbing, München 1998, (zit.: *Samson*).

Schaar, Peter: Datenschutz im Internet: die Grundlagen, München 2002, (zit.: *Schaar, Datenschutz im Internet*).

Schack, Haimo: Internationales Zivilverfahrensrecht, 3. Auflage, München 2002 (zit.: *Schack*).

Schaefer, Detlef: Die unmittelbare Wirkung des Verbots der nichttarifären Handelshemmnisse (Art. 30 EWGV) in den Rechtsbeziehungen zwischen Privaten: Probleme der horizontalen unmittelbaren Wirkung des Gemeinschaftsrechts, gezeigt am Beispiel des Art. 30 EWGV, Frankfurt am Main 1987, (zit.: *Schaefer*).

Schaffland, Hans-Jürgen/Wiltfang, Noeme: Bundesdatenschutzgesetz (BDSG), Loseblatt, 4. Lieferung, Berlin März 2002, (zit.: *Schaffland/Wiltfang*).

Schellhammer, Kurt: Zivilprozess, 9. Auflage, Heidelberg 2001, (zit.: *Schellhammer*).

Schlosser, Peter: Legislatio in fraudem legis internationalis – Eine kritische Studie zu Problemen des grenzüberschreitenden Zustellungswesens, in: FS Stiefel, S. 683–695.

Schmidt, Karsten: 50 Jahre Bundesgerichtshof, Festgabe aus der Wissenschaft, Band III, München 2000, (zit.: *Bearbeiter* in: 50 Jahre BGH, Bd. III).

Schmitz, Berthold: Fiktive Auslandszustellung – Die Fiktion der Zustellung von Hoheitsakten an im Ausland wohnende Empfänger aus verfassungsrechtlicher und völkerrechtlicher Sicht, Berlin 1980, (zit.: *Schmitz*).

Schwarz, Mathias (Hrsg.): Recht im Internet – Der Rechtsberater für Online-Anbieter und –Nutzer, Loseblatt, 18. Lieferung, Augsburg Oktober 2001, (zit.: *Bearbeiter* in: Schwarz).

ders.: Rechtsprobleme der Domain-Namen, in: JbItalR 14 (2001), S. 109–119.

Sieber, Ulrich: Verantwortlichkeit im Internet – Technische Kontrollmöglichkeiten und multimediarechtliche Regelungen, München 1999, (zit.: *Sieber*, Verantwortlichkeit).

Simitis, Spiros/Dammann, Ulrich/Geiger, Hansjörg/Mallmann, Otto/Walz, Stefan: Kommentar zum Bundesdatenschutzgesetz, 4. Auflage, Loseblatt, 29. Lieferung, Baden-Baden Dezember 1998, (zit.: *Bearbeiter* in: SDGMW).

Simonetti, Luca: Wettbewerb und Internet: Eine Perspektive nach italienischem Recht, in: JbItalR 14 (2001), S. 209–237.

Spindler, Gerald: Kartellrechtliche Probleme der Domain-Vergabe im Internet, in: Immenga/Lübben/Schwintowski, S. 47–81.

Spindler, Gerald/Wiebe, Andreas: Internet-Auktionen – Rechtliche Rahmenbedingungen, München 2001 (Datenschutz), (zit.: *Bearbeiter* in: Spindler/Wiebe).

Stadler, Astrid: Die Europäisierung des Zivilprozeßrechts, in: 50 Jahre BGH, Bd. III, S. 645–675.

Staudinger, Julius v. (Begr.): Kommentar zum Bürgerlichen Gesetzbuch mit Einführungsgesetz und Nebengesetzen, Einführungsgesetz zum Bürgerlichen Gesetzbuch/IPR Internationales Gesellschaftsrecht, Berlin 1998, (zit.: *Staudinger/Großfeld*, IntGesR).

Stein, Friedrich (Begr.)/Jonas, Martin (Bearb.): Kommentar zur Zivilprozeßordnung, 21. Auflage, Band 2, §§ 91–252, Tübingen, 1994, (zit.: *Bearbeiter* in: Stein/Jonas, Bd. 2).

Steindorff, Ernst: Drittwirkung der Grundfreiheiten im europäischen Gemeinschaftsrecht, in: Wege und Verfahren des Verfassungslebens, in: FS Lerche, S. 575–590.

ders.: EG-Vertrag und Privatrecht, Baden-Baden 1996, (zit.: *Steindorff,* EG-Vertrag und Privatrecht).

Strauss, Joseph: Aktuelle Herausforderungen des geistigen Eigentums, Festgabe von Freunden und Mitarbeitern für Friedrich-Karl Beier zum 70. Geburtstag, Köln 1996, (zit.: *Bearbeiter* in: FS Beier).

Streinz, Rudolf: Europarecht, 5. Auflage, Heidelberg 2001, (zit.: *Streinz*).

Strömer, Tobias H.: Online-Recht – Rechtsfragen im Internet, 2. Auflage, Heidelberg 1999, (zit.: *Stroemer*).

Stürner, Rolf: Europäische Urteilsvollstreckung nach Zustellungsmängeln, in: FS Nagel, S. 446–456).

Tinnefeld, Marie-Therese/Ehmann, Eugen: Einführung in das Datenschutzrecht, 3. Auflage, München 1998, (zit.: *Tinnefeld/Ehmann*).

Universität Karlsruhe: Internet: Werkzeuge und Dienste, Karlsruhe 1994, <http://www.ask.uni-karlsruhe.de/books/inetbuch/node3.html>, (zit.: Universität Karlsruhe, Internet Dienste).

Weiß, Wolfgang: Die Personenverkehrsfreiheiten von Staatsangehörigen assoziierter Staaten in der EU: eine vergleichende Analyse der Assoziationsabkommen, Frankfurt am Main 1998, (zit.: *Weiß*).

Wieczorek, Bernhard/Schütze, Rolf A.: Zivilprozeßordnung und Nebengesetze, 5. Band, 3. Auflage, Berlin 1995, (zit.: *Bearbeiter* in: Wieczorek/Schütze).

Wiedemann, Gerhard: Handbuch des Kartellrechts, München 1999, (zit.: *Wiedemann*).

Wiehe, Herbert: Zustellungen, Zustellungsmängel und Urteilsanerkennung am Beispiel fiktiver Inlandszustellungen in Deutschland, Frankreich und den USA, München 1993, (zit.: *Wiehe*).

Wuermeling, Ulrich: Handelshemmnis: Datenschutz: die Drittländerregelung der Europäischen Union, Köln 2000, (zit.: *Wuermeling*).

Zöller, Richard (Begr.): Zivilprozeßordnung: mit Gerichtsverfassungsgesetz und den Einführungsgesetzen, mit internationalem Zivilprozeßrecht, EG Verordnungen, Kostenanmerkungen, 22. Auflage, Köln 2001, (zit.: *Bearbeiter* in: Zöller, 22. Aufl.).

Zöller, Richard (Begr.): Zivilprozeßordnung: mit Gerichtsverfassungsgesetz und den Einführungsgesetzen, mit internationalem Zivilprozeßrecht, EG Verordnungen, Kostenanmerkungen, 23. Auflage, Köln 2002 (zit.: *Bearbeiter* in: Zöller).

III. Sonstige Materialien (Stand der URLs jeweils: Juni 2002)

Arbeitskreis Technik und Arbeitskreis Medien der Konferenz der Datenschutzbeauftragten des Bundes und der Länder: Orientierungshilfe „Internet", November 2000, <http://wwww.bfd.bund.de/technik/Ori_int2/ohint_iv.html>.

Berliner Beauftragte für den Datenschutz und Akteneinsicht: Jahresbericht 1999 des Berliner Beauftragten für Datenschutz und Akteneinsicht, <http://www.datenschutz-berlin.de/jahresbe/99/index.htm>.

Bundesrepublik Deutschland: Staatshandbuch Hessen – Verzeichnis der Behörden und Gemeinden und Aufgabenbeschreibung und Adressen, Ausgabe 2000, Köln 2000.

Bundesrepublik Deutschland: Staatshandbuch Nordrhein-Westfalen – Verzeichnis der Behörden und Gemeinden und Aufgabenbeschreibung und Adressen, Ausgabe 2001, Köln 2001.

Council of European National Top Level Domains (CENTR): Members Survey, April 2000, File D, <http://www.centr.org/docs> (beschränkter Zugang – auf Ablage beim Autor), (zit.: CENTR Members Survey).

Council of European National Top Level Domains (CENTR): Best Practice Guidelines for ccTLD Managers, Version 2, 10.05.2001, <http://www.centr.org/docs/legal/best-practice.html>, (zit.: CENTR Best Practice Guidelines).

Council of European National Top Level Domains (CENTR): CENTR Position on Whois, 31.07.2001, <http://www.centr.org/docs/statements/CENTR-Position-on-Whois.html>, (zit.: CENTR Position on Whois).

Domain Name Supporting Organization (DNSO): Whois Survey, 30.06.2001, <http://www.does-not-exist.org/whois/whois-survey-en-10jun01.htm>, (zit.: DNSO Whois Survey).

Domain Name Supporting Organization (DNSO): Preliminary Report of the Name's Council's WHOIS Task Force (Ghana-Version, 10–14 März 2002), <http://does-not-exist.org/whois/whois-ghana-020313-0/index.html>.

EC Panel of Participants in Internet Organisation and Management (EC-Pop): The Dot EU TLD Registry Proposal, Report of the Interim Steering Group, September 2000, <http://www.ec-pop.org/1009prop>.

Europäische Kommission: Arbeitspapier der Kommission, Schaffung von .EU als Internet-Bereichsnamen oberster Stufe, 02.02.2000,

<http://europa.eu.int/comm/information_society/policy/internet/pdf/doteu_de.pdf>.

Europäische Kommission: Mitteilung der Kommission an den Rat und das Europäische Parlament, Organisation und Verwaltung des Internet, Internationale und europäische Grundsatzfragen 1998–2000, 11.04.2000, KOM(2000) 202, endg., <http://europa.eu.int/eurlex/de/com/cnc/2000/com2000_0202de01.pdf>.

Europäische Kommission: Mitteilung der Kommission an das Europäische Parlament und den Rat – Internet-Bereichsnamensystem – Einführung der Bezeichnung .EU als Bereichsname oberster Stufe v. 05.07.2000, KOM(2000)421 endg., <http://europa.eu.int/eurlex/de/com/cnc/2000/com2000_0421de01.pdf>.

Europäische Kommission: Unsolicited Commercial Communications and Data Protection, Januar 2001 <http://europa.eu.int/comm/internal_market/en/media/dataprot/studies/spamstudyen.pdf>.

Europäische Kommission: Grünbuch zum Verbraucherschutz in der Europäischen Union, KOM(2001)531 endg., <http://europa.eu.int/eur-lex/de/com/gpr/2001/com2001_0531de01.pdf>.

Governmental Advisory Committee (GAC): GAC Principles for the Delegation and Administration of Country Code Top Level Domains, 23.02.2000 <http://www.icann.org/committees/gac/gac-cctldprinciples-23feb00.htm>, (zit.: GAC Principles).

International Ad Hoc Committee (IAHC): Final Report of the International Ad Hoc Committee: Recommendations for Administration and Management of gTLDs, 04.02.1997, <http://www.gtld-mou.org/draft-iahc-recommend-00.html>.

Internationale Arbeitsgruppe für den Datenschutz in der Telekommunikation: Gemeinsamer Standpunkt, 04./05.05.2000, <http://www.brandenburg.de/land/lfdbbg/internat/iwgdpt/27_02.htm>.

Internet Assigned Numbers Authority (IANA): IANA Report on Request for Redelegation of the .pn Top Level Domain, 11.02.2000, <http://www.iana.org/cctld/reports/pn-report-11feb00.htm>.

Internet Assigned Numbers Authority (IANA): IANA Report on Request for Delegation of the .ps Top-Level Domain, 22.03.2000, <http://www.iana.org/reports/ps-report-22mar00.htm>.

Internet Assigned Numbers Authority (IANA): IANA Report on Establishment of the .name Top-Level Domain, 16.08.2001, <http://www.iana.org/reports/name-report-16aug01.htm>.

Internet Assigned Numbers Authority (IANA): IANA Report on Request for Redelegation of the .au Top-Level Domain, 31.08.2001, <http://www.iana.org/reports/au-report-31aug01.htm>.

Internet Corporation for Assigned Names and Numbers (ICANN): ICANN Preliminary Report, Special Meeting of the Board, 25.09.2000, <http://www.icann.org/minutes/prelim-report-25sep00. htm#.74>.

Internet Corporation for Assigned Names and Numbers (ICANN): License Agreement Concerning InterNIC®, 08.01.2001 <http://www.icann.org/general/internic-license-08jan01.htm>.

Internet Corporation for Assigned Names and Numbers (ICANN): Registrar Accreditation Agreement, 17.05.2001, <http://www.icann.org/registrars/ra-agreement-17may01.htm>.

Internet Corporation for Assigned Names and Numbers (ICANN): .com Registry Agreement, 25.05.2001, <http://www.icann.org/tlds/agreements/verisign/com-index.htm>.

Internet Corporation for Assigned Names and Numbers (ICANN): .net Registry Agreement, 25.05.2001, <http://www.icann.org/tlds/agreements/verisign/net-index.htm>.

Internet Corporation for Assigned Names and Numbers (ICANN): .org Registry Agreement, 25.05.2001, <http://www.icann.org/tlds/agreements/verisign/org-index.htm>.

Internet Corporation for Assigned Names and Numbers: Statement on Completion of „A Unique, Authoritative Root for the DNS" (ICP-3), 09.07.2001, <http://www.icann.org/icp/icp-3-background/lynn-statement-09jul01.htm>.

Kane, Paul: Whois and Data Protection Issues, 16.02.2002, <http://www.centr.org/docs/presentations/UWHOIS-PK.pdf>.

National Science Foundation (NSF): NSF Cooperative Agreement No. NCR-9218742, 01.01.1993 <http://www.networksolutions.com/en_US/legal/internic/cooperative-agreement/agreement.html>.

NeuStar, Inc.: The usTLD Nexus Requirements, 2002, <http://www.neustar.us/policies/docs/ustld_nexus_requirements.pdf>.

Schaub, Alexander: Competition Law and the Internet, Rede anlässlich des „European Competition Day", 11.06.2001, <http://europa.eu.int/comm/competition/speeches/text/sp2001_035_en.pdf>.

SnapNames.com, Inc.: State of the Domain, Year-End 2001, 17.02.2002, <http://www.sotd.info/sotd/content/documents/sotdYrEnd01.pdf>, (zit.: SnapNames, State of the Domain, Year-End 2001).

Wood, Nicholas: Filing Secure Domains Around the World, 28.01. 2000, Studie der Virtual Internet Net Searchers (auf Ablage beim Autor), (zit.: N. Wood, Filing Secure Domains, 28.01.2000).

World Intellectual Property Organization (WIPO): RFC-3, Interim Report of the WIPO Internet Domain Name Process, 23.12.1998,

<http://wipo2.wipo.int/process1/rfc/3/index.html>, (zit.: WIPO Interim Report).

World Intellectual Property Organization (WIPO): The Management of Internet Names and Addresses: Intellectual Property Issues, Final Report of the WIPO Internet Domain Name Process, 30.04.1999 <http://wipo2.wipo.int/process1/report/index.html>, (zit.: WIPO First Final Report).

World Intellectual Property Organization (WIPO): The Management of Internet Names and Addresses: Intellectual Property Issues, Final Report of the WIPO Internet Domain Name Process, 30.04.1999, Annex IX, WIPO Survey of Country Code Top Level Domains (ccTLDs), <http://wipo2.wipo.int/process1/report/annex/annex09.html>, (zit.: WIPO Survey of ccTLDs).

World Intellectual Property Organization (WIPO): ccTLD Best Practices for the Prevention and Resolution of Intellectual Property Disputes, 20.06.2001 <http://ecommerce.wipo.int/domains/cctlds/bestpractices/index.html>, (zit.: WIPO ccTLD Best Practices).

1. Teil: Einleitung

A. Hintergrund

Domain-Namen sind die Klingelschilder des Internets. Als benutzerfreundliche Alternativen zu den numerischen IP-Adressen weisen sie dem Nutzer den Weg in die virtuelle Welt. Mit der stetig größer werdenden Frequentierung des Internets stieg bisher auch die Nachfrage nach diesen Domain-Namen. Anfang 1995 gingen Schätzungen von etwa 100.000 registrierten Domain-Namen weltweit aus, Ende 1999 sollen es bereits 7,2 Millionen[1] und Ende 2001 alleine in den generischen *Top-Level-Domains* (gTLDs) über 30 Millionen Domain-Namen gewesen sein[2]. Führend ist nach wie vor die gTLD „.com" mit etwa 23 Millionen Registrierungen zum Ende des Jahres 2001. Diese Zahlen verdeutlichen den Domain-Boom. Als das Landgericht Mannheim sich als erstes deutsches Gericht mit der Domain-Namen-Problematik auseinandersetzen musste, konnte es auf gerade knapp 1500 Domain-Namen unterhalb von „.de" für Oktober 1994 verweisen[3]. Bereits Ende 2001 hatte das Deutsche Network Information Center eG (DENIC eG) die 5 Millionen Grenze an registrierten Domain-Namen überschritten[4], so dass die TLD „.de" heute die beliebteste *country-code* Top-Level-Domain (ccTLD) und hinter „.com" die zweitbeliebteste TLD überhaupt darstellt.

Einer der Gründe für diese Entwicklung ist der nicht von der Hand zu weisende wirtschaftliche Wert der Domain-Namen[5]. Nachdem in den gTLDs die meisten kurzen und eingängigen Wort- und Zahlenkombinationen registriert worden waren, setzte ein lebhafter Handel auf den von den zahlreichen Domain-Börsen eröffneten Sekundärmärk-

---

[1] WIPO First Final Report, S. 17 Nr. 45.
[2] SnapNames, State of the Domain, Year-End 2001, S. 21.
[3] *LG Mannheim* CR 1996, 353 – heidelberg.de m. Anm. *Hoeren* = ZUM 1996, 705 m. Anm. *Flechsig*.
[4] DENIC, Doppeltes Domain-Jubiläum: 15 Jahre .de und 5 Millionen Namen, 05.11.2001 <http://www.denic.de/doc/DENIC/presse/five_million_domains.html> (Stand: März 2002).
[5] *LG Essen* MMR 2000, 286; *Viefhues*, MMR 2000, 286, 287; *Welzel*, MMR 2001, 131, 132 f.; *Plaß*, WRP 2000, 1077, 1079; *Hanloser*, RPfleger 2000, 525; *Lwoswki/Dahm*, WM 2001, 1135, 1138; *Schließ*, ZUM 1999, 307, 312; *Rinkler*, MMR 12/2001, V f.

ten ein[6]. Aufsehen erregte in diesem Zusammenhang das Angebot der Procter & Gamble Inc., die im Jahr 2000 über 100 generische Domains bei der zu VeriSign/NSI gehörenden größten US-amerikanischen Verkaufsplattform, GreatDomains.com, zum Kauf anbot[7]. Beim Handel mit den Domain-Namen wurden in der Vergangenheit teilweise aufsehenerregende Summen erzielt. Die Domain „business.com" – als bekanntestes Beispiel – wechselte für US$ 7,5 Millionen ihren Besitzer[8]. Weitere populäre Beispiele für den monetären Wert von Domain-Namen bilden die Domains „etoys.com", „altavista.com", „loan.com", „wine.com", „beauty.com", „wallstreet.com", „drugs.com" und „drugstore.tv", für die immerhin noch Preise zwischen US$ 3,4 Millionen und US$ 500.000 erzielt wurden[9].

Das Geschäft mit den Domain-Namen stellt sich sowohl für die kommerziellen Registerorganisation als auch für die als Mittler zwischen Endkunden und Registerstellen tätig werdenden Provider als lukratives Betätigungsfeld dar. Der weltweit größte Registrar VeriSign/NSI hat allein im Jahr 1999 mit den Registrierungen und dem Betrieb des zentralen Namensverzeichnisses für die gTLDs „.com", „.org" und „.net" bei einem Gewinn von US$ 35,7 Millionen US$ 220,8 Millionen umgesetzt[10]. Das Ringen um die Verantwortung für die neuen TLDs und das mit der Einführung von „.eu" zu schaffende Register verdeutlichen einmal mehr das kommerzielle Interesse an diesem Betätigungsfeld.

Inzwischen hat sich die Euphorie um die Internet-Adressen gelegt[11]. Der Markt für Domain-Namen scheint zu einem gewissem Grade saturiert. Die Domain-Streitigkeiten in Deutschland nehmen indes nicht ab. Nachdem sich der Bundesgerichtshof in seinen Entscheidungen zu „ambiente.de", „mitwohnzentrale.de", „shell.de" und „vossius.de" bereits einigen Fragen aus dem Bereich der Domain-Namen angenom-

---

[6] Beispiele bilden: „sedo.de", „afternic.com", „greatdomains.com", „stratoboerse.de", „domainauktion.de", „domainhandel.de", „domain-market.org", „suchedomain.de", „dontsleep.de", „domainticker.de", „freedomainmarket.de", „onliner24.de", „de-domainhandel.de".
[7] The New York Times, Sale: Web Address, Unused, Not Cheap, 22.08.2000, Sektion C, S. 6, Spalte 4.
[8] The New York Times, What's in a Cybername? $ 7.5 Million For the Right Address, 01.12.1999, Sektion C, S. 8, Spalte 1.
[9] The New York Times, Sale: Web Address, Unused, Not Cheap, 22.08.2000, Sektion C, S. 6, Spalte 4. Weitere Beispiele bei: *Marwitz*, WRP 2001, 9; *Mietzel/Hero*, MMR 2002, 84, 85 Fn. 2; *H. Schneider*, ZAP 1999, 1199, 1203; *Huber/Dingeldey*, S. 122 f. Nr. 123.
[10] The New York Times, Internet Registrar to Be Sold for $21 Billion, 08.03.2000, Sektion C, S. 2, Spalte 4.
[11] The Wall Street Journal, The Name Game Cools Down, 14.01.2002, S. R 4.

men hat, stehen in naher Zukunft weitere Grundsatzfragen zur Entscheidung an[12].

B. Problemdarstellung

Bei dem durch das *Domain-Name-System* (DNS) entstandenen Konfliktpotenzial zwischen den Interessen von Marken- und Kennzeicheninhabern sowie Namensberechtigten mit den Interessen von Domain-Inhabern handelt es sich um die Kehrseite des neuen Betätigungsfeldes. Die spezifischen Probleme resultieren dabei zunächst aus der Eindimensionalität jedes Domain-Bereichs. Außerhalb des Mediums Internet können Privatpersonen, Firmen, Städte und Gemeinden und andere Dritte, wie Vereine, Verbände und Nicht-Regierungsorganisationen, dieselbe Bezeichnung parallel verwenden, ohne dass es zu Interessenskollisionen zwischen den Parteien kommen muss. Im Internet-Namensbereich findet jedoch eine Deterritorialisierung und Dematerialisierung statt[13], wodurch Konflikte vorprogrammiert sind. Durch die strikte Formatvorgabe von Domain-Namen bleibt darüber hinaus die graphische oder farbliche Gestaltung des Schriftbilds als differenzierendes Merkmal außen vor. Ferner resultieren die Konflikte aus dem Registrierungsprinzip des „first come, first served". Dieses Erstanmeldeprinzip besagt, dass ein Domain-Name ohne jegliche präventive Kontrolle für denjenigen registriert wird, der ihn zuerst anmeldet.

Bei der Frage, wie Konflikte vermieden oder bewältigt werden können, stehen sich das Interesse der Domain-Anmelder an einer benutzerfreundlichen möglichst effizienten und kostengünstigen Domain-Vergabe und das Interesse der Kennzeicheninhaber an einer Vermeidung von spekulativen und missbräuchlichen Domain-Anmeldungen gegenüber. Die Abwägung dieser Interessen spiegelt sich mit unterschiedlichen Ergebnissen in den Registrierungsbestimmungen für die gTLDs und ccTLDs wider.

In verschiedenen Konsultationsverfahren und Studien wurde in der Vergangenheit der Versuch unternommen, einen angemessenen Ausgleich zwischen den widerstreitenden Interessen zu finden. Das bisher umfangreichste Projekt, das erste WIPO-Verfahren, betraf in wesentlichen Teilen die Frage nach der Ausgestaltung der Registrierungsverfahren in den gTLDs. Die WIPO hat sich mittlerweile in einem weitergehenden Projekt der ccTLDs angenommen und einen Vorschlag für eine

---

[12] Dazu: *Nägele*, WRP 2002, 138, 153.
[13] *Florstedt*, S. 2/125.

vorbildliche Ausgestaltung der Registrierungspraktiken in den ccTLDs vorgelegt[14]. In ähnlicher Weise hat das *Council of European National Top Level Domain Registries* (CENTR) solche Leitlinien aufgestellt[15]. Das Prioritätsprinzip wird in seiner reinsten Form für die gTLDs der ersten Generation „.com", „.org" und „.net" praktiziert. Diese sogenannten unbeschränkten gTLDs folgen dem von der *Internet Corporation for Assigned Names and Numbers* (ICANN) vorgegebenen WIPO-Modell, welches als Ergebnis des ersten WIPO-Verfahrens präsentiert wurde. Die Registrierungspolitik für diese gTLDs zeichnet sich im Wesentlichen dadurch aus, dass ein möglichst liberales, d.h. unbeschränktes Vergabesystem an eine umfassende Veröffentlichung von Anmeldeinformationen und mit der *Uniform Domain Name Dispute Resolution Policy* (UDRP) an ein im Anwendungsbereich begrenztes Streitschlichtungsverfahren gekoppelt wird. Besonderheiten bestanden seit den Anfängen des DNS für die zweckgebundenen TLDs „.gov", „.edu", „.mil" und „.int", die bestimmten Einrichtungen vorbehalten sind. Mit den neuen TLDs hat die ICANN an diese Beschränkungen angeknüpft, indem sie – mit Ausnahme von „.info" – zweckgebundene gTLDs eingeführt hat. So soll die gTLD „.biz" Unternehmen vorbehalten sein, während „.name" nur für Registrierungen von Privatpersonen offen steht. Dieser generellen Unterscheidung eines privaten und kommerziellen Bereichs steht mit „.coop" und „.pro" eine weitergehende Differenzierung nach der jeweiligen Organisationsform gegenüber. Mit „.aero" und „.museum" wurden schließlich sektorspezifische Bereichsnamen oberster Stufe geschaffen, deren Nutzung bestimmten Branchen vorbehalten ist. Diese Zweckgebundenheit stellt eine weitere Möglichkeit dar, Konflikte zwischen Domain-Inhabern und Inhabern von Namens- und Kennzeichenrechten bereits auf der Registrierungsebene in eingeschränktem Umfang auszuschließen.

Während in Deutschland die Gerichte für die Lösung von Konflikten zwischen Kennzeichen- und Namensrechten mit den Domain-Namen auf die bestehenden marken-, namens- und wettbewerbsrechtlichen Regelungen zurückgreifen, haben die Registrierungsstellen in anderen Mitgliedstaaten der Europäischen Union bereits auf der Ebene der Registrierung restriktive Registrierungsvoraussetzungen zur Konfliktbewältigung implementiert[16]. Das Registrierungsprinzip des „first come, first served" gilt dort wegen der teilweise restriktiven Registrierungs-

---

[14] WIPO ccTLD Best Practices, 20.06.2001.
[15] CENTR Best Practice Guidelines, 10.05.2001.
[16] Überblick bei: *N. Wood*, Filing Secure Domains, 28.01.2000, Appendix; WIPO Survey of ccTLDs, 30.04.1999; CENTR Members Survey, April 2000, D.

voraussetzungen nur in eingeschränktem Umfang. Diese Beschränkungen nehmen die unterschiedlichsten Formen an[17]. So wird teilweise ein Nachweis der Berechtigung auf die begehrte Domain gefordert. Ferner wird bestimmten Gruppierungen die Registrierung eines Domain-Namens von vornherein verwehrt. Auch werden bestimmte Begriffe in Negativlisten von einer Registrierung ausgeschlossen oder für bestimmte Gruppierungen reserviert. Eine weitere Beschränkung besteht in einer Limitierung der Anzahl der möglichen Domain-Namen pro Person oder Organisation. Einige Registrierungsstellen gewähren nur die Möglichkeit einer Registrierung direkt unterhalb der jeweiligen TLD, während andere Länder zusätzlich oder ausschließlich eine Registrierung unterhalb generischer oder zweckgebundener Sub-Level-Domains vorsehen.

Andere Beschränkungen sollen der effektiven Konfliktlösung dienen. Dazu kann die von einigen Mitgliedstaaten an den Wohnsitz oder die Staatsangehörigkeit geknüpfte Erlaubnis zur Registrierung gezählt werden. In erster Linie diesem Zweck dienen auch die in den Whois-Datenbanken veröffentlichten Anmeldeinformationen.

C. Ziel der Arbeit und Gang der Darstellung

Bei der Überlegung, inwieweit die erwähnten Beschränkungen und Voraussetzungen auf der Registrierungsebene mit Blick auf eine breite Nutzung des Internets sinnvoll sind, handelt es sich um eine rechtspolitische Frage. Davon zu unterscheiden ist die Frage, inwiefern die restriktiven Registrierungspraktiken einer rechtlichen Würdigung im Einzelfall standhalten. Dieser Frage soll in der vorliegenden Arbeit nachgegangen werden.

In einem ersten Schritt werden daher im Folgenden – im Anschluss an eine kurze Darstellung der allgemeinen Grundsätze der Domain-Vergabe – die Besonderheiten der Registrierungspraktiken in den jeweiligen Mitgliedstaaten dargestellt (2. Teil). Dabei wird nicht der Anspruch erhoben, jede Nuance der Registrierungspraktiken in den 15 Mitgliedstaaten der Europäischen Union darstellen zu können. Zum einen unterliegen diese einem erheblichem zeitlichen Wandel, und zum anderen unterscheiden sich die Bestimmungen teilweise von der tatsächlichen Ausgestaltung in der Praxis. Es sollen aber die auffälligsten Eigenarten der einzelnen Registrierungssysteme hervorgehoben und die

---

[17] Beispiele bei: *Spindler* in: Immenga/Lübben/Schwintowski, S. 47, 51 Fn. 19; *Forgó* in: Mayer-Schönberger/Galla/Fallenböck, S. 1, 11 Fn. 74; *Joller*, MarkenR 2000, 341 Fn. 6.

Lösungsansätze der europäischen Nachbarn in die juristische Diskussion eingeführt werden.

In einem zweiten Schritt werden diese Bestimmungen und Beschränkungen einer rechtlichen Würdigung unterzogen. Den Ausgangspunkt für diese Beurteilung bilden zunächst die Grundfreiheiten und das allgemeine Diskriminierungsverbot des EG-Vertrags (3. Teil). Bedenklich erscheinen in diesem Zusammenhang solche Bestimmungen, die den Zugang zu einer ccTLD von einer Wohnsitz-, Unternehmenssitz- oder Staatsangehörigkeitsvoraussetzung abhängig machen. Des Weiteren erscheint eine wettbewerbsrechtliche Missbrauchskontrolle der Registrierungsbestimmungen angezeigt, soweit es sich bei den *Network Information Center* (NICs) um marktbeherrschende Unternehmen handelt (4. Teil).

Soweit der Schwerpunkt der Konfliktbewältigung auf der umfassenden Veröffentlichung von Anmeldeinformationen liegt, ist darüber hinaus ein datenschutzrechtlicher Problemkomplex angesprochen, der anhand der EG-Datenschutzrichtlinie von 1995 und der einschlägigen Datenschutzbestimmungen des deutschen Rechts diskutiert werden soll (5.Teil).

Zum Schluss erfolgt eine Zusammenfassung der gewonnenen Erkenntnisse sowie ein kurzer Ausblick auf die mögliche zukünftige Gestaltung der Registrierungsbestimmungen (6. Teil).

2. Teil: Überblick über die Registrierungspraktiken

A. Das Domain-Name-System (DNS)

I. Anfänge des DNS

Im ARPANET war die Anzahl der vernetzten Rechner noch überschaubar. Zwar wurden auch zu dieser Zeit schon Namen zur Bezeichnung eines spezifischen Rechners verwendet, doch konnten diese Namen frei gewählt werden und zusammen mit den *Internet-Protocol*-Adressen (IP-Adressen) in einer einzigen Datei namens „hosts.txt" verwaltet werden[1]. Diese Datei wurde in regelmäßigen Abständen an alle angeschlossenen Rechner verteilt. Bei Anfragen wurden die Namen durch die korrespondierende IP-Adresse ersetzt. Mit der Einführung des Standards TCP/IP und der damit einhergehenden explosionsartigen Vernetzung musste nach anderen Lösungen gesucht werden[2]. Jeder Name konnte nur einmal verwendet werden, und das NIC am *Stanford Research Institute* (SRI) verteilte nur die IP-Adressen, machte aber keine Vorgaben bezüglich des zu wählenden Namens[3]. Wurde der Host-Datei ein bereits existierender Name zugefügt, konnte dies das gesamte System lahm legen. Die Verwaltung der Datei wurde mit zunehmenden Wachstum des Netzwerkes zu einer unmöglichen Aufgabe, da die Aktualität der Datei nicht mehr gewährleistet werden konnte[4]. Auf Grund dieser Unzulänglichkeiten wurde Mitte der achtziger Jahre mit dem DNS ein dezentrales System der Adressverwaltung entwickelt[5]. Das DNS ist im Gegensatz zum alten sogenannten flachen System, in dem die Namen nicht in Komponenten aufgeteilt wurden, hierarchisch aufgebaut. Das bedeutet, dass verschiedene Gruppen die Verantwortung für Teilmengen der Namen übernehmen[6]. Diese Hierarchie wird als umgekehrte baumartige Struktur beschrieben[7]. Ausgehend von der Wurzel (*Root*) folgen die TLDs. Diese Verzweigung

---

[1] *Krol*, S. 33 f.; *Peterson/Davie*, S. 616.
[2] *Peterson/Davie*, S. 617.
[3] *Hafner/Lyon*, S. 299.
[4] *Krol*, S. 3 f.; *Mockapetris*, RFC 882, November 1983, S. 1.
[5] *Hunt*, S. 55; *Mockapetris*, RFC 1034, November 1987, S. 1 f.; *Cooper/Postel*, RFC 1480, Juni 1993, S. 2.
[6] *Krol*, S. 34; *Peterson/Davie*, S. 616 f.
[7] *Su/Postel*, RFC 819, August 1982, S. 1; *Forgó* in: Mayer-Schönberger/Galla/Fallenböck, S. 1, 5; *Bähler/Lubich/Schneider/Widmer*, S. 48; *Albitz/Liu*, S. 5 f.; *Peterson/Davie*, S. 618.

spiegelt sich auch in dem Konzept des *Uniform Resource Locator* (URL) wider[8].

II. gTLDs

Die Idee eines hierarchisch strukturierten Systems wurde erstmals im Jahr 1981 in *Request for Comments* (RFC) 799 vorgestellt[9]. Die später als Top-Level-Domain bezeichnete Hierarchiestufe sollte zu diesem Zeitpunkt noch mit den Namen bestimmter Institutionen und den von ihnen betriebenen Netzwerken korrespondieren[10]. Die Einführung von „.arpa" als erster TLD wurde für einen Übergangszeitraum vorgesehen, bis die ARPA-Hosts einen Wechsel auf andere neu einzuführende TLDs vollzogen hatten[11]. Die Kategorien sollten sehr allgemein gehalten werden, wobei aber eigene TLDs für internationale Konzerne in Betracht gezogen wurden[12]. Nach eingehender Diskussion wurden mit „.com", „.edu", „.gov", „.mil" „.org" und „.net" sechs weitere TLDs festgelegt[13].

Bereits 1967 wurde der Begriff des NIC für die Aufgabe der Verwaltung einer Datei über die verfügbaren Ressourcen des damals noch in der Planung befindlichen ARPANET am SRI geprägt[14]. Dort wurden auch die ersten RFCs und Listen mit allen Host- und Rechnernamen veröffentlicht. Die Verwaltung sowohl der RFCs als auch der „hosts.txt"-Datei wurde von *Jonathan Postel* zunächst an der *University of California at Los Angeles* (UCLA) und später am *Information Sciences Institute* (ISI) der *University of Southern California* im Auftrag der *Defense Advanced Research Projects Agency* (DARPA) wahrgenommen. Darüber hinaus veröffentlichte *Postel* die zu verwendenden Protokollparameter. Diese von *Postel* wahrgenommenen Funktionen wurden Ende der achtziger Jahre in ihrer Gesamtheit als *Internet Assigned Numbers Authority* (IANA) bekannt. Bei IANA handelte es sich nicht um eine Organisation im Wortsinne sondern eher um eine Funk-

---

[8] Dazu: *Sieber* in: Hoeren/Sieber, Teil 1 Rn. 79; *Berners-Lee/Masinter/McCahill*, RFC 1738, Dezember 1994.
[9] *Mills*, RFC 799, September 1981.
[10] *Mills*, RFC 799, September 1981, S. 1 f.
[11] *Postel/Reynolds*, RFC 920, Oktober 1984, S. 2; *Postel*, RFC 921, Oktober 1984, S. 2; IANA Report on Establishment of the .name Top-Level Domain, 16.08.2001, Fn. 2.
[12] *Postel/Reynolds*, RFC 920, Oktober 1984, S. 1 f./8.
[13] *Postel/Reynolds*, RFC 920, Oktober 1984, S. 7 f.; IANA Report on Establishment of the .name Top-Level Domain, 16.08.2001, Abschnitt: Factual and Procedural Background.
[14] *Hafner/Lyon*, S. 91.

tion, die von *Postel* und seinen Mitarbeitern auf Grund des Vertragsverhältnisses mit der DARPA ausgeführt wurde[15]. Auf Grund der zunehmenden Beanspruchung wurden die Aufgaben teilweise an das NIC am SRI delegiert, welches Ende 1987 sowohl für die Vergabe von IP-Adressen als auch für die Vergabe der Second-Level-Domains (SLDs) unterhalb der gTLDs verantwortlich war[16]. Der Aufbau des NSFNET führte dazu, dass die *National Science Foundation* (NSF) die Verantwortung für den nichtmilitärischen Teil des Netzwerks übernahm. Mit der Einführung des DNS wurde nach Wegen gesucht, die Aufgaben zu verteilen, so dass die heute als Tochter der VeriSign, Inc. bekannte Firma Network Solutions Incorporated (NSI) ab 1993 zusammen mit ISI in Folge einer Ausschreibung von NSF zunächst für einen Zeitraum von fünf Jahren mit der Registrierung und Verwaltung der Domain-Namen unterhalb der TLDs „.org", „.net", „.com", „.edu" und „.gov" betraut wurde[17]. Im selben Jahr wurde das InterNIC (Internet Information Network Center) von NSF, NSI und anderen Organisationen ins Leben gerufen[18]. InterNIC ist eine Dachorganisation, die ihre Autorität von IANA ableitet und neben der Adress- und Domain-Vergabe für das Betreiben eines Dienstleistungsverzeichnisses und eines DNS-Informationsangebots verantwortlich war. Die jeweiligen Aufgaben wurden unmittelbar nach der Gründung der Organisation weiterdelegiert, wobei NSI die Aufgabe der Adress- und Domain-Vergabe übernahm[19]. Heute bezeichnet InterNIC eine Marke des Handelsministeriums, die von der ICANN auf Grund eines Lizenzvertrags verwendet wird[20]. Auf den InterNIC Webseiten werden heute verschiedene Informationsdienstleistungen angeboten[21].

III. ccTLDs

Dem internationalen Charakter des fortgeschrittenen Netzwerks wurde dadurch Rechnung getragen, dass auch länderspezifische TLDs eingeführt wurden, um einzelnen Ländern und Regionen die dezentralisierte Verantwortung für die Verwaltung des jeweiligen Namensraums

---

[15] United States Department of Commerce, Management of Internet Names and Addresses (White Paper), 10.06.1998, 63 Fed. Reg. 31741, 31744 f.
[16] WIA, US DOD [Internet] Assigned Numbers [Authority], Network Information Centers (NICs), Contractors, and Activities <http://www.wia.org/pub/iana.html> (Stand: August 2001).
[17] *Levi/Esteves/Marglin*, PLI, Juni-Juli 1998, S.12.
[18] *Levi/Esteves/Marglin*, PLI, Juni-Juli 1998, S.12.
[19] NSF Cooperative Agreement No. NCR-9218742, 01.01.1993.
[20] ICANN, License Agreement Concerning InterNIC®, 08.01.2001.
[21] InterNIC, Homepage <http://www.internic.org> (Stand: August 2001).

zu geben[22]. Die Kreation der nationalen und regionalen TLDs orientiert sich an dem ISO-Code 3166–1 Alpha 2 der *International Organization for Standardization* (ISO)[23]. Eine Beschränkung auf Staaten im Sinne der Drei-Elemente-Lehre *Jellineks* erfolgt nicht, auch Regionen und abhängige Territorien sowie Inselgebiete, für welche ein Kürzel in den ISO-Tabellen aufgeführt ist, können eine eigene TLD führen. Zunächst wurde die Delegation der ccTLDs von *Postel* an der UCLA und später unter der Bezeichnung IANA am SRI wahrgenommen. Die frühen Delegationen wurden vor allem von der Überzeugung geleitet, dass eine weitreichende weltweite Verbreitung des Netzwerks vorteilhaft sei, und somit die Schwelle für die Delegation nicht zu hoch angesetzt werden durfte, soweit die technischen Voraussetzungen gegeben waren. Die ersten Delegationen erfolgten i.d.R. an Forschungseinrichtungen und Universitäten, die sich mit der Entwicklung des Netzwerks beschäftigten. Zu den ersten Delegationen in Europa gehörten „.uk", „.nl", „.fr" und „.se"[24]. 1985 gab es weltweit erst drei ccTLDs, 1990 bereits 47, 1995 waren es 160 und heute sind es 243[25].

IV. Heutige Organisationsstruktur

1) Allgemeines

Die Delegation der Verwaltung für das Betreiben der ccTLDs sowie gTLDs obliegt heute ICANN in Wahrnehmung der ehemaligen IANA Aufgaben. Nach der mit der Gründung ICANNs erfolgten Neustrukturierung des DNS bestehen mittlerweile sieben weitere gTLDs. Die Verwaltung der sogenannten offenen gTLDs mit „.biz", „.info", „.name" und „.pro" (*unsponsored TLDs*) wird dabei von unabhängigen kommerziellen Unternehmen übernommen[26]. VeriSign/NSI fungiert nach Vereinbarung mit der ICANN bis Ende 2002 weiterhin als Registry für die gTLD „.org", zu welchem Zeitpunkt der Betrieb auf eine neuzu-

---

[22] *Krol*, S. 34 f.
[23] *Postel/Reynolds*, RFC 920, Oktober 1984, S. 8.
[24] Übersicht unter: WWTLD-DOM, History of the Internet, ccTLDs in chronological order of Top Level Domain creation at the Internic <http://www.wwtld.org/aboutcctld/history/wwtld1999/ccTLDs-by-date.html> und WIA, Historical Emergence of the Internet DNS Root and Top Level Domains 1985–1994 <http://www.wia.org/pub/tld_history.txt> (Stand jeweils: Juli 2001).
[25] Übersicht bei: IANA, Root-Zone Whois Information <http://www.iana.org/cctld/cctld-whois.htm> (Stand: Juni 2002).
[26] Übersicht bei: IANA, Generic Top-Level-Domains <http://www.iana.org/gtld/gtld.htm> (Stand: April 2002).

schaffende gemeinnützige Verwaltungsorganisation übergehen soll[27]. Die Verwaltung von „.net" wird bis zum 30. Juni 2005 abgegeben, wobei sich VeriSign/NSI an der daraufhin erfolgenden Ausschreibung des Registry-Betriebs beteiligen darf[28]. Was die Verwaltung von „.com" anbelangt, darf NSI diese in ausschließlicher Zuständigkeit auch über das Jahr 2007 hinaus weiterführen[29]. Die beschränkten gTLDs „.aero", „.coop", und „.museum" (*sponsored TLDs*) werden von die spezifischen Bereiche repräsentierenden Organisationen erfüllt. Die Verwaltung der auf bestimmte US-amerikanische Institutionen beschränkten gTLDs der ersten Generation („.gov", „.edu", „.mil") obliegt dagegen bestimmten US-Einrichtungen während „.int" von der ICANN selbst verwaltet wird[30].

Für die Bezeichnung der NICs hat sich auch im deutschsprachigen Raum der Begriff des *Registries* anstatt der deutschen Begriffe Verwaltungsstelle oder Registerorganisation durchgesetzt. Die Registries unterhalten die Datenbanken mit den Informationen über die registrierten Domain-Namen und betreiben die Nameserver für den jeweiligen TLD Bereich[31]. Sie sind zu unterscheiden von den *Registrars* (Registerführern), die, ohne selbst das Register zu verwalten, die Registrierungen für die Endkunden vornehmen. Bei diesen Organisationen handelt es sich i.d.R. um Provider, die neben der Domain-Registrierung noch eine Vielzahl weiterer Dienstleistungen wie z.B. E-Mail-Weiterleitung und *Webspace* anbieten. Die Domain-Anmelder, d.h. die Antragsteller, werden *Registrants* genannt[32]. Die Unterscheidung dieser Begrifflichkeit ist für das Verständnis der Registrierungspraktiken von entscheidender Bedeutung. Für Verwirrung sorgt dabei vor allem die Tatsache, dass die Verwaltungsstelle für Domain-Registrierungen unterhalb der generischen TLD „.com", „.net" und „.org", VeriSign/NSI, sowohl als Registry als auch als Registrar auftritt. Die Trennung der Funktionen von Registrar und Registry geht zurück auf das Grün- und Weißbuch der US-Regierung. Im von der ICANN implementierten *Shared-Registry-System* (SRS) liegt die Verantwortung für jede gTLD bei einem Registry während eine unbe-

---

[27] ICANN/VeriSign .org Registry Agreement, 25.05.2001; CR 2001, 489; *Kleinwächter*, MMR 04/2001, XXI.
[28] ICANN/VeriSign .net Registry Agreement, 25.05.2001; CR 2001, 489; *Kleinwächter*, MMR 04/2001, XXI.
[29] ICANN/VeriSign .com Registry Agreement, 25.05.2001; CR 2001, 489; *Kleinwächter*, MMR 04/2001, XXI.
[30] IANA, Generic Top-Level-Domains <http://www.iana.org/gtld/gtld.htm> (Stand: August 2001).
[31] Für „.de": *Welzel*, MMR 2001, 744.
[32] Zur Begrifflichkeit: Final Report of the IAHC, 04.02.1997, Abschnitt 2.2.

grenzte Anzahl an akkreditierten Registraren direkten Zugriff auf die so verwaltete Datenbank unterhalb einer gTLD nehmen darf[33].

2) ccTLDs

Die Verwaltungsstrukturen in den europäischen ccTLDs beruhen auch heute noch weitgehend auf dem Selbstverwaltungsgedanken. Die NICs der Mitgliedstaaten sind mehrheitlich privatrechtlich organisiert, wie die DENIC eG in Deutschland, der DK Hostmaster A/S in Dänemark, die *Stichting Internet Domainregistratie Nederland* (SIDN) oder die nic.at GmbH in Österreich[34]. Finnland bietet das bisher einzige Beispiel eines Mitgliedstaates, in dem die Verwaltung der Domain-Namen sowohl auf der Organisationsebene als auch auf der Ebene der Vergaberegeln hoheitlich geregelt ist. Seit dem 01. Juni 1997 ist dort eine staatliche Behörde für die Verwaltung von Domain-Namen verantwortlich[35]. Die Vergabe von Domain-Namen in Finnland wird dementsprechend durch eine Verordnung geregelt[36]. Eine hoheitliche Vorgabe der Regeln für die Domain-Registrierung erfolgt auch in Spanien[37] und Griechenland[38]. Das griechische Registry, der GR Hostmaster, wird darüber hinaus von der nationalen Regulierungsbehörde beaufsichtigt[39]. In Spanien obliegt die Oberaufsicht über das DNS und ES-NIC, dem spanischen Registry, dem für Telekommunikationsangelegenheiten zuständigen Wirtschaftsministerium[40]. Die hinter ES-NIC stehende Gesellschaft RED.ES (*Ente Público de la Técnica de Televisión*) wurde im Jahr 2000 offiziell mit der Aufgabe der Domain-Verwaltung betraut. Eine staatliche Einflussnahme besteht auch in Luxemburg, insoweit, als die für die Domain-Vergabe zuständige Stiftung, *Réseau Téléinformatique de l'Education Nationale et de la Recherche* (RESTENA), zur Erfüllung ihrer Aufgaben im Wesentlichen vom Großherzogtum finanziert

---

[33] ICANN, History of the SRS <http://www.icann.org/registrars/accreditation-history.htm> (Stand: April 2002).

[34] Siehe: Annex I.

[35] FICORA, General <http://www.ficora.fi/englanti/internet/n2580.htm> (Stand: April 2002).

[36] Regulation (THK34A/2000 M).

[37] Texto refundido de las disposiciones en vigor de la Orden del Ministerio de Fomento 21 de marzo de 2000 y las de la Orden del Ministerio de Ciencia y Tecnología de 12 de julio de 2001, por la que se regula el sistema de asignación de nombres de dominio de Internet bajo el código de país correspondiente a España (.es).

[38] GR Hostmaster, General Instructions for DNS Name Registrations <http://www.hostmaster.gr/english/index.html> (Stand: Juni 2001).

[39] GR Hostmaster, Homepage <http://www.hostmaster.gr/english/index.html> (Stand: Juni 2001).

[40] ES-NIC, Presentation <http://www.nic.es/es-nic/indexengwelcome.html> (Stand: April 2002).

wird. Darüber hinaus finden sich staatliche Vertreter im Stiftungsvorstand. Auch in anderen Mitgliedstaaten erfolgt eine hoheitliche Einflussnahme auf die Politiken der Registries durch eine beratende Tätigkeit oder eine Beteiligung in den entscheidungserheblichen Gremien wie in Italien, Österreich, Belgien und bedingt auch in Schweden. In Frankreich[41], Irland[42] und auch Österreich[43] erfolgt zwar keine staatliche Regulierung, doch besteht dort zumindest ein gesetzlich normiertes staatliches Zugriffsrecht. In Dänemark erfolgt die Vergabe nach wie vor vollständig auf privatwirtschaftlicher Ebene, jedoch, wie in Deutschland auch, mit ausdrücklicher Billigung der Regierung, während in Portugal und im Vereinigten Königreich bisher von einer stillschweigenden Billigung der Regierungen ausgegangen werden kann.

B. Die Domain-Namen-Registrierung

I. Grundprinzipien

Die Prinzipien für die Delegation von ccTLDs sind in RFC 1591 mit dem Titel *Domain Name System Structure and Delegation* vom März 1994 und dem die Delegationspraxis zusammenfassenden Dokument ICP-1 vom Mai 1999 dokumentiert. Des Weiteren werden periodisch Memoranden von IANA veröffentlicht, die sich mit die ccTLDs betreffenden Fragen auseinandersetzen und dem Informationsaustausch der ccTLD-Registries untereinander dienen sollen[44]. RFC 1591 beschreibt die Erwägungen, die angestellt werden, wenn eine neue TLD kreiert und delegiert werden soll. Die meisten Erwägungen betreffen aber sowohl die Delegation von ccTLDs als auch die Vergabe von SLDs unterhalb dieser TLDs[45]. Die von *Postel* aufgestellten Prinzipien sind sehr allgemein gehalten und lassen für sich genommen ein breites Spektrum an Interpretationen zu. So wird im Wesentlichen eine gerechte, diskriminierungsfreie und treuhänderische Verwaltung im Interesse der Internetgemeinde gefordert. Weitere konkrete Vorgaben für die Ausgestaltung der Vergabeverfahren

---

[41] Projet de Loi sur la société de l'information, Titre Ier – De l'accès à l'information, L'article 2; CR 2001, 568; *Kleinwächter*, MMR 04/2000, XVIII, XIX.
[42] Electronic Commerce Act, 2000, Part 4, Section 31; MMR 01/2001, V.
[43] § 61 Bundesgesetz betreffend die Telekommunikation (Telekommunikationsgesetz – TKG) (BGBl. 100/1997); *Thiele*, Rechtliche Grundlagen der Domainvergabe – Regulierung für „.at"?.
[44] Abrufbar unter: IANA, ccTLD News <http://www.iana.org/cctld/cctld-news.htm> (Stand: Juli 2001).
[45] *Postel*, RFC 1591, März 1994, S. 4.

werden nicht gemacht[46]. Die Mehrzahl der Registries in den Mitgliedstaaten geben vor, sich an dem Leitbild des RFCs zu orientieren[47]. Gemein ist den Vergabestellen, dass die Grundsätze der Vergabe in Registrierungsbedingungen und -prinzipien festgehalten werden[48]. In Deutschland sind dies die DENIC-Registrierungsrichtlinien und die DENIC-Registrierungsbedingungen. Soweit die Vergabe nicht gesetzlich geregelt ist, finden sich in den übrigen Mitgliedstaaten ähnliche Regelungen.

Herkömmlicherweise wird das Prioritätsprinzip des „first come, first served"[49] oder auch „wer zuerst kommt, mahlt zuerst"[50] als allgemein gültiges oberstes Prinzip für die Vergabe von Domain-Namen genannt. Die Bezeichnungen für diesen Grundsatz sind vielfältig und reichen von Erstanmeldeprinzip[51], „Hase-Igel-Prinzip"[52], „Windhund-Prinzip"[53] oder „Müller-Prinzip"[54] über „prior tempore potior iure"[55] bis hin zu „first filed, first served"[56] oder auch „first come, first surf"[57]. Diese Formulierungen beschreiben eine Situation, in der ein Domain-Name ausschließlich auf Grund der Priorität beurteilt wird. Ein Domain-Name wird danach immer dann für den Domain-Anmelder registriert, wenn der begehrte Begriff nicht bereits für einen zeitlich früheren Antragsteller registriert worden ist[58]. Das Erstanmeldeprinzip gilt aber nicht uneingeschränkt für alle ccTLDs der Mitgliedstaaten denn u.U. wird der schnellste Antragsteller die Domain gerade nicht erhalten, weil nach den hier thematisierten Registrierungspraktiken eine weitere Überprüfung der Berechtigung erfolgt.

II. Das gTLD Modell

Auf einem reinen Prioritätsprinzip basieren die Vergabeverfahren für die unbeschränkten gTLDs („.com", „.info", „.org", „.net"). Sie zeich-

---

[46] *Postel*, RFC 1591, März 1994, S. 4 f.
[47] Z.B. DK Hostmaster, Rules, 1.4 m; DNS-LU, Domain Name Charter, 1.4.
[48] Siehe: Annex II.
[49] *Viefhues* in: Hoeren/Sieber, Teil 6 Rn. 20.
[50] *Florstedt*, S. 121; *Schwarz* in: JbItalR 14 (2001), S. 109, 110.
[51] *Florstedt*, S. 7.
[52] *Schließ*, ZUM 1999, 307, 308.
[53] *Ullrich*, WM 2001, 1129; Verordnung (EG) Nr. 733/2002 des Europäischen Parlaments und des Rates vom 22. April 2002 zur Einführung der Domäne oberster Stufe „.eu" (ABlEG Nr. L 113, 30.04.2002, S. 1–5), Erwägungsgrund (20) (.EU-Einführungsverordnung).
[54] *Härting*, ITRB 2002, 96, 97.
[55] *Forgó* in: Mayer-Schönberger/Galla/Fallenböck, S. 1, 5.
[56] DK Hostmaster, Rules, 2.1.
[57] *Oeter*, Der Syndikus, 09–10/2001, 37.
[58] WIPO Survey of ccTLDs, 15.

B. Die Domain-Namen-Registrierung

nen sich dadurch aus, dass jedermann ohne weitere Voraussetzungen einen Domain-Namen unterhalb dieser gTLDs anmelden kann. Nach dem mit der Gründung ICANNs gebildeten Modell des SRS erfolgen die Registrierungen dabei ausschließlich über akkreditierte Registrare. Die Registrierung kann elektronisch innerhalb von wenigen Minuten durchgeführt werden. Die Registrare bieten online-Formulare an, in denen die notwendigen Informationen abgefragt und eingetragen werden, und nehmen zum Zweck der Registrierung des begehrten Namens direkten Zugriff auf die von VeriSign/NSI und den anderen Registries verwalteten Datenbanken. Des Weiteren stellen die Registrare auf technischer Seite die zur Übersetzung der Domain-Namen in die IP-Adressen notwendigen DNS-Server zur Verfügung.

Die Registrierungsverfahren bei diesen gTLDs basieren auf einer von der WIPO im Anschluss an die Gründung ICANNs im Auftrag der US-Regierung verfassten Studie zu den Möglichkeiten der Ausgestaltung der Domain-Vergabe. Im Vordergrund der Untersuchung stand die Frage, wie Markenrechte vor missbräuchlichen Registrierungen geschützt werden könnten. Ausgangspunkt war dabei die Überlegung, dass Wachstum und Kreativität des Internets gerade auch auf dem einfachen Zugang zum Internet fußen und nicht durch eine restriktive Registrierungspraxis behindert werden dürfen. Das wesentliche Ergebnis der Untersuchung war, dass ein optimales Verfahren eine unkomplizierte und schnelle Registrierung ermöglichen müsse. Aus diesem Grund wurden keine Beschränkungen im Vorfeld der Registrierung empfohlen. Der Antragsteller muss allerdings mit der Anmeldung die Gewährleistung aussprechen, Rechte Dritter nicht zu verletzen und sich gleichzeitig dem vorgeschlagenen Schlichtungsverfahren, dem UDRP, unterwerfen. Des Weiteren wurde als Ausgleich für möglicherweise tangierte Markeninhaber die umfassende Veröffentlichung der Anmeldeinformationen des Domain-Inhabers vorgeschlagen. So können heute über die Whois-Datenbanken der verschiedenen Anbieter Name, Anschrift, Telefonnummer und E-Mail-Adresse des jeweiligen Domain-Inhabers in Echtzeit abgerufen werden.

ICANN hat sich die Vorschläge der WIPO zu Eigen gemacht. Die Registrierungsbedingungen in den offenen gTLDs werden dabei von ICANN zum einen in Verträgen mit den jeweiligen Registries[59] und zum anderen in den Akkreditierungsvereinbarungen mit den Registrars (*Registrar Accreditation Agreements*)[60] vorgegeben.

---

[59] Übersicht bei: ICANN's Major Agreements and Related Reports <http://www.icann.org/geenral/agreements.htm> (Stand: April 2002).
[60] ICANN Registrar Accreditation Agreement, 17.05.2001.

III. Die ccTLDs

Die erste WIPO-Studie bezog sich im Wesentlichen auf die offenen gTLDs. Mit dem zweiten WIPO-Verfahren wurde auch ein ccTLD-Programm ins Leben gerufen, mit dem Ziel, auf die Bedürfnisse der heterogenen ccTLDs abgestimmte Registrierungsregeln zur Vermeidung von Konflikten zwischen Gewerblichen Schutzrechten und Domain-Namen zu erarbeiten[61]. Im Juni 2001 wurde ein Dokument mit einem Vorschlag für ein vorbildliches Verfahren für Registrierungen unterhalb der ccTLDs vorgelegt. Der Vorschlag setzt, wie das erste WIPO-Verfahren auch, den Schwerpunkt der Konfliktbewältigung auf die Anmeldeinformation und die Implementierung von Streitbeilegungsmechanismen[62].

Ebenso hat CENTR solche Grundsätze für ein vorbildliches Verfahren vorgelegt[63]. Bei CENTR handelt es sich um eine seit 1999 bestehende Non-Profit-Vereinigung von ccTLD Registries, in welcher die NICs aller 15 Mitgliedstaaten vertreten sind. Die Leitlinien beschränken sich im Kern auf eine Wiedergabe der in RFC 1591 referierten Prinzipien.

C. Die Registrierungspraktiken in den ccTLDs

Vor diesem Hintergrund sollen im Folgenden die Registrierungspraktiken der NICs in den Mitgliedstaaten näher betrachtet werden.

I. Anmeldeverfahren

Die Registrierungsverfahren in den Mitgliedstaaten sind uneinheitlich ausgestaltet. Dies hängt damit zusammen, dass nicht alle NICs auf der Basis eines reinen Erstanmeldeprinzips operieren.

1) Das Verfahren für „.de"

Die Registrierung für Domain-Namen unterhalb von „.de" ist vollautomatisiert und erfolgt i.d.R. auf elektronischem Wege[64]. Eine Registrierung kann dabei entweder über einen Genossen der DENIC eG und seit 1998 auch direkt bei der DENIC erfolgen[65]. Nach Angaben der DENIC

---

[61] Überblick über die Initiativen: WIPO, ccTLD Program <http://www.wipo.int/domains/ccTLDs/index.html> (Stand: April 2002).
[62] WIPO ccTLD Best Practices, S. 1 f.
[63] Siehe oben 1. Teil Fn. 15.
[64] *Welzel*, MMR 2001, 744, 745.
[65] DENIC-Registrierungsrichtlinien, I.

werden 99,4% der Registrierungen von den Genossen durchgeführt[66]. Die Registrierungen über den Service DENICdirect sind teurer als im Fall der Zwischenschaltung eines ISP, da die direkte Registrierung für die DENIC einen höheren Aufwand verursacht. Die Provider bieten Registrierungen dagegen im Paket mit weiteren Leistungen, wie dem Internet-Zugang oder Webspace zur Präsentation einer Homepage, an[67]. Die Kosten für den Domain-Namen fallen bei diesen Angeboten nicht ins Gewicht[68]. Die DENIC rät aus diesen Gründen von der direkten Registrierung ab[69].

Erfolgt die Anmeldung über einen Provider, so hängt die Ausgestaltung des Verfahrens von diesem ab. Dabei wird dem Provider der Registrierungsauftrag vom Domain-Kunden typischerweise in elektronischer Form übermittelt. Die Registrierung erfolgt dann durch den Provider als Registrar im Direktzugriff auf die Domain-Datenbank der DENIC. Die DENIC erhält die Aufträge von ihren Mitgliedern per E-Mail. Die Mitgliedschaft entspricht der Akkreditierung durch ICANN bei den gTLDs. Nicht akkreditierten Providern steht der Direktzugriff auf die DENIC-Datenbank nicht zu. Solche Provider müssen mit einem DENIC-Genossen zusammen arbeiten, um ihren Kunden eine Domain-Registrierung anbieten zu können. Unabhängig von der Art des gewählten Verfahrens kann die Registrierung innerhalb weniger Stunden erfolgen[70].

2) Die Verfahren in den übrigen Mitgliedstaaten

Das Verfahren für „.at" gleicht dem deutschen insofern als auch hier zwei Wege zur Registrierung einer Domain führen können. Zum einen besteht die Möglichkeit einer direkten Anmeldung auf elektronischem Weg unter Verwendung eines von der nic.at zur Verfügung gestellten Formulars oder auch per Fax oder Brief[71]. Die Eintragung kann zum anderen auch durch einen vom Antragsteller bevollmächtigten Vertreter vorgenommen werden, wobei es sich dabei nicht um besonders qualifizierte Registrare handeln muss[72].

Wie in Deutschland sind auch in den übrigen Mitgliedstaaten die Registrierungsverfahren weitgehend automatisiert. Etwas anderes gilt

---

[66] *Welzel*, MMR 2001, 744, 745.
[67] *Härting*, CR 2001, 37.
[68] Vgl. *KG Berlin* GRUR-RR 2001, 279 f. – „.de"-Adresse.
[69] DENIC eG, Wie und wo kann ich die Registrierung meiner eigenen Domain in Auftrag geben? <http://www.denic.de/doc/faq/domainregistrierung.html> (Stand: April 2001).
[70] *Welzel*, MMR 2001, 462, 463.
[71] nic.at, AGB, 3.1.1.
[72] nic.at, AGB, 3.1.2.

allerdings in den Ländern mit einer restriktiven Vergabepraxis, da dort die Berechtigung zur Registrierung eines bestimmten Begriffs und etwaige sonstige Voraussetzungen vor der Registrierung durch dokumentarischen Nachweis verifiziert werden müssen. In Frankreich, als ein Land mit einem restriktiven Registrierungssystem, erfolgt die Übermittlung der Registrierungsinformation per E-Mail über die Provider. Die eine Registrierung rechtfertigenden Dokumente müssen spätestens nach zwei Wochen per Fax oder Post übermittelt werden[73]. FCCN in Portugal akzeptiert im Einzelfall auch eine Übersendung der Dokumente per elektronischer Post, wenn es von der Authentizität der Dokumente überzeugt ist[74]. In Irland erfolgt die Anmeldung eines Domain-Namens unterhalb von „.ie" per E-Mail, wobei die erforderlichen unterstützenden Dokumente per Fax oder auf dem Postweg eingereicht werden müssen[75].

Unterschiede bestehen auch in Bezug auf die Möglichkeit einer Direktregistrierung. In einigen der europäischen ccTLDs kann eine Registrierung ausschließlich über besonders qualifizierte Registrare oder Vertragsprovider durchgeführt werden. Dies gilt namentlich für Registrierungen in Dänemark[76], Schweden[77], Italien[78], den Niederlanden[79], Frankreich[80] und seit Dezember 2000 auch in Belgien[81]. Nach Angaben von DNS BE sollte durch die Änderung eine einfachere und schnellere Registrierung ermöglicht werden[82]. Die übrigen NICs lassen dagegen auch Direktregistrierungen zu.

Auch in den ccTLDs, in denen eine Registrierung nach dem Prioritätsprinzip erfolgt, findet bei der Anmeldung regelmäßig eine Prüfung der Konnektivität des begehrten Domain-Namens statt. Konnektieren heißt, dass eine Domain über mindestens zwei Nameserver gefunden werden kann. Aus diesem Grund sind schon bei der Registrierung zwei funktionstüchtige DNS-Server mit Bezeichnung und IP-Adresse zu benennen. Die Funktionstüchtigkeit der Nameserver wird danach

---

[73] AFNIC, Naming Charter, II. 2. 3.
[74] FCCN, Rules (.pt), 2.4.1.
[75] IEDR, Obtaining an Internet domain within IE, 2.1.
[76] DK Hostmaster, Registration <http://www.dk-hostmaster.dk/registratoruk.shtml> (Stand: März 2002).
[77] NIC-SE, General Rules, § 1.
[78] RA, Technical Registration Procedures, 1.1.
[79] SIDN, Regulations, 2.
[80] AFNIC, Naming Charter, III. 1.
[81] DNS BE, How to register? <http://www.dns.be/eng/DomainInfo/howtoregister.htm> (Stand: März 2002).
[82] DNS BE, What's new?, Liberalization domainnames, 08.09.2000 <http://www.dns.be/eng/News/whatsnew08sep2000.htm> (Stand: April 2002).

C. Die Registrierung in den ccTLDs   19

i.d.R. überprüft bevor der Domain-Name endgültig delegiert wird. Das Konnektivitätserfordernis entspricht den WIPO-Empfehlungen und stellt eine Standardpraxis der NICs dar. Bis auf DNS-LU verlangen sämtliche NICs der Mitgliedstaaten mindestens zwei funktionstüchtige Domain-Name-Server[83].

II. Anmeldeinformation und Whois

Bei der Registrierung eines Domain-Namens gibt der Domain-Anmelder regelmäßig eine Fülle von Anmeldeinformationen an das jeweilige NIC weiter. Als Domain-Anmelder wird hier der spätere materiell berechtigte Domain-Inhaber bezeichnet. Die Registries der Mitgliedstaaten veröffentlichen diese Informationen in unterschiedlichem Umfang in den von ihnen betriebenen Whois-Datenbanken[84]. Bei den Whois-Diensten handelt es sich um Suchmaschinen, über welche die Verfügbarkeit bestimmter Domain-Namen unterhalb einer TLD sowie bestimmte Informationen über registrierte Domain-Namen abgerufen werden können.

RFC 1032 aus dem Jahre 1987 macht Vorgaben für die bei der Registrierung eines Domain-Namens zu erhebenden Informationen[85]. Zu den gängigen Angaben gehören i.d.R. die Angabe der vollständigen Adresse des Domain-Anmelders und bestimmter Kontaktpersonen. Darüber hinaus wird regelmäßig die Angabe einer E-Mail-Adresse und einer Telefonnummer verlangt.

In Bezug auf weitere Angaben werden im Wesentlichen drei Kontaktpersonen mit verschiedenen Verantwortungsbereichen unterschieden. Dies sind der in Kurzform auch als Admin-C bezeichnete administrative Ansprechpartner, der Rechnungsempfänger (Billing-C) sowie der technische Ansprechpartner (Tech-C). Teilweise, z.B. nach den Vorgaben der DENIC, der nic.at, des IEDR in Irland und von AFNIC in Frankreich, wird die technische Betreuung der Nameserver einem eigenen Zonenverwalter (Zone-C) zugewiesen, der in der weiteren Darstellung wegen des geringen praktischen Unterschieds zum Tech-C vernachlässigt werden soll.

Darüber hinaus werden regelmäßig die technischen Angaben zu den Nameservern erhoben, um die Konnektivität des registrierten Domain-Namens überprüfen zu können.

---

[83] Z.B. nic.at, AGB, 1.4.2.; DK Hostmaster, Rules, 2.2 e.; FICORA, Configuration of Nameservers, Section 2; GR Hostmaster, Rules, 9.; RA, Technical Registration Procedures, 2.2.4; FCCN, Rules for .PT, 2.1.1.

[84] Siehe: Annex III.

[85] *Stahl*, RFC 1032, November 1987, S. 10–13.

Die Whois-Datenbanken und der Umfang der über den Whois-Dienst abrufbaren Informationen sind für diese Arbeit insofern von Interesse, als durch sie die Frage nach der datenschutzrechtlichen Zulässigkeit dieser Registrierungspraxis aufgeworfen wird[86].

III. Domain-Namen-Format

Weitgehend einheitlich sind die syntaktischen Vorgaben für Domain-Namen. Diese wurden im November 1987 in RFCs 1034 und 1035 von *Mockapetris* dargestellt. Die Registrierungsstellen der Mitgliedstaaten orientieren sich an diesen Vorgaben[87]. Danach kann ein *Label* aus maximal 63 Zeichen bestehen. *Label* bezeichnet dabei die jeweils zwischen den Trennpunkten befindlichen Textteile[88]. Zulässige Zeichen sind dabei die Buchstaben „a" bis „z" des europäischen Alphabets sowie die arabischen Zahlen „0" bis „9" und das Bindestrichzeichen („-"). Eine Unterscheidung zwischen Groß- und Kleinschreibung erfolgt nicht. Am Anfang des *Labels* muss jeweils ein Buchstabe stehen, während am Ende ein Buchstabe oder eine Zahl nicht aber das Hyphen stehen darf. Die RFCs schließen die Verwendung von Doppelbindestrichen nicht aus, doch werden diese zukünftig an der dritten und vierten Stelle im Rahmen der Einführung multilingualer Domains für die Auswertung anderer Charaktere gebraucht werden. Die DENIC[89] und die nic.at[90] lassen die Registrierung solcher Zeichen deshalb seit Anfang 2002 nicht mehr zu und auch die italienische RA empfiehlt, diese Zeichenkombination nicht zu verwenden[91].

Soweit diese Vorgaben nicht von einer technischen Notwendigkeit gedeckt sind, stellt sich die Frage, ob die NICs sich gegenüber Domain-

---

[86] Siehe dazu unten 5. Teil.

[87] So ausdrücklich z.B.: Nominet UK, General Rules for .uk, 3.3; DNS-LU, Explanations, 1. <http://www.dns.lu/howto-registrationform.htm>; AFNIC, Naming Charter, Appendix 2. 11.; DNS BE, Terms and Conditions, 2.; SIDN, Technical Requirements, Clause 1; IEDR, Obtaining an Internet Domain within .IE, 3.1; RA, Naming Rules, 2. b).

[88] *Albitz/Liu*, S.12; *Mockapetris*, RFC 1035, November 1987, S. 10. IANA Report on Establishment of the .name Top-Level-Domain, 16.08.2001, Abschnitt: Factual and Procedural Background.

[89] DENIC, DENIC beschränkt Registrierung von Domains mit Bindestrichen an dritter und vierter Stelle, 25.02.2002 <http://www.denic.dedoc/DENIC/presse/bindestriche.html> (Stand: April 2002).

[90] nic.at, Internationale Domain-Namen für Registrierung gesperrt, 27.02.2002 <http://www.nic.at/german/news.html> (Stand: April 2002).

[91] RA, FAQ/Domain Names, 2. What scripts are allowed?, 03.04.2002 <http://www.nic.it/RA/en/faq-nomi> (Stand: April 2002).

Anmeldern im Einzelfall wettbewerbswidrig verhalten, wenn sie eine Registrierung derselben ablehnen[92].

IV. Registrierungsmodelle

Neben dem Ausschluss bestimmter Begriffe bestehen teilweise weitere Beschränkungen in Bezug auf den Kreis der qualifizierten Domain-Inhaber und die Ausgestaltung des begehrten Domain-Namens. Die Systeme der ccTLDs in den Mitgliedstaaten lassen sich insoweit in drei Modelle aufteilen:

1) Das Modell der unbeschränkten Vergabe

In einigen dieser ccTLDs wird ein den offenen gTLDs vergleichbares unbeschränktes Registrierungssystem praktiziert. Unbeschränkt heißt, dass neben den technischen Formatvorgaben und dem etwaigen Ausschluss bestimmter reservierter Bezeichnungen, keine weiteren Vorgaben weder mit Blick auf den Kreis der Domain-Inhaber noch mit Blick auf den begehrten Domain-Namen bestehen. Nach dieser Praxis kann jedermann – ungeachtet von Wohnsitz, Staatsangehörigkeit oder Unternehmenssitz – jeden von ihm begehrten Domain-Namen registrieren. Es gilt das Erstanmeldeprinzip. Eine Registrierung erfolgt, sofern der Domain-Name nicht bereits registriert wurde, ohne weitere Prüfung der Berechtigung.

Unter dieses Modell fallen folgende hier interessierende ccTLDs und Unterbereiche:
– „.at", „.co.at" sowie „.or.at" in Österreich
– „.be" für Belgien
– „.dk" für Dänemark
– „.nl" für die Niederlande
– „.com.pt" in Portugal
– „.co.uk", „.org.uk" und „.me.uk" im Vereinigten Königreich.

Österreich ermöglicht Registrierungen sowohl unterhalb der flachen TLD „.at" als auch unter den genannten Subdomain-Bereichen. Beschränkungen hinsichtlich der Subdomain-Bereiche bestehen nicht. Nach den Registrierungsbedingungen soll der Unterbereich „.co.at" in Analogie zu „.com" zwar auf kommerzielle Betätigungen und der Bereich „.or.at" auf Non-Profit-Aktivitäten hinweisen, doch erfolgt eine Kontrolle über die tatsächliche Nutzung zu diesen Zwecken in der Praxis nicht. Es handelt sich daher im Ergebnis um eine schlichte Empfehlung. Die tatsächli-

---

[92] Siehe dazu unten 4. Teil D. III.

che Ausgestaltung wird in der Praxis dem Markt überlassen[93]. Eine Überprüfung der vorgesehenen Nutzungsart oder der Gesellschaftsform des Domain-Anmelders findet nicht statt. Etwas anderes gilt nur für die Subdomain-Bereiche „.ac.at" (für Bildungseinrichtungen) und „.gv.at" (für staatliche Einrichtungen), die nicht von der nic.at verwaltet werden.

Im Vereinigten Königreich und in Portugal bestehen eine Vielzahl von Subdomain-Bereichen, wobei die genannten Unterbereiche einer unbeschränkten Registrierung zugänglich sind. Die übrigen Unterbereiche sind den anderen Modellen zuzuordnen.

2) Das Modell der semi-beschränkten Vergabe

Eine zweite Modellkategorie bilden diejenigen ccTLDs, die zwar kein Erfordernis einer Berechtigung in Bezug auf den begehrten Domain-Namen aufstellen, die jedoch den Kreis der qualifizierten Domain-Inhaber beschränken, indem eine territoriale Nähe des Domain-Inhabers zu dem Staat der betreffenden ccTLD vorausgesetzt wird. Diese von den Registraren auch als „local presence requirement" (Präsenzpflicht) bezeichnete Voraussetzung nimmt dabei unterschiedliche Formen an.

a) Das Modell „.gr"

Eine Domain-Registrierung in Griechenland setzt voraus, dass der Domain-Anmelder entweder die griechische Staatsbürgerschaft hat oder aber eine hinreichende Handelstätigkeit mit Griechenland vorweisen kann[94].

Neben der flachen TLD „.gr" existieren in Griechenland mit „.com.gr", „.edu.gr", „.net.gr" und „.org.gr" und „.gov.gr" zweckgebundene Unterbereiche[95]. Wie in Österreich handelt es sich – bis auf den der Regierung und ihren Behörden vorbehaltenen Bereich – bei der Differenzierung nur um eine Empfehlung, deren Ausgestaltung in der Praxis dem Belieben des Domain-Anmelders überlassen wird.

b) Das Modell „.it"

Eine territoriale Beschränkung besteht auch für Domain-Registrierungen in Italien. Allerdings gilt hier die Besonderheit, dass der erforderliche Wohnsitz oder Firmensitz nicht in Italien, sondern innerhalb

---

[93] nic.at, FAQs/Registrierung, Was bedeuten die Endungen „.co.at", „.or.at", „.ac.at", „.gv.at" und wo werden sie registriert? <http://www.nic.at/german/faqger.html#endung> (Stand: April 2002).
[94] GR Hostmaster, Rules, 1.
[95] GR Hostmaster, General Instructions.

des Gebiets der Europäischen Union liegen muss[96]. RA nimmt Registrierungen ausschließlich unterhalb der flachen TLD „.it" entgegen.

c) Die Modelle „.de" und „.lu"

Die DENIC hatte bis August 2000 verlangt, dass der Domain-Inhaber in Deutschland ansässig war[97]. Heute besteht ein eingeschränkteres Erfordernis der territorialen Nähe, indem bei im Ausland ansässigen Domain-Inhabern vorausgesetzt wird, dass der administrative Ansprechpartner seinen Wohnsitz in Deutschland hat. Nach den Registrierungsbedingungen der DENIC soll die administrative Kontaktperson im Fall eines im Ausland ansässigen Domain-Inhabers als Zustellungsbevollmächtigter des Domain-Inhabers fungieren. Eine identische Regelung besteht in Luxemburg für Registrierungen unterhalb der TLD „.lu"[98]. In beiden Ländern bestehen keine vorgegebenen Subdomain-Bereiche.

3) Das Modell der restriktiven Vergabe

Die übrigen NICs der Mitgliedstaaten operieren auf der Basis einer restriktiven Registrierungspraxis. In diesen Ländern wird neben dem Erfordernis der territorialen Nähe ein besonderer Qualifikationsnachweis hinsichtlich des vom Domain-Anmelder begehrten Domain-Namens vorausgesetzt. Der Domain-Anmelder kann einen Domain-Namen demnach nur anmelden, wenn er eine Berechtigung zur Registrierung gerade dieser konkreten Wortkombination nachweisen kann. Die Qualifikationen nehmen dabei wiederum verschiedene Formen an.

Teilweise wird das Erfordernis eines Berechtigungsnachweises an ein vorgegebenes System von Unterbereichen gekoppelt, teilweise kommen nur Registrierungen unterhalb der flachen TLD in Betracht.

a) Das Modell der flachen Registrierung

(1) „.ie"

Das Erfordernis der territorialen Nähe besteht für „.ie" darin, dass eine „echte und substanzielle Verbindung zu Irland" bestehen muss[99].

Die Vergabe von Domain-Namen in Irland orientiert sich an der Firma eines Unternehmens und dem Namen einer Person, d.h. der Do-

---

[96] RA, Naming Rules, 5.
[97] DENIC, Mehr Rechtssicherheit und Klarheit bei Domainanmeldungen, 03.08.2000 <http://www.denic.de/doc/DENIC/presse/neue-registrierungsordnung.html> (Stand: April 2002).
[98] DNS-LU, Domain Name Charter, 2.4.
[99] IEDR, Naming Policy, 2.2; Obtaining an Internet domain within .IE, 9.

main-Name muss aus einem Kennzeichenrecht oder einem Namensrecht ableitbar sein. Die Registrierung eines Domain-Namens unterhalb von „.ie" wird daher durch den Nachweis eines berechtigten Interesses an der begehrten Domain bedingt. Die erfolgreiche Registrierung eines Domain-Namens setzt voraus, dass der Domain-Anmelder unter eine der vorgegeben Kategorien der zulässigen Antragsteller[100], wie z.b. natürliche und juristische Personen, Vereinigungen und Verbände oder Bildungseinrichtungen, fällt, und der begehrte Domain-Name in eine vorgegebene Kategorie zulässiger Domain-Namen, wie z.b. Firma oder Marke, eingeordnet werden kann[101]. Der Nachweis, dass diese Voraussetzungen erfüllt werden, muss durch Vorlage entsprechender Dokumente erbracht werden.

(2) „.fi"

Die für Registrierungen unterhalb von „.fi" erforderliche territoriale Nähe besteht darin, dass Domain-Anmelder eine Registrierung im finnischen Handelsregister vorweisen müssen[102].
Darüber hinaus muss der begehrte Domain-Name dem im Handelsregister registrierten Namen oder einem in Finnland registrierten Markenrecht entsprechen[103]. Gemeinschaftsmarken werden ausdrücklich einbezogen[104]. Bei dem begehrten Domain-Namen kann es sich auch um eine Abkürzung des im Handelsregister registrierten Namens oder ganz allgemein um einen auf die Tätigkeit des Unternehmens hinweisenden Begriff handeln.

(3) „.es"

Unterhalb der TLD „.es" dürfen natürliche Personen mit Wohnsitz in Spanien und Gesellschaften spanischen Rechts Domain-Namen registrieren[105]. Zweigstellen ausländischer Unternehmen dürfen einen Domain-Namen halten, sofern sie ordnungsgemäß bei den spanischen Behörden registriert sind[106].
Im Übrigen erfolgt eine Registrierung, wenn der begehrte Domain-Name der Firma, einem Akronym der Firma oder einer beim spani-

---

[100] IEDR, Naming Policy, 2.1.
[101] IEDR, Naming Policy, 3.
[102] FICORA, Regulation on Finnish Domain Names, Section 3 subsection 3.
[103] FICORA, Regulation on Finnish Domain Names, Section 5 subsection 1.
[104] FICORA, Regulation on Finnish Domain Names, Section 5 subsection 2.
[105] ES-NIC, Naming Rules, 2.1.
[106] ES-NIC, Naming Rules, 2.3.

schen Markenamt oder dem Harmonisierungsamt registrierten Marke entspricht[107].

b) Das Modell der Subdomain-Bereiche

Andere ccTLDs dieser Kategorie verbinden das Erfordernis einer besonderen Rechtfertigung für Domain-Registrierungen mit einem System von zweckgebundenen ccTLD-Unterbereichen.

(1) „.fr"

Frankreich gilt als das klassische Modell eines restriktiven Registrierungssystems. Neben der flachen TLD „.fr" gibt es in Frankreich eine große Anzahl an zweckgebundenen Sub-Level-Domains. Diese werden unterteilt in öffentliche und sachgebietsbezogene Unterbereiche[108]. Darüber hinaus bestehen für andere Aktivitäten sogenannte Namenskonventionen, nach denen einem bestimmten Bereich zuzuordnende Institutionen an ein vorgegebenes Domain-Namen-Format gebunden sind. Hierunter fallen z.b. Bildungseinrichtungen, für die das Format „ac-*name*.fr" vorgegeben ist, Botschaften mit dem Format „amb-allemagne.fr", Sparkassen und Banken als „caisses-*name*.fr", Gemeinden und Rathäuser unter „ville-*name*.fr" und „mairie-*name*.fr", Handelskammern im Format „cm-*name*.fr" und zahlreiche weitere Vorgaben[109].

Die sektorspezifischen Subdomains orientieren sich an bestimmten sachbezogenen Aktivitäten, wobei die Verwaltung des jeweiligen Unterbereichs mit der Zustimmung AFNICs von den korrespondierenden Vereinigungen oder Behörden vorgenommen wird. Beispiele bilden „.gouv.fr" für Behörden, „.medecin.fr" für Ärzte und „.avocat.fr" für Rechtsanwälte[110].

Zu den öffentlichen Bereichen gehören:
– „.fr" (für französische Gesellschaften)
– „.asso.fr" (für registrierte Vereinigungen)
– „.nom.fr" (für natürliche Personen)
– „.prd.fr" (für Forschungsprojekte)
– „.presse.fr" (für Presseorgane)
– „.tm.fr" (für Marken)
– „.com.fr" (ohne eingrenzende Zweckbestimmung).

Die genaue Anzahl der bestehenden Subdomain-Bereiche kann nur schwierig bestimmt werden, da sie dem zeitlichen Wandel unterliegen

---

[107] ES-NIC, Naming Rules, 3.4.1.
[108] AFNIC, Naming Charter, II. 1. 1.
[109] AFNIC, Naming Charter, II. 6. 32.
[110] AFNIC, Naming Charter, II. 5. 31.

und neue hinzukommen, während andere wegfallen[111]. Im April 1999 bestanden nach eigenen Angaben AFNICs insgesamt 42 Subdomains[112].

Für alle Domain-Namen unterhalb von „.fr" und den Subdomain-Bereichen gilt, dass ein Bezug zu Frankreich vorliegen muss[113].

Des Weiteren setzt die Registrierung einen Nachweis über die mit der Zweckbindung der Unterbereiche korrespondierenden Betätigung voraus[114]. Für den Bereich „.tm.fr" ist so die Vorlage der Urkunde über die Markenregistrierung beim französischen Markenamt, INPI (*Institut National de la Propriété Industrielle*), oder beim Harmonisierungsamt in Alicante erforderlich.

Registrierungen unterhalb der flachen TLD kommen für Unternehmen und Markeninhaber in Betracht. Der begehrte Domain-Name muss sich unmittelbar aus dem Markennamen oder dem Namen der Organisation ableiten lassen. Eine Identität zwischen Domain-Name und Firma ist nur im Fall von „.fr" erforderlich, im Übrigen sind auch Abkürzungen oder beschreibende Ergänzungen einer Registrierung zugänglich[115].

Das Kürzel in „.com.fr" steht für „communication" und nicht etwa für „commercial"[116]. Der Unterbereich sticht hervor, da für diesen keine Beschränkungen bestehen, die eine Rechtfertigung der spezifischen Kategorie verlangen. Die offene Verfügbarkeit dieses Subdomain-Bereichs erfährt jedoch dadurch wieder eine Einschränkung, dass eine Registrierung ausgeschlossen ist, wenn ein identischer Name bereits in einer der anderen öffentlichen Subdomains registriert wurde[117].

(2) „.pt"

Auch in Portugal setzt die Registrierung eines Domain-Namens bis auf den Bereich „.com.pt" eine Rechtfertigung voraus. Daneben bestehen die folgenden zweckgebundenen Bereiche:
– „.pt" (für Gesellschaften, Einzelhandelskaufleute und Selbstständige)
– „.net.pt" (für Telekommunikationsanbieter)
– „.gov.pt" (für Hoheitsträger)
– „.org.pt" (für Non–Profit–Organisationen)
– „.edu.pt" (für Bildungseinrichtungen)

---

[111] AFNIC, Naming Charter, II. 1. 2.
[112] WIPO Survey of ccTLDs, 16.
[113] AFNIC, Naming Charter, I. 2. 7.
[114] AFNIC, Naming Charter, II. 4. 11.
[115] AFNIC, Naming Charter, II. 4. 13./14./16.
[116] CENTR Members Survey, D4.
[117] AFNIC, Naming Charter, II. 4. 22.

C. Die Registrierung in den ccTLDs

- „.int.pt" (für internationale Organisationen und ausländische Vertretungen)
- „.publ.pt" (für Printmedien)
- „.nome.pt" (für Privatpersonen).

Registrierungen unterhalb von „.pt" stehen juristischen Personen, anderen Gesellschaften, unabhängigen Verwaltungseinheiten sowie Einzelhandelskaufleuten offen[118]. Der Domain-Name muss dabei identisch mit dem jeweiligen Namen oder einem in Portugal gültigen Markenrecht sein. Akronyme und Abkürzungen werden nur anerkannt, sofern sie durch den notwendigen dokumentarischen Nachweis belegt werden können. Eine Beschränkung auf portugiesische Unternehmen oder Personen findet nicht statt.

Die Registrierung unterhalb der Subdomains erfolgt jeweils für die in den Kürzeln zum Ausdruck kommenden Zwecke, die vom Antragsteller dokumentarisch zu belegen sind[119]. Ein Erfordernis der territorialen Nähe besteht dabei für die Bereiche „.net.pt" (portugiesische Telekommunikationsunternehmen), „.gov.pt" (staatliche Einrichtungen), „.publ.pt" (portugiesische Medien) und „.nome.pt" (portugiesische Staatsbürger und Personen mit portugiesischem Wohnsitz).

(3) „.se"

NIC-SE teilt die Zone „.se" in folgende Domain-Bereiche ein:
- „.se" (für Unternehmen und staatliche Einrichtungen)
- „.tm.se" (für Marken)
- „.org.se" (für Non–Profit–Organisationen)
- „.parti.se" (für politische Parteien)
- „.press.se" (für Printmedien)
- „.pp.se" (für Privatpersonen).

Alle Registrierungen unterhalb von „.se" und den fünf Unterbereichen setzen voraus, dass eine Verbindung zu Schweden besteht[120]. Der Domain-Name muss im Fall der Unternehmensdomain der Firma entsprechen, Akronyme und Abkürzungen können nur ausnahmsweise registriert werden[121]. Marken sind zwingend unterhalb von „.tm.se" zu registrieren[122]. Der Bereich steht nur in Schweden gültigen Marken offen, wobei der Domain-Name – ungeachtet einer notwendigen Transformation schwedischer Wortzeichen – identisch zu der Wortmarke sein muss[123].

---

[118] FCCN, Rules for .PT, 2.3.2.
[119] FCCN, Rules for .PT, 2.4.
[120] NIC-SE, Regulation B.
[121] NIC-SE, Explanation Regulation B.
[122] NIC-SE, Regulations G-J.
[123] NIC-SE, Regulation J.

(4) „.uk"

Nominet UK ist das einzige Registry der Mitgliedstaaten, das Registrierungen unterhalb des flachen Ländernamensbereichs gänzlich ausschließt. Neben den bereits genannten offenen Unterbereichen „.co.uk" und „.org.uk" bestehen:
- „.ltd.uk" (für Limited Companies)
- „.plc.uk" (für Public Limited Companies)
- „.net.uk" (für Provider).

Die Beschränkung der Bereiche „.ltd.uk" und „.plc.uk" auf britische Gesellschaften ergibt sich aus dem Erfordernis, dass die Domain-Inhaber in diesen Unterbereichen auch tatsächlich als entsprechende juristische Personen im Königreich existieren müssen. Nach den Formatvorgaben muss der Domain-Name mit der Firma – ohne gesellschaftsrechtliche Zusätze – übereinstimmen[124].

Die Subdomain „.net.uk" erfährt eine Beschränkung zu Gunsten von lokalen bei RIPE registrierten Internet Registries und Providern, die ein unabhängiges System im Königreich betreiben.

Weitere zweckgebundene Sub-Level-Domains bestehen für öffentliche Einrichtungen[125]. Die Registrierung unterhalb dieser Sub-Level-Domains wird von unterschiedlichen, dem jeweiligen Verantwortungsbereich entsprechenden, Organisationen vorgenommen:
- „.sch.uk" (für Schulen)
- „.ac.uk" (für akademische Einrichtungen)
- „.gov.uk" (für staatliche Einrichtungen)
- „.nhs.uk" (für dem *National Health Service* zuzuordnende Organisationen)
- „.police.uk" (für Polizeibehörden)
- „.mod.uk" (für Einrichtungen des Verteidigungsministeriums).

4) Bedenken

Soweit die NICs ein Erfordernis der territorialen Nähe aufstellen, bestehen Bedenken hinsichtlich der Vereinbarkeit dieser Beschränkungen mit binnenmarktrechtlichen Grundsätzen. Hinsichtlich des Erfordernisses einer Nachweisberechtigung stellt sich die Frage nach der allgemeinen wettbewerbsrechtlichen Zulässigkeit.

---

[124] Nominet UK, Rules for .ltd.uk and .plc.uk, 2.
[125] *Olsen* in: Olsen/Maniatis/Wood, United Kingdom, S.3; CENTR Members Survey, D4.

V. Weitere Beschränkungen

Über die bereits genannten Einschränkungen hinaus bestehen vereinzelt weitere restriktive Regelungen, die sich teilweise überschneiden und bedingen.

1) Ausschluss bestimmter Begriffe (Negativlisten)

Neben den allgemeinen Formatvorgaben werden in einigen der Mitgliedstaaten bestimmte Begriffe in sogenannten Negativlisten von einer Registrierung als Domain-Name ausgeschlossen. Im Wesentlichen lassen sich diese in drei Kategorien einteilen:

a) „Unsittliche" Begriffe

Die Mehrzahl der NICs trifft in ihren Registrierungsbestimmungen Regelungen für bestimmte missbilligenswerte Begriffe. Die Regelwerke einiger NICs enthalten Bestimmungen, die generalklauselartig Begriffe, die gegen die guten Sitten oder die öffentliche Ordnung verstoßen, von einer Registrierung ausschließen[126]. Je nachdem, ob die Registrierung automatisiert erfolgt, wie in Belgien und den Niederlanden, oder ob eine Überprüfung des Antrags erfolgt, wie in Irland und Portugal, nimmt dieser Ausschluss die Form einer Ablehnung des Registrierungsantrags oder einer nachträglichen Löschung an. In Frankreich werden Begriffe, die aus Gründen der Sittlichkeit oder der öffentlichen Ordnung nicht registriert werden können, beispielhaft in verschiedenen Kategorien in einer Negativliste aufgeführt[127].

Die DENIC formuliert in ihren Registrierungsbedingungen enger, indem sie sich das Recht vorbehält, eine Domain, die „als solche rechtswidrig ist", zu löschen[128]. Wegen des von der DENIC praktizierten automatisierten Registrierungsverfahrens kann die Überprüfung der Sittenwidrigkeit nicht im Vorfeld erfolgen, sondern erst im Anschluss an die bereits erfolgte Registrierung. Ein prominentes Beispiel für einen solchen Löschungsvorgang unter „.de" bildet die Domain „heilhitler.de", welche am 03.08.2000 registriert worden war und am 07.08.2000 von der DENIC unmittelbar nach Kenntnisnahme gelöscht

---

[126] IEDR, Obtaining an Internet domain within IE, 3.4; FCCN, Rules for .PT, 2.3.2.4. c) und 2.3.9.2. b); ES-NIC, Naming Rules, 3.3.f.; GR Hostmaster, Rules, 5.; DNS BE, Terms and Conditions, 8. a) 5.; NIC-SE, Regulation D; FICORA, Regulation on Finnish Domain Names, Section 6 subsection 4; SIDN, Regulations, 12.2; DNS-LU, Domain Name Charter, 4. (c).
[127] AFNIC, Liste des termes fondamentaux non enregistrables.
[128] DENIC-Registrierungsbedingungen, § 7 (2) b).

wurde[129]. Ähnlich eng formuliert der DK Hostmaster in Dänemark. Danach sind solche Begriffe von einer Registrierung unterhalb von „.dk" ausgeschlossen, die gegen dänisches Recht verstoßen[130]. Die nic.at führt keine der Registrierung vorgeschaltete Überprüfung des Domain-Namens durch, behält sich aber das Recht vor, Anträge im Fall „offensichtlicher Rechtsverletzungen oder bei missbräuchlicher Inanspruchnahme" abzulehnen[131].

Die britischen und italienischen Registrierungsbestimmungen enthalten keine ausdrücklichen Bestimmungen für rechtswidrige oder sittenwidrige Begriffe. In Italien wird eine Registrierung aber dann abgelehnt, wenn auf Grund des Domain-Namens pädophile Aktivitäten offensichtlich erscheinen[132].

Problematisch erscheint in diesem Zusammenhang, dass hier im Wesentlichen privatrechtlich organisierte Vereinigungen nach eigenem Belieben über die Wertigkeit eines bestimmten Begriffs entscheiden können. Damit stellt sich die Frage, ob ein solcher Ausschluss einer wettbewerbsrechtlichen Überprüfung standhalten kann.

b) Geographische und hoheitliche Bezeichnungen

Teilweise werden auch geographische Bezeichnungen wie Städte- und Gemeindenamen von einer Registrierung ausgeschlossen oder für den jeweiligen zuständigen Hoheitsträger reserviert. Gut die Hälfte der ccTLD Registries der Mitgliedstaaten haben entsprechende Regelungen getroffen. Es handelt sich dabei nicht um ein den restriktiven ccTLDs eigenes Phänomen.

ES-NIC in Spanien nimmt pauschal alle geographischen Bezeichnungen von einer Registrierung aus[133]. Das italienische Registry hat dagegen eine Negativliste mit reservierten geographischen Bezeichnungen aufgestellt, welche einer Registrierung durch die jeweiligen Hoheitsträger vorbehalten sind. Darunter fallen in erster Linie alle Bezeichnungen, die sich auf die Republik Italien selbst beziehen (z.B. „Italia" und „Repubblica-Italiana")[134]. Ferner werden die Namen der italienischen Regionen und Provinzen und ihre offiziellen Abkürzungen sowie Gemeinde- und Städtenamen erfasst[135]. Die NICs in Luxemburg und Irland nehmen Bezug auf

---

[129] DENIC, Rechtsextremer Domainname gelöscht, 07.08.2000 <http://www.denic.de/doc/DENIC/presse/domain_geloescht.html> (Stand: April 2002).
[130] FAQ, When can DK Hostmaster A/S remove a home page?, 2. <http://www.dk-hostmaster.dk/faq2.shtml#cen1> (Stand: April 2002).
[131] nic.at, AGB, 1.6.
[132] CENTR Members Survey, D12.
[133] ES-NIC, Naming Rules, 3.3.b.
[134] RA, Reserved Domain Names, Table 1.1.
[135] RA, Reserved Domain Names, Tables 1.2, 1.3., 1.4

bestimmte Amtsblätter[136]. Bezeichnungen, die sich auf diesen offiziellen Landkarten wiederfinden, können danach nur von den betreffenden offiziellen Stellen registriert werden. Das Gleiche gilt in Griechenland[137]. Darüber hinaus werden dort ganz allgemein Begriffe von nationaler Bedeutung von der Registrierung ausgeschlossen. In Finnland werden auch die Bezeichnungen von öffentlichen Plätzen und Flüssen für die staatliche Nutzung reserviert[138]. Eine Registrierung Dritter kommt nur mit Zustimmung der zuständigen Stelle in Betracht[139].

Unterschiedliche Regelungen bestehen auch in den Ländern mit besonderen Subdomains für staatliche Einrichtungen. In Österreich und dem Vereinigten Königreich bestehen neben den auf Hoheitsträger beschränkten Subdomains keine weitergehenden Beschränkungen für hoheitliche Bezeichnungen in den übrigen Domain-Bereichen. Nach den Vorgaben AFNICs in Frankreich scheiden solche Begriffe systembedingt weitgehend aus. Darüber hinaus besteht mit „.gouv.fr" eine eigene Subdomain für staatliche Einrichtungen. Zusätzlich werden die Namen der Vertragsstaaten der Pariser Verbandsübereinkunft ausdrücklich von einer Registrierung ausgenommen[140].

FCCN in Portugal und NIC-SE in Schweden weisen geographische Bezeichnungen ungeachtet der staatlichen Subdomain-Bereiche den zuständigen Hoheitsträgern zu und zwar auch dann, wenn Dritte ein Markenrecht an solchen Begriffen geltend machen können[141].

In Deutschland erfolgt bisher kein Ausschluss hoheitlicher Begriffe. Im Justizministerium bestehen jedoch Überlegungen, langfristig eine ordnungspolitische Regelung für solche Begriffe zu treffen[142].

Aus wettbewerbsrechtlicher Sicht problematisch erscheint in diesem Zusammenhang, dass hier private Organisationen mit Alleinstellungsanspruch darüber entscheiden, ob und für wen solche Begriffe registrierbar sind oder nicht.

c) Generische und beschreibende Bezeichnungen

Es ist bereits von anderer Seite darauf hingewiesen worden, dass einige europäische NICs die Registrierung von Gattungsbegriffen aus-

---

[136] DNS-LU, Domain Name Charter, 4. (a).
[137] GR Hostmaster, Rules 4.
[138] FICORA, Regulation on Finnish Domain Names, Section 6 subsection 5.
[139] *Marko Lahtinen, Telecommunications Administrations Centre* (TAC) *Legal Counsel*, E-Mail v. 05.07.2001 (auf Ablage beim Autor).
[140] AFNIC, Liste des termes fondamentaux non enregistrables.
[141] NIC-SE, Regulation D; Explanation Regulation D; Regulations K-L; FCCN, Rules for .PT, 2.3.2.2. b).
[142] Grußwort von Bundesjustizministerin Prof. Dr. Herta Däubler-Gmelin an den 2. Jahreskongress des AKIT e.V., März 2002.

schließen[143]. Heute gilt dies für die in das Modell der liberalen Registries zu zählenden ccTLDs allerdings nicht mehr, da derartige Beschränkungen in den letzten Jahren beseitigt wurden.

Auch in den restriktiven ccTLDs Finnlands und Frankreichs bestehen neben der Voraussetzung des Berechtigungsnachweises keine weitergehenden Beschränkungen von Gattungsbegriffen. Das heißt, dass generische und beschreibende Begriffe dann einer Registrierung zugänglich sind, wenn nach den allgemeinen Regeln ein Nachweis über die Berechtigung geführt wird. Auch in Spanien sind solche Begriffe ausnahmsweise dann einer Registrierung zugänglich, wenn ein Markenrecht an ihnen besteht[144]. In diesem Fall muss ihnen dort allerdings im Domain-Namen ein unterscheidungskräftiger Zusatz beigefügt werden – im Fall der Marke die Warenklasse, im Fall einer Firma die Gesellschaftsform[145]. Ferner kann eine Ausnahme gemacht werden, wenn dies nach dem Dafürhalten der Registrierungsstelle auf Grund einer Projektbeschreibung des Antragstellers im überwiegenden öffentlichen Interesse geboten erscheint[146].

Am restriktivsten ist die Praxis FCCNs in Portugal, wonach trotz des Erfordernisses eines Berechtigungsnachweises generische und beschreibende Bezeichnungen von einer Registrierung ausgeschlossen werden[147]. Diese Einschränkung gilt nicht für den Bereich „.com.pt".

Wettbewerbsrechtlich bedenklich erscheint hier vor allem diese Regelung Portugals, nach welcher selbst einem Markeninhaber die Registrierung eines beschreibenden Begriffs verwehrt wird.

Die NICs in den romanischen Mitgliedstaaten entziehen darüber hinaus internetspezifische Begriffe einer Registrierung als Domain-Name. Beispiele sind etwa: „e-mail", „internet", „nic" „www", „tcpip" oder auch „whois" und „news"[148].

2) Beschränkungen für Privatpersonen

Die NICs treffen teilweise besondere Regelungen für die Registrierung von Domain-Namen durch Privatpersonen. Finnland klammert natürliche Personen in ihrer Eigenschaft als Privatperson schlechterdings vom Kreis der zulässigen Domain-Inhaber aus. Sie können nur in

---

[143] *Sosnitza*, K&R 2000, 209, 216; *Bettinger*, CR 2000, 618, 619.
[144] ES-NIC, Naming Rules, 3.3.c.
[145] ES-NIC, Rules, 3.4.4.
[146] Ministerio de Fomento, Orden Marzo/Julio, Artículo 2, 3.
[147] FCCN, Rules for .PT, 2.3.2.4. b).
[148] Siehe z.B.: RA, Reserved Domain Names, Table 2.1; ES-NIC, Naming Rules, 3.3.d.; AFNIC, Liste des termes fondamentaux, Exemple de termes liés au fonctionnement de l'Internet; FCCN, Rules for .PT, 2.3.1.2. b).

ihrer Eigenschaft als Einzelhandelskaufleute Domain-Namen unterhalb von „.fi" registrieren[149]. Bis Februar 2001 war natürlichen Personen der Zugang zu der TLD „.es" versperrt. Nunmehr können sie eine Registrierung vornehmen, sofern sie ein Markenrecht innehaben oder der Domain-Name ihrer Firma entspricht[150].

IEDR in Irland macht für private Domains Vorgaben bezüglich der Ausgestaltung. Zwingend vorgegeben ist die Verwendung von mindestens zwei Initialen in der Reihenfolge, in der sie im Namen vorkommen[151]. Den Initialen müssen zwei weitere vom Antragsteller frei wählbare Zahlen hinzugefügt werden. Jede Person darf nur einen Domain-Namen in dieser Kategorie anmelden.

In den Ländern mit zweckgebundenen Unterbereichen besteht i.d.R. auch ein auf Privatpersonen ausgerichteter Subdomain-Bereich, wie „.nom.fr" in Frankreich. Der Domain-Name muss dort dem Nachnamen oder Pseudonym der betreffenden Person entsprechen[152]. Gleiches gilt für „.nome.pt", wobei dort auch verkürzte Darstellungen des Namens registrierbar sind[153]. Für den schwedischen Unterbereich „.pp.se" werden dagegen keine Formatvorgaben gemacht[154].

Die Registrierungsbedingungen für die Subdomain „.me.uk" sehen einerseits vor, dass der Domain-Bereich von Privatpersonen genutzt werden soll und der Domain-Name den Namen des Domain-Inhabers im weitesten Sinne widerspiegeln soll[155]. Andererseits soll aber auch Unternehmen eine Registrierung unterhalb des Subdomain-Bereichs nicht verwehrt sein[156]. Da der Unterbereich erst seit Anfang des Jahres 2002 existiert[157], wird die tatsächliche Entwicklung des Namensbereichs abzuwarten sein. Nach Informationen Nominets handelt es sich bei den Beschränkungen nur um Empfehlungen, deren Einhaltung nicht kontrolliert wird.

Soweit Privatpersonen durch diese Vorgaben der Zugang zum Internet erschwert wird, stellt sich die Frage, ob solche Maßnahmen wettbewerbsrechtlich zu beanstanden sind.

---

[149] FICORA, Regulation on Finnish Domain Names, Section 3 subsection 3/Section 4 subsection 1.
[150] ES-NIC, Naming Rules, 3.3.h.
[151] IEDR, Naming Policy, 3.1.2.
[152] AFNIC, Naming Charter, II. 4. 24./25.
[153] FCCN, Rules for .PT, 2.3.10.2.
[154] NIC-SE, Regulation R.
[155] Nominet UK, Rules for .me.uk, 7.
[156] Nominet UK, Rules for .me.uk, 4.; General Q&A, Who should register a domain name under me.uk? <http://.nic.uk/meuk/questions.html>.
[157] Nominet UK, A domain name just for me!, 11.01.2002 <http://www.nic.uk/news/meuk-launch.html> (Stand: April 2002).

3) Übertragungsverbote

Die Länderregistries mit einer liberalen Registrierungspraxis erlauben größtenteils auch die freie Übertragbarkeit der Domain-Namen und damit den Handel mit Domain-Namen[158]. In Luxemburg und Deutschland erfolgt die Übertragung einer Domain durch Löschung und Neuantrag, d.h. durch Kündigung des Vertragsverhältnisses mit dem NIC durch den Zedenten und Neuantrag des Zessionars[159]. Die bestehende Alternative ist der sogenannte Konnektivitäts-Koordinations-Antrag (KK-Antrag). Dabei handelt es sich um ein formalisiertes Verfahren unter Zwischenschaltung der DENIC, das an sich auf den Fall des Providerwechsels bei gleichbleibendem Kunden ausgerichtet ist[160]. Wegen des offensichtlichen Nachteils des vorgesehen Übertragungsverfahrens, welches einem Dritten in der Zwischenzeit ebenfalls die Möglichkeit gibt, den freigewordenen Domain-Namen zu registrieren, wird der KK-Antrag in der Praxis auch für die Übertragung an einen neuen Domain-Inhaber verwendet[161].

Nominet UK erlaubt Übertragungen, doch setzen diese die Mitwirkung des Registries voraus und sind daher kostenpflichtig[162]. In Griechenland besteht eine Übertragungsmöglichkeit faktisch nicht, da eine solche durch Löschung und Neuregistrierung zu erfolgen hat[163]. In Belgien erwirbt der Antragsteller mit der Registrierung ein ausschließliches Nutzungsrecht an dem Domain-Namen, welches nur gemeinsam mit dem Geschäftsbetrieb übertragen werden kann[164].

In den Ländern mit einer restriktiven Registrierungspraxis, scheidet eine Übertragung wegen der natürlichen Verbindung von Domain-Name und Marke von vornherein aus. IEDR weist für „.ie" darauf hin, dass eine Übertragung nicht möglich ist[165]. AFNIC und FICORA machen zwar geltend, dass Domain-Namen unterhalb von „.fr" und „.fi"

---

[158] Siehe: RA, Naming Rules, 10.; nic.at, AGB, 3.6.; DK Hostmaster, Rules, 2.5; SIDN, Regulations, 13.1–13-3; FCCN, Rules for .PT, 2.3.9.4. (für „.com.pt").

[159] DNS-LU, Terms and Conditions, 11.1.; DENIC-Registrierungsbedingungen, § 6 (2); *Schließ*, ZUM 1999, 307, 314.

[160] DENIC, Dokumente/FAQs/Providerwechsel mit Updates, Ich möchte meinen Internet Provider wechseln. Was habe ich zu beachten?, 05.10.2001 <http://www.denic.de/doc/faq/updates.html#u0002> (Stand: April 2002).

[161] *Schließ*, ZUM 1999, 307, 314 f.; *Huber/Dingeldey*, S. 167–170.

[162] Nominet UK, Terms and Conditions, 10.2./1.7.; How to Transfer your Domain Name <http://www.nic.uk/howto/transfer.html> (Stand: Juni 2001).

[163] GR Hostmaster, Rules, 8.

[164] DNS BE, Terms and Conditions, 3. c).

[165] IEDR, Obtaining an Internet domain within .IE, 2.5.

C. Die Registrierung in den ccTLDs   35

übertragbar seien, doch muss zur Übertragung das gleiche Verfahren wie bei einer Erstanmeldung durchlaufen werden[166].

Soweit eine Übertragung gänzlich ausgeschlossen wird, ist die Frage aufgeworfen, inwiefern die NICs solche Bestimmungen in wettbewerbsrechtlich zulässiger Weise treffen können.

4) Numerische Beschränkungen

Eine weitere gängige Beschränkung war bis vor kurzem noch die Limitierung der Anzahl der möglichen Domain-Registrierungen. Heute besteht eine Beschränkung auf einen Domain-Namen noch in Italien und auch dort findet sie nur auf Personen Anwendung, die keine Steuernummer vorweisen können[167]. In Griechenland können Privatpersonen in dieser Funktion nur einen Domain-Namen anmelden. Als selbstständige Berufsträger ist die Anzahl heute aber unbegrenzt[168].

Im Übrigen ergibt sich eine numerische Beschränkungen aus der Verknüpfung von Domain-Name und Namensrecht. So kann in Finnland und Schweden für jeden Nachweis über ein berechtigtes Interesse an einem bestimmten Begriff nur ein Domain-Name angemeldet werden[169]. Gleiches gilt für die Bereiche „.ltd.uk" und .plc.uk"[170]. In Portugal und Spanien bestehen faktische numerische Beschränkungen insoweit, als dass der begehrte Domain-Name sich unmittelbar aus dem dokumentarischen Nachweis ergeben muss. Eine Beschränkung von einem Domain-Namen pro Privatperson ergibt sich auch in den Ländern, in denen das Format des registrierbaren Namens in dieser Kategorie vorgegeben wird.

In Frankreich können dagegen auch mehrere Domain-Namen auf Grund eines Nachweises registriert werden, sofern der Domain-Name sich unmittelbar aus dem Namen ableiten lässt[171]. In Irland gilt eine solche Regelung nur für bestimmte Namenskategorien[172].

Diese numerischen Beschränkungen erscheinen ebenso wie das Übertragungsverbot wettbewerbsrechtlich bedenklich.

---

[166] AFNIC, Naming Charter, II. 3.; FICORA, Regulation on Finnish Domain Names, Section 7 subsection 1.
[167] RA, Naming Rules, 4.
[168] GR Hostmaster, E-Mail v. 19.03.2002 (auf Ablage beim Autor).
[169] FICORA, Regulation on Finnish Domain Names, Section 5 subsection 3; FAQ, 10) Can a company or association register several domain names under .fi?, 28.12.2001 <http://www.ficora.fi/englanti/internet/kysymyksia.htm#3)> (Stand: April 2002); NIC-SE, Regulation C; Explanation Regulation C; *Anette Hall*, NIC-SE, E-Mail v. 29.04.2002 (auf Ablage beim Autor).
[170] Nominet UK, Rules for the .ltd.uk and .plc.uk Second Level Domains, 2.
[171] So: AFNIC, Naming Charter, II. 5. 14.
[172] IEDR, Naming Policy, 3.2.1/3.3.1/3.4.1/3.5.1/3.6.1/3.7.1/3.8.1/3.9.1/3.11.1.

VI. Zusammenfassung

Die Registrierungspraktiken für Domain-Namen unterhalb der europäischen ccTLDs lassen sich nach der Art der Beschränkung in drei Modelle klassifizieren. Allein in den unbeschränkten TLDs gilt das Erstanmeldeprinzip in reiner Form. Das semi-beschränkte Modell grenzt den Kreis der möglichen Domain-Inhaber ein, indem es eine territoriale Nähe des Domain-Inhabers oder einer Kontaktperson zu dem mit der ccTLD korrespondierenden Staat verlangt. Im restriktiven System kommen nur solche Interessenten zum Zuge, die neben dem Erfordernis der territorialen Nähe ein berechtigtes Interesse an dem spezifischen Domain-Namen geltend machen können.

Das Erfordernis der territorialen Nähe stößt auf binnenmarktrechtliche Bedenken. Die weiteren Beschränkungen hinsichtlich des Kreises der qualifizierten Domain-Inhaber sowie der Form und der Art des zu wählenden Domain-Namens werfen darüber hinaus wettbewerbsrechtliche Fragen auf. Soweit Kontaktinformationen in den Whois-Datenbanken der NICs zum Abruf bereit gestellt werden, müssen datenschutzrechtliche Vorgaben beachtet werden.

Diesen Fragestellungen wird im Folgenden nachgegangen.

3. Teil: Binnenmarktrecht

A. Einführung

Soweit die NICs in den Mitgliedstaaten für die Registrierung eines Domain-Namens eine territoriale Nähe zu dem mit der ccTLD korrespondierenden Staat verlangen, drängt sich ein Verstoß gegen die Dienstleistungsfreiheit, Art. 49 EGV, und das subsidiäre allgemeine Diskriminierungsverbot des Art. 12 EGV auf. Diese Grundfreiheiten des EG-Vertrags stellen eine Kontrollmöglichkeit der Registrierungspraktiken dar.

Die Dienstleistungsfreiheit des Art. 49 EGV ist hier in Form der grenzüberschreitenden Dienstleistung betroffen, soweit Dienstleistungserbringer aus anderen Mitgliedstaaten durch das Erfordernis der territorialen Nähe daran gehindert sind, ihre Dienste unter einer bestimmten ccTLD anzubieten oder ein solches Angebot wesentlich erschwert wird.

Für Privatpersonen, welche die Registrierung eines Domain-Namens für private Zwecke in einem anderen Mitgliedstaat begehren, steht dagegen eine Verletzung des subsidiären Diskriminierungsverbots des Art. 12 EGV im Raum. Auch eine solche Registrierung zu privaten Zwecken fällt in den Anwendungsbereich des Vertrages, da der Zugang zu einer Länder-TLD vom Ziel der Förderung transeuropäischer Netze der Art. 154 und 155 EGV umfasst wird. Dementsprechend stützt die Kommission die Einführung der TLD „.eu" auf diese Vorschriften sowie auf Art. 14 EGV[1].

Die Kommission hat sich der Frage der Zulässigkeit territorialer Einschränkungen bereits angenommen und die NICs in einem Rundschreiben auf wettbewerbsrechtliche Bedenken in Bezug auf die territorialen Beschränkungen hingewiesen. Nach Informationen der Kommission lagen zum Juni 2002 insgesamt fünf Beschwerden gegen die restriktiven Registrierungspraktiken in den Mitgliedstaaten vor. Im Februar 2001 wurde eine derartige Beschwerde eines belgischen Unternehmens gegen die in den Niederlanden praktizierte Beschränkung der „.nl"-TLD auf in den Niederlanden wohnhafte Personen und ansässige Unternehmen bei der Kommission eingereicht[2]. Es ist davon auszugehen, dass sich diese Beschwerde erledigen wird, da SIDN als Ergebnis eines umfangreichen Konsultationsverfahrens zu den Registrierungspraktiken in den

---

[1] .EU-Einführungsverordnung, Erwägungsgründe (4) und (5).
[2] .nl Final Report, 22.11.2001, 3.2 Nr. 4.

Niederlanden Ende 2001 beschlossen hat, die territoriale Beschränkung aufzugeben[3]. Eine Entscheidung der Kommission kann für Ende 2002 erwartet werden.

Die genannten Beschwerden werden von der Generaldirektion Wettbewerb der Kommission anhand des Art. 82 EGV wegen Missbrauchs einer marktbeherrschenden Stellung geprüft. Naheliegend wäre auch eine Prüfung anhand der Grundfreiheiten durch die Generaldirektion Binnenmarkt gewesen. Die Einordnung der Verstöße in den wettbewerbsrechtlichen Bereich der Art. 81 und 82 EGV ermöglicht es der Kommission, auf der Grundlage der Kartellverordnung Nr. 17[4] ein förmliches Verbotsverfahren gegen ein diskriminierendes Verhalten zu initiieren und insbesondere dieses Verhalten gem. Art. 15 der Verordnung mit einer Geldbuße zu ahnden. Eine förmliche Beanstandung wegen Verstoßes gegen Binnenmarktrecht setzt dagegen die Einleitung eines Vertragsverletzungsverfahrens gem. Art. 226 EGV vor dem Europäischen Gerichtshof voraus. Präzedenzcharakter für die Vorgehensweise der Kommission hat insofern ihre Entscheidung zu der ehemaligen Praxis der Gesellschaft zur Verwertung von Leistungsschutzrechten (GVL), keine Wahrnehmungsverträge mit ausländischen Künstlern abzuschließen, wenn diese keinen Wohnsitz in Deutschland hatten. Diese Maßnahme der GVL wurde von der Kommission an Art. 86 EGV a.F. gemessen[5]. Die Einordnung der Beschränkung nimmt die rechtliche Bewertung jedoch nicht vorweg. Eine binnenmarktrechtliche Beurteilung liegt zunächst näher und wird daher im Folgenden zum Gegenstand der Prüfung gemacht.

B. Drittwirkung

Wie oben dargelegt, handelt es sich bei den NICs in den Mitgliedstaaten trotz teilweise starker faktischer hoheitlicher Einflussnahme auch heute noch mehrheitlich um privatrechtliche organisierte unabhängige Organisationen[6]. Problematisch erscheint in diesem Zusammenhang, dass die Grundfreiheiten sich in erster Linie an die Mitglied-

---

[3] SIDN, SIDN accepts recommendations of Domain Name Debate Project Team, 25.01.2002 <http://www.domain-registry.nl/sidn_english/flat/news/News_items/SIDN_accepts_recommendations_of_Domain_Name_Debate_Project_Team/index.html> (Stand: Juni 2002); .nl Final Report, 3.

[4] Verordnung Nr. 17 des Rates – Erste Durchführungsverordnung zu den Artikeln 85 und 86 des Vertrages (ABLEG Nr. P 13, 21.02.1962, S. 204–211).

[5] [1982] 1 C.M.L.R. 221–239; bestätigt durch: EuGH Rs. 7/82, 02.03.1983, [1983] 3 C.M.L.R. 645, 683–693 – GVL/Kommission.

[6] Siehe oben 2. Teil A. IV. 2).

staaten selbst richten und nur in bestimmten Fällen eine Drittwirkung gegenüber Privatpersonen entfalten. Einzig die Vergabebedingungen Finnlands, Griechenlands und Spaniens – in diesen Ländern werden die Registrierungsregelungen staatlich vorgegeben – fallen ohne weiteres in den Anwendungsbereich der Grundfreiheiten.

I. Rechtsprechung

Der Europäische Gerichtshof hat die Grundfreiheiten in der Vergangenheit auf privatrechtliche Rechtsbeziehungen ausstrahlen lassen. Zum einen wurden Kollektivvereinbarungen im Arbeits- und Dienstleistungsbereich an den Grundfreiheiten gemessen[7], zum anderen wurde auch in Bezug auf bestimmte individualvertragliche Rechtsbeziehungen eine unmittelbare Drittwirkung festgestellt[8]. Teilweise betrafen diese Urteile ausdrücklich die hier interessierende Dienstleistungsfreiheit[9] und das Diskriminierungsverbot[10].

II. Literatur

In der Literatur wird die Drittwirkungsjudikatur des EuGH unterschiedlich interpretiert. Nach einer Auffassung soll sie den Schluss zulassen, dass jegliche Privatrechtsverhältnisse am Maßstab der Grundfreiheiten zu messen sind[11]. Nach anderer Auffassung setzt eine unmittelbare

---

[7] *EuGH* Rs. 36/74, 12.12.1974, Slg. 1974, 1405, 1419–1421 Rn. 16–25 – Walrave und Koch; *EuGH* Rs. 13/76, 14.07.1976, Slg. 1976, 1333, 1340 f. Rn. 17/18 – Donà/Mantero; *EuGH* Rs. C-415/93, 15.12.1995, Slg. 1995, I-4921, 5065–5067 Rn. 82–87 – Bosman; *EuGH* Rs. C-51/96 und C-191/97, 11.04.2000, Slg. 2000, I-2549, 2614, Rn. 47 – Deliège; *EuGH* Rs. C-176/96, 13.04.2000, Slg. 2000, I-2681, 2729 Rn. 35 – Lehtonen und Castors Braine; *EuGH* Rs. 90/76, 09.06.1977, Slg. 1977, 1091, 1128 Rn. 28 – van Ameyde/UCI.
[8] *EuGH* Rs. C-411/98, 03.10.2000, Slg. 2000, I-8081, 8141 Rn. 50 – Ferlini; *EuGH* Slg. 1976, 455, 476 Rn. 38/39 – Defrenne; *EuGH* Rs. 58/80, 22.01.1981, Slg. 1981, 181, 195 Rn. 17 – Dans Supermarked/Imerco; *EuGH* Rs. 246/80, 06.10.1981, Slg. 1981, 2311, 2328 Rn. 16 – Broekmeulen; *EuGH* Rs. 55/80 und 57/80, 20.01.1981, Slg. 1981, 147, 163–165 Rn. 18/24 – Musik-Vertrieb membran/GEMA; *EuGH* Rs. 102/81, 23.03.1982, Slg. 1982, 1095, 1111 Rn. 14 – Nordsee/Reederei Mond; *EuGH* Rs. 249/81, 24.11.1982, Slg. 1982, 4005, 4023 Rn. 28 f. – Kommission/Irland; *EuGH* Rs. 222/82, 13.12.1983, Slg. 1983, 4083, 4125 Rn. 37 – Apple and Pear Development Council; *EuGH* Rs. 251/83, 13.12.1984, Slg. 1984, 4277, 4288 Rn. 14 – Haug-Adrion/Frankfurter Versicherungs-AG; *EuGH* Rs. C-281/98, 06.06.2000, Slg. 2000, I-4139, 4172 f. Rn. 34 f. – Angonese; Schlussanträge des Generalanwalts *Francis G. Jacobs* v. 14.04.2002, Rs. C-325/00, Rn. 10–27.
[9] Die Fälle *Walrave und Koch*, *Donà/Mantero* und *Deliège*.
[10] Die Fälle *Haug-Adrion/Frankfurter Versicherungs-AG* und *Ferlini*.
[11] *Steindorff* in: FS Lerche, S. 575, 577–579; *ders.*, EG-Vertrag und Privatrecht, 1996, S. 277–283; *Schaefer*, S. 190 f.; *Ganten*, S. 94–106.

Drittwirkung der Grundfreiheiten i.S.d. Rechtsprechung des EuGH dagegen eine Staatsnähe oder staatsähnliche Machtstellung der zu beurteilenden Tätigkeit voraus[12]. Danach ist eine Nähe zum staatlichen Handeln und damit eine vergleichbare Situation nur in Fällen kollektiv ausgeübter Verhaltensweisen wie bei Parteien, Gewerkschaften, Wirtschafts-, Berufs- und Sportverbänden gegeben. Die Machtposition dieser Institutionen sei aus der Sicht der ihr gegenübertretenden Privatpersonen insofern mit einem staatlichen Machtgefüge vergleichbar. Die Rechtfertigung der unmittelbaren Anwendbarkeit sei darin zu sehen, dass der Staat typische staatliche Machtbefugnisse auf private Institutionen übertragen hat.

Ein Teil der diese einschränkende Auffassung vertretenden Lehre will die Grundfreiheiten nur in den Fällen zur Anwendung kommen lassen, in denen Unternehmen i.S.d. Art. 86 Abs. 2 EGV kraft Hoheitsakts mit einer besonderen Aufgabe betraut wurden[13]. Im Übrigen wird unter Hinweis auf das Urteil des EuGH in *Bayer/Süllhöfer*[14] ein Ausschließlichkeitsverhältnis zwischen den Grundfreiheiten und den Art. 81 f. EGV postuliert[15].

Eine weitere Ansicht will eine unmittelbare Drittwirkung nur dann gelten lassen, wenn der Staat durch positives Handeln die Voraussetzungen dafür geschaffen hat, dass der Einzelne den Maßnahmen Privater zwingend ausgesetzt ist[16]. Eine lediglich faktische Zwangsläufigkeit, die auf einer Untätigkeit des Staates beruht, soll danach nicht ausreichen. In diesen Fällen wird aber unter Berufung auf das Urteil des EuGH zu den französischen Bauernprotesten eine Handlungspflicht des Staates in Form einer mittelbaren Drittwirkung aus Art. 10 EGV i.V.m. den Grundfreiheiten zur Beseitigung der Beeinträchtigung angenommen[17].

III. Übertragung auf die Registrierungsbedingungen

Die Grundsätze der Rechtsprechung des EuGH zur unmittelbaren Drittwirkung der Grundfreiheiten können auf die Registrierungsbedingungen der NICs übertragen werden. Der Gerichtshof hat zwei Gründe für die Drittwirkung der Grundfreiheiten genannt: Zum einen werde

---

[12] *Müller-Graff* in: Groeben/Thiesing/Ehlermann, Bd. 1, Art. 30 Rn. 304 f.; *v. Bogdandy* in: Grabitz/Hilf, Recht der EU, Bd. I, Art. 6 Rn. 30; *Reichold*, ZEuP 1998, 434, 443; *Roth* in: FS Everling, Bd. II, S. 1231, 1239; *Kingreen*, S. 195; *Herdegen*, Rn. 284; *Jaensch*, S. 263; *Lenz* in: Lenz EGV, Art. 12. Rn. 11; *Jarass* in: FS Everling, Bd. I, S. 593, 594.
[13] *Jaensch*, S. 252; *Roth* in: Dauses, Bd. 1, E.I. Rn. 17.
[14] *EuGH* Rs. 65/68, 27.09.1988, Slg. 1988, 5249 – Bayer/Süllhofer.
[15] *Müller-Graff* in: Groeben/Thiesing/Elermann, Bd. 1, Art. 30 Rn. 307 Fn. 717; *Weiß*, S. 109 f.
[16] *Streinz/Leible*, EuZW 2000, 459, 465.
[17] *EuGH* Rs. C-265/95, 09.12.1997, Slg. 1997, I-6959, 6999 Rn. 30–32 – Kommission/Frankreich; *Körber*, EuZW 2001, 353.

die Verwirklichung des freien Dienstleistungs- und Personenverkehrs als einem gem. Art. 3 lit. c) EGV wesentlichen Gemeinschaftsziel zwischen den Mitgliedstaaten gefährdet, wenn privatrechtliche Vereinigungen kraft der ihnen verliehenen Autonomie sanktionslos solche Hindernisse errichten könnten[18]. Zum anderen könnten sich aus einer Beschränkung des Gegenstands der Grundfreiheiten auf behördliche Maßnahmen Ungleichheiten bei der Anwendung ergeben, da die Arbeitsbedingungen in den Mitgliedstaaten unterschiedliche Regelungsformen fänden, und eine Anwendbarkeit nicht davon abhängen könne, ob dies durch Gesetz, Verordnungen, privatrechtliche Vertragsbeziehungen oder sonstige Rechtsakte geschehe. In diesen Erwägungen, wie in der sonstigen Drittwirkungsjudikatur auch, kommt damit die Sorge um die praktische Wirksamkeit des Gemeinschaftsrechts zum Ausdruck[19].

Überträgt man diese Erwägungen auf die Vergaberegeln der NICs, kann es auf das Maß der hoheitlichen Einflussnahme auf diese Vergaberegeln im Ergebnis nicht ankommen. Die Organisationsformen der einzelnen NICs beruhen auf historischen Zufälligkeiten[20]. Die oben beschriebene Entwicklung[21] führte dazu, dass die ccTLDs in den Anfängen von den interessierten Gruppen oder Personen verwaltet wurden, die sich in irgendeiner Form für diese Aufgabe qualifizierten. Teilweise – so auch in Deutschland – wurden die Registries zunächst selbstständig von einzelnen Personen betrieben[22]. Nur in den wenigsten Fällen – ein außereuropäisches Beispiel bietet Argentinien[23] – waren die Hoheitsträger von Beginn an in die Verwaltung der ccTLDs eingebunden. In den Mitgliedstaaten war dies jedoch nicht der Fall. Erst mit der Kommerzia-

---

[18] *EuGH* Slg. 1974, 1405, 1419 f. Rn. 16/19 – Walrave und Koch; *EuGH* Slg. 1995, I-4921, 5066 Rn. 83 – Bosman; *EuGH* Slg. 2000, I-2549, 2614 Rn. 47 – Deliège; *EuGH* Slg. 2000, I-2581, 2729 Rn. 35 – Lehtonen und Castors Braine.

[19] *EuGH* Slg. 1981, 2311, 2328 Rn. 16 – Broekmeulen; *EuGH* Slg. 1981, 147, 165 Rn. 24 – Musik-Vertrieb membran/GEMA; *EuGH* Slg. 1982, 1095, 1111 Rn. 14 – Nordsee/Reederei Mond; *EuGH* Slg. 1984, 4277, 4288 Rn. 14 – Haug-Adrion/Frankfurter Versicherungs-AG; *Steindorff* in: FS Lerche, 575, 577.

[20] *Hoeren*, Internetrecht, S. 54 und *J.B. Nordemann/Czychowski/Grüter*, NJW 1997, 1897, 1899; vgl. auch: Arbeitspapier der Kommission, Schaffung von .EU als Internet-Bereichsnamen oberster Stufe, 02.02.2000, 6.

[21] Siehe oben 2. Teil A.

[22] Z.B. wurde „.be" von 1989 bis Dezember 2000 von einem Professor an der Katholischen Universität Leuven verwaltet, „.ca" wurde im Mai 1987 an die *University of British Columbia* delegiert und von einer einzelnen Person verwaltet; gleiches gilt für die im März 1986 delegierte TLD „.au" für Australien, IANA Report on Request for Redelegation of the .au Top-Level Domain, 31.08.2001, Abschnitt: Factual and Procedural Background; *Stroemer*, S. 55 f. für „.de".

[23] NIC-Argentina, Homepage <http://www.nic.ar/indexeng.htm> (Stand: September 2001).

lisierung des Internets und dem wachsenden Verlangen nach Domain-Namen wurde das Erfordernis einer Formalisierung deutlich, so dass sich privatwirtschaftliche Interessengemeinschaften zur Bewältigung der neuen Herausforderungen formierten[24]. Die Mitgliedstaaten haben sich seitdem, wie oben dargelegt, in unterschiedlicher Form der Regelung der Domain-Vergabe angenommen. Das unterschiedliche Maß an gesetzgeberischem Eifer auf diesem Gebiet kann nicht zu einer divergierenden Rechtsanwendung führen. Es widerspricht dem Gedanken der einheitlichen Anwendung des europäischen Gemeinschaftsrechts, die hoheitlich vorgegebenen Vergaberegeln in Finnland, Spanien und Griechenland am Maßstab der Grundfreiheiten zu messen, die Praktiken SIDNs in Schweden oder AFNICs in Frankreich aber mit Hinweis auf die privatrechtliche Ausgestaltung der Domain-Registrierung von einer solchen Beurteilung auszunehmen.

Auch das von der Literatur teilweise aufgestellte Erfordernis der quasi-staatlichen Tätigkeit wird im Fall der Domain-Vergabe erfüllt. Mittlerweile ist anerkannt, dass die ultimative Kontrolle über eine ccTLD dem jeweiligen Hoheitsträger zusteht. Dieses Verständnis liegt nicht nur der Delegations- und Redelegationspraxis ICANNs zu Grunde, sondern entspricht auch der Auffassung der Kommission, die in der Verordnung zur Einführung der TLD „.eu" ihren Niederschlag gefunden hat[25]. Der den ICANN Vorstand beratende Ausschuss der Regierungen (*Governmental Advisory Committee* - GAC), in welches alle Mitgliedstaaten bis auf Griechenland Vertreter entsandt haben[26], hat sich der Frage nach der hoheitlichen Verantwortung bei der Domain-Vergabe in einem Dokument mit dem Titel *Principles for the Delegation and Administration of Country Code Top Level Domains*[27] angenommen. Es wird dabei hervorgehoben, dass die Delegation einer ccTLD eine treuhänderische Verantwortung zur Folge habe und diese im öffentlichen Interesse sowohl des jeweiligen Staates oder Gebiets als auch der Internetgemeinschaft insgesamt auszuüben sei. Weiter wird betont, dass die ultimative Kontrolle über die ccTLDs bei den jeweiligen Hoheitsträgern liege[28]. Die GAC-Leitlinien bringen die Position der Regierungen und

---

[24] Siehe für „.de": *Herzig*, Mit Internetnamen aus Frankfurt in der ganzen Welt erreichbar, 24.02.2000. Für „.at": *Rastl*, Es begann an der Uni Wien: 10 Jahre Internet in Österreich, Juni 2000.

[25] .EU-Einführungsverordnung, Art. 7.

[26] GAC, Accredited Representatives to the Governmental Advisory Committee <http://www.noie.gov.au/Projects/international/DNS/gac/contact/gac_representatives.htm> (Stand: April 2002).

[27] GAC Principles, 23.02.2000.

[28] GAC Principles, 23.02.2000, 4.4, 5.1.

Hoheitsträger deutlich zum Ausdruck. Domains stellen eine öffentliche Ressource dar, mit deren Verwaltung die NICs eine hoheitliche Aufgabe wahrnehmen[29]. In Österreich, Frankreich und Irland bestehen i.d.S. bereits ausdrückliche Ermächtigungsgrundlagen für eine Regelung der Domain-Vergabe[30]. Die von der Literatur teilweise geforderte Staatsnähe liegt damit vor.

Eine weitergehende hoheitliche Übertragung der Aufgabe der Domain-Verwaltung i.S.d. Art. 86 Abs. 2 EGV kann für die Eröffnung des Anwendungsbereichs der Grundfreiheiten nicht verlangt werden. Die wettbewerbsrechtlichen Bestimmungen der Art. 81 f. EGV und die Grundfreiheiten schließen sich nicht aus[31]. Dies ergibt sich aus der vom EuGH geäußerten Sorge um die praktische Wirksamkeit des Gemeinschaftsrechts. Die Gegner einer parallelen Anwendbarkeit gestehen selbst ein, dass die Bestimmungen des Kartellrechts von den Grundfreiheiten abweichende Verhaltensmaßstäbe enthalten und in ihrem Anwendungsbereich unterschiedlichen Schranken unterliegen[32]. Gerade einem solchen divergierenden Rechtsmaßstab will die Rechtsprechung des Gerichtshofs zur unmittelbaren Drittwirkung entgegenwirken. Nach Art. 295 EGV bleibt die Eigentumsordnung in den Mitgliedstaaten zwar unberührt, doch darf dies nicht dazu führen, dass durch die willkürliche Gestaltung dieser Eigentumsordnung die Rechtsanwendung gesteuert wird. Innerhalb der von den Mitgliedstaaten frei zu wählenden Eigentumsverhältnisse muss sich die organisatorische Gestaltung dieser Verhältnisse am Vertrag und insbesondere den Grundfreiheiten und den Wettbewerbsregeln messen lassen[33]. Die Domain-Vergabe bietet geradezu ein Musterbeispiel für die Möglichkeit, durch die willkürliche Gestaltung der Organisationsstruktur die Geltung der wettbewerbsrechtlichen Vorschriften oder der Grundfreiheiten durch einen formellen Akt auszuhebeln.

Selbst wenn man diesen Schritt nicht mitgehen wollte und es für die Beurteilung der Drittwirkung auf die Organisationsstruktur jedes ein-

---

[29] So auch: *Spindler* in: Immenga/Lübben/Schwintowski, S. 47, 62.
[30] Siehe oben 2. Teil A. IV. 2) Fn. 41–43.
[31] *Steindorff* in: FS Lerche, S. 575, 587 f.; ders., EG-Vertrag und Privatrecht, S. 291–295; *EuGH* Rs.155/73, 30.04.1974, Slg. 1974, 411, 430 f. Rn. 14 – Sacchi; *EuGH* Rs. 402/85, 09.04.1987, Slg. 1987, 1747, 1768 Rn. 17/1769 f. Rn. 21 – Basset/SACEM; *EuGH* Rs. 395/87, 13.07.1989, Slg. 1989, 2521, 2571 Rn. 15/2576 Rn. 33/2579 Rn. 46 – Tournier; *EuGH* Rs. C-41/90, 23.04.1991, Slg. 1991, I-1979, 2017 Rn. 26/2019 Rn. 35 – Höfner und Elsner/Macroton GmbH; *EuGH* Rs. C-260/89, 18.06.1991, Slg. 1991, I-2925, 2957 Rn. 11 – ERT.
[32] *Streinz/Leible*, EuZW 2000, 459, 465.
[33] *EuGH* Rs. 182/83, 06.11.1984, Slg. 1984, 3677, 3685 Rn. 7 – Fearon/Irish Land Commission; *Hochbaum* in: Groeben/Thiesing/Ehlermann, Bd. 5, Art. 222 Rn. 5–7.

zelnen NICs ankommen lassen wollte, wären die Mitgliedstaaten aus einer mittelbaren Drittwirkung heraus verpflichtet, bestehende Hemmnisse für den Binnenmarkt abzubauen.

C. Bewertungsgrundlage

Art. 49 und auch Art. 12 EGV verbieten sowohl offene Diskrimnierungen aus Gründen der Staatsangehörigkeit als auch verdeckte Diskriminierungen, d.h. Tatbestände, die an Umstände anknüpfen, die regelmäßig oder tendenziell von Ausländern nicht erfüllt werden[34]. Bei Residenz- oder Präsenzpflichten, die an den Wohnsitz einer natürlichen Person oder den Sitz einer Gesellschaft anknüpfen, handelt es sich um die typischen Fälle einer solchen versteckten Diskriminierung.

Darüber hinaus sind auch unterschiedslos auf Inländer und Ausländer anwendbare Vorschriften am Maßstab der Verhältnismäßigkeit auf ihre Vereinbarkeit mit dem Gemeinschaftsrecht zu messen, worauf es aber im Rahmen der Beurteilung der territorialen Beschränkungen der NICs in den Mitgliedstaaten nicht ankommen wird.

Von Bedeutung sind aber die Rechtfertigungsmöglichkeiten. Während offene formelle Diskriminierungen im Rahmen der Dienstleistungsfreiheit nur nach Art. 55 i.V.m. Art. 46 EGV einer Rechtfertigung zugänglich sind[35], können sonstige Beschränkungen der Grundfreiheiten nach der vom EuGH in der *Gebhard*-Entscheidung aufgestellten Formel gerechtfertigt werden, wenn sie in nicht diskriminierender Weise angewandt werden, aus zwingenden Gründen des Allgemeininteresses gerechtfertigt sind und das Verhältnismäßigkeitsprinzip beachten[36]. In Bezug auf Residenz- und Präsenzpflichten formuliert der EuGH heute jedoch durchweg schärfer. Danach kommt eine Rechtfertigung nur dann in Betracht, wenn die Beschränkung eine unerlässliche Vorausset-

---

[34] *EuGH* Rs. 152/73, 12.02.1974, Slg. 1974, 153, 164 f. Rn. 11 – Sotgiu/Deutsche Bundespost; *EuGH* Rs. 61/77, 16.02.1978, Slg. 1978, 417, 451 Rn. 78/80 – Kommission/Irland; *EuGH* Rs. 237/78, 12.07.1979, Slg. 1979, 2645, 2653 Rn. 13 – CRAM/Toia; *EuGH* Rs. 22/80, 29.10.1980, Slg. 1980, 3427, 3436 Rn. 9 – Boussac/Gerstenmeier; *EuGH*, *EuGH* Rs. C-398/92, 10.02.1994, Slg. 1994, I-467, 479, Rn. 16 – Mund & Fester; *EuGH* Rs. C-29/95, 23.01.1997, Slg. 1997, I-300, 307 Rn. 17 – Pastoors; *EuGH* Rs. C-164/99, 24.01.2002, EuZW 2002, 245, 246 Rn. 17 – Portugaia Construções; *v. Bogdandy* in: Grabitz/Hilf, Recht der EU, Bd. I, Art. 6 EGV Rn. 15.

[35] *EuGH* Rs. C-451/99, 21.03.2002, Rn. 31 – Cura Anlagen (noch unveröffentlicht); *EuGH* Rs. C-67/98, 21.10.1999, Slg. 1999, I-7289, 7314 Rn. 29 – Zenatti.

[36] *EuGH* Rs. C-55/94, 30.11.1995, Slg. 1995, I-4165, 4197 f. Rn. 37 – Gebhard.

zung für die Erreichung des verfolgten Zieles ist[37]. Dem liegt die Erkenntnis zu Grunde, dass Niederlassungserfordernisse der Dienstleistungsfreiheit direkt zuwiderlaufen und im Ergebnis faktisch die Negation dieser Freiheit darstellen[38].

Der Umfang einer möglichen Rechtfertigung von Eingriffen in Art. 12 EGV ist umstritten. Ungeklärt erscheint nach wie vor die Frage, ob es sich bei dem in Art. 12 ausgesprochenen Verbot um ein absolutes oder nur relatives Diskriminierungsverbot handelt[39]. Auch darauf kommt es vorliegend nicht an. Eine Rechtfertigung von Beschränkungen kommt nach gefestigter Rechtsprechung jedenfalls nur dann in Betracht, wenn sie auf objektiven Gründen beruhen und im Hinblick auf das verfolgte Ziel verhältnismäßig sind[40].

Sachlich besteht im Ergebnis kein Unterschied zwischen der Frage nach der Rechtfertigung eines Eingriffs in Art. 49 oder des subsidiären Art. 12 EGV. Der EuGH zeigt sogar die Tendenz beide Vorschriften gemeinsam abzuhandeln[41].

D. Tatbestandliche Diskriminierungen

Die Beurteilung eines diskriminierenden Charakters hängt von der Einordnung und Bewertung der einzelnen Beschränkungen in den Mitgliedstaaten ab.

---

[37] *EuGH* Rs. C-279/00, 07.02.2002, Rn. 18 – Kommission/Italien (noch unveröffentlicht); *EuGH* Rs. C-439/99, 15.01.2002, Rn. 30 – Kommission/Italien (noch unveröffentlicht); *EuGH* Rs. C-493/99, 25.10.2001, Rn. 19 – Kommission/Deutschland (noch unveröffentlicht); *EuGH* Rs. C-222/95, 09.07.1997, Slg. 1997, I-3899, 3925 Rn. 31 – Parodi; *EuGH* Rs. 205/84, 04.12.1986, Slg. 1986, 3755, 3809 f. Rn. 52 – Kommission/Deutschland; *Troberg* in: Groeben/Thiesing/Ehlermann, Bd. 1, Art. 59 Rn. 16; *Hailbronner* in: Handkom. EUV/EGV, Art. 60 Rn. 30; *Hakenberg* in: Lenz, EGV, Art. 49/50 Rn. 26.

[38] *EuGH* Rs. C-279/00, 07.02.2002, Rn. 17 – Kommission/Italien; *EuGH* Rs. C-439/99, 15.01.2002, Rn. 30 – Kommission/Deutschland; *Fischer*, S. 321 f. Rn. 9/ S. 324 Rn. 19.

[39] Siehe die Nachweise bei: *v. Bogdandy* in: Grabitz/Hilf, Recht der EU, Bd. I, Art. 6 Rn. 32; *Bleckmann*, Rn. 1742; *Streinz/Leible*, IPRax 1998, 162, 167 f. Fn. 73/76; *Epiney* in: Calliess/Ruffert, Art. 12 Rn. 41 Fn. 68.

[40] *EuGH* Rs. C-274/96, 24.11.1998, Slg. 1998, I-7637, 7658 Rn. 27 – Bickel und Franz; *EuGH* Rs. C-15/96, 15.01.1998, Slg. 1998, I-47, 67 Rn. 21 – Schöning-Kougebetopoulou.

[41] *EuGH* Rs. 186/87, 02.02.1989, Slg. 1989, 195, 220 f. Rn. 14 f. – Cowan/Trésor Public; *EuGH* Rs. C-20/92, 01.07.1993, Slg. 1993, I-3777, 3793 Rn. 10 – Hubbard/Hamburger.

I. Formelle Diskriminierungen

Eine formelle Diskriminierung erfolgt in Griechenland durch den GR Hostmaster in Bezug auf Registrierungen von natürlichen Personen. Anknüpfungspunkt für die Ungleichbehandlung ist hier die Staatsangehörigkeit. Dies ergibt sich daraus, dass im Ausland lebende Griechen wie Inländer behandelt werden und ein Wohnsitzerfordernis für diese nicht gilt. Auch das französische Modell basiert auf einer Differenzierung nach der Staatsangehörigkeit. Während Franzosen einen Domain-Namen auch dann unterhalb von „.nom.fr" oder „.com.fr" registrieren können, wenn sie im Ausland leben, müssen Ausländer einen Wohnsitz in Frankreich vorweisen. Gleiches gilt für den Bereich „.nom.pt" in Portugal und die Registrierungsbestimmungen der ES-NIC für „.es"[42]. Während Angehörige anderer Mitgliedstaaten einen Domain-Namen nur dann anmelden dürfen, wenn sie in Spanien wohnen, gilt dieses Wohnsitzerfordernis für Spanier gerade nicht.

II. Versteckte Diskriminierungen

1) Privatpersonen

Eine nur mittelbare Diskriminierung besteht für Registrierungen von Privatpersonen unterhalb von „.pp.se" in Schweden. Anknüpfungspunkt ist hier die allen in Schweden wohnhaften Personen zugewiesene Personennummer. Es ist erforderlich, in Schweden zu leben, um eine solche zu erlangen, weshalb dieses Erfordernis einem mittelbar diskriminierenden Wohnsitzerfordernis gleichkommt.

Privatpersonen müssen für Registrierungen unterhalb von „.ie" eine Adresse in einer der 32 Grafschaften der Insel Irland vorweisen können[43]. Dieses Erfordernis gilt für Iren und Ausländer gleichermaßen. Differenzierungskriterium ist hier demnach nicht die Staatsangehörigkeit sondern der Wohnsitz. Insofern handelt es sich auch hier um eine mittelbar diskriminierende Maßnahme.

2) Unternehmen

a) Das Problem der Staatszugehörigkeit

Bei den für Gesellschaften und andere Unternehmen geltenden geographischen Beschränkungen der NICs handelt es sich ausnahmslos um versteckte Diskriminierungen. Der Staatsangehörigkeit von natürlichen Personen entspricht bei Gesellschaften die Zugehörigkeit der Gesell-

---

[42] ES-NIC, Naming Rules 2.1.
[43] IEDR, Naming Policy, 3.1.3.

schaft zur Rechtsordnung eines bestimmten Mitgliedstaates[44]. Die Bestimmung erfolgt nach Grundsätzen des Internationalen Privatrechts. Nach der angelsächsischen Gründungs- oder Inkorporationstheorie folgt die Zugehörigkeit zu einem Staat der Gründung der Gesellschaft nach den Rechtsvorschriften dieses Staates während die kontinentaleuropäische Sitztheorie es entscheidend auf den Satzungssitz oder tatsächlichen Gesellschaftssitz in Form der Hauptniederlassung ankommen lässt[45]. Während es sich bei der Bewertung dieser Theorien[46] und insbesondere der Vereinbarkeit der Sitztheorie mit dem Diskriminierungsverbot des EG-Vertrags um viel diskutierte Fragen handelt[47], finden sich nur Ansätze einer Diskussion der verschiedenartigen Lösungsansätze auf die Unterscheidung zwischen formeller und materieller Diskriminierung bei Gesellschaften[48].

Nach einer Entscheidung des Oberlandesgerichts Düsseldorf soll eine Diskriminierung aus Gründen der Staatsangehörigkeit bei juristischen Personen von vornherein ausscheiden, weil nicht die Staatsangehörigkeit, sondern der Sitz der Gesellschaft im Ausland Anknüpfungspunkt für eine Ungleichbehandlung sei[49]. Der Bundesfinanzhof hat bei der Anknüpfung an den Sitz einer Körperschaft sogar eine tatbestandliche mittelbare Diskriminierung verneint[50]. Diese Rechtsprechung läuft nicht nur der Kasuistik des Europäischen Gerichtshofs zuwider[51], sondern schränkt den Anwendungsbereich des Diskriminierungsverbots unangemessen ein. Auch bei der Dienstleistungsfreiheit ist die Staatsangehörigkeit nach ständiger EuGH Rechtsprechung ein in der Regel unzulässiges Unterscheidungskriterium, so dass nach die Auffassungen des

---

[44] *EuGH* Rs. C-212/97, 09.03.1999, I-1459, 1491 Rn. 20 – Centros; vgl. *EuGH* Rs. C-334/94, 07.03.1996, Slg. 1996, I-1307, 1340 Rn. 19 – Kommission/Frankreich; *v. Bogdandy* in: Grabitz/Hilf, Recht der EU, Bd. I, Art. 6 Rn. 32; *Zuleeg* in: Groeben/Thiesing/Ehlermann, Bd. 1, Art. 6 Rn. 11; *Schlosser*, EuZW 1993, 659, 661; *Streinz/Leible*, IPRax 1998, 162, 167/Fn. 64; *Reitmaier*, S. 13.
[45] *BGH* NJW 1984, 2762; *Heldrich* in: Palandt, Anh. zu Art. 12 EGBGB (IPR) Rn. 1 f.; *Ebenroth* in: MünchKommBGB, Bd. 7, 2. Aufl., Nach Art. 10 EGBGB Rn. 139/143; *Staudinger/Großfeld*, IntGesR Rn. 26/31 f.
[46] *Kindler* in: MünchKommBGB, IntGesR Rn. 258/264–315; *Staudinger/Großfeld*, IntGesR Rn. 26–77/130–132.
[47] Zuletzt: *Behrens*, EuZW 2002, 129; *Thorn*, IPRax 2001, 102; Schlussanträge des Generalanwalts *Dàmaso Ruiz-Jarabo Colomer* vom 04.12.2001, Rs. C-208/00, NZG 2002, 16 – Überseering.
[48] *EuGH* Rs. 270/83, 18.01.1986, Slg. 1986, 273, 304 Rn. 18 – Kommission/Frankreich (Gesellschaftssitz sei entscheidend); *LG Münster* RIW 1996, 965, 966 (Verfassung oder Registrierung sei entscheidend).
[49] *OLG Düsseldorf*, EuZW 1993, 326, 327.
[50] *BFH* NJW 1991, 1775 f. m. Anm. *Arndt*.
[51] *EuGH* Rs. C-43/95, 26.09.1996, Slg. 1996, I-4671, 4677 Rn. 22 – Data Delecta und Forsberg; *EuGH* Slg. 1994, I-467, 479, Rn. 16 – Mund & Fester.

Bundesfinanzhofes und des OLG Düsseldorfs, wäre ihnen zu folgen, konsequenterweise auch der Anwendungsbereich der Dienstleistungsfreiheit beschränkt wäre. Damit wäre der Grundfreiheit im Anwendungsbereich von Gesellschaften aber praktisch jede Anwendbarkeit genommen. Die Urteile sind deshalb zu Recht überwiegend auf Ablehnung gestoßen[52]. Die Frage wie die Differenzierung durchzuführen ist, wird durch diese Diskussion jedoch nicht beantwortet. Da es sich bei den von den NICs in Bezug auf Gesellschaften geltenden territorialen Beschränkungen, wie im Folgenden dargelegt wird, um materielle Diskriminierungen handelt, kann der Frage auch im Rahmen dieser Arbeit nicht weiter nachgegangen werden.

b) Zweigstellenerfordernis

Dem Erfordernis der territorialen Nähe kann nach den Registrierungsbedingungen aller NICs dadurch nachgekommen werden, dass eine Zweigstelle in dem betreffenden Land eröffnet wird. Differenzierungsmerkmal ist demnach jeweils eine Präsenz- oder Residenzpflicht und nicht die Staatszugehörigkeit eines Unternehmens.

Im finnischen Modell ist das Erfordernis der territorialen Nähe erfüllt, wenn ein Eintrag im finnischen Handelsregister erfolgt ist. Nach ausländischem Recht gegründete Unternehmen können diese Voraussetzung durch eine Zweigstellenregistrierung in Finnland erfüllen. Das spanische System differenziert danach, ob die Gesellschaft nach spanischem Recht gegründet wurde oder nicht[53]. Obschon unselbstständige Teile eines Unternehmens einen Domain-Namen nicht registrieren dürfen, wird für Zweigstellen ausländischer Gesellschaften eine Ausnahme gemacht, sofern eine ordnungsgemäße spanische Registrierung der Zweigstelle vorliegt. Differenzierungskriterium in diesen Modellen ist damit ein Präsenzerfordernis.

Die allgemein gehaltenen Formulierungen in Schweden („Verbindung zu Schweden"), Irland („echte und substanzielle Verbindung zu Irland") und Griechenland („hinreichende Handelstätigkeit") stellen sich im Ergebnis gleichfalls als Präsenzpflichten dar. Zum Nachweis der erforderlichen Verbindung ist in Schweden die Vorlage einer schwedischen gesellschaftsrechtlichen Registrierung erforderlich[54]. Eine solche liegt aber auch in einer entsprechenden Zweigstellenregistrierung[55]. Der

---

[52] *OLG München* NJW 1993, 865; *LG Münster*, RIW 1996, 965, 966; *Arndt*, NJW 1991, 1776; *Streinz/Leible*, IPRax 1998, 162, 167; zustimmend aber: *Kaum*, IPRax 1994, 180, 181.
[53] ES-NIC, Naming Rules, 2.1.
[54] NIC-SE, Regulation B.
[55] NIC-SE, Explanation B.

D. Tatbestandliche Diskriminierungen   49

Voraussetzung der echten und substanziellen Verbindung zu Irland wird regelmäßig durch die Registrierung einer Zweigstelle entsprochen. In Griechenland ist eine entsprechende Zweigstelle ebenfalls Mindestvoraussetzung für den Zugang zu „.gr" und den entsprechenden Subdomains[56].

Auch in Frankreich kann das Erfordernis einer territorialen Nähe durch die Errichtung einer Zweigstelle erfüllt werden. Gesellschaften, die eine Domain-Namen-Registrierung unterhalb von „.fr" oder „.com.fr" vornehmen wollen, müssen einen Auszug aus dem nationalen Unternehmensregister (SIRENE) vorlegen (*Kbis*-Auszug)[57]. Darüber hinaus wird anderen nach französischem Recht anerkannten Organisationen dieser Domain-Bereich eröffnet. Das Gleiche gilt für die zahlreichen zweckgebundenen öffentlichen und sektorspezifischen Unterbereiche, die gleichfalls eine Registrierung im französischen Handelsregister voraussetzen.

In Portugal besteht eine Ungleichbehandlung insofern, als die Unterbereiche „.net.pt" und „.publ.pt" auf in Portugal registrierte Unternehmen beschränkt sind[58]. Auch hier handelt es sich um ein einem Niederlassungsvoraussetzung gleichkommendes Erfordernis.

Diesen Erfordernissen steht aber die Rechtsprechung des EuGH entgegen, nach welcher ein Mitgliedstaat die Erbringung von Dienstleistungen in seinem Hoheitsgebiet vorbehaltlich einer Rechtfertigung nicht von der Einhaltung aller Voraussetzungen abhängig machen darf, die für die Niederlassung gelten[59]. Bei einem Niederlassungserfordernis handelt es sich um den typischen Fall der mittelbaren Diskriminierung, welches zwar die Staatsangehörigkeit als Differenzierungskriterium nicht zum Tatbestandsmerkmal erhebt, aber tatsächlich die gleiche Wirkung hat[60].

c) Sonderfälle: „.de" und „.lu"

Auch für Domain-Registrierungen unterhalb von „.de" bestand bis September 2000 ein Wohnsitz- und Unternehmenssitzerfordernis[61]. Gleiches galt bis November 2001 unterhalb der luxemburgischen TLD

---

[56] GR Hostmaster, Rules, 1.
[57] Siehe: INSEE, SIRENE Base de données <http://www.sirene.tm.fr/annonce/contenu/source.html> (Stand: Juni 2001).
[58] FCCN, Rules, 2.3.3.1./2.3.8.1.
[59] *EuGH* Slg. 1991, I-4221, 4243 Rn. 13 – Säger/Dennemeyer.
[60] Siehe die Nachweise in Fn. 34.
[61] DENIC, Mehr Rechtssicherheit und Klarheit bei Domainanmeldungen, 03.08.2000 <http://www.denic.de/doc/DENIC/presse/neue-registrierungsordnung.html> (Stand: Juni 2002).

„.lu". Heute verlangen die DENIC und DNS-LU lediglich, dass der Domain-Inhaber einen Zustellungsbevollmächtigten im Inland benennt. Die DENIC betrachtet den administrativen Ansprechpartner als den Bevollmächtigten und bei im Ausland ansässigen Domain-Inhabern zugleich als Zustellungsbevollmächtigten des Domain-Inhabers. Sie verweist dabei auf die §§ 174 f. ZPO a.F.[62]. Problematisch hieran erscheint schon, dass die Zustellungsbevollmächtigung nach § 174 ZPO a.F. entweder vom Gericht anzuordnen ist, § 174 Abs. 1 ZPO a.F., oder, im Fall von im Ausland wohnhaften Parteien, zwar kraft Gesetzes besteht, § 174 Abs. 2 ZPO a.F.[63], aber erst ab Rechtshängigkeit wirksam wird. Ungeachtet der Frage der Wirksamkeit einer solchen Klausel nach AGB-rechtlichen Grundsätzen konnte die Zustellungsbevollmächtigung nach § 174 Abs. 2 ZPO a.F. nicht rechtsgeschäftlich vereinbart werden. Es kann sich demnach bei der von der DENIC betrachteten Person nur um einen Zustellungsbevollmächtigten nach § 171 ZPO (§ 173 ZPO a.F.) handeln. Da die Registrierung mittels eines automatisierten Verfahrens stattfindet, hat die DENIC vor der Registrierung keine Möglichkeit zu überprüfen, ob ein im Inland wohnhafter Zustellungsbevollmächtigter tatsächlich benannt wurde. Der DENIC steht ausweislich ihrer AGB in Fällen von Falschangaben aber insofern ein außerordentliches Kündigungsrecht zu[64].

In Luxemburg erfolgt die komplette Domain-Registrierung offline. Das online abrufbare Formblatt muss per Post oder Fax an DNS-LU gesandt werden. Soweit ein inländischer Zustellungsbevollmächtigter im luxemburgischen Registrierungsverfahren nicht oder fälschlich benannt wird, wird DNS-LU dies möglicherweise bereits vor erfolgter Registrierung feststellen und die Registrierung ablehnen[65]. Andernfalls sehen ihre AGB ebenfalls ein Kündigungsrecht vor[66].

Differenzierungsmerkmal für das Erfordernis zur Benennung eines Zustellungsbevollmächtigten in Luxemburg und in Deutschland ist nicht die Staatsangehörigkeit, da die Verpflichtung im Ausland lebende Luxemburger und Deutsche gleichermaßen trifft. Es handelt sich bei diesen Erfordernissen ebenfalls um versteckte Diskriminierungen. Da es sich nicht um klassische Präsenzpflichten handelt, sind diese Beschränkungen nicht am Maßstab der unerlässlichen Voraussetzung, sondern des zwingenden Allgemeininteresses zu messen.

---

[62] DENIC-Registrierungsrichtlinien, III.
[63] *Hartmann* in: Baumbach/Lauterbach/Albers/Hartmann, Einf. § 174 Rn. 4.
[64] DENIC-Registrierungsbedingungen, § 7 (2) h)-i).
[65] DNS-LU, Terms and Conditions, 13.1. (a)-(d).
[66] DNS-LU, Terms and Conditions, 8.1. (d).

d) Sonderfälle: „.plc.uk" und „.ltd.uk"

Eine weitere getrennt zu beurteilende Beschränkung bezieht sich auf bestimmte vorgegebene Subdomain-Bereiche. Binnenmarktrechtliche Bedenken ergeben sich insofern, als diese auf Grund ihrer Gestaltung oder sonstiger Regelung den Unternehmen und Personen des jeweiligen Mitgliedstaates vorbehalten sind. Ausgeklammert werden können hier die staatlichen Unterbereiche wie „.police.uk", „gouv.fr", „.gov.pt" oder „parti.se", da diese Bereiche schon dem Anwendungsbereich des EGV enthoben sind.

Anders verhält es sich mit den „kommerziellen" Unterbereichen. So wird die mit der *Public Limited Company* entfernt verwandte deutsche Aktiengesellschaft unterhalb der TLD „.plc.uk" und die mit der *Limited Company* vergleichbare deutsche GmbH unterhalb von „.ltd.uk" nicht zum Zuge kommen. Diese Unterbereiche sind für die entsprechenden britischen Gesellschaften reserviert. Hierbei handelt es sich ebenfalls um eine versteckte Diskriminierung. Anknüpfungspunkt für die Diskriminierung ist die Bedeutung der TLD. Die Abgrenzung zur bloßen Beschränkung erfolgt über die Vergleichbarkeit der Wirkungen einer bestimmten Maßnahme[67]. Nichtdiskriminierende Maßnahmen sind solche, die Angehörige anderer Mitgliedstaaten zwar nicht schlechter stellen, aber die Dienstleistungsfreiheit dennoch beschränken[68]. Die Subdomain-Bereiche enthalten ein diskriminierendes Element, da sie nicht nur regelmäßig, sondern – vor dem Hintergrund der angelsächsischen Gründungstheorie – ausschließlich ausländische juristische Personen treffen werden. Die Vergleichbarkeit zeigt sich durch eine Gegenüberstellung mit „.net.pt" und „publ.pt". Aus Sicht des Domain-Interessenten macht es keinen Unterschied, ob sich der Ausschluss aus der konkreten Gestaltung des Subdomain-Bereichs wie im Vereinigten Königreich oder einer weitergehenden Bestimmung wie in Portugal ergibt.

E. Rechtfertigung der formellen Diskriminierungen

Soweit die NICs die Staatsangehörigkeit zum Tatbestandsmerkmal einer Differenzierung erheben, sind keine Gründe ersichtlich, die diese Ungleichbehandlung anhand des strengen Maßstabs des Art. 55 i.V.m. Art. 46 EGV rechtfertigen könnten. Geht man von einem relativen Verbot des Art. 12 EGV aus, so kann dennoch ebenso wenig eine ob-

---

[67] *v. Bogdandy* in: Grabitz/Hilf, Recht der EU, Bd. I, Art. 6 Rn. 16.
[68] *Troberg* in: Groeben/Thiesing/Ehlermann, Bd. 1, Art. 59 Rn. 4.

jektiv sachliche Rechtfertigung für diese formelle Differenzierung angenommen werden.

F. Rechtfertigung der versteckten Diskriminierungen

Die interessantere Frage, die hier im Vordergrund stehen soll, betrifft die Präsenz- und Residenzpflichten sowie die Sonderfälle Luxemburg, Deutschland und das Vereinigte Königreich.

Die Bewertung der Beschränkungen und Diskriminierungen gegenüber den Angehörigen anderer Mitgliedstaaten hängt entscheidend von der Zweckrichtung der jeweiligen Regelung ab. Den Registrierungsbestimmungen der NICs können keine Gründe für die von ihnen vorgegebene territoriale Beschränkung entnommen werden. Dies mag damit zusammenhängen, dass die Beschränkungen historisch gewachsen sind und dem ursprünglichen Verständnis von der Bedeutung einer ccTLD entsprechen. Danach sollten die ccTLDs in engem Zusammenhang mit dem jeweiligen Land oder der jeweiligen Region stehen. Dieses Verständnis entspricht der Idee einer dezentralisierten Verwaltungsstruktur durch abgrenzbare oberste Hierarchiestufen. *John Klensin* hat in einem RFC vom Februar 2001 diese Auffassung der Internetpioniere wiedergegeben[69]. Danach ist RFC 1591 in Bezug auf die ccTLDs so zu interpretieren, dass die ccTLDs im Gegensatz zu den allgemein zugänglichen gTLDs in erster Linie im Interesse der Bewohner des jeweiligen Territoriums genutzt werden sollten, und die Domain-Inhaber vornehmlich in dem entsprechenden Gebiet ansässig sein sollten[70].

Das niederländische Registry hat in einem Konsultationsverfahren im Jahr 2001 zu den Registrierungsbestimmungen für den Bereich „.nl" das ehemals bestehende Erfordernis der territorialen Nähe für diese ccTLD zur Disposition gestellt und dabei drei mögliche Gründe für die Aufrechterhaltung der gebietsbezogenen Beschränkung genannt[71], die einen Anhaltspunkt für die mit den Beschränkungen verfolgte Zielsetzung geben:

(1) Erhaltung einer besonderen Verbindung zu dem jeweiligen Territorium

(2) Verhinderung einer Domain-Knappheit in der ccTLD

(3) Sicherung und Erleichterung der Rechtsdurchsetzung.

Die Rechtfertigungsmöglichkeit einer territorialen Begrenzung wird im Folgenden anhand dieser Begründungsansätze untersucht.

---

[69] *Klensin*, RFC 3071, Februar 2001.
[70] *Klensin*, RFC 3071, Februar 2001, S. 2/4.
[71] .nl Final Report, 3.2 Nr. 2.

I. Territoriales Verständnis

Ein erstes Rechtfertigungsargument knüpft an das historische Verständnis der ccTLDs an. Danach trägt die Bedeutung einer ccTLD als Kennzeichnungselement für ein Angebot aus einem bestimmten Land bereits das Erfordernis einer geographischen Begrenzung in sich. Das historische Verständnis spiegelt sich auch in der Delegationspraxis und ihrer Ausrichtung am ISO-Code 3166 alpha-2 wider. So hat ICANN/IANA dem nationalen Aspekt der Verwaltung einer ccTLD in dem Redelegationsverfahren um das Kürzel „.pn" der britischen Südpazifikinsel Pitcairn besondere Bedeutung beigemessen[72]. Ursprünglich war die Verwaltung dieser ccTLD im Juli 1997 an eine von einem Einwohner Pitcairns und einem auf den Kanalinseln ansässigen Computerspezialisten geführte Organisation delegiert worden. ICANN schenkte dem Argument Beachtung, dass diese Organisation beliebigen Dritten ohne Bezug zur Insel die Registrierung unterhalb von „.pn" ermögliche und damit den Interessen der Einwohner der Insel zuwiderhandele.

Auch die Europäische Kommission befürwortet eine Beschränkung der Registrierung auf natürliche und juristische Personen mit einer deutlichen Verbindung zu dem entsprechenden Territorium und verweist insofern auf die zu Grunde liegende Idee, dass eine ccTLD eine eindeutige Information über die örtliche Zuordnung der Aktivität ermögliche[73]. Hinzu komme, dass auch tatsächlich die meisten DNS-Nutzer vom Territorium ihres ccTLD-Registers aus arbeiteten. Dementsprechend liegt der Verordnung zur Einführung des Bereichsnamens „.eu" ein ebensolches Verständnis für die neue TLD zu Grunde[74].

Die Vereinigten Staaten und auch Japan haben eine territoriale Beschränkung trotz der Liberalisierung der Zugangsvoraussetzungen für den Zugang zu den TLDs „.us" und „.jp" beibehalten und verlangen eine Niederlassung oder einen Wohnsitz in dem betreffenden Land[75].

Klensin hat allerdings konstatiert, dass dieses, die ccTLDs auf eine territoriale Aussage begrenzende Verständnis über die Bedeutung einer ccTLD, heute keine allgemeine Gültigkeit mehr hat, da die ccTLDs zum Großteil nicht mehr auf der Basis dieser Auslegung betrieben werden

---

[72] IANA Report on Request for Redelegation of the .pn Top Level Domain, 11.02.2000, Abschnitt: Factual and Procedural Background; dazu auch: *Forgó* in: Mayer-Schönberger/Galla/Fallenböck, S. 1, 10 f.

[73] Arbeitspapier der Kommission – Schaffung von .EU als Internet-Bereichsnamen oberster Stufe, 02.02.2000, 5.

[74] .EU-Einführungsverordnung, Erwägungsgrund (6); Art. 4 Abs. 2 b).

[75] NeuStar, The usTLD Nexus Requirements, 2002; JPRS, What is a JP Domain Name? <http://jprs.jp/eng/jpdomain.html> (Stand: Mai 2002).

und sich im Gegenteil für Registrierungen von externen Dritten geöffnet haben[76]. Das DNS hat eine solche Entwicklung in Kauf genommen und war auch nicht darauf ausgelegt, einheitliche Registrierungsbedingungen für die ccTLDs vorzugeben. Ein Beispiel bildet in diesem Zusammenhang wiederum die ccTLD „.pn". Obwohl der Inselrat die Redelegation der TLD u.a. mit dem Argument betrieben hatte, die Manager ließen Registrierungen durch Personen ohne Bezug zur Insel zu, sehen die Vergaberegeln für Registrierungen unterhalb von „.pn" heute keine Beschränkung auf die Einwohner Pitcairns oder Gesellschaften mit einer besonderen Verbindung zu Pitcairn vor. Auf den Webseiten des Registries werden im Rahmen einer Versteigerung vielmehr Gattungsbegriffe zur Nutzung durch jedermann angeboten[77].

Der Verständniswandel zeigt sich besonders deutlich an den Versuchen, die potenzielle Aussagekraft einer ccTLD gewinnbringend zu vermarkten. Bekanntestes Beispiel ist hier die TLD „.tv", dem Kürzel der Südpazifikinsel Tuvalu, welches von der Firma dotTV erfolgreich als Synonym für Fernsehanstalten vermarktet wird[78]. Die Beispiele für ähnliche Werbestrategien sind vielfältig[79]. Teilweise haben sich diese Bedeutungen wie im Fall „.tv" derart durchgesetzt, dass ein Bezug zu dem jeweiligen Territorium gar nicht mehr erkennbar ist. *Klensin* will die betreffenden ccTLDs wegen ihrer Entfernung von ihrer ursprünglichen Funktion als Länderkennung nicht mehr als ccTLDs sondern als gTLDs einordnen[80].

Der Verständniswandel kann nicht nur anhand dieser Boutique-Domains nachgewiesen werden. Der italienischen Endung „.it" und der österreichischen TLD „.at" werden wegen der Kombinationsmöglichkeiten in der Bedeutung der gleichlautenden englischen Begriffe eine besondere Anziehungskraft nachgesagt[81]. Aber auch die Entwicklung der Registrierungsbestimmungen in den ccTLDs der Mitgliedstaaten verdeutlicht diesen Verständniswandel. Neben Deutschland und Luxemburg[82] bestanden früher auch in Dänemark, dem Vereinigten Königreich, Österreich und Italien Präsenzpflichten. In den Beneluxstaaten hat zuletzt SIDN Anfang 2002 als Ergebnis des Konsultationsverfahrens die dahin gehende Beschränkung für den Bereich „.nl" aufgehoben[83].

---

[76] *Klensin*, RFC 3071, Februar 2001, S. 2.
[77] Siehe: Pitcairn Island Administration, .pn Policies <http://www.nic.pn/PnRegistry/policies.htm> (Stand: Juli 2001).
[78] The .tv Corporation, Homepage <http://www.tv> (Stand: Mai 2002).
[79] Siehe: Annex IV.
[80] *Klensin*, RFC 3071, Februar 2000, S. 3.
[81] *Robinson*, You paid *How much* for That Domain Name, 03.02.2000.
[82] Siehe oben D. II. 2) c).
[83] .nl Final Report, 3.2 Nr. 3.

F. Rechtfertigung der versteckten Diskriminierungen

Die Bedeutung der ccTLDs hat sich gewandelt. Das gilt auch für die europäischen ccTLDs. Sie werden heute nicht mehr mit der geographischen Grenze eines Landes in Verbindung gebracht, sondern mit dem Markt eines Landes[84]. Um diesen Markt aktiv zu erschließen, benötigt man eine Domain unterhalb der jeweiligen ccTLD[85]. Dieser Markt ist nicht auf Unternehmen mit Sitz in einem bestimmten Land beschränkt. Die NICs können die Bedeutung einer TLD nicht als Rechtfertigungsgrund für verdeckte Diskriminierungen heranziehen. Selbst wenn ein geographisch eng begrenztes Verständnis noch bestehen sollte, wäre dies kein ausreichendes Argument um eine Ausnahme von den Grundsätzen des Binnenmarktes zu begründen.

II. Das Argument der Domain-Knappheit

In der juristischen Diskussion um die Kollision von Kennzeichenrechten und Domain-Namen wird darauf hingewiesen, dass Domain-Namen ein knappes Gut seien[86]. Angesichts der Eindimensionalität des Namensraums kann dies zumindest für die flachen TLDs nicht geleugnet werden. Es mag daher nahe liegen, die Nutzung dieses knappen Guts auf einen Personenkreis mit einer territorialen Nähe zu dem Staatsgebiet der jeweiligen ccTLD zu beschränken, um die Ressource weitgehend für Staatsangehörige zu erhalten. In dem niederländischen Konsultationsprozess wurde die Sorge um eine Bedrohung des niederländischen Namensraums durch Domain-Namen Registrierungen von Ausländern allerdings angesichts der Zahl von 28 Millionen registrierten „.com"-Domain-Namen im November 2001 im Vergleich zu 650.000 Registrierungen unterhalb von „.nl" als vernachlässigbar angesehen[87]. Dabei handelt es sich um einen praktischen Aspekt, der an der rechtlichen Problematik vorbei argumentiert. Das Argument der Domain-Knappheit stellt ungeachtet der tatsächlichen Auslastung keine Rechtfertigung für eine diskriminierende Zuteilung des Namensbereichs dar. Wie bereits erwähnt, liegt die Kompetenz zur Regelung der Eigentumsverhältnisse am Domain-Namensraum uneingeschränkt bei den

---

[84] So auch: .nl Final Report, 3.4 Nr. 11; missverständlich daher: *OLG Hamburg*, GRUR 2001, 838, 840 – 1001.buecher.de.
[85] Vgl. die Aussage von *Alexander Schaub*, Competition Law and the Internet, Rede anlässlich des „European Competition Day", 11.06.2001, 1.2.2.2.
[86] *Hoeren*, Internetrecht, S. 42; *Biermann*, WRP 1999, 997, 1000; *Köhler/Arndt*, Rn. 69; *Bücking*, Domainrecht, Rn. 149; *Bettinger*, GRUR Int. 1997, 402, 415; *ders.* in: Mayer-Schönberger/Galla/Fallenböck, S. 139, 146; *Ubber*, WRP 1997, 497, 505; *Kur*, CR 1996, 590, 592; *Graf*, CR 2002, 138, 140.
[87] .nl Final Report, 3.4 Nr. 13.

Mitgliedstaaten[88]. Die Zuteilung der Domain-Namen hat aber diskriminierungsfrei in Einklang mit den Grundsätzen des EG-Vertrags und der Grundfreiheiten zu erfolgen. Dies gilt hier insbesondere für die sich am britischen Gesellschaftsrecht orientierenden Subdomain-Bereiche „.plc.uk" und „.ltd.uk". Zwar bleibt es dem Königreich unbenommen, seine Domain-Zone nach Subdomain-Bereichen zu untergliedern, doch hat die Ausgestaltung diskriminierungsfrei zu erfolgen. Der Binnenmarkt verlangt, dass Ressourcen mit den anderen Unionsbürgern geteilt werden. Dies folgt im Binnenmarkt unmittelbar aus den vom EG-Vertrag gewährleisteten Grundfreiheiten.

III. Rechtsdurchsetzung

Ein weiteres mögliches, die territorialen Beschränkungen tragendes Argument ist das der Rechtsdurchsetzung. Handelt es sich bei dem Domain-Inhaber um den Angehörigen eines fremden Staates, ist eine Auslandsberührung gegeben, welche bei von dem jeweiligen Domain-Namen ausgehenden Rechtsverletzungen einen Ausgleich erschweren kann. Der herkömmliche Fall eines Rechtsstreits mit Auslandsberührung wirft im Kern zum einen die jurisdiktionelle Frage der internationalen Zuständigkeit und zum anderen die Frage nach der Anerkennung und Vollstreckbarerklärung von ausländischen Entscheidungen im Inland und von inländischen Entscheidungen im Ausland auf[89]. Des Weiteren erscheint es problematisch, bei Auslandsberührungen mit Blick auf das Zustellungserfordernis eine angemessene Balance zwischen dem Justizgewähranspruch des Klägers und dem Gehörgewähranspruch des Beklagten zu finden.

1) Schützenswertes Allgemeininteresse

a) Klägerschutz als taugliches Rechtfertigungsmerkmal

Der Klägerschutz stellt ein schützenswertes, von dem ungeschriebenen Rechtfertigungsgrund des zwingenden Allgemeininteresses, erfasstes Ziel dar. Der Kasuistik des EuGH kann eine Vielzahl von Zwecken entnommen werden, welche die Beschränkungen und versteckten Diskriminierungen zu rechtfertigen vermögen[90]. Zu nennen sind hier vor allem das Berufsrecht und der Verbraucherschutz[91]. Das Interesse von

---

[88] Siehe oben B. III.
[89] *R. Geimer*, IPRax 2002, 72 Fn. 3.
[90] *EuGH* Rs. C-288/89, 25.07.1991, Slg. 1991, I-4007, 4041 Rn. 14 – Gouda; Hakenberg in: Lenz, EGV, Art. 49/50 Rn. 26.
[91] *Fischer*, S. 324 f., Rn. 19.

F. Rechtfertigung der versteckten Diskriminierungen

Klägern an einer effektiven Rechtsdurchsetzung wurde in der Judikatur zu den Grundfreiheiten bisher nicht ausdrücklich thematisiert. Anerkannte Ziele sind aber der Schutz des geistigen Eigentums[92] und auch die Funktionsfähigkeit der Rechtspflege[93]. Beide Komplexe sind bei den sogenannten Domain-Streitigkeiten angesprochen. Da auch der Beklagtenschutz ein die Grundfreiheiten beschränkendes Allgemeininteresse darstellt[94], muss dies im Umkehrschluss ebenfalls für den unmittelbar aus Art. 6 Abs. 1 EMRK ableitbaren Klägerschutz gelten.

b) Zielrichtung der Beschränkungen

Zwar handelt es sich bei dem Klägerschutz um ein von den Adressaten der Grundfreiheiten und des Diskriminierungsverbots legitimer Weise zu schützendes Interesse, doch sagt dies noch nichts über die tatsächliche Zielrichtung der Beschränkungen aus. Da nach dem bisher Gesagten nur das Rechtsdurchsetzungsargument als tauglicher Rechtfertigungsgrund verbleibt, sind solche Beschränkungen einer Rechfertigung enthoben, die offensichtlich den Zweck des Klägerschutzes nicht verfolgen.

Für das Erfordernis der Zustellungsbevollmächtigung kann dies nicht bezweifelt werden. Für den Bereich „.de" kann dies zudem den Registrierungsrichtlinien der DENIC entnommen werden[95].

Angesichts des teilweise formell diskriminierenden Charakters der Beschränkungen ergeben sich aber Zweifel an der Zielrichtung der Präsenzpflichten. Den Registrierungsbestimmungen der NICs kann aber teilweise entnommen werden, dass die Präsenzpflichten tatsächlich dem Zweck dienen, eine Verbesserung des Klägerrechtsschutzes herbeizuführen. Demgemäß sehen die NICs in Irland[96], Frankreich[97], Griechenland[98] und Spanien[99] Ausnahmen von der Präsenzpflicht vor, wenn der Domain-Anmelder seine Anmeldung auf ein bestehendes nationales Markenrecht oder Gemeinschaftsmarkenrecht stützen kann[100]. Bei Vorliegen eines Markenrechts besteht zunächst einmal ein berechtigtes

---

[92] *EuGH* Rs. 62/79, 18.03.1980, Slg. 1980, 881, 903 Rn. 15 – Coditel/Ciné Vog Films.
[93] *EuGH* Rs. C-3/95, 12.12.1996, Slg. 1996, I-6511, 6538 Rn. 31 – Reisebüro Broede.
[94] *Streinz/Leible*, IPRax 1998, 162, 168 f.; *Bungert*, IStR 1993, 481, 484; *EuGH* Rs. C-122/96, 02.10.1997, Slg. 1997, I-5325, 5346 Rn. 29 – Saldanha und MTS.
[95] DENIC-Registrierungsrichtlinien, III.
[96] IEDR, Obtaining an Internet Domain within .IE, 9.5;
[97] AFNIC, Naming Charter, II. 4. 11.
[98] GR Hostmaster, Rules, 1.
[99] ES-NIC, Naming Rules, 3.4.1c.
[100] Nicht aber: NIC-SE in Schweden und FICORA in Finnland.

Interesse des Domain-Anmelders an der Registrierung des Domain-Namens. Außer im Bereich der Gleichnamigen ist eine Domain-Namen-Kollision aus diesem Grund zunächst einmal unwahrscheinlich. Ein weitergehender Klägerschutz erscheint deshalb nicht notwendig. I.d.S. verlangt AFNIC für den offenen Subdomain-Bereich „.com.fr"[101] und der GR Hostmaster für den gesamten griechischen Domain-Bereich[102] eine Verknüpfung von Domain-Name und Markenrecht. Während im Übrigen keine besondere Berechtigung zur Führung eines Domain-Namens unterhalb dieser Bereiche erforderlich ist, muss eine solche Berechtigung bei fehlender Niederlassung im Inland durch ein Markenrecht nachgewiesen werden. Obschon darin ein weiteres diskriminierendes Element gesehen werden kann, zeigt dies jedoch deutlich die Zielrichtung dieser Beschränkungen.

Etwas anderes muss wiederum für die den Subdomain-Bereichen „.plc.uk" und „.ltd.uk" inhärenten Beschränkungen gelten. Diese lassen die erforderliche Schutzrichtung nicht erkennen. Demnach scheidet eine Rechtfertigung dieser Beschränkungen aus. Das Vereinigte Königreich hat sein Subdomain-System so auszugestalten, dass Diskriminierungen ausländischer Gesellschaften ausscheiden.

2) Vorfragen

Bevor der Frage, ob die Präsenzpflichten und die Pflicht zur Benennung eines Zustellungsbevollmächtigten bei der Anmeldung eines Domain-Namens, die aus den angesprochenen Problembereichen resultierenden Konflikte aufzufangen vermögen, nachgegangen wird, sollen im Folgenden die für eine mögliche Rechtfertigung relevanten Vorfragen geklärt werden.

a) Die Besonderheiten bei Domain-Streitigkeiten

Bei der weiteren Beurteilung soll hier vom typischen Fall einer Domain-Streitigkeit ausgegangen werden. Dieser zeichnet sich dadurch aus, dass ein Dritter sich einen Domain-Namen sichert, der mit einem Kennzeichenrecht oder Namensrecht eines anderen kollidiert. Eine Verletzung des Kennzeichenrechts kann sich nach deutschem Recht aus einer konkreten, eine Verwechslungsgefahr oder eine unlautere Beeinträchtigung oder Ausnutzung der Unterscheidungskraft oder Wertschätzung des Kennzeichens begründenden Benutzung des Domain-Namens ergeben, §§ 14 Abs. 2, 15 Abs. 2, 3 MarkenG[103]. Kollidiert der

---

[101] *Catherine Jean*, AFNIC, E-Mail v. 29.04.2002 (auf Ablage beim Autor).
[102] GR Hostmaster, E-Mail v. 04.04.2002 (auf Ablage beim Autor).
[103] Siehe nur: *Fezer*, § 3 Rn. 324.

Domain-Name mit dem Namensrecht, so kommt darüber hinaus ein Anspruch aus § 12 BGB in Betracht. Im Fall unlauterer Domain-Registrierungen stehen dem Kennzeicheninhaber oder Namensträger zudem die §§ 823 Abs. 1, 1 UWG und ggf. § 826 BGB zur Verfügung. Zumindest für den Fall eines berühmten Namens soll nach dem Urteil des Bundesgerichtshofs zu „shell.de" schon die schlichte Registrierung eines mit dem Namen identischen Domain-Namens eine Namensverletzung in Form der Namensanmaßung darstellen können[104].

Dem berechtigten Kennzeichen- oder Namensinhaber wird es ungeachtet dessen im Ergebnis i.d.R. darum gehen, selbst als Domain-Inhaber eingetragen zu werden. Da ein Übertragungsanspruch an dem Domain-Namen nach deutschem Recht nicht in Betracht kommt[105], wird der Domain-Inhaber versuchen müssen, zumindest die Löschung des streitigen Domain-Namens auf dem ordentlichen Rechtsweg zu erreichen. Gerade bei Domain-Streitigkeiten kommt es zudem auf schnellen Rechtsschutz an. Ein Kennzeicheninhaber – dies wird durch die Rechtspraxis bestätigt – wird aus diesem Grund zunächst einstweiligen Rechtsschutz ersuchen, um die Verletzungshandlung kurzfristig zu unterbinden[106].

b) Einschlägige Rechtsquellen

Das Internationale Zivilverfahrensrecht wird von einer Vielzahl bi- und multilateraler Übereinkommen und EG-Verordnungen geregelt[107]. Von Bedeutung war bis vor kurzem vor allem das zwischen allen Mitgliedstaaten geltende Brüsseler Übereinkommen über die gerichtliche Zuständigkeit und die Vollstreckung gerichtlicher Entscheidungen in Zivil- und Handelssachen (EuGVÜ)[108]. Das EuGVÜ wurde für alle Mitgliedstaaten – bis auf Dänemark – mit dem 1. März 2002 durch die EuGVVO („Brüssel I")[109] abgelöst, so dass die Fragen der Zustän-

---

[104] *BGH* MMR 2002, 382, 384 – shell.de m. *Anm. Hoeren.*
[105] *BGH* MMR 2002, 382, 386 – shell.de; zustimmend: *Ubber*, BB 2002, 1167, 1169; *Lober*, EWiR 2002, 535, 536; anders noch: *OLG München* CR 1999, 382, 383 m. Anm. *Hackbarth*; dagegen: *Ernst*, CR 1999, 487, 488; *OLG Hamm* K&R 1998, 216, 218 – krupp.de m. Anm. *Bettinger* = NJW-CoR 1998, 175, 176 f. m. Anm. *Ernst* = MMR 1998, 214, 216 m. Anm. *Berlit*; *Hoeren*, EWiR, 1999, 543, 544; anders für berühmte Kennzeichen: *ders.*, MMR 2002, 386, 388.
[106] Vgl. *Ubber*, K&R 2001, 593; *Lurger* in: Mayer-Schönberger/Galla/Fallenböck, S. 101, 123; *Schmieder*, NJW 2001, 2134, 2142.
[107] Übersichten bei: *Schack*, Rn. 54–56; *Linke*, IZPR, Rn. 13–18.
[108] Brüsseler Übereinkommen über die gerichtliche Zuständigkeit und die Vollstreckung gerichtlicher Entscheidungen in Zivil- und Handelssachen vom 27. September 1968 i.d.F. v. 29.11.1998 (BGBl. II 1998, 387).
[109] Verordnung (EG) Nr. 44/2001 des Rates vom 22. Dezember 2000 über die gerichtliche Zuständigkeit und die Anerkennung und Vollstreckung von Entscheidungen in Zivil- und Handelssachen (ABLEG Nr. L 12, 16.01.2001, S. 1–23).

digkeit und Vollstreckbarkeit zivilrechtlicher Entscheidungen innerhalb Europas nunmehr durch diese unmittelbar geltende Verordnung geregelt werden.

Zustellungen innerhalb Europas wurden bislang vom Haager Zustellungsübereinkommen (HZÜ)[110] aus dem Jahre 1965 und im Verhältnis einiger Mitgliedstaaten durch das Vorgängerübereinkommen des Haager Zivilprozessübereinkommens (HZPÜ)[111] von 1954 geregelt. Am 31. März 2001 ist die Europäische Zustellungsverordnung (EuZVO)[112] in Kraft getreten, welche die genannten Abkommen zwischen den Mitgliedstaaten, wiederum mit Ausnahme des Königsreichs Dänemark, welches auch hier den ihm zustehenden Ausstiegsvorbehalt nicht aufgegeben hat, Erwägungsgrund 18 EuZVO, abgelöst hat. Für Dänemark gilt im Verhältnis zu Österreich bis auf weiteres das HZPÜ und im Verhältnis zu den übrigen Mitgliedstaaten das HZÜ[113]. Die EuZVO greift Regelungen des Europäischen Zustellungsübereinkommens von 1997 auf[114], welches wegen des mit dem Amsterdamer Vertrag erfolgten „Säulenwechsels" und der dadurch geschaffenen Regelungsmöglichkeit in Form des sekundären Gemeinschaftsrechts nicht in Kraft getreten ist, EuZVO Erwägungsgrund 5[115].

Zur Implementierung der Durchführungsbestimmungen und Vorbehaltsmöglichkeiten der EuZVO hat der deutsche Gesetzgeber darüber hinaus das EG-Zustellungsdurchführungsgesetz (ZustDG) erlassen[116]. Während dieses Gesetz ausländische Zustellungen in Deutschland betrifft, beziehen sich die am 01.07.2002 in Kraft getretenen Änderungen des Zustellungsreformgesetzes[117] im ersten Buch der ZPO auf Inlands-

---

[110] Haager Übereinkommen vom 15. November 1965 über die Zustellung gerichtlicher und außergerichtlicher Schriftstücke in Zivil- oder Handelssachen (HZÜ) (BGBl. 1977 II 1452) (in Kraft seit dem 26.06.1979, BGBl. II 779).

[111] Haager Übereinkommen vom 1. März 1954 über den Zivilprozeß (HZPÜ) (BGBl. 1958 II 576) (in Kraft seit dem 01.01.1960, BGBl. 1959 II 1388).

[112] Verordnung (EG) Nr. 138/2000 vom 29.05.2000 über die Zustellung gerichtlicher und außergerichtlicher Schriftstücke in Zivil- oder Handelssachen in den Mitgliedstaaten (EuZVO) (ABlEG Nr. L 160, 30.06. 2000, S. 37–52).

[113] *Lindacher*, ZZP 114 (2001), 179, 182; *Stadler*, IPRax 2001, 514.

[114] Übereinkommen über die Zustellung gerichtlicher und außergerichtlicher Schriftstücke in Zivil- oder Handelssachen (ABlEG Nr. C 261, 27.08.1997, S. 2–16).

[115] *Lindacher*, ZZP 114 (2001), 179, 181; *Bajons* in: FS Schütze, S. 49, 51; allgemein: *R. Geimer*, IZPR, Rn. 245; *Stadler* in: 50 Jahre BGH, Bd. III, S. 645, 647 f.; *dies.*, IPRax 2001, 514, 515.

[116] Gesetz zur Durchführung gemeinschaftsrechtlicher Vorschriften über die Zustellung gerichtlicher und außergerichtlicher Schriftstücke in Zivil- oder Handelssachen in den Mitgliedstaaten (EG-Zustellungsdurchführungsgesetz – ZustDG) vom 9. Juli 2001 (BGBl. 2001 I 1536).

[117] Gesetz zur Reform des Verfahrens bei Zustellungen im gerichtlichen Verfahren (Zustellungsreformgesetz – ZustRG) vom 25. Juni 2001 (BGBl. 2001 I 1206).

zustellungen sowie auf im Ausland zu bewirkende deutsche Zustellungen.

c) Die Bedeutung der Konventionen

Teilweise wird der Existenz der Konventionen und Verordnungen zum Internationalen Zivilverfahrensrecht bei der Beurteilung diskriminierender Maßnahmen eine besondere Bedeutung beigemessen.

(1) Einschränkung des Anwendungsbereichs des Diskriminierungsverbots

Mankowski und *Schack* wollen aus dem Wortlaut des Art. 12 EGV folgern, dass das allgemeine Diskriminierungsverbot unter einem Regelungsvorbehalt steht, der Diskriminierungen nur „vorbehaltlich besonderer Bestimmungen" verbietet[118]. Eine solche besondere Bestimmung sehen sie mit Hinweis auf das *Daily Mail*-Urteil des EuGH[119] in Art. 293 EGV (Art. 220 EGV a.F.) vierter Spiegelstrich. Danach leiten die Mitgliedstaaten, soweit erforderlich, Verhandlungen ein, um zu Gunsten ihrer Staatsangehörigen eine Vereinfachung von Förmlichkeiten für die gegenseitige Anerkennung und Vollstreckung richterlicher Entscheidungen zu bewirken. Konsequenz dieser Auffassung ist, dass das Diskriminierungsverbot im Anwendungsbereich der EuGVÜ sowie der HZÜ und HZPÜ keine Wirkung entfaltet. Nach dem Säulenwechsel würden die EuGVVO und die EuZVO als unmittelbares Gemeinschaftsrecht umso mehr von dem Vorbehalt des Art. 12 EGV erfasst. Die Beschränkungen der NICs wären danach auf ihre Vereinbarkeit mit diesen Verordnungen zu prüfen und im Übrigen wegen Verstoßes gegen das Diskriminierungsverbot nicht zu beanstanden.

Diese Auffassung ist eine Mindermeinung geblieben. Sie basiert auf einem falschen Verständnis des Vorbehalts in Art. 12 EGV einerseits und Art. 293 EGV andererseits.

Nach ständiger Rechtsprechung des Gerichtshofs dient der Vorbehalt des Art. 12 EGV der Abgrenzung der Grundfreiheiten von anderen Regelungen, die besondere Diskriminierungsverbote enthalten, also insbesondere den Grundfreiheiten[120]. Der Vorbehalt normiert eine Subsidiarität, wobei der Anwendungsbereich, nicht aber die Wirkung

---

[118] *Mankowski*, RIW 1991, 181, 187; *ders.*, TransportR 1993, 182, 184–186; *ders.*, NJW 1995, 306, 307; *Schack*, ZZP 108 (1995), 47, 54.
[119] *EuGH* Rs. 81/87, 27.09.1988, Slg. 1988, 5483 – Daily Mail.
[120] *EuGH* Slg. 1989, 195, 220 Rn. 14 – Cowan/Trésor Public; *EuGH* Slg. 1993, I-3777, 3793 Rn. 10 – Hubbard/Hamburger; *EuGH* Slg. 1976, 1333, 1339 Rn. 6/7 – Donà/Mantero; *Zuleeg* in: Groeben/Thiesing/Ehlermann, Bd. 1, Art. 6 Rn. 19; *Epiney* in: Calliess/Ruffert, Art. 12 Rn. 8 f. Fn. 19.

des Diskriminierungsverbots eingeschränkt wird. Instruktiv ist in diesem Zusammenhang die Rechtsprechung des EuGH zum Zusammenspiel zwischen Diskriminierungsverbot und Grundfreiheiten. Danach handelt es sich bei den Grundfreiheiten um spezielle Ausprägungen des Diskriminierungsverbots, wobei jede Verletzung der Freizügigkeit oder Dienstleistungsfreiheit gleichzeitig den Tatbestand des Art. 12 EGV erfüllen soll[121]. Dieses Verständnis ließe sich nicht durchhalten, wenn Art. 12 EGV – nicht aber die Grundfreiheiten – unter dem behaupteten Regelungsvorbehalt stünden.

Art. 293 EGV enthält eine Ermächtigung und eine Verpflichtung der Mitgliedstaaten, soweit erforderlich, Verhandlungen über die dort genannten Regelungsbereiche einzuleiten[122]. Der *Daily Mail*-Entscheidung des Gerichtshofs steht eine gefestigte Judikatur gegenüber, nach der Art. 293 EGV lediglich den Rahmen für Verhandlungen auf den dort genannten Sachgebieten absteckt[123]. Die Auffassung von einer durch Art. 293 EGV postulierten Schranke zum allgemeinen Diskriminierungsverbot ist danach nicht haltbar[124].

(2) Abschließende Regelung durch Konventionen

Im Widerspruch zu der eben abgelehnten Auffassung könnte erwogen werden, das Rechtsdurchsetzungsrisiko im Anwendungsbereich bestehender Konventionen generell als tauglichen Grund für eine Rechtfertigung von diskriminierenden und beschränkenden Maßnahmen auszunehmen. Ein solches Argument könnte dahin gehen, dass die einschlägigen Konventionen für die jeweils erfassten Bereiche derart abschließende Regelungen treffen, dass für Diskriminierungen auf Grund des Wohnsitzes kein Raum bleibt.

Eine solche Lösung klingt in dem Urteil des EuGH in *Mund & Fester/Hatrex* an[125]. In dieser Entscheidung hatte der Gerichtshof über eine

---

[121] *EuGH* Slg. 1977, 1091, 1127 Rn. 27 – van Ameyde/UCI; *EuGH* Rs. C-332/90, 28.01.1992, Slg. 1992, I-341, 356 Rn. 8 – Steen; *EuGH* Rs. C-41/90, 23.04.1991, Slg. 1991, I-1979, 2020 Rn. 36 – Höfner und Elsner/Macroton GmbH; *EuGH* Rs. C-246/89, 04.10.1991, Slg. 1991, I-4585, 4613 Rn. 18 – Kommission/Italien; *EuGH* C-334/94, 07.03.1996, Slg. 1996, I-1307, 1339 Rn. 13 – Kommission/Frankreich; *Zuleeg* in: Groeben/Thiesing/Ehlermann, Bd. 1, Art. 6 Rn. 19.

[122] *Bröhmer* in: Calliess/Ruffert, Art. 293 Rn. 1; *Schwartz* in: Groeben/Thiesing/Ehlermann, Bd. 5, Art. 220 Rn. 2.

[123] *EuGH* Rs. C-336/96, 12.05.1998, Slg. 1998, I-2793, 2831 Rn. 15 – Gilly; *EuGH* Rs. 137/84, 11.07.1985, 2681, 2694 f. Rn. 11 – Ministère Public/Mutsch; *Schwartz* in: Groeben/Thiesing/Ehlermann, Bd. 5, Art. 220 Rn. 1; *Ipsen*, S. 712 § 40/15.

[124] Ebenso: *Heß*, NJW 2000, 23, 24; *Schwartz* in: Groeben/Thiesing/Ehlermann, Bd. 5, Art. 220 Rn. 6 f.

[125] *EuGH*, Slg. 1992, I-467, 480 Rn. 19 – Mund & Fester/Hatrex.

F. Rechtfertigung der versteckten Diskriminierungen

Vorlagefrage des Oberlandesgerichts Hamburg[126] zur Vereinbarkeit des § 917 Abs. 2 ZPO in der Fassung vom 12. September 1950[127] mit dem allgemeinen Diskriminierungsverbot des alten Art. 7 EWG zu befinden. § 917 Abs. 2 S. 1 ZPO a.F. stellte, ohne zwischen Mitgliedstaaten und Drittstaaten zu differenzieren, die unwiderlegliche Vermutung auf, dass die Notwendigkeit der Vollstreckung eines Urteils im Ausland für sich genommen schon ein ausreichender Arrestgrund sei. Für Vollstreckungen im Inland musste gemäß § 917 Abs. 1 ZPO das Erfordernis, dass die Vollstreckung ohne die Sicherungsmaßnahme vereitelt oder wesentlich erschwert werden würde, dagegen gesondert belegt werden.

Der Gerichtshof bejahte eine versteckte Diskriminierung mit dem Argument, dass die Vermutung des § 917 Abs. 2 ZPO gerechtfertigt sei, sofern es um die Vollstreckung in einem Drittstaat gehe, nicht aber in Bezug auf die Mitgliedstaaten, da die Vertragsparteien des EuGVÜ als einheitliches Ganzes anzusehen seien. Die mit einer Vollstreckung verbundenen Risiken seien in allen Mitgliedstaaten die gleichen[128]. Mit dieser Argumentation wurde dem EuGVÜ alleine auf Grund der Tatsache seines Bestehens und seiner Geltung zwischen den Mitgliedstaaten entscheidungserhebliche Bedeutung beigemessen. Keine Berücksichtigung fand die Frage, inwiefern das EuGVÜ bestehende Schwierigkeiten bei der Auslandsvollstreckung tatsächlich aufzulösen vermochte. Das Urteil ist in der deutschen Rechtslehre u.a. auf Grund dieser undifferenzierten Argumentationsweise zu Recht auf Ablehnung gestoßen[129].

Überträgt man diese Argumentation aber auf das Zustellungserfordernis, so würden hier die EuZVO und für Dänemark das HZÜ und HZPÜ abschließende Regelungen treffen. Für das Erfordernis einer Zustellungsbevollmächtigung bei der Domain-Registrierung wäre kein Raum. Dass dem nicht so sein kann, ergibt sich jedoch schon aus der EuZVO selbst. Nach Erwägungsgrund 12 und Art. 20 Abs. 2 EuZVO bleibt es den Mitgliedstaaten – vorbehaltlich der Regelungen der Verordnung – unbenommen, zusätzliche Übereinkünfte oder Vereinbarungen zur weiteren Beschleunigung oder Vereinfachung der Übermittlung von Schriftstücken beizubehalten oder zu schließen. Eine abschließende Regelung wird durch die EuZVO somit offensichtlich nicht getroffen.

---

[126] *OLG Hamburg* EuZW 1993, 264.
[127] Zivilprozeßordnung vom 20. September 1950 (BGBl. 533).
[128] *EuGH* Slg. 1992, I-467, 480 f. Rn. 19 f. – Mund & Fester/Hatrex.
[129] *Mankowski*, NJW 1995, 306, 307 f.; *Schack*, ZZP 108 (1995), 47, 51 f.; *Thümmel*, NJW 1996, 1930, 1934; *ders.*, EuZW 1994, 242, 244; *ders.* in: Wieczorek/Schütze, § 917 Rn. 28; *Ress*, JuS 1995, 967, 970; *Heinze* in: MünchKommZPO, Bd. 3, § 917 Rn. 11.

Als Konsequenz der EuGH Entscheidung nimmt § 917 Abs. 2 S. 2 ZPO heute den EU- und EFTA-Bereich vom besonderen Arrestgrund aus[130]. Die Begründung zur Gesetzesänderung hat aber klargestellt, dass die Schwierigkeiten bei einer Vollstreckung von Urteilen im Ausland auch für den Bereich der Europäischen Union im Rahmen der Regelung des § 917 Abs. 1 ZPO Berücksichtigung finden können[131]. Der Gesetzgeber geht also davon aus, dass solche Schwierigkeiten nach wie vor bestehen. Auch der Generalanwalt *Tesauro* hatte in seinen Schlussanträgen in *Mund & Fester* zwar mit dem gleichen Ergebnis, aber differenzierter als der EuGH argumentiert und konkret dargelegt, inwiefern bestehende Vollstreckungsschwierigkeiten durch das EuGVÜ beseitigt wurden[132]. Das Oberlandesgericht Frankfurt hat sich in einem zeitlich nach der Entscheidung des Gerichtshofs zu *Mund & Fester* liegenden Fall an die Vorgabe des EuGH gehalten und § 917 Abs. 2 ZPO a.F. nicht angewandt, aber wegen der bestehenden Schwierigkeiten einer Auslandsvollstreckung einen Arrestgrund nach § 917 Abs. 1 ZPO angenommen[133].

Nach alledem kann festgehalten werden: Durch die bestehenden internationalen Konventionen und EG-Verordnungen werden einige Probleme des Zivilprozesses mit Auslandsberührung ausgeräumt, aber eben nicht vollständig ausgeschaltet. Eine pauschale Nichtberücksichtigung weiterhin bestehender Probleme verbietet sich. Entscheidend für die Beurteilung der Voraussetzung zur Benennung eines Zustellungsbevollmächtigten für „.lu" und „.de" kann deshalb nicht die schlichte Tatsache des Bestehens internationaler Konventionen sein. Entscheidend muss vielmehr das tatsächliche konkrete Bedürfnis nach einer ergänzenden Regelung zur Überwindung bestehender Zustellungsschwierigkeiten sein.

Letztlich steht dem auch die Entscheidung des EuGH in *Mund & Fester* nicht entgegen. Neuere Rechtsprechung belegt, dass es sich bei der pauschalen Argumentation des Gerichts um eine Nachlässigkeit handelte und nicht um die Statuierung eines Prinzips. In einem Urteil vom Februar 2002 hatte sich der Gerichtshof mit einer italienischen

---

[130] Art. 2 c Drittes Gesetz zur Änderung des Rechtspflegergesetzes und anderer Gesetze vom 6. August 1998 (BGBl. I 2030).

[131] Beschlussempfehlung und Bericht des Rechtsausschusses (6. Ausschuss) zu dem Gesetzentwurf der Bundesregierung – Drucksache 13/102444 – Entwurf eines Gesetzes zur Änderung des Rechtspflegergesetzes, BT-Drucks. 13/10871 vom 28.05.1998, S.18; so auch: *Ress*, JuS 1995, 967, 971.

[132] Schlussanträge des Generalanwalts *Giuseppe Tesauro* vom 16. Dezember 1993, Slg. 1992, I-467, 472 f. Nr. 12 – Mund & Fester/Hatrex.

[133] *OLG Frankfurt/Main* FamRZ 1995, 823.

Regelung auseinander zu setzen, die u.a. vorsah, dass in anderen Mitgliedstaaten ansässige Zeitarbeitsunternehmen ihren Sitz oder eine Zweigniederlassung in Italien zu errichten hatten. Der Gerichtshof verwarf das Argument der italienischen Regierung, ein Präsenzerfordernis sei erforderlich, um die Durchsetzung eines Lohnanspruches der Arbeitnehmer in Italien zu sichern, mit dem Hinweis auf Art. 5 Abs. 1 EuGVÜ, der Klagen der Arbeitnehmer in dem Vertragsstaat, in dem sie gewöhnlich ihre Arbeit verrichten, losgelöst vom Sitz des Arbeitgebers ermögliche[134]. Gleichzeitig hat der EuGH in dieser Entscheidung aber ausgeführt, dass die Gründe, die eine Rechtsdurchsetzung in einem anderen Vertragssaat unbedingt und in jedem Fall schwieriger und weniger erfolgversprechend erscheinen lassen als vor einem italienischen Gericht, von der italienischen Regierung nicht auf substantiierte Weise vorgetragen worden waren[135]. Damit gibt der Gerichtshof eindeutig zu erkennen, dass er einen solchen Vortrag in seine Entscheidungsfindung miteinbezogen hätte und sich nicht mit dem schlichten Verweis auf das EuGVÜ zufrieden gegeben hätte.

Im Ergebnis muss sich das Erfordernis der Zustellungsbevollmächtigung an den tatsächlichen Schwierigkeiten innereuropäischer Zustellungen messen lassen.

3) Die Auswirkungen der Auslandsberührung auf Domain-Streitigkeiten

Eine Rechtfertigung der territorialen Beschränkungen kommt nur in Betracht, soweit damit die tatsächlichen durch die Auslandsberührung resultierenden Probleme einer Rechtsdurchsetzung tatsächlich gelöst werden. Im Folgenden werden daher die Auswirkungen dieser Auslandsberührung auf die Domain-Streitigkeiten untersucht.

a) Das Problem der internationalen Zuständigkeit

Einen ersten Kernbereich des internationalen Zivilverfahrensrechts bildet die Frage nach der internationalen Entscheidungszuständigkeit eines Gerichtes. Für die Bestimmung der internationalen Zuständigkeit in Domain-Streitigkeiten enthält Art. 3 Abs. 1 i.V.m. 5 Nr. 3 EuGVVO eine zureichende Regelung. Bei Streitigkeiten um Domain-Namen unterhalb von „.de" oder bei von einem deutschen Domain-Namen ausgehenden unerlaubten Handlungen können deutsche Gerichte eine

---

[134] *EuGH* Rs. C-279/00, 07.02.2002 Rn. 24 – Kommission/Italien (noch unveröffentlicht).
[135] *EuGH* Rs. C-279/00, 07.02.2002, Rn. 25 – Kommission/Italien (noch unveröffentlicht).

besondere Zuständigkeit aus dieser Regelung ableiten[136]. Gleiches gilt für die Gerichte anderer Mitgliedstaaten[137]. Eine Präsenzpflicht bringt gegenüber dieser besonderen Zuständigkeit keine Erleichterung für den Kläger. Der besondere Gerichtsstand der unerlaubten Handlung besteht unabhängig vom Wohnsitz des Beklagten. Ein Wohnsitzerfordernis begründet bei natürlichen Personen einen zusätzlichen Gerichtsstand nach Art. 2 Abs. 1 EuGVVO. Für juristische Personen und andere Gesellschaften wird durch das Zweigstellenerfordernis der NICs gleichermaßen ein zusätzlicher von Art. 60 Abs. 1 i.V.m. Art. 2 Abs. 1 EuGVVO unabhängiger Gerichtsstand nach Art. 5 Nr. 5 EuGVVO begründet[138].

Da sich eine Zuständigkeit in Domain-Streitigkeiten bereits aus dem besonderen Gerichtsstand der unerlaubten Handlung ergibt, tritt eine spürbare Verbesserung durch den zusätzlichen Gerichtsstand nicht ein. Dies wäre nur dann der Fall, wenn durch die Präsenzpflicht eine ausschließliche Zuständigkeit begründet würde, vgl. Art. 22 EuGVVO. Damit könnten die sich aus der Ubiquität von Domain-Namen ergebenden konkurrierenden Zuständigkeiten und somit ein „race to the court house" ausgeschlossen werden[139]. So besteht aber eine Konkurrenz, die unabhängig vom Wohnsitz der Parteien über Art. 27 EuGVVO aufzulösen ist. In der deutschen Rechtslehre wird ob der globalen Abrufbarkeit von Webpräsentationen eine Einschränkung des Anwendungsbereichs des Art. 5 Nr. 3 EuGVVO diskutiert[140]. Eine Notwendigkeit einer Ausweitung der Zuständigkeit durch Schaffung eines weiteren Gerichtsstandes besteht nicht. Bei der Wahl einer bestimmten ccTLD wird regelmäßig auch die Zuständigkeit der Gerichte des korrespondierenden Staates gegeben sein[141].

Eine Erleichterung begründet die Residenzpflicht auch im Fall eines in Domain-Sachen gängigen vorgeschalteten einstweiligen Rechtsschutzes nicht. Maßnahmen des einstweiligen Rechtsschutzes sind gem. Art. 31 EuGVVO weitgehend vom Anwendungsbereich der EuGVVO

---

[136] *Bettinger/Thum*, GRUR Int. 1999, 659, 662/669; *Kur*, WRP 2000, 935 f. *Schwarz* in: JbItalR 14 (2001), S. 109, 111.
[137] *High Court of Justice, Chancery Division* GRUR Int. 1998, 322, 324 – Internet World; *Haas*, GRUR Int. 1998, 934, 937.
[138] Zu dieser Unterscheidung: *Schack*, Rn. 251/318.
[139] *Heß*, JZ 1998, 1021/1027.
[140] Dazu: *Bettinger/Thum*, GRUR Int. 1999, 659, 663.
[141] LG Düsseldorf NJW-RR 1998, 979, 980 – epson.de; *Kur* in: Loewenheim/Koch, S. 376; *Kotthoff*, CR 1997, 676; *Ubber*, WRP 1997, 497, 503; *Wegner*, CR 1998, 676, 682; *Renck*, NJW 1999, 3597, 3592; *Bettinger/Thum*, GRUR Int. 1999, 659, 667; *Dieselhorst*, CR 2001, 420; *Bücking*, Domainrecht, Rn. 268; *Poeck/Jooss* in: Schwarz, 4–2.2, S. 78; einschränkend: *Kilian*, DZWir 1997, 381, 387; *Pichler* in: Hoeren/Sieber, Teil 31 Rn. 133.

ausgenommen. Die Zuständigkeit bestimmt sich demnach nach autonomen nationalem Recht und kann auch dann vorliegen, wenn das nationale Gericht für die Hauptsache unzuständig ist[142]. Soweit für das Hauptverfahren eine internationale Zuständigkeit gegeben ist, folgt daraus aber auch eine Zuständigkeit zum Erlass einer einstweiligen Verfügung[143]. Im deutschen Recht ergibt sich dies bereits aus § 919 ZPO. Art. 5 Nr. 3 EuGVVO erweitert den Anwendungsbereich für Klagen aus unerlaubter Handlung nunmehr gegenüber dem alten Art. 5 Nr. 3 EuGVÜ, indem eine besondere Zuständigkeit auch für vorbeugende Unterlassungsklagen begründet wird[144]. Daraus resultieren für die Domain-Problematik keine Besonderheiten.

Aus Domain-Streitigkeiten mit Auslandsberührung ergeben sich demnach keine Zuständigkeitsprobleme, welche eine Präsenzpflicht rechtfertigen könnten.

b) Das Problem der Anerkennung und Vollstreckbarerklärung im Ausland

Die aus dem Territorialitätsprinzip folgende begrenzte Verwertbarkeit gerichtlicher Entscheidungen wird durch die Anerkennung und Vollstreckbarerklärung dieser Entscheidungen im Ausland überwunden, vgl. Art. 32–37 und 38–52 sowie 53–56 EuGVVO. Insbesondere bei ausländischen im einstweiligen Rechtsschutz ergangenen Titeln kann die Anerkennung des Titels im Inland indes zweifelhaft sein[145]. Aber auch im Übrigen bestehen zahlreiche Vorbehalte gegenüber der Anerkennung und Vollstreckbarerklärung ausländischer Entscheidungen. Während die Anerkennung ausländischer Titel nach Art. 33 Abs. 1 EuGVVO *eo ipse* erfolgt, setzt die Vollstreckbarerklärung die Anerkennungsfähigkeit der ausländischen Entscheidung voraus. Die EuGVVO hat insofern durch eine Verkürzung und Entschärfung der Anerkennungsversagungsgründe eine Verbesserung gebracht[146] und die Prüfung derselben im Interesse einer schnelleren Vollstreckbarerklärung vom Exequaturverfahren in ein nachgeschaltetes Rechtsbehelfsverfahren verlagert, Art. 41 und 45 EuGVVO[147]. Dennoch liegt auf der Hand,

---

[142] *Geimer/Schütze*, Europäisches ZivilverfahrensR, Art. 24 Rn. 1; *Schack*, Rn. 424.
[143] *EuGH* Rs. C-391/95, 17.11.1998, Slg. 1998, I-7091, 7137 Rn. 48 – Van Uden.
[144] *Linke*, IZPR, Rn. 157; *R. Geimer*, IZPR, Rn. 1522; *Micklitz/Rott*, EuZW 2001, 325, 329; *Piltz*, NJW 2002, 789, 792.
[145] *Schack*, Rn. 413/823–825.
[146] *Linke*, IZPR, Rn. 345; *R. Wagner*, IPRax, 2002, 75, 82 f.; *Micklitz/Rott*, EuZW 2002, 15.
[147] *R. Wagner*, IPRax, 2002, 75, 83; *Micklitz/Rott*, EuZW 2002, 15, 21 f.; *Kropholler*, Rn. 68.

dass eine Auslandsvollstreckung zeit- und kostenintensiver ist als eine Inlandsvollstreckung, was sich bis zur Verwirklichung eines Europäischen Vollstreckungstitels auch nicht ändern wird[148].

Auch dieser zweite Kernbereich des internationalen Zivilverfahrensrechts wird bei Domain-Streitigkeiten um Länder-Domains jedoch nur marginal berührt. Die Vollstreckung eines Urteils muss hier gerade nicht im Ausland erfolgen. Im Regelfall geht es in erster Linie um die Löschung der Domain. Die Vollstreckung kann demnach vollumfänglich im Inland erfolgen[149]. Die Registrierungsbestimmungen der NICs sehen demgemäß vor, dass ein Domain-Name bei Vorlage einer rechtskräftigen Gerichtsentscheidung gelöscht werden kann[150]. Eine Präsenzpflicht bringt für diese primär zu verhängende Sanktion der Löschung des Domain-Namens keinen weitergehenden Schutz. Dies ist allenfalls für die Vollstreckung von Vermögensansprüchen der Fall, da anzunehmen ist, dass bei Residenz- und Zweigstellen eine zumindest eingeschränkte Vermögensmasse der Vollstreckung im Inland zugänglich sein wird. Die Frage nach einem weitergehenden Schadenersatzanspruch spielt in der Judikatur zu Domain-Namen-Kollisionen nur eine untergeordnete Rolle. Ihr kann deshalb auch für die Beurteilung der Präsenzpflichten keine entscheidende Bedeutung zukommen.

c) Das Problem der Auslandszustellung

Die Fragen des Internationalen Zivilprozessrechts werden überlagert von dem Erfordernis des Rechtsverkehrs mit den Parteien im Ausland. Die verfahrenseinleitenden und verfahrensbegleitenden Schriftsätze müssen den Parteien zugestellt werden. Zustellungen sind der „Gradmesser für effektiven Rechtsschutz"[151]. Die Zustellungsregeln verfolgen zwei Zwecke: Dem Gericht und der Partei liefert die Zustellung Urkundenbeweis über die Zustellung, dem Adressaten gewährt sie Kenntnis und rechtliches Gehör[152].

Der Anspruch des Klägers auf Rechtsschutzgewährung und das Interesse des Beklagten auf Gehörgewährleistung stehen deshalb bei der Frage nach der Ausgestaltung der Zustellung in direktem Konflikt. Bei Auslandszustellungen wird dieses Spannungsfeld noch erhöht[153].

---

[148] Dazu: *R. Wagner*, IPRax 2002, 75–95; *Heß*, JZ 2001, 573, 578 f.
[149] .nl Final Report, 3.4 Nr. 15.
[150] Z.B.: DENIC-Registrierungsbedingungen, § 7 (2) d); nic.at, AGB, 3.8; RA, Naming Rules, 11. c); Nominet UK, Terms and Conditions, 8.8.2.; AFNIC, Naming Charter, III. 3.7. 35.
[151] *G. Geimer*, Neuordnung, S. 5.
[152] *Schack*, Rn. 585 f.; *G. Geimer*, Neuordnung, S. 6–9.
[153] *Lindacher*, ZZP 114 (2001), 179, 180; *Heß*, NJW 2001, 15.

Ungeachtet der Möglichkeit der Inlandsvollstreckung bei Domain-Streitigkeiten müssen dem Beklagten zur Wahrung seines Gehörgewähranspruches Schriftsätze zugestellt werden. Selbst im Fall einer ohne mündliche Verhandlung ergangenen einstweiligen Verfügung muss die Entscheidung dem Antragsgegner selbstverständlich zugestellt werden, vgl. für das deutsche Recht §§ 936, 922 Abs. 2 ZPO. Zwar kann eine Vollziehung schon vor der Zustellung erfolgen, doch muss die Zustellung innerhalb eines Monats nach Erlass der Verfügung und innerhalb einer Woche nach dem Vollzug durchgeführt werden, vgl. §§ 936, 929 Abs. 3 ZPO. Die Bestandsaufnahme der Probleme innereuropäischer Auslandszustellungen fällt allgemein negativ aus. Die Einhaltung dieser Fristen erscheint bei Auslandszustellungen unmöglich. Auslandszustellungen wurden bisher mit Attributen wie „technisch kompliziert", „schwerfällig", „fehleranfällig" und „teuer" belegt[154]. Die Dauer der Zustellungen innerhalb der Europäischen Union soll im Idealfall drei Monate betragen[155]. Für Auslandszustellungen nach Spanien wird sogar über eine Dauer von zwei Jahren berichtet[156].

4) Zwischenergebnis

Während dem Problem der internationalen Zuständigkeit sowie der Anerkennung und Vollstreckbarerklärung bei Domain-Streitigkeiten keine besondere Bedeutung zukommt, stellt das Erfordernis der Zustellung von verfahrenseinleitenden und -begleitenden Schriftstücken ein echtes Hindernis für die Rechtsdurchsetzung dar. Die territorialen Beschränkungen können deshalb als von einem zwingenden Allgemeininteresse und einem objektiv sachlicher Grund getragen angesehen werden. Die Beschränkungen müssen jedoch darüber hinaus verhältnismäßig, d.h. geeignet und erforderlich sein, um die bestehenden Probleme bei Auslandszustellungen aufzufangen.

IV. Verhältnismäßigkeit der Präsenzpflichten

1) Geeignetheit

Zur Bewertung der Präsenzpflichten muss vorab konstatiert werden, dass das Wohnsitz- und Zweigstellenerfordernis geeignet ist, die Nach-

---

[154] *Linke* in: Gottwald, Gerichtsverfassung, S. 97; *Stadler*, IPRax 2001, 514, 515; *Lindacher*, ZZP 114 (2001), 179, 180; *Heß*, NJW 2001, 15; *ders.*, NJW 2000, 23, 26; *G. Geimer*, Neuordnung, S. 1; *Meyer*, IPRax 1997, 401, 402.
[155] Übersichten bei: *G. Geimer*, Neuordnung, S. 7 f.; *Gottwald* in: FS Schütze, S. 225 f.
[156] *Gottwald* in: FS Schütze, S. 225, 226; *G. Geimer*, Neuordnung, S. 8 Fn. 15; *Linke* in: Gottwald, Gerichtsverfassung, S. 97, 110 Fn. 105.

teile von Auslandszustellungen und insbesondere die dabei entstehenden Verzögerungen zu überwinden. Die Auslandszustellung wird durch diese Beschränkungen zur Inlandszustellung, welche im Gegensatz zur ersteren mit einer Dauer von maximal zwei bis drei Wochen zu veranschlagen ist[157]. Die von den NICs teilweise aufgestellte Präsenzpflicht ist damit ein geeignetes Mittel zur Gewährleistung einer effektiveren klägerischen Rechtsdurchsetzung bei Domain-Streitigkeiten.

2) Erforderlichkeit

Die Präsenzpflichten sind im Ergebnis dennoch zu beanstanden. Sie sind unverhältnismäßig. Diskriminierende Maßnahmen sind einer Rechtfertigung nur zugänglich, wenn sie das mildeste Mittel zur Erreichung des verfolgten Zwecks darstellen[158]. Bei Präsenzpflichten kommt hinzu, dass diese unerlässliche Voraussetzung zur Erreichung des Ziels sein müssen. Die Präsenzpflichten stellen nicht das am wenigsten einschneidende Mittel zur Erreichung des Ziels einer effektiven Rechtsverfolgung dar. Bei dem Erfordernis einer Zustellungsbevollmächtigung, wie es von der DENIC und DNS-LU praktiziert wird, handelt es sich um ein gegenüber der Präsenzpflicht milderes Mittel. Nach Aussage der DENIC wurde die ehemals bestehende Präsenzpflicht durch das Erfordernis der Zustellungsbevollmächtigung ersetzt, weil es unpraktisch war und zur misslichen Folge hatte, dass z.B. ein Student bei einem ausbildungsbedingten Auslandsaufenthalt die Domain theoretisch hätte abgeben müssen. Die Zustellungsbevollmächtigung hat diese Konsequenz nicht und stellt sich deshalb als milderes Mittel dar. Diese Wertung wird von Art. 2 der Pariser Verbandsübereinkunft bestätigt. Ein Vertreterzwang wird von Art. 2 Abs. 3 PVÜ ausdrücklich sanktioniert und von einer absoluten Inländergleichbehandlung ausgenommen, während eine Verknüpfung von Wohnsitz und Niederlassungserfordernis von Art. 2 Abs. 2 PVÜ untersagt wird.

V. Verhältnismäßigkeit des Erfordernisses zur Benennung eines Zustellungsbevollmächtigten

Die DENIC und DNS-LU in Luxemburg stellen mit der Voraussetzung zur Benennung eines inländischen Zustellungsbevollmächtigten für im

---

[157] So: *Gottwald* in: FS Schütze, S. 225, 227; siehe aber: *Stadler* in: 50 Jahre BGH, Bd. III, S. 645, 651; *dies.*, IPRax 2001, 514, 515.
[158] *EuGH* Rs. 39/75, 26.11.1975, Slg. 1975, 1547, 1555 Rn. 8/11 und 12 *Kilian*, DZWir 1997, 381, 387; *Pichler* in: Hoeren/Sieber, Teil 31 Rn. 133 – Coenen/Sociaal-Económische Raad.

Ausland wohnhafte oder ansässige Inhaber von „.de"- und „.lu"-Domains ein abgeschwächtes Erfordernis der territorialen Nähe auf.

1) Geeignetheit

Nach dem bisher Gesagten kann kein Zweifel daran bestehen, dass das Erfordernis zur Benennung eines Zustellungsbevollmächtigten im Inland geeignet ist, die mit einer Auslandszustellung einhergehenden Verzögerungen und Erschwerungen aufzufangen.

2) Erforderlichkeit

Die mit Auslandszustellungen einhergehenden Verzögerungen legen eine Abhilfe wie die der Pflicht zur Benennung eines Zustellungsbevollmächtigten nach dem Muster der DENIC und des DNS-LU nahe. Gerade bei Domain-Streitigkeiten können solche Verzögerungen nicht in Kauf genommen werden, da eine zeitnahe Unterdrückung der rechtsverletzenden Handlung angezeigt ist. Erforderlich ist eine derartige Beschränkung der Domain-Registrierung allerdings nur, wenn die mit der Auslandszustellung einhergehenden Probleme nicht schon auf anderweitige, aus der Sicht des Domain-Anmelders, weniger einschneidende Weise gelöst werden können.

a) Problemlösungen

(1) Problemlösung durch fiktive Inlandszustellungen

Die Ursache für die rezitierte negative Bewertung von Auslandszustellungen[159] beruht in erster Linie auf dem Rogationsprinzip, wonach Zustellungen primär auf dem Weg des Rechtshilfeersuchens durchzuführen sind. Die Schwierigkeiten nehmen derartige Dimensionen an, dass *Gottwald* Klägern vorschlägt, eine Auslandsklage statt der Inlandsklage zur Durchsetzung ihrer Ansprüche in Erwägung zu ziehen[160]. Auf Grund der bestehenden Probleme haben die Mitgliedstaaten zu verschiedenen Formen einer fiktiven Inlandszustellung gegriffen, welche sich dadurch auszeichnen, dass die Zustellungen zwar im Inland vollzogen werden, aber dennoch extraterritoriale Wirkungen erzielt werden. Musterbeispiel hierfür ist die französische *remise au parquet*, welche die Zustellung auf den Zeitpunkt der Übergabe des Schriftsatzes an die Staatsanwaltschaft vorverlagert und eine nachträgliche Benachrichtigung des Zustellungsadressaten ausreichen lässt[161]. Weitere Formen der

---

[159] Siehe oben III. 3) c).
[160] *Gottwald* in: FS Schütze, S. 225, 226.
[161] *R. Geimer*, IZPR, Rn. 2093; *G. Geimer*, Neuordnung, S. 31 f.; *Kondring*, S. 88–92.

fiktiven Inlandszustellung sind die in Deutschland praktizierte Zustellung durch die Aufgabe zur Post und die öffentliche Zustellung[162]. In anderen Mitgliedstaaten bestehen vergleichbare Ausformungen der fiktiven Inlandszustellung[163].

Schon angesichts dieser Lösungen könnte die weitergehende Notwendigkeit zur Benennung eines Zustellungsbevollmächtigten verneint werden. Gegen die Zustellungsfiktionen bestehen aber grundlegende Bedenken im Hinblick auf den verfassungsrechtlichen Anspruch des Beklagten auf rechtliches Gehör und eine effektive Verteidigung[164]. Insbesondere bei verfahrenseinleitenden Schriftstücken erfährt der Gehörgewährleistungsanspruch des Beklagten aus Art. 6 Abs. 1 EMRK und Art. 103 Abs. 1 GG sowie den entsprechenden verfassungsrechtlichen Vorschriften der übrigen Mitgliedstaaten durch die fingierten Zustellungen empfindliche Einschränkungen.

Mit Rücksicht auf die besondere Bedeutung verfahrenseinleitender Schriftsätze fanden diese Bedenken im alten Art. 27 Nr. 2 EuGVÜ ihren Ausdruck[165]. Auch nach der modifizierten Neuregelung in Art. 34 Nr. 2 EuZVO genügen fiktive Inlandszustellungen dem dort zum Ausdruck kommenden Gehörgewährleistungsanspruch nicht[166]. Dementsprechend setzt die fiktive Inlandszustellung durch Aufgabe zur Post in der Neuregelung des § 184 Abs. 1 ZPO, wie bereits in den §§ 174 Abs. 2, 175 Abs. 1 ZPO a.F., erst nach Rechtshängigkeit des Verfahrens an, so dass verfahrenseinleitende Schriftsätze von dieser Fiktion ausgenommen sind. Auch in Luxemburg gilt nach wie vor eine Form der *remise au parquet*, Art. 69 n. 10 lux. c.p.c.[167]. Im Unterschied zur deutschen Lösung schließt sie, wie das französische Vorbild auch, verfahrenseinleitende Schriftsätze nicht von dieser erleichterten Form der Zustellung aus (*signification par remise au parquet*)[168].

Die Folgen einer fingierten Zustellung werden darüber hinaus in Art. 19 Abs. 1 EuZVO und Art. 26 Abs. 3 EuGVVO für verfahrenseinleitende Schriftsätze zusätzlich abgemildert. Durch diese Regelungen soll sichergestellt werden, dass der Beklagte ein Schriftstück so rechtzeitig erhalten hat, dass er sich hätte verteidigen können. Da Luxemburg von einer gegen diese Regelung bestehenden Vorbehaltsmöglichkeit Ge-

---

[162] *Linke*, IZPR, Rn. 225–228; *Schack*, Rn. 593/596.
[163] *Stürner* in: FS Nagel, S. 446, 449 f.; *Wiehe*, S. 61–67.
[164] *Bajons* in: FS Schütze, S. 49, 55–59; *Stadler*, IPRax, 2001, 514, 516.
[165] *Stadler* in: 50 Jahre BGH, S. 645, 648/650 f./666–668; *Linke*, IZPR, Rn. 402.
[166] *Stadler* in: 50 Jahre BGH, S. 645, 670.
[167] *Stadler*, IPRax 2001, 514, 516; *Roth*, IPRax 2000, 497, 498; *G. Geimer*, Neuordnung, S. 32; *Kondring*, S. 88.
[168] *R. Geimer*, IZPR, S. 40; *Kondring*, S. 90 f.

brauch gemacht hat[169], gilt für luxemburgische Gerichte Absatz 2 des Art. 19 EuZVO. Danach muss ein Verfahren bei Auslandszustellungen – fiktive Inlandszustellungen werden insofern erfasst[170] – bei Nichteinlassung des Beklagten für mindestens sechs Monate ausgesetzt werden.

Für verfahrenseinleitende Schriftsätze haben die fiktiven Inlandszustellungen demnach keine Bedeutung[171]. Das Rechtsinstitut der fiktiven Inlandszustellung bietet für den Fall des verfahrenseinleitenden Schriftsatzes keine Lösung des Problems der Zeitverzögerung und macht das von der DENIC und DNS-LU aufgestellte Erfordernis zur Benennung eines Zustellungsbevollmächtigten aus diesem Grund nicht obsolet.

(2) Verbesserung durch unmittelbaren Behördenverkehr

Bisher war die auf einem Rechtshilfeersuchen basierende Zustellung die vorherrschende Form der Auslandszustellung[172]. Dieses Verfahren zeichnet sich im hier interessierenden Kontext vor allem dadurch aus, dass es mühsam und zeitraubend ist[173]. Erklärtes Ziel der EuZVO ist eine Verbesserung und Beschleunigung der Zustellungen zwischen den Mitgliedstaaten, vgl. Erwägungsgrund 2. Die Bewertung der Verordnung im Hinblick auf diese Ziele fällt in der deutschen Rechtslehre allerdings bescheiden aus[174]. Im Kern beruht auch die EuZVO nach wie vor auf dem Rogationsprinzip[175]. Eine Vereinfachung und Beschleunigung der Zustellung im Rechtshilfeverkehr wurde durch die Einführung des direkten Verkehrs zwischen den Justizbehörden, Art. 4 EuZVO, als Alternative zum zentralen Behördenverkehr bewirkt[176]. Eine weitere Beschleunigung folgt aus Art. 4 Abs. 2 EuZVO, der jede Form der Übermittlung, also auch Übermittlungen auf elektronischem Weg zwischen den jeweiligen Justizbehörden (Übermittlungs- und Empfangsstellen), zulässt[177]. Auch wenn dieser Zustellungsweg durchaus eine Verbesserung der Zustellungsdauer bewirkt, wird die Zustellung für den Fall

---

[169] Angaben der Mitgliedstaaten gemäß Artikel 23 der Verordnung (EG) Nr. 1348/2000 des Rates vom 29. Mai 2000 über die Zustellung gerichtlicher und außergerichtlicher Schriftstücke in Zivil- oder Handelssachen in den Mitgliedstaaten (ABlEG Nr. C 151, 22.05.2001, S. 4, 10).
[170] *Stadler*, IPRax 2001, 514, 517; *Schack*, Rn. 611.
[171] *Stürner* in: FS Nagel, S. 446, 450.
[172] *G. Geimer*, Neuordnung, S. 1.
[173] *Schack*, Rn. 600.
[174] *Stadler*, IPRax 2001, 514, 521; *Lindacher*, ZZP 114 (2001), 179, 192 f.; *Heß*, NJW 2000, 23, 26; *ders.*, NJW 2001, 15, 17; *ders.*, JZ 2001, 573, 577; *Bajons* in FS Schütze, S. 49; *Gottwald* in: FS Schütze, 225; *Meyer*, IPRax 1997, 401, 404.
[175] *Lindacher*, ZZP 114 (2001), 179, 183.
[176] *Stadler*, IPRax 2001, 514, 517; *Meyer*, IPRax 1997, 401, 403/404.
[177] *Stadler*, IPRax 2001, 514, 517.

einer Domain-Streitigkeit immer noch zu lange dauern, wie schon der Frist in Art. 7 Abs. 2 S. 1 EuZVO entnommen werden kann[178].

In der deutschen Literatur herrscht weitgehende Einigkeit darüber, dass die auf dem Rechtshilfeverfahren beruhende Auslandszustellung auf einer antiquierten Vorstellung von der Zustellung als hoheitlichem Akt beruht und eine Verbesserung der Zustellungszeiten insofern nur durch eine breit angelegte Zulässigkeit von Direktzustellungen erfolgen kann[179].

(3) Direktzustellungen

Direktzustellungen können die Form der direkten postalischen Zustellung annehmen[180]. Da die Briefbeförderung innerhalb Europas heute selten länger als eine Woche dauert[181], handelt es sich nach einer Auffassung bei dieser Zustellungsart um den Königsweg zur Verkürzung der Zustellungsdauer bei Auslandszustellungen[182]. Gegenüber der direkten postalischen Zustellung bestehen jedoch, wie bei den fiktiven Inlandszustellungen auch, ebenfalls Bedenken in Bezug auf den Gehörgewährleistungsanspruch des Beklagten. Eine andere Auffassung befürwortet deshalb als Alternative dazu die unmittelbare Zustellung auf Antrag eines Beteiligten[183].

(i) Postalische Direktzustellung

Eine wesentliche durch die EuZVO bewirkte Abmilderung der Probleme bei Auslandszustellungen wird darin gesehen, dass die Verordnung die Direktzustellung – sei es als gleichberechtigte Alternative zum Rechtshilfemodell[184], sei es in nur ergänzender Funktion[185] – ausgebaut hat. So sieht Art. 14 Abs. 1 EuZVO die Möglichkeit vor, Auslandszustellungen unmittelbar durch die Post vorzunehmen. Unter der bisher gültigen Regelung des HZÜ stand diese Zustellungsmöglichkeit unter einem Einwilligungsvorbehalt, von welchem Deutschland als einziger Mitgliedstaat gem. Art. 10 Abs. 1 lit a. HZÜ auch Gebrauch gemacht hatte[186]. Wegen des Gebots internationaler *Courtoisie* konnte die Bun-

---

[178] *Gottwald* in: FS Schütze, S. 225, 227; *Stadler*, IPRax 2001, 514, 517.
[179] *Gottwald* in: FS Schütze, S. 225, 229; *Linke* in: Gottwald, Gerichtsverfassung, S. 97, 122; *Schack*, Rn. 594; *Stadler*, IPRax 2001, 514, 515; *Meyer*, IPRax 1997, 401, 404.
[180] *Gottwald* in FS Schütze, S. 225, 228; *Schack*, Rn. 594.
[181] So: *Gottwald* in FS Schütze, S. 225, 226.
[182] *Schack*, Rn. 593.
[183] *Heß*, NJW 2001, 15, 21; *Bajons* in: FS Schütze, S. 49, 61–65.
[184] *Lindacher*, ZZP 114 (2001), 179, 185 f.; *Stadler*, IPRax 2001, 514, 516.
[185] *Heß*, NJW 2001, 15, 19; *ders.*, IPRax 2001, 389, 392 Fn. 53.
[186] *Lindacher*, ZZP 101 (2001), 179, 185 f.

desrepublik im Gegenzug eine solche Verfahrensweise auch anderen Staaten nicht zumuten[187].
Art. 14 Abs. 2 EuZVO sieht einen solchen Vorbehalt nicht mehr vor. Statt dessen wird den Mitgliedstaaten die Möglichkeit eröffnet, die Bedingungen, unter denen eine solche Postzustellung zulässig sein soll, selbst zu bestimmen[188]. Die Mehrzahl der Mitgliedstaaten – so auch Deutschland – hat in der Weise davon Gebrauch gemacht, dass eine Postzustellung durch Einschreiben mit Rückschein erfolgen darf[189].

Ein weiteres nach wie vor bestehendes Hindernis ist das der Sprache. Art. 8 Abs. 1 EuZVO enthält gegenüber der HZÜ insofern eine Verbesserung, als eine Verweigerung der Annahme eines zuzustellenden Schriftstücks nur zulässig ist, wenn dieses nicht in der Amtssprache des Empfangsmitgliedstaates oder der Sprache des Übermittlungsmitgliedstaates abgefasst ist. Das Ausmaß dieser zweiten Verweigerungsmöglichkeit bleibt unklar. So erscheint nicht geklärt, wer die Bestimmung darüber treffen soll, ob der Empfänger eines Schriftstücks die Sprache versteht und auf wessen Sprachfähigkeiten es bei juristischen Personen ankommen soll[190]. Ungeachtet dessen kann angenommen werden, dass der Domain-Anmelder bei Nutzung einer ausländischen ccTLD – ausgenommen sind hier die Boutique-Domains – auch die Sprache des jeweiligen Ziellandes versteht.

Die Regelung des Art. 8 Abs. 1 EuZVO scheint auf den ersten Blick für den angesprochenen Problemkreis der Domain-Streitigkeit eine echte Erleichterung zu bringen. Dem steht jedoch wiederum Art. 14 Abs. 2 EuZVO entgegen. Wie sich aus den Mitteilungen über die Ausgestaltung der Bedingungen der Postzustellung ergibt, haben Italien, Luxemburg und Österreich sowie eingeschränkt auch Spanien, die Bedingungen für Postzustellungen derart ausgestaltet, dass auf diesem Wege zugestellten Schriftstücken in Abweichung von Art. 8 Abs. 1 EuZVO eine amtliche Übersetzung beigefügt werden muss[191]. Deutschland hat insofern eine Erleichterung gegenüber der alten Regelung implementiert, als die Amtssprache des Übermittlungsstaates in den Fällen genügen soll, in denen der Empfänger Staatsangehöriger des Übermittlungsstaates ist, vgl. § 2 Abs. 1 S. 2 Nr. 2 ZustDG. Will der Kläger das Risiko einer fehlerhaften Zustel-

---

[187] *Linke* in: Gottwald, Gerichtsverfassung, S. 97, 108 Fn. 89–90 m.w.N. (str.).
[188] Dazu: *R. Geimer*, IZPR, Rn. 2085a; *Bajons* in: FS Schütze, S. 49, 54.
[189] Angaben der Mitgliedstaaten gemäß Artikel 23 der Verordnung (EG) Nr. 1348/2000 (ABlEG Nr. C 151, 22.05.2001, S. 4–17); *Stadler*, IPRax 2001, 514, 519.
[190] *Linke* in: Gottwald, Gerichtsverfassung, S. 97, 104; *Bajons* in: FS Schütze, S. 49, 71 f.; *Stadler*, IPRax 2001, 514, 518.
[191] Angaben der Mitgliedstaaten gemäß Artikel 23 der Verordnung (EG) Nr. 1348/2000 (ABlEG Nr. C 151, 22.05.2001, S. 4, 6/9/10/14); *Stadler*, IPRax 2001, 514, 519.

lung vermeiden, tut er gut daran, dem zuzustellenden Schriftstück eine Übersetzung beizufügen[192]. Die durch die Direktzustellungsmöglichkeit eingetretene Verbesserung wird durch dieses weiterhin bestehende Übersetzungserfordernis wieder zurückgenommen. Übersetzungen sind teuer und zeitaufwendig und tragen damit wesentlich zu den einer Auslandszustellung innewohnenden Verzögerungen bei[193].

Darüber hinaus wurde die Möglichkeit zur Ausgestaltung der Zustellungsbedingungen für weitere Einschränkungen genutzt, wie die Eingrenzung des empfangsberechtigten Personenkreises in Griechenland oder das Erfordernis einer Vorausbezahlung und Rücksendung in Irland[194]. Im Vereinigten Königreich erfüllt nur eine *first class mail* (Zustellung am nächsten Tag) oder eine Versendung per Luftpost die benannten Zustellungsbedingungen[195]. Österreich verlangt auch bei der Zustellung durch die Post eine schriftliche Belehrung des Zustellungsadressaten über sein Annahmeverweigerungsrecht[196].

Der Kläger sieht sich durch diese nach wie vor bestehende Rechtszersplitterung der Gefahr ausgesetzt, die spezifischen Zustellungsregelungen bei der direkten Postzustellung zu missachten. Demnach bestehen auch bei dieser Zustellungsart nach wie vor Unsicherheiten und Verzögerungsfallen, die durch die Pflicht zur Benennung eines Zustellungsbevollmächtigten aufgefangen werden können.

(ii) Unmittelbare Parteizustellung

Art. 15 Abs. 1 EuZVO eröffnet den Mitgliedstaaten die Möglichkeit, unmittelbare Zustellungen durch die Post zu akzeptieren. Im Gegensatz zur direkten postalischen Zustellung enthält Art. 15 Abs. 2 EuZVO hier aber eine echte Vorbehaltsoption. Die Bundesrepublik hat im Interesse des Zustellungsempfängers in § 3 ZustDG von dieser Möglichkeit Gebrauch gemacht[197]. Gleiches gilt für Österreich, Portugal und mit Ausnahme Schottlands auch für das Vereinigte Königreich[198].

---

[192] *Meyer*, IPRax 1997, 401, 403; *Stadler*, IPRax 2001, 514, 521.
[193] *Gottwald* in: FS Schütze, S. 226, 232.
[194] Angaben der Mitgliedstaaten gemäß Artikel 23 der Verordnung (EG) Nr. 1348/2000 (AblEG Nr. C 151, 22.05.2001, S. 4, 6/8); *Stadler*, IPRax 2001, 514, 519.
[195] Angaben der Mitgliedstaaten gemäß Artikel 23 der Verordnung (EG) Nr. 1348/2000 (AblEG Nr. C 151, 22.05.2001, S. 4, 15); *Stadler*, IPRax 2001, 514, 519.
[196] Angaben der Mitgliedstaaten gemäß Artikel 23 der Verordnung (EG) Nr. 1348/2000 (AblEG Nr. C 151, 22.05.2001, S. 4, 11); *Stadler*, IPRax 2001, 514, 520.
[197] Entwurf eines Gesetzes zur Durchführung gemeinschaftsrechtlicher Vorschriften über die Zustellung gerichtlicher und außergerichtlicher Schriftstücke in Zivil- oder Handelssachen in den Mitgliedstaaten (EG-Zustellungsdurchführungsgesetz – ZustDG), BT-Drucks. vom 23.04.2001, 14/5910, S. 7.
[198] Angaben der Mitgliedstaaten gemäß Artikel 23 der Verordnung (EG) Nr. 1348/2000 (AblEG Nr. C 151, 22.05.2001, S. 4, 12/15).

F. Rechtfertigung der versteckten Diskriminierungen 77

(4) Einfluss der EuGVVO auf die Zustellung

Auch die EuGVVO enthält zwei zustellungsrelevante Regelungen[199], die aber auf den hier interessierenden Problemkreis keine Auswirkungen haben. Nach Art. 27 Nr. 2 EuGVÜ war ein Anerkennungsversagungsgrund für ausländische Entscheidungen gegeben, wenn die verfahrenseinleitende Zustellung an den Beklagten nicht ordnungsgemäß und so rechtzeitig erfolgt war, dass er sich verteidigen konnte. Die Neuregelung des Art. 34 Abs. 2 EuGVVO nimmt nebensächliche Zustellungsfehler von der Versagung aus und erhöht die Verteidigungsobliegenheit des Beklagten[200]. Da die Vollstreckung von Entscheidungen bei Domain-Streitigkeiten im Inland erfolgen kann, haben diese Änderungen keine Bedeutung für die vorzunehmende Beurteilung.

Die zweite Neuregelung, die Einführung der internationalen Rechtshängigkeit, stellt zwar mit Blick auf die Rechtshängigkeitssperre des Art. 27 EuGVVO eine Verbesserung dar, spielt aber für die Frage nach der Notwendigkeit einer Zustellungsbevollmächtigung ebenfalls keine Rolle.

(5) Bewertung

Trotz der mit der EuZVO einhergehenden Verbesserungen innereuropäischer Zustellungen stellen sich, angesichts der auf Art. 15 Abs. 2 EuZVO beruhenden Vorbehalte und der wegen Art. 14 Abs. 2 EuZVO weiterhin bestehenden Verzögerungen, auch die innereuropäischen Auslandszustellungen immer noch als grundlegendes Hemmnis für einen effektiven Rechtsschutz dar. Hinzu kommt, dass die Verbesserungen für Dänemark insgesamt keine Anwendung finden. Die Verordnung selbst trägt das Eingeständnis in sich, dass eine Optimallösung durch den Rechtsakt noch nicht gefunden wurde, wenn Art. 20 Abs. 2 EuZVO eine weitere Beschleunigung oder Vereinfachung der Übermittlung von Schriftstücken weiteren bi- oder multilateralen Übereinkommen vorbehält. Bei dem angestrebten „Binnenmarktprozess"[201] handelt es sich auch nach Inkrafttreten der EuGVVO und der EuZVO noch um ein Modell und nicht um die Realität.

Eine merkliche Verbesserung könnte in der Zukunft in der Zulässigkeit elektronischer Übermittlungen liegen. Aus dem Vereinigten Königreich wird bereits von solchen elektronischen Zustellungen berichtet[202]. Artikel

---

[199] *Lindacher*, ZZP 114 (2001), 179, 190–192.
[200] *Lindacher*, ZZP 114 (2001), 179, 192.
[201] *Heß*, JZ 1998, 1021–1032; *ders.*, IPRax 2001, 389, 390; *Lindacher*, ZZP 114 (2001), 179.
[202] NJW-CoR 1996, 214 und 393; *Stadler*, IPRax 2001, 514, 521 Fn. 81.

4 Abs. 2 EuZVO erlaubt schon heute jeden geeigneten Übermittlungsweg, sofern das empfangene Dokument mit dem versandten Dokument inhaltlich genau übereinstimmt und alle darin enthaltenen Angaben mühelos lesbar sind. Allerdings betrifft diese Regelung allein die Übermittlung zwischen den Übermittlungs- und Empfangsstellen im Rahmen der rechtshilferechtlichen Zustellung. Gegen eine generelle Zustellungsmöglichkeit per elektronischer Post überwiegen derzeit noch die Bedenken in Bezug auf das Gebot der Rechtssicherheit und die Nachweis- und Beweisfunktion der Zustellung. Das deutsche Zustellungsreformgesetz macht mit dem neuen § 174 Abs. 3 ZPO einen ersten Schritt in die Richtung genereller elektronischer Zustellungen, indem Zustellungen in Form der verschlüsselten und mit einer elektronischen Signatur ausgestatteten Übermittlung für zulässig erklärt werden. Die Vorschrift beschränkt die generelle Zulässigkeit solcher Übermittlungen auf den in § 174 Abs. 1 ZPO genannten, mit der Vermutung der besonderen Zuverlässigkeit ausgestatteten, Personenkreis, erlaubt aber im Fall der Einwilligung auch die Einbeziehung anderer Verfahrensbeteiligter.

Die weitere technische und rechtliche Entwicklung hin zu einem „elektronischen Binnenmarktprozess" wird den hier besprochenen Beschränkungen der NICs in einigen Jahren ihre Berechtigung nehmen. Bis zu diesem Zeitpunkt sind Auslandszustellungen im Ergebnis immer noch als beschwerlicher und risikoreicher zu beurteilen als Inlandszustellungen.

b) Mildere Mittel

Es stehen auch keine anderen milderen Mittel zur Sicherung einer effektiven Rechtsdurchsetzung zur Verfügung.

Eine Zustellungsvereinbarung etwa mit dem Inhalt, dass Zustellungen durch Übersendung der Schriftstücke – einschließlich des verfahrenseinleitenden Schriftstücks – ins Ausland erfolgen können, scheidet angesichts der dargelegten weiterhin bestehenden Unsicherheiten im Rahmen des Art. 14 EuZVO als milderes Mittel aus.

Als weiteres diskussionswürdiges milderes Mittel kann die Implementierung von Streitbeilegungsverfahren in Erwägung gezogen werden. In Deutschland wurde die Einführung eines alternativen Streitbeilegungssystems bereits diskutiert[203], jedoch sind noch keine konkreten Pläne der DENIC bekannt geworden. Auch in Luxemburg besteht ein Streitschlichtungsverfahren bisher nicht. In einigen anderen Mitgliedstaaten

---

[203] *v. Herget*, Domainmediation und Domainschiedsgericht für „.de" Domains, 2001.

bestehen – das Vereinigte Königreich ist hier nicht Vorreiter[204] – ähnliche Verfahren in den verschiedensten Ausformungen[205] oder deren Einführung ist – so in Österreich – geplant[206].

Sinn der Streitbeilegungsverfahren ist es gerade in dem schnelllebigen Medium Internet, eine möglichst zeitnahe Streitlösung zu ermöglichen. Als Alternative zur Zustellungsbevollmächtigung liegen solche Verfahren daher nahe. Ein milderes Mittel zur Zustellungsbevollmächtigung stellen sie jedoch nicht dar. Zunächst haben sie teilweise – nach dem Vorbild der UDRP – einen nur eingeschränkten Anwendungsbereich, indem lediglich offensichtliche Fälle einer Kennzeichenverletzung erfasst werden[207]. Zudem erfolgt nach dem Vorbild des UDRP meist eine Beschränkung auf Markenverletzungen im engeren Sinne[208] Ferner bleibt der ordentliche Rechtsweg neben dem Schlichtungsverfahren regelmäßig eröffnet[209], so dass die Streitschlichtung dem Kennzeicheninhaber u.U. nur einen Pyrrhussieg beschert. Teilweise besteht die Streitschlichtung auch nur auf freiwilliger Basis und steht daher im Belieben des Domain-Inhabers[210].

Die endgültige Regelung von Domain-Streitigkeiten in einem verbindlichen Schiedsgerichtsverfahren erscheint aber aus rechtsstaatlichen Gesichtspunkten in der Legitimation und in der Ausgestaltung problematisch. Die mit einem solchen verbindlichen Verfahren einhergehende Rechtsverkürzung stellt sich aus der Sicht des Domain-Inhabers jedenfalls nicht als milderes Mittel zu der Verpflichtung zur Benennung eines Zustellungsbevollmächtigten dar.

c) Europarechtliche Beurteilung von nationalem Prozessrecht

Der EuGH hatte in der Vergangenheit mehrfach die Gelegenheit, sich mit der Frage nach der Vereinbarkeit von nationalem Prozessrecht mit dem Gemeinschaftsrecht auseinander zu setzen. Diese Rechtsprechung

---

[204] Dazu: *Stotter*, MMR 2002, 11–14; Nominet UK, DRS Policy; DRS Procedure.

[205] Namentlich sind dies neben dem Vereinigten Königreich: Belgien, Dänemark, Griechenland, Italien und Portugal.

[206] .nic.at, Alternatives Verfahren zur Streitschlichtung für .at – Domains vorgestellt <http://www.nic.at/german/presse.html#Streitschlichtung> (Stand: Mai 2002); .nl Final Report, 22.11.2001, 2.5.8 Nr. 45.

[207] DNS BE, Terms and Conditions, 10. b); Nominet UK, DRS Policy, 2. a. ii. i.V.m. 1.; DRS Procedure, 1.

[208] *Ide*, CRi 03/2002, 92.

[209] nic.at, Schlichtungsordnung, 8.1.5, 9.1; DNS BE, Terms and Conditions, 10. g); Nominet UK, DRS Policy, 9. d.; DRS Procedure, 20. a.; DK Hostmaster, Rules for TLD .DK, 5.3.; GR Hostmaster, Dispute Policy; RA, Naming Rules, 16.2 (für Streitschlichtungsverfahren).

[210] nic.at, Schlichtungsordnung, 1.1; FCCN, Rules, 2.11.1; RA, Naming Rules, 15.1 (für Schiedsgerichtsverfahren), siehe aber: Naming Rules, 16.1 (für Streitschlichtungsverfahren).

und die darüber hinausgehende Diskussion über den Einfluss der Grundfreiheiten und des Diskriminierungsverbots auf prozessuale Vorschriften können als Gegenprobe für die abschließende Beantwortung der Frage nach der Zulässigkeit der luxemburgischen und deutschen Domain-Registrierungsvoraussetzung der Benennung eines inländischen Zustellungsbevollmächtigten nutzbar gemacht werden.

(1) Die Kasuistik zur Prozesskostensicherheitsleistung

Nach § 110 ZPO in der bis Oktober 1998 gültigen Fassung hatten Angehörige fremder Staaten auf Verlangen des Beklagten Sicherheit für die Prozesskosten zu leisten[211]. Der Europäische Gerichtshof beurteilte diese Regelung in der Entscheidung *Hubbard/Hamburger* als Verstoß gegen die auf Grund der Besonderheiten des Falls einschlägige Dienstleistungsfreiheit[212]. In dem weiteren § 110 ZPO betreffenden Verfahren *Austin Saldanha* und in Verfahren gegen entsprechende Vorschriften des schwedischen (*Data Delecta*) und österreichischen Prozessrechts (*Hayes/Kronenberger*) wurde auch ein Verstoß gegen das allgemeine Diskriminierungsverbot bejaht[213]. Die beanstandeten Regelungen basierten auf einer Differenzierung auf Grund der Staatsangehörigkeit, da Inländern eine Sicherheitsleistung nicht abverlangt wurde, wenn sie im Ausland lebten. Bei den Erfordernissen handelte es sich um formell diskriminierende Maßnahmen. Nicht behandelt haben die Entscheidungen aber die Frage, ob ein Verstoß dadurch hätte abgewendet werden können, dass die Sicherheitsleistung an den ausländischen Wohnsitz anknüpft, ohne eine Differenzierung nach der Staatsangehörigkeit vorzunehmen[214]. Die Entscheidung *Austin Saldanha* impliziert in einem *obiter dictum*, dass eine Unvereinbarkeit in diesem Fall nicht anzunehmen wäre[215]. In der Literatur wurde mit Blick auf die mit der Vollstreckung eines Kostenfestsetzungsbeschlusses im Ausland verbundenen Unsicherheiten dieselbe Schlussfolgerung gezogen[216]. Diese Einschätzungen stützen das hier gefundene Ergebnis, nach welchem die Benennungspflicht in zulässiger Weise als Korrektiv für die mit einer Auslandszustellung verbundenen Beschwerlichkeiten dienen kann.

---

[211] Siehe oben Fn. 127.
[212] *EuGH* Slg. 1993, I-3777, 3794 Rn. 13–15 – Hubbard/Hamburger.
[213] *EuGH* Rs. C-43/95, 26.09.1996, Slg. 1996, I-4661, 4676 f. Rn. 17/23 – Data Delecta und Forsberg; *EuGH* Rs. C-323/95, 20.03.1997, Slg. 1997, I-1711, 1724 Rn. 19/1726 Rn. 24 – Hayes/Kronenberger; *EuGH* Slg. 1997, I-5325, 5346 Rn. 30 – Saldanha und MTS.
[214] *EuGH* Slg. 1997, I-1711, 1726 Rn. 24 – Hayes/Kronenberger; *Schlosser*, EuZW 1993, 659, 660.
[215] *EuGH* Slg. 1997, I-5325, 5346 Rn. 29 – Austin Saldanha.
[216] *Streinz/Leible*, IPRax 1998, 162, 169; *Schlosser*, EuZW 1993, 659, 660.

F. Rechtfertigung der versteckten Diskriminierungen 81

(2) Die Mund & Fester-Entscheidung

Eine weitere Entscheidung zum Einfluss des Binnenmarkts auf das nationale Prozessrecht betrifft die oben erwähnte Entscheidung des EuGH in *Mund & Fester* zu § 917 Abs. 2 ZPO a.F. Die fehlerhafte Begründung des Gerichtshofs ist bereits kritisiert worden[217]. Ungeachtet dessen lässt sich der Entscheidung die Wertung entnehmen, dass eine Vollstreckung nach dem EuGVÜ tatsächlich nicht schwieriger sei als nach nationalem Recht[218]. In der Literatur sind die trotz des Übereinkommens bestehenden Probleme einer Auslandsvollstreckung dezidiert dargelegt worden[219]. Gleiches gilt aber nach dem bisher Gesagten für Zustellungen im Ausland. Ferner muss berücksichtigt werden, dass der in *Mund & Fester* in Frage stehende Eingriff eines Arrestes ungleich schwerer wiegt als die einen Domain-Anmelder treffende Beschränkung. Aus diesem Grund kann konstatiert werden, dass diese Entscheidung des EuGH dem hier gefundenen Ergebnis zumindest nicht entgegensteht.

(3) Die Diskussion um §§ 174, 175 ZPO a.F.

In der deutschen Rechtslehre wurde darüber hinaus eine Vereinbarkeit der von der DENIC in Bezug genommenen §§ 174, 175 ZPO a.F. mit dem Gemeinschaftsrecht diskutiert. § 174 ZPO a.F. enthielt bis zum Inkrafttreten des Zustellungsreformgesetzes am 01.07.2002 in Abs. 2 das Erfordernis für nicht im Inland wohnhafte Parteien, einen Zustellungsbevollmächtigten zu benennen, sofern sie nicht einen in dem Amtsgerichtsbezirk des Prozessgerichts wohnhaften Prozessbevollmächtigten bestellt hatten. Kamen sie dieser Obliegenheit nicht nach, durften gem. § 175 Abs. 1 S. 1 ZPO a.F. alle weiteren Schriftstücke durch Aufgabe zur Post zugestellt werden. Das Erfordernis bestand für im Inland, aber weder am Ort des Prozessgerichts noch innerhalb des Amtsgerichtsbezirks, wohnhaften Parteien gleichermaßen. Für diese galt aber in Abweichung zu im Ausland lebenden Parteien die Besonderheit, dass der Obliegenheit eine auf Antrag der gegnerischen Partei im Ermessen des Gerichts stehende Anordnung vorauszugehen hatte.

---

[217] Siehe oben III. 2) c) (2).
[218] *Streinz/Leible*, IPRax 1998, 162, 169/170.
[219] *Mankowski*, NJW 1995, 306, 307 f.; *Schack*, Rn. 421; *Mennicke*, EWS 1997, 117, 121 f.; *Thümmel*, EuZW 1994, 242, 244 f.; *ders.* in: Wieczorek/Schütze, § 917 Rn. 29; *Ress*, JuS 1995, 967, 970 f.; *Schlafen*, NJW 1976, 2082, 2083; kritisch: *Puttfarken*, RIW 1977, 360, 362; *Ehricke*, NJW 1991, 2189, 2191.

(i) Kritik an §§ 174, 175 ZPO a.F.

Die Kritik an diesen Vorschriften war vielfältig. Sie richtete sich in erster Linie gegen die Verkürzung des Gehörgewährleistungsanspruchs des Beklagten[220]. Teilweise wurden aber auch Zweifel an der Vereinbarkeit mit dem europarechtlichen Diskriminierungsverbot geäußert[221]. Der Bundesgerichtshof hatte dagegen einen Verstoß gegen europarechtliche Vorgaben nicht erkennen können und hatte in den mit einer förmlichen Auslandszustellung verbundenen Erschwernissen und Verzögerungen eine objektive Rechtfertigung für die Ungleichbehandlung gesehen[222].

Die gegen die Vereinbarkeit mit dem Diskriminierungsverbot vorgetragenen Bedenken richteten sich jedoch nicht gegen die Benennungsobliegenheit als solche. Die Kritik entzündete sich an der fehlenden Hinweis- und Belehrungspflicht zu Lasten der im Ausland wohnhaften Partei. Soweit ein diskriminierendes Element in der Ungleichbehandlung von In- und Ausländern gesehen wurde, wurde dieses gerade mit der fehlenden Unterrichtungspflicht von im Ausland wohnhaften Parteien in Verbindung mit der misslichen Konsequenz der Zustellungsfiktion begründet[223].

Insofern hat der Gesetzgeber mit dem Zustellungsreformgesetz auf diese Bedenken reagiert[224]. Nach § 184 Abs. 1 S. 1 ZPO n.F. besteht das Erfordernis einer Zustellungsbevollmächtigung nunmehr nicht mehr *ex lege*, sondern hängt vielmehr von einer gerichtlichen Anordnung ab. Mit dieser Anordnung ist zudem auf die Folge der zulässigen Zustellung durch Aufgabe zur Post im Fall einer Nichtbestellung gesondert hinzuweisen. Mit der Neuregelung knüpft der Gesetzgeber an eine in einer Vielzahl von prozessualen Bestimmungen des deutschen Rechts beste-

---

[220] *R. Geimer*, IZPR, Rn. 252a/2113; *Linke*, IZPR, Rn. 226; *Wiehe*, S. 21 f.; *Hausmann*, IPRax 1988, 140, 143; *ders.*, FamRZ 1989, 1288, 1289; *Nagel/Gottwald*, § 4 Rn. 40; *Geimer* in: Zöller, 22. Aufl., § 199 Rn. 20; *Roth* in: Stein/Jonas, Bd. 2, § 174 Rn. 14, § 175 Rn. 11; *ders.*, IPRax 1990, 909, 913; *Schmitz*, S. 97–102; *Bachmann*, FamRZ 1996, 1276, 1277; *Lindacher*, ZZP 114 (2001), 179, 190; *Schlosser*, JR 1987, 160.

[221] *Roth*, JZ 1999, 419, 420; *ders*, IPRax 1990, 90, 92. *Wiehe*, S. 22; *Stadler* in: 50 Jahre BGH, S. 645, 652 f.; *Schlosser* in: FS Stiefel, S. 683, 690; *Linke*, IZPR, Rn. 226; *Fleischauer*, S. 269 f.; *Lindacher*, ZZP 114 (2001), 179, 190; *Bachmann*, FamRZ 1996, 1276, 1277 f.

[222] *BGH* JZ 1999, 414, 417 m. Anm. *Roth*.

[223] Siehe die in Fn. 221 Genannten.

[224] Entwurf eines Gesetzes zur Reform des Verfahrens bei Zustellungen im gerichtlichen Verfahren (Zustellungsreformgesetz – ZustRG), BT-Drucks. 14/4554 vom 09.11.2000, S. 23.

hende Regelung an, vgl. § 34 Abs. 3 S. 2 AVAG, § 15 S. 3 VerwVfG, § 56 Abs. 3 VwGO[225].
Auch die binnenmarktrechtlichen Bedenken sind mit der Neuregelung ausgeräumt[226]. Das Erfordernis zur Benennung eines Zustellungsbevollmächtigten für im Ausland lebende Parteien verstößt nicht *per se* gegen das Diskriminierungsverbot. Es handelt sich dabei vielmehr um ein international akzeptiertes Standarderfordernis[227], vgl. Art. 40 Abs. 2 EuGVVO und Art. 23 Abs. 2 EheGVO, Art. 2 Abs. 3 PVÜ, für Österreich: § 10 öst. ZustellG[228], für Frankreich: Art. 836 Abs. 1 Nr. 2, 855 Abs. 1 Nr. 2 *Nouveau Code Procédure Civile* (NCPC) (*domicile élu*)[229], für das Vereinigte Königreich: Sec. 691 (1) (b) (ii), 695 *Companies Act 1985*.

(ii) Übertragbarkeit auf die Domain-Registrierung

Die Kritik an der Regelung der §§ 174, 175 ZPO a.F. ist daher auf die hier in Frage stehende Verpflichtung zur Benennung eines Zustellungsbevollmächtigten bei der Anmeldung eines Domain-Namens nicht übertragbar. Auch der Umkehrschluss lässt sich indes nicht ohne weiteres ziehen. Die prozessrechtliche Benennungspflicht gründet sich nicht ausschließlich auf klägerische Rechtsschutzinteressen, sondern auch auf der allgemeinen Prozessförderungspflicht einer jeden Partei und damit der Prozesswirtschaftlichkeit[230]. Gerade diese soll dazu führen, dass der Partei die Benennung eines Zustellungsbevollmächtigten zumutbar erscheint.

Insofern besteht bei der Domain-Vergabe eine nicht vergleichbare Situation. Zwar werden die Probleme einer verzögerten Rechtsdurchsetzung im Interesse des Klägers ausgeschaltet, doch erfährt der Beklagtenschutz eine nicht unerhebliche Verringerung. Durch die Zustellungsbevollmächtigung wird die Zustellung zur Inlandszustellung. § 184 GVG greift in voller Schärfe: die Gerichtssprache ist deutsch, auf die Sprachfähigkeiten des Beklagten wird bei der Zustellung keine Rücksicht mehr genommen. Der Beklagte begibt sich in die Hände des Zustellungsbevollmächtigten und trägt dessen Insolvenzrisiko. Im Ergebnis kann dem

---

[225] Begr. zum ZustRG, BT-Drucks. 14/4554, S. 23; *R. Geimer*, IZPR, Rn. 2113; jeweils mit weiteren Beispielen.
[226] *Roth*, IPRax 1990, 90, 93.
[227] Vgl. *Schack*, Rn. 598.
[228] Bundesgesetz vom 01. April 1982 über die Zustellung behördlicher Schriftstücke (Zustellgesetz) (BGBl. 200/1982) i.d.F. v. 19.04.2002 (BGBl. I 65/2002).
[229] *Wiehe*, S. 49 Fn. 14; *Fleischauer*, S. 198 f.
[230] BGH NJW 1992, 1701, 1702; BGH NJW 2000, 3284, 3285; *Hartmann* in: Baumbach/Lauterbach/Albers/Hartmann, § 184 n.F. Rn. 2; § 175 a.F. Rn. 2; *Fleischauer*, S. 269.

Domain-Inhaber dieses Risiko aber zugemutet werden. Das gleiche gilt für die Sprachfrage[231]. Im Übrigen werden in der Praxis die Registrare die Funktion des Zustellungsbevollmächtigten übernehmen und gegenüber dem Domain-Inhaber in der Haftung stehen.

3) Zusammenfassung

Wegen der immer noch erheblichen Unzulänglichkeiten bei der innereuropäischen gerichtlichen Zustellung, handelt es sich bei dem Erfordernis zur Bennennung eines Bevollmächtigten mit Wohnsitz im Inland im Ergebnis nicht um eine Verletzung der Dienstleistungsfreiheit und des Diskriminierungsverbots. Die Benennung einer zustellungsbevollmächtigten Person im Inland stellt eine mit Blick auf die zu überkommenden Schwierigkeiten einer Auslandszustellung verhältnismäßige Maßnahme dar.

G. Ergebnis

Die NICs sind trotz ihrer größtenteils privatrechtlichen Organisationsform in vollem Umfang Adressaten der Grundfreiheiten und des gemeinschaftsrechtlichen Diskriminierungsverbots. Soweit die NICs in Griechenland, Frankreich und Spanien die Staatsangehörigkeit des Domain-Anmelders zum tatbestandlichen Differenzierungskriterium erheben, liegt ein binnenmarktrechtlicher Verstoß ohne weiteres vor. Im Ergebnis muss dies auch für die nach dem Recht des Vereinigten Königreichs gegründeten Gesellschaften vorbehaltenen Subdomain-Bereiche gelten. Die in den vorstehenden Ländern sowie Irland, Finnland, Portugal und Schweden bestehende Präsenzpflicht ist ebenso wenig von einem zwingenden Allgemeininteresse gedeckt. Soweit diese Beschränkungen einer erleichterten Rechtsdurchsetzung in Domain-Streitigkeiten dienen, sind sie jedenfalls unverhältnismäßig, da die Pflicht zur Benennung eines Zustellungsbevollmächtigten – wie sie in Deutschland und Luxemburg praktiziert wird – ein milderes Mittel zur Erreichung dieses Ziels darstellt. Die Benennungspflicht verstößt nicht gegen Binnenmarktrecht, da sie angesichts der Schwierigkeiten und Verzögerungen von Auslandszustellungen gerechtfertigt ist.

---

[231] Siehe oben 2) a) (3) (i).

4. Teil: Wettbewerbsrecht

Eine weitere Kontrollmöglichkeit der Registrierungspraktiken für Internet-Domain-Namen in Europa bietet das europäische und nationale Wettbewerbsrecht. Bisher stand die Frage, ob die NICs als Verwalter einer öffentlichen Ressource verpflichtet sind, bestimmte Begriffe von einer Registrierung als Domain-Name auszuschließen, im Mittelpunkt der juristischen Diskussion[1]. Demgegenüber soll hier der Frage nachgegangen werden, ob die NICs auf Grund einer besonderen wettbewerbsrechtlichen Stellung verpflichtet werden können, Bezeichnungen, an denen ein Domain-Anmelder ein berechtigtes Interesse artikulieren kann, in ihre Registrierungsdatenbanken aufzunehmen. Behandelt werden soll die Frage, inwiefern wettbewerbsrechtliche Bedenken gegen die Registrierungsbeschränkungen selbst, d.h. gegen die Einengung bei der Domain-Namenswahl, bestehen. Nicht behandelt wird dagegen die Frage, inwieweit das Kartellverbot des Art. 81 EGV und der nationalen Wettbewerbsregeln, wie § 1 GWB, eine Neuordnung der administrativen Infrastruktur der Domain-Vergabe erfordert[2].

A. Beurteilungsgrundlage

Das europäische Wettbewerbsrecht bietet in Art. 82 EGV einen tauglichen Maßstab für die Beurteilung der Registrierungspraktiken der NICs in den Mitgliedstaaten. Art. 82 EGV will solchen Maßnahmen entgegenwirken, die dem Schutz des unverfälschten Wettbewerbs i.S.d. Art. 3 Abs. 1 lit. g) EGV auf Grund von wirtschaftlichen Marktstellungen zuwiderlaufen.

---

[1] Für Deutschland zuletzt: *BGH* MMR 2001, 671, 675 f. – ambiente.de m. Anm. *Welzel*, MMR 2001, 744–747; *Ubber*, K&R 2001, 593–596; *Ingerl*, EWiR 2001, 1157 f.; *Freytag*, CR 2001, 853–855; grundlegend: *Bettinger/Freytag*, CR 1999, 28, 37; s.a. die Nachweise bei: DENIC, Dokumente/DENICrecht/Rechtsprechung, 07.01.2001 <http://www.denic.de/doc/recht/rspr/index.html> (Stand: Mai 2002). Für „.at" siehe: ÖOGH Urt. v. 12.09.2001, 4 Ob 176/01p – fpo.at II <http://www.rechtsprobleme.at>; *Pilz* in: Mayer-Schönberger/Galla/Fallenböck, S.89–102; *Burgstaller/Feichtinger*, S. 49–54.

[2] Dazu: *J.B. Nordemann/Czychowsky/Grüter*, NJW 1997, 1897, 1899 f.; *Eckhard*, S. 61–100; *Spindler* in: Immenga/Lübben/Schwintowski, S. 47, 67–75; *A. Freitag*, Wettbewerbsrechtliche Probleme, in: Kröger/Gimmy, S. 369, 373; *Bücking*, Domainrecht, Rn. 255 f.; *ders.*, GRUR 2002, 27–35.

Missbräuchliche Verhaltensweisen, die den zwischenstaatlichen Handel nicht berühren, fallen allerdings in die ausschließliche Zuständigkeit der Mitgliedstaaten. Alle 15 Mitgliedstaaten haben eigene Gesetze zum Schutz des Wettbewerbs erlassen, die sich mehrheitlich an das Vorbild des Gemeinschaftsrechts anlehnen[3]. In sämtlichen Kartellgesetzen finden sich Vorschriften zum Missbrauch einer marktbeherrschenden oder marktmächtigen Stellung, die teilweise die Regelung des Artikel 82 EGV unverändert übernommen haben[4]. Die Vorschriften der nationalen Wettbewerbsgesetze sind neben den Bestimmungen des EGV und bei fehlender Zwischenstaatlichkeit vorrangig anwendbar[5]. Nach der weiten Auslegung der Zwischenstaatlichkeitsklausel[6] ergibt sich für den Komplex der Domain-Vergabe, dass Artikel 82 EGV einschlägig ist, sobald der Angehörige eines Mitgliedstaates einen Domain-Namen zum Zweck der wirtschaftlichen Betätigung unterhalb der TLD eines anderen Mitgliedstaates anmeldet und den Registrierungsbestimmungen des nationalen NICs ausgesetzt ist. Im Übrigen sind die Registrierungspraktiken anhand der entsprechenden nationalen Regelungen zu messen. Für die Zwecke dieser Arbeit soll ein zwischenstaatlicher Effekt hypothetisiert werden, so dass Art. 82 EGV als Kontrollgrundlage herangezogen werden kann. Für die DENIC bilden zudem die §§ 19, 20 GWB eine Beurteilungsgrundlage.

Neben der Eignung zur Beeinträchtigung setzt Art. 82 EGV ebenso wie die §§ 19, 20 GWB eine Unternehmenseigenschaft (B.), eine marktbeherrschende Stellung (C.) sowie eine missbräuchliche Ausnutzung dieser Stellung voraus (D.).

B. Anwendbarkeit der Wettbewerbsvorschriften

I. Die Unternehmenseigenschaft der NICs

Nach ständiger Rechtsprechung des EuGH umfasst der Unternehmensbegriff jede, eine wirtschaftliche Tätigkeit ausübende, Einheit

---

[3] *Schröter* in: Groeben/Thiesing/Ehlermann, Bd. I/2, Vorb. zu Art. 85 bis 89, Rn. 56; *Immenga* in: Immenga/Mestmäcker, EG-Wettbewerbsrecht, Bd. I, Einl. D.
[4] *Schröter* in: Groeben/Thiesing/Ehlermann, Bd. I/2, Vorb. zu Art. 85 bis 89, Rn. 56/Art. 86 Rn. 3 f.; *Immenga* in: Immenga/Mestmäcker, EG-Wettbewerbsrecht, Bd. I, Einl. D Rn. 28 f.
[5] *Schröter* in: Groeben/Thiesing/Ehlermann, Bd. I/2, Vorb. zu Art. 85 bis 89, Rn. 57.
[6] *Möschel* in: Immenga/Mestmäcker, EG-Wettbewerbsrecht, Einl. Rn. 47; *Schröter* in: Groeben/Thiesing/Ehlermann, Bd. 2/I, Art. 86 Rn. 234 f.

unabhängig von ihrer Rechtsform und der Art ihrer Finanzierung[7]. Der Begriff des Unternehmens ist daher in einem weiten umfassenden Sinn zu verstehen, unabhängig von der Rechtsform und der Zuordnung zum privaten oder öffentlichen Recht[8]. Abgrenzungskriterium ist die wirtschaftliche Tätigkeit. Darunter ist jede Tätigkeit zu verstehen, die darin besteht, Güter oder Dienstleistungen auf einem bestimmten Markt anzubieten[9]. Dass die DENIC ohne Gewinnerzielungsabsicht handelt[10], steht der Unternehmenseigenschaft nicht entgegen[11]. Das Gleiche gilt mit Blick auf das europäische Wettbewerbsrecht für die NICs, die ebenfalls auf einer Non-Profit-Basis operieren[12].

II. Besonderheiten für öffentliche Unternehmen

Die unterschiedlichen Organisationsstrukturen der NICs in den einzelnen Mitgliedstaaten stehen der Anwendbarkeit der wettbewerbsrechtlichen Vorschriften nicht entgegen. Gem. Art. 86 EGV finden die wettbewerbsrechtlichen Vorschriften auch auf öffentliche Unternehmen Anwendung. Der Begriff ist weit zu verstehen, so dass auch privatrechtliche Unternehmen unter beherrschendem hoheitlichen Einfluss darunter fallen[13]. Der Anwendungsbereich der wettbewerbsrechtlichen Vorschriften wird durch Art. 86 Abs. 2 S. 2 EGV für öffentliche Unternehmen zwar eingeschränkt, allerdings nur insoweit, als die Maßnahmen den Handelsverkehr nicht in einem dem Gemeinschaftsinteresse zuwiderlaufenden Maße beeinträchtigen. Sinn des Art. 86 EGV ist es gerade, zu verhindern, dass das unterschiedlich geregelte Verhältnis von öffentlichem und privatem Sektor zu einer unterschiedlichen Geltung der Wettbewerbsordnungen innerhalb der Gemeinschaft führt[14]. Gerade

---

[7] *EuGH* Rs. C-35/96, 18.06.1998, Slg. 1998, I-3851, 3895 f. Rn. 38 – Kommission/Italien; *EuGH* Rs. C180/98 bis C184/98, 12.09.2000, Slg. 2000, I-6451, 6520 Rn. 74 – Pavlov u.a.; *EuGH* Rs. C-218/00, 22.01.2002, EuZW 2002, 146, 147 Rn. 22 – INAIL; *EuGH* Rs. C-309/99, 19.02.2002, BB 2002, 638, 639 Rn. 46 – Wouters u.a. m.w.N.
[8] *Schröter* in: Groeben/Thiesing/Ehlermann, Bd. 2/I, Vorb. zu Art. 85–89 Rn. 16.
[9] *EuGH* Rs. 118/85, 16.06.1987, Slg. 1987, 2599, 2621 Rn. 7 – Kommission/Italien; *EuGH* Slg. 1998, I-3851, 3895 f. Rn. 38 – Kommission/Italien; *EuGH* EuZW 2002, 146, 147 Rn. 23 – INAIL; *EuGH* BB 2002, 638, 639 Rn. 47 – Wouters u.a.
[10] *BGH* MMR 2001, 671, 674 – ambiente.de; *LG Frankfurt/Main*, MMR 2002, 126; anders noch: *LG Frankfurt/Main*, Beschl. v. 23.08.2001, 2/6 O 280/01 <http://www.denic.de>.
[11] *BGH* Urt. v. 29.10.1970, K ZR 3/70, WuW/E 1142, 1143 – Volksbühne II; *Bücking*, GRUR 2002, 27 Fn. 7 m.w.N.
[12] So z.B.: DNS BE, Terms and Conditions, 1.
[13] *Emmerich* in: Dauses, Bd. 2, H. II. Rn. 99–101.
[14] *Emmerich* in: Dauses, Bd. 2, H. II. Rn. 93.

wegen der unterschiedlichen Strukturen der einzelnen NICs muss deshalb auch hier das zur Dienstleistungsfreiheit Gesagte gelten[15]. Die mehr oder weniger zufällige Organisationsstruktur kann nicht den Ausschlag für die Frage der Anwendbarkeit im Einzelfall geben. Aus diesem Grund unterliegen die Registrierungspraktiken der NICs dem europäischen Wettbewerbsrecht ohne Einschränkung[16].

Dem Anwendungsbereich der Wettbewerbsvorschriften verschlossen bleibt nur echtes hoheitliches Handeln[17]. Nicht erfasst werden nach der Rechtsprechung des Gerichtshofs danach die Träger der Sozial- und Rentenversicherung, weil deren Tätigkeit einen sozialen und nicht einen wirtschaftlichen Charakter hat[18]. Gleiches gilt für die Kontrolle und Überwachung des Luftraums, weil diese ein typischerweise hoheitliches Vorrecht sind[19]. Die Abgrenzung erfolgt funktional und nicht anhand des rechtlichen Status der Einrichtung[20]. Bei der Domain-Vergabe handelt es sich nicht um echtes hoheitliches Handeln. Es handelt sich bei der Domain-Vergabe nicht um „öffentliche Verwaltung", vgl. Art. 38 Abs. 4 EGV, oder die „Ausübung öffentlicher Gewalt", vgl. Art. 45 Abs. 1 EGV. Die Verwaltung der Domain-Registrierung ist nicht vergleichbar mit den diesen Bereichen zuzuordnenden Aufgaben der Justiz, Polizei, des Militärs oder der Steuerverwaltung[21]. Sie ist auch nicht vergleichbar mit der Aufgabe der nationalen Markenämter. Im Gegensatz zur DENIC handelt es sich bei dem Deutschen Patent- und Markenamt (DPMA) um eine Verwaltungsbehörde[22]. Eine Kennzeicheneintragung bei den Markenämtern begründet unmittelbar ein Immaterialgüterrecht. Die Domain-Registrierung hingegen führt zunächst nur zu einem Nutzungsrecht. Die hoheitliche Aufgabe der Markenregistrierung ist historisch gewachsen. Die Domain-Vergabe dagegen erfolgte traditionell auf privatrechtlicher Ebene. Sie ist vergleichbar mit anderen priva-

---

[15] Siehe oben 3. Teil B. III.

[16] Vgl. Mitteilung der Kommission an den Rat und das Europäische Parlament, Organisation und Verwaltung des Internet, Internationale und europäische Grundsatzfragen 1998–2000, 11.04.2000, KOM(2000)202 endg., 8.2.

[17] *Hochbaum* in: Groeben/Thiesing/Ehlermann, Bd. 2/II, Art. 90 Rn. 14.

[18] *EuGH* Rs. 238/82, 07.02.1984, Slg. 1984, 523, 544 Rn. 30 – Duphar/Niederlande; *EuGH* Rs. C-159/91 und C-160/91, 17.02.1993, Slg. 1993, I-637, 670 Rn. 18–20 – Poucet und Pistre; *Hochbaum* in: Groeben/Thiesing/Ehlermann, Bd. 2/II, Art. 90 Rn. 16.

[19] *EuGH* Rs. C-364/92, 19.01.1994, Slg. 1994, I-43, 63 f. Rn. 30 – SAT Fluggesellschaft.

[20] *Hochbaum* in: Groeben/Thiesing/Ehlermann, Bd. 2/II, Art. 90 Rn. 6.

[21] Dazu: *Streinz*, Rn. 749; *Wölker* in: Groeben/Thiesing/Ehlermann, Bd. 1, Art. 48 Rn. 120 f.

[22] *Althammer*, Das Deutsche Patentamt, S. 9.

tisierten Wirtschaftssektoren, wie der Eisenbahn, dem Flugverkehr[23], dem Strom- und Postsektor[24] und nicht zuletzt der Telekommunikation[25]. Bei all diesen Dienstleistungen wird zwar eine öffentliche Aufgabe wahrgenommen, hoheitliches Handeln liegt aber ebenso wenig vor wie bei der Domain-Registrierung.

Unterschiede ergeben sich bei der Anwendbarkeit der Wettbewerbsregeln auf die Registrierungspraktiken der NICs insofern nur in Bezug auf ihre Unmittelbarkeit. Während aus Art. 82 EGV ein unmittelbares Verbot missbräuchlicher Verhaltensweisen folgt, enthält Art. 86 Abs. 1 EGV für öffentliche Unternehmen den Auftrag an die Mitgliedstaaten, keine dem Vertrag widersprechende Maßnahmen zu treffen.

C. Marktbeherrschung

Die Feststellung der Marktbeherrschung erfolgt in einem Doppelschritt. Zunächst ist der relevante Markt und anschließend der Beherrschungsgrad zu ermitteln[26].

I. Bisherige Stellungnahmen

Die wettbewerbsrechtliche Position der NICs ist bisher nur ansatzweise Gegenstand der juristischen Diskussion gewesen. Der BGH hat in seiner Entscheidung zu „ambiente.de" ausgeführt, dass die DENIC wegen der Bedeutung der allein von ihr vergebenen TLD „.de" auf dem deutschen Markt für die Vergabe von SLDs über eine „überragende Stellung" verfüge[27]. Aus dieser Aussage des BGH muss aber nicht geschlossen werden, dass der BGH die DENIC nicht für ein marktbeherrschendes oder marktstarkes Unternehmen i.S.d. §§ 19 Abs. 2, 20 Abs. 2 GWB halte und die wettbewerbsrechtliche Missbrauchskontrolle aus diesem Grund nicht zur Anwendung kommen könne[28]. Gerade diese Schlussfolgerung wird von der Aussage des BGH nicht getragen. Der

---

[23] *EuGH* Rs. C-163/99, 29.03.2001, Slg. 2001, I-2613, 2640 Rn. 2 – Portugal/Kommission; *EuG* Rs. T-128/98, 12.12.2000, Slg. 2000, II-3929, 3935 Rn.1 – Aéroports de Paris/Kommission.
[24] Siehe dazu: *EuGH* Rs. C-340/99, 17.05.2001, Slg. 2001, I-4109, 4158 Rn. 39 – TNT Traco; *EuGH* Rs. C-147/97 und C-148/97, 10.02.2000, Slg. 2000, I-825, 873 Rn. 37 – Deutsche Post.
[25] Siehe dazu auch unten 5. Teil A. III. 2).
[26] *Bechtold*, § 19 Rn. 3; *Möschel* in: Immenga/Mestmäcker, EG-Wettbewerbsrecht, Art. 86 Rn. 38; *ders.* in: Immenga/Mestmäcker, GWB, § 19 Rn. 18.
[27] *BGH* MMR 2001, 671, 675 – ambiente.de.
[28] So aber: *Welzel*, MMR 2001, 744.

BGH hat eine Wettbewerbskontrolle für angezigt, aber für das Ergebnis der ambiente-Entscheidung für nicht von Bedeutung gehalten, da die haftungsprivilegierenden Grundsätze der Störerhaftung auch die Fälle der Haftung wegen Missbrauchs aus § 20 GWB einschränken.

Die erste Kammer des Landgerichts Frankfurt am Main ist in ihrem erstinstanzlichen Urteil ohne Begründung von einer marktbeherrschenden Stellung der DENIC ausgegangen[29]. Das Oberlandesgericht hat in der Berufungsinstanz ausgeführt, dass ohne weiteres von einer Monopolstellung der DENIC auf dem Markt für die SLD „de" ausgegangen werden könne – zumindest handele es ich bei der DENIC aber um ein marktstarkes Unternehmen i.S.d. § 20 Abs. 1 GWB[30]. Die zweite Kammer des Landgerichts Frankfurt am Main hat in der Entscheidung zu „01051.de" ebenfalls ihre Neigung bekundet, die Missbrauchsvorschriften des GWB auf die DENIC anzuwenden[31].

Diese Einschätzungen sind in der Literatur vorwiegend auf Zustimmung gestoßen[32]. *Burgstaller* und *Feichtinger* wollen die österreichischen wettbewerbsrechtlichen Regelungen wegen der bestehenden Marktmacht der nic.at ebenfalls auf diese anwenden[33].

II. Marktabgrenzung

Die Beantwortung der Frage nach einer Marktbeherrschung der Länder-NICs hängt zunächst von der Bestimmung des sachlich sowie räumlich relevanten Marktes ab.

1) Der sachlich relevante Markt

Der sachlich relevante Markt wird nach dem Bedarfsmarktkonzept über das Kriterium der Austauschbarkeit bestimmt[34]. Es kommt dabei

---

[29] *LG Frankfurt/Main*, CR 1999, 452, 453 – ambiente.de m. Anm. *Biere*.

[30] *OLG Frankfurt/Main* MMR 2000, 36, 37 – ambiente.de m. Anm. *Welzel*.

[31] *LG Frankfurt/Main*, MMR 2000, 627 – 01051.de m. Anm. *Welzel*. Siehe dazu unten D. III. 1).

[32] *Biere*, CR 1999, 453, 454; *Strömer*, Freibrief für Kennzeichenverletzungen, Oktober 2001; *Bücking*, Domainrecht, Rn. 257; ders. GRUR 2002, 27, 28; *J.B. Nordemann/Czychowski/Grüter*, NJW 1997, 1897, 1900; *Eckhard*, 39–41/52 f./101 f.; *A. Freitag*, Wettbewerbsrechtliche Probleme, in: Kröger/Gimmy, S. 369, 374; *Spindler* in: Immenga/Lübben/Schwintowski, S. 47, 79; *Dingeldey*, 01051.de Kein Anschluss unter dieser Nummer, 06.02.2002.

[33] *Burgstaller/Feichtinger*, S. 8.

[34] *Bechtold*, § 19 Rn. 6; *Möschel* in: Immenga/Mestmäcker, EG-Wettbewerbsrecht, Art. 86 Rn. 43 f.; Bekanntmachung der Kommission zur Definition des relevanten Marktes im Wettbewerbsrecht (ABlEG Nr. C 372, 09.12.1979, S. 5–13), II. 7.

auf die Sicht der Marktgegenseite an[35]. Die Beurteilung hat normativ zu erfolgen[36]. Die Kommission und der EuGH gelangen dabei in der Praxis tendenziell zu engen Marktabgrenzungen[37]. Marktgegenseite sind hier die Domain-Kunden, welche die Nachfrage nach den Domain-Namen bilden. Die Bewertung hängt davon ab, ob die jeweiligen Länderkürzel aus der Sicht dieser Abnehmer austauschbar sind.

a) Austauschbarkeit

Das Problem der Austauschbarkeit hat unterschiedliche Facetten. Eine erschöpfende Diskussion dazu hat noch nicht stattgefunden. *Bücking* will allenfalls in der TLD „.com" eine echte Alternative zu „.de" sehen[38]. *Spindler* will der Frage der Austauschbarkeit wegen der geringen Anzahl deutscher Inhaber einer „.com"-Domain nur im Rahmen der Beurteilung der Marktbeherrschung, nicht aber bei der Marktabgrenzung eine Bedeutung beimessen[39]. *J.B. Nordemann, Czychowsky und Grüter* teilen diese Einschätzung und halten darüber hinaus die Länder-TLDs nicht für untereinander austauschbar[40].

Wegen der Vielzahl bestehender TLDs und ihren unterschiedlichen Bedeutungen, muss die Austauschbarkeit der nationalen TLDs der Mitgliedstaaten mit den übrigen TLDs sowie untereinander gesondert bestimmt werden.

(1) Austauschbarkeit der ccTLDs mit den gTLDs

(i) Die TLDs „.com", „.org" und „.net"

Nach der Ursprungsidee sollten alle gTLDs der ersten Generation eine zweckgebundene Ausrichtung haben[41]. Die TLD „.com" sollte als Kürzel für „commercial" kommerziellen Organisationen vorbehalten sein. Andere nichtkommerzielle Organisationen sollten Registrierungen unterhalb von „.org" vornehmen dürfen[42]. „.Net" war für Netzwerk-Ressourcen, wie z.B. Internet Provider, gedacht[43]. Diese Differenzierung wurde von NSI nicht konsequent durchgehalten, so dass heute jedermann einen Domain-Namen unterhalb dieser offenen gTLDs registrie-

---

[35] *Bechtold*, § 19 Rn. 5.
[36] *Möschel* in: Immenga/Mestmäcker, EG-Wettbewerbsrecht, Art. 86 Rn. 39; *ders.* in: Immenga/Mestmäcker, GWB, § 19 Rn. 18.
[37] *Möschel* in: Immenga/Mestmäcker, EG-Wettbewerbsrecht, Art. 86 Rn. 51.
[38] *Bücking*, Domainrecht, Rn. 257; *ders.* GRUR 2002, 27, 28.
[39] *Spindler* in: Immenga/Schwintowski/Lübben, S. 47, 72.
[40] *J.B. Nordemann/Czychowsky/Grüter*, NJW 1997, 1897, 1900.
[41] Siehe oben 2. Teil A. II.
[42] *Hunt*, S. 56, bezeichnet diese TLDs deshalb als „organisatorische Domains".
[43] *Postel*, RFC 1591, März 1994, S. 2.

ren kann[44]. So finden sich heute Non-Profit-Organisationen unter dem „.com"-Kürzel[45], kommerzielle Angebote[46] und die Angebote Privater unter dem „.org"-Suffix[47] und auch „.net" ist nicht auf Netzwerk-Betreiber begrenzt geblieben[48].

Dennoch besteht eine differenzierende Wirkung dieser TLDs fort. Mehrheitlich finden sich unterhalb der TLDs der jeweiligen Bedeutung entsprechende Angebote. Diese an sich empirische Frage wird von den Registrierungszahlen unterhalb der verschiedenen gTLDs gestützt. Die deutliche Diskrepanz zwischen ca. 23 Millionen „.com"-Registrierungen im Dezember 2001 gegenüber etwa vier Millionen „.org" und ca. 2,5 Millionen „.net"-Registrierungen zum selben Zeitpunkt[49] verdeutlicht, dass diese TLDs aus der Sicht der Nachfrager eben nicht beliebig austauschbar sind.

Das Gleiche gilt für das Verhältnis dieser gTLDs zu den nationalen TLDs. Nach ihrem Ursprungszweck sollten die gTLDs nicht für Angebote aus den USA oder auf US-amerikanische Bürger oder Unternehmen beschränkt sein. Teilweise werden die *generic* TLDs deshalb auch als *international* Top-Level-Domains (iTLDs)[50] oder *global* Top-Level-Domains[51] bezeichnet. Tatsächlich werden heute jedoch die Mehrzahl der „.com" Registrierungen von US-amerikanischen Unternehmen und Personen gehalten[52]. Die Marktabgrenzung hat auf Grund dieser tatsächlichen Verhältnisse zu erfolgen[53]. Ein einheitlicher Markt für diese TLDs und die ccTLDs besteht demnach nicht. Untermauert wird dieses

---

[44] *Viefhues* in: Hoeren/Sieber, Teil 6 Rn. 94; *Reinhart*, WRP 2002, 628, 629.

[45] Vgl. z.B.: <http://www.greenpeace.com> mit Verweis auf <http://www.greenpeace.org> (Stand: Mai 2002).

[46] Verwendet werden meist Redirect-Verknüpfungen, siehe z.B.: <http://www.bmw.org>, <http://www.daimlerchysler.org>, <http://www.general-electric.org>, <http://www.deutsche-bank.org>, <http://www.t-online.org> (Stand jeweils: Mai 2002).

[47] Z.B.: <http://www.nicholasjohnson.org>, <http://www.heise.org> (Stand: Mai 2002).

[48] Z.B.: <http://www.general-electric.net>, <http://www.deutsche-bank.net>, <http://www.bund.net> (Stand jeweils: Mai 2002).

[49] SnapNames, State of the Domain, Year-End 2001, S. 44.

[50] *Kur*, CR 1997, 325 f.; *Stoodley*, [1997] E.I.P.R., 509.

[51] ICANN, Two New Top-Level Domains for the Internet: .biz and .info to be activated tomorrow, 26.06.2001 <http://www.icann.org/announcements/icann-pr26jun01.htm> (Stand: August 2001).

[52] Focus online, Internet-Adressen – Domains im Web, Juni 2001 <http://www.focus.de/D/DD/DD36/DD36D/dd36d.htm>; *J.B. Nordemann/Czychowsky/Grüter*, NJW 1997, 1897, 1900; *Spindler* in: Immenga/Schwintowski/Lübben, S. 47, 72; *Kelleher*, [1998] E.I.P.R., 62.

[53] *Möschel* in: Immenga/Mestmäcker, EG-Wettbewerbsrecht, Art. 86 Rn. 44; ders. in: Immenga/Mestmäcker, GWB, § 19 Rn. 24.

Ergebnis heute auch durch die Einschätzung, dass alle „guten", d.h. attraktiven Domain-Namen unterhalb der TLD „.com" bereits vergeben sind[54].

Dem Ergebnis steht auch nicht entgegen, dass Unternehmen, die auf Grund der Registrierungspraktiken der nationalen Registries an einer Registrierung unterhalb einer nationalen TLD verhindert waren, im Einzelfall durchaus auf die TLD „.com" ausgewichen sind oder ausweichen werden. Beispiele für den Bereich „.de" bilden die Domains „01051.com" und „4711.com", die wegen des Verbots reiner Zahlenkombinationen für „.de"-Domains auf die „.com" oder eine andere gTLD-Ebene ausweichen mussten[55]. Aus der Sicht der Unternehmen, deren Angebot sich an den deutschen Markt richtet, stellt sich die „.com"-TLD demnach nur als Notlösung dar[56].

Dies ergibt sich daraus, dass die ccTLDs gegenüber den gTLDs einen Mehrwert verkörpern. Für global tätige Unternehmen mag eine „.com"-Domain eine Notwendigkeit sein, dies macht die Registrierung der nationalen TLD jedoch nicht obsolet[57]. Die besondere Bedeutung der Länder-Endungen für Unternehmen findet eine praktische Bestätigung in der Entwicklung der ccTLD „.us". Nach der Liberalisierung der Registrierungspraxis ab Ende April 2002 konnte das Registry Neustar im ersten Monat bereits 300.000 Registrierungen für diese TLD vorweisen[58]. Die zusätzliche Registrierung unterhalb von „.us" - neben „.com" wird demnach als notwendig angesehen.

Nationale TLDs haben schon dadurch eine besondere Anziehungskraft auf die Nutzer von Webangeboten – und damit auch auf deren Anbieter –, weil die geographische Verknüpfung eine eingeschränkte Gewährleistung dafür gibt, dass die Gesetze des jeweiligen Landes eingehalten werden[59]. Die Kommission hat dem Aspekt des Verbrauchervertrauens durch die Anwendbarkeit europäischen Rechts bei der Einführung des Domain-Bereichs „.eu" im Einklang mit dieser

---

[54] *Huber/Dingeldey*, S.126 Nr. 125.
[55] Dazu unten D. III. 1).
[56] A. *Freitag*, Wettbewerbsrechtliche Probleme, in: Kröger/Gimmy, S. 369, 373; *Spindler* in: Immenga/Schwintowski/Lübben, S. 47, 72; *OLG Nürnberg* JurBüro 2000, 317, 318.
[57] Vgl. z.B.: <http://www.bmw.com> und <http://www.bmw.de>, <http://www.opel.com> und <http://www.opel.de>, <http://www.allianz.com> und <http://www.allianz.de>, <http://www.bayer.com> und <http://www.bayer.de> (Stand jeweils: Juni 2002); *Schafft*, CR 2002, 434, 438.
[58] Domain-Newsletter #110, 13.06.2002, 03) <http://www.domain-recht.de/arciv/110.htm> (Stand: Juni 2002).
[59] Vgl. die Aussagen in der Diskussion um die internationale Zuständigkeit im Internet oben 3. Teil F. III. 3) a).

Aussage besonders hervorgehoben[60]. Ein solcher Verbraucherschutz wird durch die Geltung der auf der EG-Datenschutzrichtlinie beruhenden nationalen Datenschutzgesetze geschaffen sowie durch die Geltung der Electronic Commerce Richtlinie (ECRL)[61]. Der Anbieter eines nationalen Webangebots wird sich deshalb, insbesondere wenn sein Angebot kommerzieller Natur ist, nicht mit der Registrierung eines Domain-Namens unterhalb einer gTLD zufrieden geben. Die Präsentation eines Angebots unter einer ccTLD ermöglicht es Unternehmen darüber hinaus, ihr Angebot auf den mit der TLD korrespondierenden Markt auszurichten und an die spezifischen Bedürfnisse der Zielgruppe anzupassen. Den ccTLDs der Mitgliedstaaten wohnt damit ein für Anbieter und Nutzer gleichsam attraktiver Mehrwert gegenüber den gTLDs inne.

Die ccTLDs der Mitgliedstaaten und die offenen gTLDs sind demnach nicht miteinander austauschbar.

(ii) Die gTLDs „.gov", „.int", „.edu" und „.mil"

Konsequent durchgehalten wurde die ursprüngliche Zweckbindung für die den US-amerikanischen Einrichtungen vorbehaltenen gTLDs der ersten Generation. Unterhalb von „.gov" dürfen daher nur staatliche nicht-militärische US-Organisationen einen Domain-Namen registrieren, „.edu" ist auf US-amerikanische Bildungseinrichtungen beschränkt während „.mil" für Registrierungen durch das US-amerikanische Militär reserviert ist. Wegen der Beschränkung auf US-amerikanische Einrichtungen und der engen Zweckbindung kann bei diesen gTLDs kein Zweifel an einer fehlenden Austauschbarkeit bestehen[62].

(iii) Die neuen gTLDs

Im Vorfeld der Einführung neuer gTLDs wurde teilweise prognostiziert, dass diese sich als Ausweichmöglichkeit für die „.de"-Domain etablieren könnten[63].

---

[60] Mitteilung der Kommission an das Europäische Parlament und den Rat – Internet-Bereichsnamensystem – Einführung der Bezeichnung .EU als Bereichsname oberster Stufe v. 05.07.2000, KOM(2000)421 endg., 1; vgl. .EU-Einführungsverordnung, Erwägungsgrund 6.
[61] Richtlinie 2000/31 des Europäischen Parlaments und des Rates vom 8. Juni 2000 über bestimmte rechtliche Aspekte der Dienste der Informationsgesellschaft, insbesondere des elektronischen Geschäftsverkehrs, im Binnenmarkt (Richtlinie über den elektronischen Geschäftsverkehr) (ABlEG Nr. L 178, 17.07.2000, S. 1–16). Siehe dazu unten 5. Teil B. II.
[62] I.d.S. auch: *Welzel*, MMR 2001, 770, 771.
[63] *Bücking*, Domainrecht, Rn. 257; *J.B. Nordemann/Czychowsky/Grüter*, NJW 1897, 1900; s.a. *Spindler* in: Immenga/Schwintowski/Lübben, S. 47, 72 f.

Bis auf die TLD „.info", welche ganz allgemein für Informationsdienste jeglicher Art gedacht ist, unterliegen alle der von ICANN ausgewählten neuen gTLDs allerdings einer zweckgebundenen Beschränkung. Die TLD „.aero" ist dabei strikt auf die Luftfahrtindustrie im weitesten Sinne beschränkt. „.Coop" ist Genossenschaften vorbehalten und „.museum" für Museen vorgesehen. Des Weiteren bestehen „.pro" für Selbstständige, „.biz" für kommerzielle Unternehmen und „.name" für Privatpersonen. Eine Austauschbarkeit käme demnach allenfalls im Einzelfall in Betracht, wenn der Domain-Interessent die Zweckvorgabe der jeweiligen TLD erfüllt.

Auch hier gilt aber das zu den TLDs „.com", „.org" und „.net" Gesagte. Aus der Sicht der Abnehmer gleicht eine TLD eben nicht der anderen. Gegen eine solche Ausweichmöglichkeit spricht auch der aus Nutzer- und Anbietersicht mit einer ccTLD verbundene Mehrwert. Eine Austauschbarkeit im Sinne eines einheitlichen sachlichen Marktes zwischen den neuen gTLDs und den ccTLDs in den Mitgliedstaaten besteht nicht[64].

(2) Austauschbarkeit der ccTLDs untereinander

Die ccTLDs sind auch nicht untereinander austauschbar. Sofern das Erfordernis einer territorialen Nähe besteht, scheidet eine solche Austauschbarkeit von vornherein aus. Zwar ist davon auszugehen, dass diese Beschränkungen auf Grund ihrer Unvereinbarkeit mit den Grundfreiheiten für die Zukunft aufgehoben werden, doch muss sich die hier vorzunehmende Einschätzung der Austauschbarkeit an den tatsächlichen Verhältnissen orientieren[65]. Schon die faktische Sperre der territorialen Nähe steht bei den restriktiven TLDs deshalb einer Austauschbarkeit entgegen.

Gleiches gilt im Ergebnis für die auf einer liberalen Registrierungspraxis operierenden ccTLDs. Der Unterschied zwischen zwei Länderdomains ergibt sich auch ohne die territoriale Beschränkung. Wie oben dargelegt, liegt den ccTLDs ein doppeltes Verständnis zu Grunde[66]. Einmal erwartet der Nutzer Angebote, die aus dem jeweiligen Staat oder der jeweiligen Region stammen. Ferner erwartet er Angebote, deren Zielgruppe sich in dem jeweiligen Staat oder der jeweiligen Region befindet. Für ein Angebot, dass nicht unter eine dieser Kategorien fällt, wird der Nutzer eine andere TLD erwarten.

Die Boutique-Domains, denen kein geographisches, sondern ein thematisches Verständnis zu Grunde liegt, stellen ebenso wenig eine

---

[64] Dagegen: *Welzel*, MMR 2001, 744; *ders.*, MMR 2000, 627, 628 f.
[65] Siehe oben Fn. 53.
[66] Siehe oben 3. Teil F. I.

brauchbare Ausweichmöglichkeit zu einer geographischen TLD dar, da ihnen nur im Rahmen des ihnen zugedachten besonderen Aussagegehalts eine Anziehungskraft zukommt.

Schwieriger gestaltet sich die Abgrenzung zur neuen ccTLD „.eu". Die der TLD zu Grunde liegende territoriale Beschränkung spricht, da sie alle Mitgliedstaaten umfasst, anders als bei den übrigen ccTLDs nicht von vornherein gegen eine Austauschbarkeit. Ob sich „.eu" jedoch tatsächlich als eine echte Alternative zu den ccTLDs erweisen wird, bleibt abzuwarten. Dies wird insbesondere von den Registrierungsgrundsätzen des neuen Registries abhängen. Die Verordnung zur Einführung von „.eu" macht insofern nur geringe Vorgaben[67]. Da für die Beurteilung der Marktbeherrschung das tatsächliche und nicht ein zukünftiges oder hypothetisches Marktgeschehen entscheidend ist, muss diese Frage einer späteren Bewertung vorbehalten bleiben.

(3) Zwischenergebnis

Eine Austauschbarkeit der ccTLDs der Mitgliedstaaten besteht weder untereinander noch mit anderen ccTLDs oder den gTLDs.

b) Austauschbarkeit und Unterscheidungskraft

Dem gefundenen Ergebnis steht auch nicht entgegen, dass den TLDs nach der bisher noch h.M. eine Unterscheidungskraft nicht zukommen soll[68]. Diese Diskussion kann insofern auf die Frage der Austauschbarkeit übertragen werden, als deren Beurteilung ebenfalls von dem Verständnis über die Bedeutung einer TLD abhängt. Während die Unterscheidungskraft sich aus der Sicht der Nutzer eines Internet-Angebots bestimmt, orientiert sich die Austauschbarkeit an der Sicht der Anbieter eines Internet-Angebots. Der Anbieter wird seine Entscheidung über die Wahl einer bestimmten TLD jedoch nicht ohne Rücksicht auf das Nutzerverständnis treffen und sie sinnvoller Weise diesem Nutzerverständnis unterordnen. Die Entscheidung wird dabei gerade für eine bestimmte TLD ausfallen, weil der Anbieter glaubt, unter dieser TLD die meisten Zugriffe auf sein Angebot verzeichnen zu können. Eine fehlende

---

[67] .EU-Einführungsverordnung, Art. 5.
[68] *Fezer*, § 3 Rn. 336; *Kort*, DB 2001, 249, 253; *ders.*, WRP 2002, 302; *Apel/Große-Ruse*, WRP 2000, 816, 817; *Seifert*, RPfleger 2001, 395, 396 f; *Schuster/Müller*, MMR-Beilage 10/2000, S. 20; *dies.*, MMR-Beilage 07/2001, S. 25; *Viefhues* in: Hoeren/Sieber, Teil 6 Rn. 93 f. m.w.N.; *Wendlandt*, CR 2001, 612, 613 Fn. 13/14 m.w.N.; *Dieselhorst*, CR 2001, 420; *Koch*, Internet-Recht, S. 408; *Kur* in: Loewenheim/Koch, S. 325, 347; *A. Nordemann*, NJW 1997, 1891, 1895; *Stratmann*, BB 1997, 689, 693; *Reinhart*, WRP 2001, 13, 16; jetzt aber: *ders.*, WRP 2002, 628, 631–635; für Österreich *Burgstaller/Feichtinger*, S. 20; für Italien: *Simonetti* in: JbItalR 14 (2001), 209, 216 Fn. 34.

differenzierende Wirkung der TLD spricht deshalb für eine Austauschbarkeit der TLDs untereinander. Misst der Endnutzer der TLD als zwingendem Bestandteil des Domain-Namens keine inhaltliche Bedeutung bei, so liegt auch eine Austauschbarkeit dieser TLDs aus Sicht des Domain-Kunden nahe.

Die Frage der Kennzeichnungskraft von TLDs gewinnt Bedeutung zum einen bei der Beurteilung der Verwechslungsgefahr zwischen einem Domain-Namen und einem Kennzeichen oder Namen und zum anderen bei der Frage nach der markenrechtlichen Eintragungsfähigkeit eines Domain-Namens. In beiden Fällen hat die Rechtsprechung eine Kennzeichnungskraft der TLD bisher abgelehnt[69]. Eine differenzierende Wirkung der TLD wurde bisher überwiegend nur dann bejaht, wenn die TLD selbst Teil des Namens oder Kennzeichens bildet, wie in den Fällen „xtra.net", „buecherde.com" oder „d3.net"[70].

Ausgehend von einem anderslautenden Beschluss des Oberlandesgerichts Celle[71] und einem Urteil des Landgerichts Braunschweig[72] hat sich zunehmender Widerstand gegen die strikte Ablehnung jeglicher Kennzeichnungskraft der TLDs geregt[73]. Dabei wird überwiegend nur den thematischen gTLDs wie „.com" nicht aber den ccTLDs eine Unterscheidungskraft zugesprochen[74]. Die thematische Gebundenheit lasse im Gegensatz zu der nur regionalen Zuordnung der ccTLDs Rückschlüsse auf die Tätigkeit und die Person des Domain-Inhabers zu. Ein Paradigmenwechsel hin zu einer Anerkennung der Unterscheidungskraft von TLDs wurde auch als Folge der Einführung neuer gTLDs prognostiziert[75]. Der

---

[69] Nachweise bei: *Wendlandt*, CR 2001, 612, 613 Fn. 13; *Reinhart*, WRP 2002, 628, 630 f.

[70] BPatGE 43, 115, 122 – d3.net; OLG München MMR 2000, 100, 101– buecherde.com; OLG München K&R 1999, 327 – buecher.de; LG Hamburg Urt. v. 30.09.1998 – 315 O 278/98, JurPC Web-Dok. 43/2000, Abs. 11 – xtra.net.

[71] OLG Celle Beschl. v. 21.03.1997, 13 U 202/96 – celle.com/celle.de. <http://www.jurawelt.com>.

[72] LG Braunschweig NJW 1997, 2687 – braunschweig.de.

[73] KG Berlin GRUR-RR 2001, 180 – CHECK IN/checkin.com; LG Lüneburg CR 1997, 288 m. Anm. *Strömer*; *Jaeger-Lenz*, K&R 1998, 9, 14; *Schmittmann*, K&R 1999, 510, 513; *Hoeren*, EWiR 1999, 983. 984; *Wegner*, CR 1999, 250, 252; *Bücking*, MMR 2000, 656, 657 f.; *Bottenschein*, MMR 2001, 286, 291 Fn. 50; *Strömer*, K&R 2001, 423 f.; *Biere*, CR 1999, 387; *Perrey*, CR 2002, 349, 355.

[74] *Graefe*, MA 1996, 100, 102; *Reinhart*, WRP 2001, 13, 19; *Jaeger-Lenz*, K&R 1998, 9, 14 (für „.com").

[75] OLG Stuttgart K&R 1998, 263, 265 m. Anm. *Funk*; *Bücking*, Domainrecht, Rn. 158/160; *Joller*, MarkenR 2000, 341, 345; *Hoffmann*, NJW Beilage zu Heft 14/2001, S. 16 f.; *Bottenschein*, MMR 2001, 286, 289/292; *Omsels*, GRUR 1997, 328, 335; *Reinhart*, WRP 2002, 628, 631; *Beckmann*, CR 2002, 446 f. (betrifft beschreibende Domains); vgl. *Seifert*, RPfleger 2001, 395, 398 (betreffend einer Irreführung nach § 18 Abs. 2 S. 1 HGB).

Grund liegt darin, dass die neuen gTLDs gerade einen Hinweis auf die Branche des die TLD benutzenden Unternehmens geben.

Die dargestellte Bedeutung der zahlreichen Boutique-Domains[76] verdeutlicht die Schwäche der Auffassung vom Fehlen jeglicher Unterscheidungskraft. Die Argumente gegen eine solche Kennzeichnungskraft vermögen nicht zu überzeugen. So wird ausgeführt, dass die TLD als zwingender Teil der technischen Adresse nicht im Belieben des Domain-Inhabers stehe und von dem maßgeblichen aufmerksamen Durchschnittsnutzer nicht als individuelle Kennzeichnung verstanden werde[77]. Die TLD identifiziere den Server und nicht das Individuum als solches[78], und sie habe rein beschreibenden Charakter[79]. Diese Argumentation missachtet, dass die TLD zwar zwingender Bestandteil eines Domain-Namens ist, eine bestimmte TLD aber nicht zwingend vorgegeben wird. Potenziell stehen einem Domain-Anmelder neben den 243 ccTLDs und den dazu gehörigen Subdomains die bisher 14 gTLDs zur Auswahl. Die Tatsache, dass die Auswahl an TLDs wegen der für einige ccTLDs geltenden Beschränkungen und der Zweckgebundenheit einiger gTLDs tatsächlich begrenzt ist, untermauert die Auffassung von der potenziellen Kennzeichnungskraft einer TLD noch zusätzlich. In diesen Fällen lässt sich eine eingeschränkt verlässliche Aussage über das hinter der TLD stehende Angebot treffen. Die TLD identifiziert auch nicht den Server; der Server wird durch die IP-Adresse identifiziert. Die TLD identifiziert ein Angebot entweder geographisch oder thematisch, was auch von den Gegnern einer Unterscheidungskraft von TLDs konzediert wird[80].

Es wird daher bei der Beurteilung der Kennzeichnungskraft einer TLD nach dem Kontext der Verwendung zu unterscheiden sein. Ein beschreibender Aussagegehalt kann je nach Kontext durchaus einen unterscheidungskräftigen Sinn aufweisen[81]. Dieses Konzept ist aus dem Kennzeichenrecht wohl bekannt. Der unmittelbare Produktbezug ist ein allgemeines Merkmal der absoluten Schutzhindernisse des § 8 Abs. 2 Nr. 1 bis 3 MarkenG[82]. Bezeichnungen, die sich für bestimmte Waren

---

[76] Siehe oben 3. Teil F. I.; Annex IV.
[77] *OLG München* K&R 1999, 327, 328 – buecher.de; *OLG München* MMR 2000, 100, 101– buecherde.com; *LG Mannheim* MMR 2000, 47, 48 – nautilius.de; *LG Braunschweig* CR 1998, 364, 366 – deta.com; *Ubber*, WRP 1997, 497, 505; *Apel/Große-Ruse*, WRP 2000, 816, 817.
[78] *Jaeger-Lenz*, K&R 1998, 9, 14; *Wendlandt*, CR 2001, 612, 613.
[79] *A. Nordemann*, NJW 1997, 1891, 1895; *Kort*, WRP 2002, 302.
[80] *Wendlandt*, CR 2001, 612, 613; vgl. *Jaeger-Lenz*, K&R 1998, 9, 14.
[81] Siehe: *BPatG* Beschl. v. 03.11.1999, 29 W (pat) 281/98 – web.de (unveröffentlicht).
[82] *Fezer*, § 8 Rn. 19/24.

oder Dienstleistungen als Gattungsbezeichnungen oder beschreibende Angaben darstellen, können für andere Waren oder Dienstleistungen durchaus als Marke geeignet sein[83].

Die Bedeutung des Kontextes ergibt sich auch aus der Beurteilung der kennzeichnenden Elemente im Rahmen der Frage nach der Eintragungsfähigkeit einer aus einer TLD bestehenden Zeichenfolge. So ist die TLD „.com" durchaus geeignet, ein kommerzielles von einem nicht-kommerziellen Angebot zu unterscheiden, nicht aber kommerzielle Angebote untereinander. Bei der Beurteilung der Eintragungsfähigkeit eines Kennzeichens in das Markenregister muss dem Zusatz daher jegliche Kennzeichnungskraft abgesprochen werden. Bei Marken geht es gerade um eine kommerzielle Verwendung, für welche diese TLD keine unterscheidungskräftige Wirkung entfalten kann. Gleiches muss für die neue gTLD „.biz" gelten. I.d.S. gewinnt auch eine in Deutschland anzumeldende Marke nicht dadurch an Kennzeichnungskraft, dass ihr der Suffix „.de" angefügt wird. Der ccTLD kann aber durchaus bei der Abgrenzung eines deutschen von einem spanischen Webangebot eine differenzierende Wirkung zukommen.

Im Ergebnis ist die Auffassung, die jegliche Unterscheidungskraft der TLDs von vornherein verneint, abzulehnen. Negative Rückschlüsse dieser Auffassung auf die Frage der Austauschbarkeit einzelner TLDs lassen sich deshalb nicht ziehen.

c) Substitutionsmöglichkeiten

Weitere potenzielle Substitutionsmöglichkeiten erscheinen diskussionswürdig, führen jedoch im Ergebnis zu keiner Erweiterung des sachlich relevanten Marktes.

(1) Alternatives DNS

So stellen die seit Anfang 1996 bestehenden Bestrebungen, ein alternatives Internet aufzubauen, keine einschlägige Ausweichmöglichkeit dar[84]. Technisch gesehen ist ein alternatives Internet durchaus realisierbar[85]. Voraussetzung ist auf Anbieterseite der Betrieb eines eigenen *Root-Servers*, in welchem die angebotenen TLDs gespeichert werden. Auf Nutzerseite setzt der Abruf der unter diesen alternativen TLDs

---

[83] *Fezer*, § 8 Rn. 270; Entwurf eines Gesetzes zur Reform des Markenrechts und zur Umsetzung der Ersten Richtlinie 89/104/EWG des Rates vom 21. Dezember 1988 zur Angleichung der Rechtsvorschriften der Mitgliedstaaten über die Marken (Markenrechtsreformgesetz), BT-Drucks. 12/6581, 14.01.1994, S. 70.

[84] Open Root Server Federation, Homepage <http://www.open-rsc.org> (Stand: Mai 2001).

[85] *Spindler* in: Immenga/Lübben/Schwintowski, S. 47, 51.

angebotenen Dienste ein entsprechendes Angebot des jeweiligen Providers, dessen DNS-Server die proprietären Eintragungen der Alternativanbieter berücksichtigen muss, oder aber eine auf dem verwendeten Rechner installierte spezielle Browser Software voraus.

In dem Kampf um alternative *Roots* haben sich besonders die Firmen AlterNIC, New.net und Name.Space hervorgetan[86]. AlterNIC bot bereits 1997, als Gegenpol zu der damaligen Vormachtstellung NSIs bei der Vergabe der gTLDs, 49 alternative Adressendungen an[87]. New.net führte in Reaktion auf die ICANN Entscheidung zu den neuen gTLDs erstmals 20 neue Adressänderungen ein[88]. In Deutschland bietet „beatnic.de" über zwanzig alternative Endungen an[89]. Mittlerweile bestehen weitere auch untereinander konkurrierende Alternativangebote[90].

Der ICANN Vorstand hat in einem Grundsatzpapier seine ablehnende Haltung gegenüber der Eröffnung alternativer *Roots* bezeugt[91]. Die amerikanische Regierung hat die Bedeutung des Erhalts des autoritativen *Root-Server-Systems* für die Stabilität des Systems insgesamt im Grün- und Weißbuch ebenfalls ausdrücklich hervorgetan[92]. Das Internet Architecture Board (IAB) hat zudem auf die technische Notwendigkeit der Einmaligkeit des *Root-Server-Systems* hingewiesen[93]. Die Vervielfältigung von Domain-Namen in alternativen *Roots* führe auf Nutzerseite zu einer Erschwerung der Lokalisierung von Informationsangeboten und der Kommunikation insgesamt. Auch *Jonathan Postel* hatte bereits in einem RFC von 1982 die Notwendigkeit der Einmaligkeit der obersten Hierarchiestufe als Voraussetzung für das Funktionieren des gesamten Systems betont[94].

---

[86] TAZ, Alles geht besser ohne die ICANN, 15.03.2001, S. 17.
[87] *Hahn/Wilmer*, NJW-CoR 1997, 485 f.
[88] Handelsblatt.com, Auseinandersetzungen um ICANN-Autorität bei Web-Adressen, 04.06.2001 (auf Ablage beim Autor).
[89] *Hoeren*, Internetrecht, S. 31.
[90] Spiegel online, DENIC gegen die Domainrebellen, 18.07.2001 <http://www.spiegel.de/netzweltpolitik/0,1518,145908,00.html> (Stand: Juni 2002). Vgl. die Angebote von Name.space (mit über 500 Endungen von „.academy" bis „.zone" sowie numerischen TLDs) <http://name.space.xs2.net/gTLDs/>, AlterNIC (immerhin neun Angebote) <http://www.alternic.org/TLDS/>, und New.net (30 TLDs) <http://www.alternic.org/TLDS/> (Stand jeweils: September 2001).
[91] ICANN, ICP-3: A Unique, Authoritative Root for the DNS, 09.07.2001. Siehe auch: DENIC, DENIC sieht keine Alternative zum Root-Server-System der ICANN, 18.07.2001 <http://www.denic.de/doc/DENIC/presse/rootserversystem.html> (Stand: Juni 2002).
[92] Green Paper v. 20.02.1998, 63 Fed. Reg. 8826, 8827; White Paper, 63 Fed. Reg. 31741, 31742.
[93] IAB, RFC 2826, Mai 2000.
[94] *Postel*, RFC 805, 08.02.1982, S. 1.

C. Marktbeherrschung

Im Ergebnis ist die Beibehaltung des autoritativen *Root-Systems* als unabdingbar anzusehen. Schon aus tatsächlichen Gründen ist aber davon auszugehen, dass sich ein alternatives DNS nicht verwirklichen wird. Zum einen sind die Kosten des Aufbaus eines Alternativnetzwerks prohibitiv hoch[95], zum anderen, ist äußerst fraglich ob ein solches Alternativangebot von den Nutzern überhaupt akzeptiert wird. So können die Initiatoren der Alternativangebote bisher auch nur von der Anerkennung durch einige Internet Provider berichten, aber nicht von einer breitgefächerten Annahme durch die Anwender.

Es ist daher nicht anzunehmen, dass sich ein alternatives *Root-Server-System* wird durchsetzen können. Zum jetzigen Zeitpunkt stellt eine „alternative Domain" kein aus Anbietersicht brauchbares Substitut zum herkömmlichen DNS dar.

(2) Subdomain-Angebote

Ebenso wenig bieten die vereinzelten Angebote, Domain-Namen unterhalb von einer ccTLD entsprechenden Subdomains anzumelden, eine brauchbare Ausweichmöglichkeit. Im Unterschied zum alternativen DNS besteht hier ein Anschluss an das von der US-Regierung protegierte und von den Nutzern anerkannte DNS. Unter der URL <http://www.centralnic.com> wird so z.B. für unbeschränkte Registrierungen unter Subdomains wie „.de.com" oder „uk.net" geworben[96]. Eine andere Organisation bietet kostenlose Subdomain-Registrierungen unterhalb der Länderkürzel der Pazifikinseln Vanuatu (z.B. „.uk.vu") und Mikronesien (z.B. „.us.fm") an[97]. Die Beispiele sind vielfältig[98]. Diese privaten Angebote stellen für den Nachfrager nach einer Länderdomain jedoch keine Alternative dar. Bei der Registrierung einer Subdomain unterhalb einer von der ICANN offiziell delegierten ccTLD kann der Domain-Inhaber zumindest einen eingeschränkten Bestandsschutz beanspruchen, da die Domains i.d.R. nach den Prinzipien von RFC 1591 delegiert werden. Bei der Inanspruchnahme eines solchen Privatangebots besteht ein solcher Bestandsschutz allerdings nur im Rahmen der mit dem jeweiligen „alternativen NIC" getroffenen Vereinbarungen. Darüber hinaus trägt der Domain-Inhaber dessen Insolvenzrisiko und möglichen Verlust der *Second-Level-Domain*. Den Ausschlag für die Ablehnung der Substitutions-

---

[95] So: *Spindler* in: Immenga/Lübben/Schwintowski, S. 47, 51.
[96] CentralNIC, Homepage <http://www.centralnic.com> (Stand: März 2002).
[97] NetTuner Corporation, Homepage <webmasters.com> (Stand: März 2002).
[98] Siehe z.B.: <http://www.nic.de.vu>; <http://www.de.ag>; <http://www.countrycodes.ws>, <http://www.eu.org> (Stand jeweils: März 2002).

funktion gibt aber die fehlende Bekanntheit und Akzeptanz solcher Subdomains in den Nutzerkreisen. Sie sind deshalb für den Anbieter einer Webpräsenz höchst unattraktiv.

(3) IP-Adressen

Immerhin diskussionswürdig erscheint die Verwendung einer IP-Adresse als Alternative zur Domain. Theoretisch ist es möglich, zur Lokalisierung eines Webangebots im Internet ausschließlich eine IP-Adresse zu verwenden, sofern diese IP-Adresse routebar ist, d.h. einem bestimmten Netz angehört und an einen Routing-Rechner angeschlossen ist. IP-Adressen können von jedermann bei RIPE in Amsterdam beantragt werden[99]. Alternativ werden sie von Providern zur Verfügung gestellt, die gleichzeitig für die Routebarkeit der Adresse sorgen[100]. Für den Internet-Auftritt eignen sich die aus vier 32-Bit Nummern bestehenden gepunkteten Zahlenfolgen wegen des mangelnden Wiedererkennungswertes jedoch nicht. Gerade aus diesem Grund gibt es die merkfähigen Domain-Namen[101]. Die Präsentation eines Webangebots unter einer IP-Adresse stellt schon wegen der mit einem Domain-Namen verbundenen Kennzeichenfunktion aus der Sicht des Nachfragers an Domain-Namen keine brauchbare Alternative zu der Registrierung eines Domain-Namens unterhalb eines Länderkürzels dar[102].

Die Suchmaschinentechnik und das Nutzerverhalten erlauben es einem Anbieter heute noch nicht, sich mit der Verwendung einer IP-Adresse zu begnügen. Zwar wird teilweise prognostiziert, dass in der Zukunft „Intelligent Robots" das DNS obsolet machen werden, so dass der Nutzer damit gar nicht mehr in Berührung kommt[103]. Selbst bei einer zukünftigen Verfeinerung der Suchmaschinentechnik und einer übersichtlichen und nutzerfreundlichen Präsentation der Suchergebnisse ist jedoch nicht anzunehmen, dass Domain-Namen in Bedeutungslosigkeit verfallen und vollständig obsolet werden[104]. Sie werden auch außerhalb der unmittelbaren Internetnutzung in Berichten und Mitteilun-

---

[99] *Sieber* in: Hoeren/Sieber, Teil 1 Rn. 54.
[100] *Masterson/Knief/Vinick/Roul*, S. 360.
[101] Siehe aus der juristischen Literatur u.a. *Forgó* in: Mayer-Schönberger/Galla/Fallenböck, S. 4; *Ubber*, WRP 1997, 497; *Bettinger*, GRUR Int. 1997, 402, 403; *Bücking*, Domainrecht, Rn. 15; *Kur* in: Loewenheim/Koch, S. 326; *Köhler/Arndt*, Rn. 14; *Völker/Weidert*, WRP 1997, 652 f.; *Viefhues* in: Hoeren/Sieber, Teil 6 Rn. 2.
[102] *Eckhard*, S. 40.
[103] *Schließ*, ZUM 1999, 307, 316.
[104] *Wegner*, CR 1999, 250; *J.B. Nordemann/Czychowski/Grüter*, NJW 1997, 1897, 1898.

gen verwendet[105]. Domain-Namen sind ein beliebter Werbeträger und ein verbreitetes Marketinginstrument[106] und als solche ein Teil des *Goodwill* eines Unternehmens[107]. IP-Adressen können die Domain-Namen daher nicht ersetzen.

2) Der räumlich relevante Markt

Interessanter ist die Frage nach dem räumlich relevanten Markt. Die Marktbeherrschung muss ausweislich des Art. 82 EGV auf dem Gemeinsamen Markt oder einem wesentlichen Teil desselben bestehen. Die Abgrenzung erfolgt wiederum aus der Sicht der Marktgegenseite unter Bezugnahme auf das Gebiet, in dem sich die missbräuchlichen Verhaltensweisen auswirken[108]. Die Verweigerung der Registrierung eines Domain-Namens wirkt sich nicht nur gemeinschaftsintern sondern weltweit aus.

III. Beherrschungsgrad

Das Ergebnis der vorhergehenden Analyse führt dazu, dass die NICs der Mitgliedstaaten für die von ihnen verwalteten ccTLDs als Monopolisten anzusehen sind. Auf dem relevanten Markt der individuellen ccTLD besteht damit eine Einzel-Marktbeherrschung. Bei der Bestimmung des Grades der Marktbeherrschung muss aber auch potenzieller Wettbewerb einbezogen werden. Dabei handelt es sich um Wettbewerbsleistungen, die zwar nicht in dem Maße austauschbar sind, um bei der Marktabgrenzung Berücksichtigung finden zu können, aber dennoch den Beherrschungsgrad des Marktes durch das jeweilige Unternehmen beeinflussen können[109]. Nach einer Auffassung beeinflusst die TLD „.com" i.d.S. den Grad der Marktbeherrschung der Länder-NICs[110]. Gleiches muss dann aber auch für die TLD „.biz" gelten und in dem jeweiligen zweckgebundenen Bereich auch für die übrigen gTLDs.

Einen wesentlichen Einfluss hat die Existenz dieser TLDs aber im Ergebnis nicht auf die Frage der Marktbeherrschung durch die Länder-NICs. Nach der Rechtsprechung des EuGH begründen besonders hohe

---

[105] *BPatG* CR 1999, 321 – http://www.patent.de; *OLG Hamburg* MMR 2001, 552, 553 – buecher1001.de; *LG Düsseldorf* NJW-RR 1998, 979, 981 – epson.de; WIPO First Final Report, S. 3 Nr. 10; *Hoeren*, NJW 1998, 2849, 2850.
[106] *Hoeren*, Internetrecht, S. 34; *Ubber*, WRP 1997, 497, 504 f.; *Kleinwächter*, MMR 1999, 452, 454; *Kilian*, DZWir 1997, 381, 387; *Florstedt*, S. 23 f.
[107] Vgl. *Schuster/Müller*, MMR-Beilage 10/2000, S. 18.
[108] *Möschel* in: Immenga/Mestmäcker, EG-Wettbewerbsrecht, Art. 86 Rn. 55 f.
[109] *Bechtold*, § 19 Rn. 21; *J.B. Nordemann/Czychowski/Grüter*, NJW 1997, 1897, 1900.
[110] Siehe oben II. 1) a) und Fn. 39–40.

Marktanteile ohne weiteres eine marktbeherrschende Stellung[111]. Nach § 19 Abs. 3 S. 1 GWB spricht schon bei einem Marktanteil von einem Drittel eine Vermutung für das Vorliegen einer marktbeherrschenden Stellung. Die DENIC und die Länder-NICs der übrigen Mitgliedstaaten haben aber – dies ergibt sich unmittelbar aus der vorgenommenen Marktabgrenzung – einen Marktanteil von hundert Prozent.

Eine Marktbeherrschung liegt ungeachtet dessen auch tatsächlich vor. Nach der Entscheidung des EuGH in *United-Brands/Kommission* ist eine Marktbeherrschung – auf eine reduzierte Formel gebracht – gegeben, wenn das Unternehmen die Möglichkeit hat, sich seinen Abnehmern und Verbrauchern gegenüber „in nennenswertem Umfang unabhängig zu verhalten"[112]. Diese Situation ist bei den NICs gegeben. Der Einfluss der gTLDs auf die Länder-NICs ist nicht derart, dass diese bei der Ausgestaltung ihrer Registrierungspraktiken Rücksicht auf die für die gTLDs geltenden Regelungen nehmen müssen.

IV. Zwischenergebnis

Bei den NICs der Mitgliedstaaten handelt es sich um marktbeherrschende Unternehmen, deren Praktiken einer wettbewerbsrechtlichen Missbrauchskontrolle unterliegen.

D. Missbrauchskontrolle

I. Vorüberlegungen

Die NICs treten den Domain-Interessenten als marktbeherrschende Unternehmen entgegen und können den Domain-Anmeldern daher beliebig Bedingungen für die Registrierung von Domain-Namen vorgeben. Akzeptieren die Registrants diese Bedingungen nicht, bleibt ihnen die Registrierung eines Domain-Namens unterhalb der spezifischen nationalen TLD verschlossen. Hinzu kommt, dass den Domain-Interessenten – anders als im Fall der Ablehnung einer Markenanmeldung durch die Markenämter, vgl. nur §§ 64 Abs. 1, 66 Abs. 1 Mar-

---

[111] *EuGH* Rs. 85/76, 13.02.1979, Slg. 1979, 461, 521 Rn. 41 – Hoffmann-La Roche/Kommission; *Möschel* in: Immenga/Mestmäcker, EG-Wettbewerbsrecht, Art. 86 Rn. 82 (75%); *Wiedemann*, § 2 Rn. 8.
[112] *EuGH* Rs. 27/76, 14.02.1978, Slg. 1978, 207, 286 Rn. 63/66 – United-Brands/Kommission; *EuGH* Slg. 1979, 461, 520 Rn. 38 – Hoffmann-La Roche/Kommission; *EuGH* Rs. 322/81, 09.11.1983, Slg. 1983, 3461, 3503 Rn. 30 – Michelin/Kommission.

kenG, Art. 57 Abs. 1 GMV – i.d.R. keine außergerichtlichen Rechtsbehelfe gegen die Entscheidungen der NICs zur Verfügung stehen. Eine Ausnahme bildet insofern wieder Finnland, das Domain-Anmeldern die Möglichkeit eröffnet, Entscheidungen FICORAs im regulären Verwaltungsverfahren anzufechten[113]. Darüber hinaus besteht in Schweden eine in die Organisation des Registries integrierte Beschwerdekammer, bei welcher Beschwerden gegen ablehnende Entscheidungen SIDNs in einem formalisierten Verfahren angefochten werden können[114]. Im Übrigen müssen Domain-Anmelder Zuflucht bei den Gerichten suchen, um Maßnahmen der NICs in Frage stellen zu können. Die marktbeherrschende Stellung der NICs muss aber zu einer strengen wettbewerbsrechtlichen Kontrolle der Registrierungspraktiken führen[115].

Die für die Domain-Anmelder geltenden Registrierungsbedingungen der NICs nehmen mit Ausnahme der staatlicherseits vorgegebenen Bedingungen regelmäßig die Form Allgemeiner Geschäftsbedingungen an[116]. Aus diesem Grund böte sich auch eine AGB-rechtliche Klauselkontrolle dieser Bestimmungen an. Eine Klauselkontrolle betrifft die Frage nach einem erheblichen und ungerechtfertigten Missverhältnis der vertraglichen Rechte und Pflichten der Vertragspartner[117]. Sie richtet sich gegen eine unlautere Ausgestaltung der Leistungsmodalitäten während hier der Frage nach der Zulässigkeit der Ausgestaltung der Leistung selbst nachgegangen werden soll. Die Bedenken gegen bestimmte Registrierungsbeschränkungen bestehen unabhängig von dem Bedürfnis nach einer Rationalisierung der Geschäftsabwicklung durch Einbeziehung über Vertragsklauseln.

II. Bewertungsmaßstab

In ihrer Eigenschaft als marktbeherrschende Unternehmen unterliegen die Praktiken der NICs damit einer strengen Missbrauchskontrolle gem. Art. 82 EGV. Für die DENIC findet darüber hinaus eine Kontrolle nach §§ 19, 20 GWB statt.

Die Missbrauchskontrolle hat eine doppelte Schutzrichtung. Zum einen werden der Wettbewerb und die Mitwettbewerber geschützt, zum

---

[113] FICORA, Regulation on Finnish Domain Names, Section 13 subsection 1.
[114] NIC-SE, General Rules, § 7.
[115] I.d.S. auch: A. *Freitag*, Wettbewerbsrechtliche Probleme, in: Kröger/Gimmy, S. 369, 373 f.
[116] Siehe Annex II.
[117] Vgl. Art. 3 Abs. 1, 4 Abs. 2 EG-RL 93/13 EWG: Richtlinie über missbräuchliche Klauseln in Verbraucherverträgen (ABlEG Nr. L 95, 21.04.1993, S. 29–34); § 307 Abs. 1 S. 1 BGB.

anderen sollen die Marktgegenseite sowie die Verbraucher vor einer missbräuchlichen Ausnutzung der Marktmacht durch das marktbeherrschende Unternehmen bewahrt werden[118]. Geschützt wird damit der unverfälschte Wettbewerb als Ordnungsprinzip sowie die Individualinteressen der Marktteilnehmer[119]. Diese Schutzrichtungen finden auch in den Regelbeispielen der jeweiligen Vorschriften ihren Ausdruck.

Im Rahmen des Art. 82 EGV hat sich eine Unterscheidung zwischen einem Ausbeutungs-, einem Behinderungs- und einem Strukturmissbrauch herausgebildet[120]. Der Ausbeutungsmissbrauch betrifft die hier interessierende Fallgestaltung einer machtbedingten Schädigung von Vertragspartnern[121]. Art. 82 S. 2 lit. a) EGV verbietet demgemäß die Erzwingung unangemessener Preise und Geschäftsbedingungen durch marktbeherrschende Unternehmen. Maßstab für die Beurteilung des Marktverhaltens von marktbeherrschenden Unternehmen gegenüber den Vertragspartnern ist demnach die Angemessenheit einer Regelung. Die Regelbeispiele des Art. 82 S. 2 lit. b)–d) EGV betreffen in erster Linie Maßnahmen gegenüber Wettbewerbern[122], doch geben sie Anhaltspunkte für die Bewertung eines missbräuchlichen Verhaltens im Rahmen einer Abwägung nach Art. 82 S. 1 EGV. So enthält das Regelbeispiel des Art. 82 S. 2 lit. c) EGV ein Diskriminierungsverbot und das Regelbeispiel des Art. 82 S. 2 lit. d) EGV einen Kontrahierungszwang für Leistungsmonopole. Maßgeblich für die Beurteilung sind aber das Wettbewerbssystem und die Ziele des Vertrags, insbesondere das Ziel eines unverfälschten Wettbewerbs nach Art. 3 Abs. 1 lit. g) EGV[123]. Marktbeherrschende Unternehmen unterliegen danach erhöhten Verhaltensanforderungen, die sicherstellen sollen, dass auf den relevanten Märkten wirksamer und unverfälschter Wettbewerb herrscht[124].

---

[118] *Emmerich* in: Dauses, Bd. 2, H.I § 1 Rn. 353; *Möschel* in: Immenga/Mestmäcker, EG-Wettbewerbsrecht, Art. 86 Rn. 5/116/118/121; *ders.* in: Immenga/Mestmäcker, GWB, § 19 Rn. 11; *Jung* in: Grabitz/Hilf, Amsterdamer Fassung, Art. 82 Rn. 2; *Dirksen* in: Langen/Bunte, Art. 86 Rn. 75.

[119] *Möschel* in: Immenga/Mestmäcker, EG-Wettbewerbsrecht, Art. 86 Rn. 116.

[120] *Emmerich* in: Dauses, Bd. 2, H.I § 1 Rn. 351; *Dirksen* in: Langen/Bunte, Art. 86 Rn. 76.

[121] *Emmerich* in: Dauses, Bd. 2, H.I § 1 Rn. 351; *Dirksen* in: Langen/Bunte, Art. 86 Rn. 77.

[122] *Möschel* in: Immenga/Mestmäcker, EG-Wettbewerbsrecht, Art. 86 Rn. 160.

[123] *EuGH* Slg. Rs. 6/72, 21.02.1973, Slg. 1973, 215, 246 Rn. 26 – Continental Can/Kommission; *EuGH* Rs. 6/73 und 7/73, 22.01.1974, Slg. 1974, 225, 254 Rn. 32 – Commercial Solvents/Kommission; *EuGH* Slg. 1983, 3461, 3503 Rn. 29 – Michelin/Kommission; *EuGH* Slg. 1979, 461, 552 f. Rn. 125 – Hoffmann La-Roche/Kommission; *Möschel* in: Immenga/Mestmäcker, EG-Wettbewerbsrecht, Art. 86 Rn. 116/118.

[124] *EuGH* Slg. 1983, 3461, 3511 Rn. 57 – Michelin/Kommission; *Möschel* in: Immenga/Mestmäcker, EG-Wettbewerbsrecht, Art. 86 Rn. 120.

Die generelle Missbrauchsklausel des § 19 Abs. 1 GWB wird ebenso durch die Regelbeispiele des § 19 Abs. 4 GWB konkretisiert[125]. Ergänzend verbietet § 20 Abs. 1 GWB Diskriminierungen und Behinderungen durch marktbeherrschende Unternehmen, wenn diese nicht durch einen sachlichen Grund gerechtfertigt werden.

In *summa* unterliegen die Registrierungspraktiken einer Angemessenheitsprüfung. Diese hat anhand einer umfassenden Interessenabwägung zu erfolgen[126]. Der Vertragspartner des marktbeherrschenden Unternehmens darf unter Berücksichtigung der widerstreitenden Interessen nicht mehr als erforderlich in seiner Handlungsfreiheit beeinträchtigt werden[127]. Dem Interesse des Domain-Anmelders an der Domain steht das Interesse der NICs und der Allgemeinheit an der Aufrechterhaltung eines funktionierenden Domain-Namen-Systems gegenüber. Für die Domain-Registrierung folgt daraus, dass die NICs im Einzelfall entgegen den Vorgaben ihrer Registrierungsbestimmungen zur Aufnahme zumutbarer Geschäftsbeziehungen verpflichtet werden können.

III. Formatvorgaben

Wettbewerbsrechtlich bedenklich erscheinen zunächst die syntaktischen Vorgaben der NICs, soweit diese nicht auf einer technischen Notwendigkeit beruhen.

Nicht alle Formatvorgaben der NICs sind für das Funktionieren des DNS zwingend erforderlich. *Mockapetris* hat daher in einem das Domain-Namen-Format erläuternden RFC die Bezeichnung „preferred name syntax" verwendet, um die Vorgaben zu umschreiben[128]. Das Spektrum der erlaubten Zeichen unterliegt der Veränderung[129]. Exemplarisch für diese Erkenntnis sind die Bestimmungen in dem Regelwerk

---

[125] *Leo* in: Gemeinschaftskommentar, Rn. 97/135; *Schultz* in: Langen/Bunte, § 22 Rn. 73 f.

[126] *EuGH* Slg. 1978, 202, 298 Rn. 184/194 – United Brands/Kommission; Schlussanträge des Generalanwalts *Kirschner* v. 21.02.1990, *EuG* Rs. T-51/89, 10.07.1990, Slg. 1990, II-309, 341 Rn. 89 – Tetra Pak/Kommission; *J.B. Nordemann/Czychowski/ Grüter*, NJW 1997, 1897, 1900 Fn. 36 m.w.N.; *Leo* in: Gemeinschaftskommentar, Rn. 123; vgl. *Möschel* in: Immenga/Mestmäcker, GWB, § 19 Rn. 107; *ders.* in: Immenga/Mestmäcker, EG-Wettbewerbsrecht, Art. 86 Rn. 120.

[127] Vgl. *Möschel* in: Immenga/Mestmäcker, EG-Wettbewerbsrecht, Art. 86 Rn. 148.

[128] *Mockapetris*, RFC 1034, November 1987, S. 10.

[129] EC Panel of Participants in Internet Organisation and Management (EC-Pop), The Dot EU TLD Registry Proposal, Report of the Interim Steering Group, September 2000, 5.1.

des DK Hostmaster[130]. Das NIC behält sich darin das Recht vor, die Syntaxregeln mit einer Frist von einem Monat – mit der technischen Umsetzungsmöglichkeit als einziger Schranke – zu ändern.

1) Ausschluss reiner Zahlenkombinationen

Dementsprechend ist es technisch durchaus möglich, reine Zahlenkombinationen zur Registrierung als SLD zuzulassen. Unterhalb von „.com" und anderen gTLDs existieren so z.B. die Domain-Namen „4711.com" oder auch „01051.com", „01051.net" und „01051.info"[131].

Die DENIC weist dagegen darauf hin, dass reine Zahlenkombinationen aus technischen Gründen von einer Registrierung unterhalb von „.de" ausgeschlossen werden müssen[132]. Gleiches gilt für die NICs einiger anderer Mitgliedstaaten[133].

a) Bestandsaufnahme

Das Landgericht Frankfurt hat in einem Urteil vom März 2001 die dahin gehende Registrierungsbedingung der DENIC für den konkreten Fall gebilligt. Bei der Klägerin handelte es sich um eine auf *call-by-call* Gespräche spezialisierte Telefongesellschaft. Bei der Zahlenfolge „01051" handelt es sich um die von der Telefongesellschaft verwendeten Vorwahlnummer. Diese ist für die Klägerin beim DPMA in den Klassen 38 (Telekommunikation), 42 und 9 als Wortmarke angemeldet. Das Gericht lehnte einen Anspruch der Klägerin aus § 20 GWB auf Registrierung ihrer Marke auch als Domain-Name mit dem Argument ab, die DENIC könne sich für den Ausschluss reiner Zahlenfolgen auf einen sachlichen Grund berufen. Dieser sei in der Verwechslungsgefahr reiner Zahlenkombinationen mit den technischen IP-Adressen zu sehen, weshalb die Ablehnung der Registrierung des Domain-Namens „01051.de" gerechtfertigt sei.

Dem ist entgegenzuhalten, dass die Gefahr von Verwechslungen auf der Seite der Anwender liegt und nicht etwa eine technische Notwendigkeit darstellt. Die DNS Software vermag zu erkennen, ob es sich bei dem im Browser eingegebenen Zielobjekt um einen Domain-Namen

---

[130] DK Hostmaster, Rules for TLD .DK, 1.4 e.

[131] Weitere Beispiele bei: *Dingeldey*, 01051.de Kein Anschluss unter dieser Nummer, 06.02.2002.

[132] DENIC, Dokumente/DENICrecht/FAQ/Domainregistrierung, Warum sind Domains unzulässig, die nur aus Ziffern bestehen?, 18.09.2001 <http://www.denic.de/doc/recht/faq/domainregistrierung.html#r0007> (Stand: Juni 2002).

[133] Für „.lu": DNS-LU, Terms and Conditions, 4.; für „.fr": AFNIC, Naming Charter, II. 3. 10.; für „.nl": SIDN, Technical Requirements, Clause 2; für „.se": NIC-SE, Regulation A; für „.fi": FICORA, Regulation on Finnish Domains, Section 6 subsection 2.

oder um eine IP-Adresse handelt. Gibt man eine IP-Adresse direkt in den Browser ein, so erfolgt keine für den Nutzer erkennbare Eingabe des Hosts (d.h. i.d.R. „www") oder der TLD. Die TLD ergibt sich aus der IP-Adresse selbst. Eine technische Notwendigkeit des Ausschlusses besteht nicht[134].

In einigen Mitgliedstaaten sind Registrierungen rein numerischer Zeichenfolgen, wie unter anderen ccTLDs und den gTLDs auch, daher möglich. Dies ist sowohl in Irland und dem Vereinigten Königreich als auch in Dänemark, Italien, Belgien und Griechenland der Fall[135]. In Spanien sind reine Zahlenfolgen zwar grundsätzlich von einer Registrierung ausgeschlossen, allerdings werden bei nachgewiesenem Markenrecht oder einer registrierten Firma Ausnahmen zugelassen[136].

b) Bewertung

Jedenfalls gegenüber einem Kennzeicheninhaber stellt die Verweigerung der Registrierung einer als Kennzeichen geschützten Zahlenfolge als Domain-Name ein wettbewerbswidriges Verhalten dar. Durch Art. 2 MRL und dementsprechend durch § 3 Abs. 1 des deutschen Markengesetzes von 1995 sowie Art. 4 GMV ist das Spektrum möglicher schutzfähiger Zeichen erheblich erweitert worden. Insbesondere wurde reinen Zahlenkombinationen die Eintragung in das Markenregister ausdrücklich eröffnet. Das alte Warenzeichengesetz[137] hatte noch gem. § 4 Abs. 2 Nr.1 WZG einen absoluten Schutzrechtsversagungsgrund für reine Zahlenkombinationen vorgesehen[138]. Ein Schutz durch Eintragung kam daher nur nach vorheriger Verkehrsdurchsetzung gem. § 4 Abs. 3 WZG in Betracht. So konnte die Zahlenmarke „4711" nur auf diese Weise kennzeichenrechtlichen Schutz erlangen[139]. Durch den Ausschluss solcher Zahlenkombinationen von einem Markenrechtsschutz waren deutsche Unternehmen einer Inländerdiskriminierung ausgesetzt, da ausländische Markeninhaber sich hinsichtlich eines

---

[134] So ausdrücklich: IANA, ccTLD News Memo #1, 23.10.1997, 5. <http://www.iana.org/ccTLD/ccTLD-news1.htm> (Stand: Juni 2002); *M. Schneider*, Domain und Namensrecht, 4.1.

[135] Nominet UK, General Rules for .uk, 3.5; DK Hostmaster, Rules for TLD .DK, 1.4 e.; RA, Regole per l'assegnazione di un nome a dominio <http://www.nic.it/RA/domini/registra.html> (Stand: Juni 2002); DNS BE, Terms and Conditions, 2.; GR Hostmaster, Rules, 3.

[136] ES-NIC, Naming Rules, 3.3.i.

[137] Warenzeichengesetz v. 05.05.1936 (RGBl. II S. 134) i.d.F. v. 02.01.1968 (BGBl. I S. 29).

[138] Dazu: *Baumbach/Hefermehl*, Warenzeichenrecht, § 4 Rn. 56/60; *Fezer*, § 8 Rn. 114.

[139] RPA MuW 1927/1928, 421, 422.

Schutzes auf die *Telle-quelle*-Klausel des Art. 6^{quinquies} Abs. 1 PVÜ berufen konnten. Durch die Eröffnung der Eintragungsfähigkeit durch das Markengesetz wurde damit dem offensichtlichen Bedürfnis der inländischen Markeninhaber nach einer Schutzfähigkeit solcher Zeichen Rechnung getragen[140].

Überträgt man diese Ratio auf die Frage der Domain-Registrierung, muss konstatiert werden, dass heute ein ebensolches unternehmerisches Bedürfnis nach der Registrierung von reinen Zahlen-Domains besteht. Das Bedürfnis geht Hand in Hand mit der kennzeichenrechtlichen Schutzfähigkeit reiner Zahlenmarken. Deren Registrierung kann aber nur noch nach § 8 MarkenG bei bestehendem konkreten Freihaltebedürfnis abgelehnt werden[141]. Als Konsequenz dieser liberalen Eintragungspraxis besteht ein erhebliches Bedürfnis nach einer Sicherung dieser einfachen Zahlenmarken auch als Domain-Namen. Ein der Registrierung solcher reinen Zahlenkombination entgegenstehendes Interesse der NICs ist nicht ersichtlich. Die NICs könnten allenfalls ein Interesse an der Aufrechterhaltung ihrer „bekannten und bewährten" Registrierungspraxis in die Waagschale werfen. Dieses schwache Argument verliert wegen der andersartigen Praxis in den gTLDs und einer Vielzahl der ccTLDs jedoch vollends an Gewicht.

Das Landgericht Frankfurt schien selbst Zweifel an der von ihm ohne sachverständige Hilfe getroffenen Schlussfolgerung zu haben, wenn es weiter ausführt, dass die von der DENIC geltend gemachte Verwechslungsfähigkeit fernliegend erscheinen möge[142]. Zu widersprechen ist dem Landgericht dagegen, soweit es das Interesse der Klägerin gerade an dieser Zahlenfolge als Domain-Name als gering bewertet. Der Schutz von Domain-Namen stellt sich aus der Sicht der Kennzeicheninhaber als ebenso wichtig dar, wie der Markenschutz selbst[143]. Jedenfalls soweit Kennzeicheninhabern die Registrierung eines entsprechenden Domain-Namens verwehrt wird, handelt es sich um eine dem Interesse des Domain-Anmelders nicht gerecht werdende und mithin missbräuchliche Praxis. Angesichts der viel beschworenen Domainknappheit unterhalb einer jeden TLD, ist es nicht einsichtig, warum ohne Not eine

---

[140] *Fezer*, § 8 Rn. 115.

[141] *Schmieder*, NJW 2001, 2134, 2136; siehe die Nachweise bei: *Grabrucker*, GRUR 1998, 625, 631; *dies.*, GRUR 2000, 366, 371 f.; *dies.*, GRUR 2001, 373, 379; *Fezer*, § 3 Rn. 243 f.; *Ingerl/Rohnke*, § 3 Rn. 25; vgl. auch: *BGH* GRUR 1997, 366, 367 – quattro II (*obiter dictum*).

[142] *LG Frankfurt/Main* MMR 2000, 627 m. Anm. *Welzel*.

[143] Kleine Anfrage des Abgeordneten Dr. Martin Mayer, weiterer Abgeordneter und der Fraktion der CDU/CSU, BT-Drucks. 14/3819 vom 04.07.2000, S. 2; s.a. *Spindler* in: Immenga/Lübben/Schwintowski, S. 47.

künstliche weitere Verknappung herbeigeführt wird. Das spanische Modell, welches zumindest Kennzeichen- und Firmeninhabern eine Registrierung der entsprechenden Zahlenfolge erlaubt, hat insofern Modellcharakter.

2) Mindestlänge und Ausschluss von TLDs
a) Bestandsaufnahme

Die Mindestlänge einer zu registrierenden Domain stellt sich in den Mitgliedsländern uneinheitlich dar. Unterhalb von „.de" und in der Mehrzahl der anderen Mitgliedstaaten – namentlich sind dies Österreich, Griechenland, Finnland, das Vereinigte Königreich, Spanien, Italien, Luxemburg und Schweden – beträgt diese drei Zeichen[144]. Die DENIC verweist bezüglich des Ausschlusses von nur aus zwei Zeichen bestehenden Domain-Namen auf einen weit verbreiteten Softwarefehler, der Probleme beim Abruf der Domain und anderer Webseiten verursachen könne[145]. Eine detaillierte Beschreibung des Problems findet sich in RFC 1535 aus dem Jahre 1993, welches auch die damit verbundenen Sicherheitsmängel beschreibt[146]. Das Problem liegt danach gerade in der Kombination von TLD und TLD als SLD. So könnte die Existenz der Adresse <http://www.harvard.edu.com>, die Unerreichbarkeit der Adresse <http://www.harvard.edu> zur Folge haben. Verboten ist deshalb unterhalb von „.de" sowie mehrheitlich in den übrigen TLDs dieser Kategorie auch die Registrierung von Zeichenkombinationen, die den gTLDs entsprechen[147]. Für die ccTLDs ergibt sich dieser Ausschluss schon aus dem Verbot von aus zwei Zeichen bestehenden Domain-Namen. Eine interessante Variante dieser Regel wird von Nominet UK im Vereinigten Königreich praktiziert. Auch dort wird der seit August 1996 geltende Ausschluss von aus zwei Zeichen bestehenden Domain-

---

[144] nic.at, AGB, 1.4.1.; GR Hostmaster, Rules, 3.; FICORA, Regulation on Finnish Domain Names, Section 6 subsection 1; Nominet UK, General Rules for .uk, 3.5; ES-NIC, Naming Rules, 3.2.c.; RA, Regole per l'assegnazione di un nome a dominio <http://www.nic.it/RA/domini/registra.html> (Stand: Mai 2002); DNS-LU, Domain Name Charter, 3.; NIC-SE, Regulation A.

[145] DENIC, Dokumente/DENICrecht/FAQs/Domainregistrierung, Warum sind Domains unzulässig, die einer anderen Top Level Domain entsprechen?, 18.09.2001 <http://www.denic.de/doc/recht/faq/domainregistrierung.html#d0005>; Warum sind Domains unzulässig, die aus weniger als drei Zeichen bestehen?, 18.09.2001 <http://www.denic.de/doc/recht/faq/domainregistrierung.html#d0006> (Stand: Juni 2002).

[146] *Gavron*, RFC 1535, Oktober 1993.

[147] DENIC-Registrierungsrichtlinien, III; nic.at, AGB, 1.4.1.; Nominet UK, General Rules for .uk, 3.5; ES-NIC, Naming Rules, 3.3.a.; FICORA, Regulation on Finnish Domain Names, Section 6 subsection 3.

Namen mit Verweis auf die ccTLDs begründet[148]. In Einklang mit dieser Begründung werden dort Domains aus einer Ziffer und einem Buchstaben weiterhin zugelassen[149].

b) Fehlende technische Notwendigkeit

Bestünde der von der in RFC 1535 beschriebene Softwarefehler heute tatsächlich noch, so wäre zumindest der Ausschluss aller aus zwei Buchstaben bestehenden Domains sachlich gerechtfertigt. Dies gilt auch für Buchstabenkombinationen, die noch nicht in der ISO-Code Liste aufgeführt werden, da es sich dabei um eine dynamische Liste handelt, die der Veränderung unterliegt, wie die Beispiele „.ps" und „.eu" zeigen[150]. Eine abweichende Beurteilung sollte dann aber jedenfalls – entsprechend dem Modell im Vereinigten Königreich – für sich aus einer Ziffer und einem Buchstaben zusammensetzende Domains vorgenommen werden.

Das technische Argument der Verwechslungsfähigkeit mit den übrigen TLDs trägt heute jedoch wegen der Fortentwicklung der DNS-Software nicht mehr, wie von dem Verfasser des die Problematik beschreibenden ursprünglichen RFCs bestätigt wird[151]. Die Sicherheitsbedenken haben heute ebenfalls keine Bedeutung mehr. Dies wird schon durch die Praxis einiger NICs belegt, die gTLD-Kürzel als vorgegebene Subdomain-Kategorien zu verwenden (z.B.: „.net.uk", „.org.se", „int.pt", „.com.fr"). In anderen ccTLDs existieren zudem bereits Registrierungen für Domains, die den neuen gTLDs entsprechen (z.B.: „aero.fi", „museum.de", „pro.at"). In beiden Fällen wird weder von technischen Problemen noch von Sicherheitsbedenken berichtet. Ferner werden in den gTLDs der ersten Generation sowie in zahlreichen ccTLDs Registrierungen von nur aus zwei Zeichen bestehenden SLDs zugelassen[152]. Auch in Deutschland bestehen vier derartige SLDs, die vor Implementierung der Verbotsregel registriert wurden und denen die DENIC Bestandsschutz gewährt[153]. In den übrigen Mitgliedstaaten bestehen unterschiedliche Regelungen. In den Niederlanden wird zwar die Empfehlung ausgesprochen, ein Minimum von drei Zeichen zu

---

[148] Nominet UK, General Rules for .uk, 3.5.
[149] Nominet UK, General Rules for .uk, 3.5.
[150] Vgl. für „.ps": IANA Report on Request for Delegation of the .ps Top-Level Domain, 22.03.2000, Abschnitt: Factual and Procedural Background. Siehe für „.eu" die Resolution des ICANN Vorstandes: ICANN, Preliminary Report, Special Meeting of the Board, 25.09.2000.
[151] *Ehud Gavron*, E-Mail v. 18.10.2001 (auf Ablage beim Autor).
[152] Vgl. oben C. II. 1) c) (2).
[153] DENIC, Dokumente/FAQs/Domainregistrierung, Warum gibt es keine Domainnamen mit nur zwei Zeichen?, 05.03.2001 (auf Ablage beim Autor).

D. Missbrauchskontrolle

verwenden, ein explizites Verbot von sich nur aus zwei Zeichen zusammensetzenden SLDs besteht aber nicht[154]. Registrierungen unterhalb von „.be" können heute ebenfalls nur zwei Zeichen aufweisen[155]. FCCN in Portugal erlaubt Domain-Namen aus nur zwei Zeichen, schließt aber alle TLDs von einer Registrierung aus[156]. In Irland galt bis November 2001 eine Mindestlänge von drei Zeichen, im Zuge einer weitergehenden Reform des Vergabeverfahrens sind seit diesem Zeitpunkt auch Domain-Namen aus zwei Zeichen nicht aber aus zwei Buchstaben zulässig[157]. Unterhalb von „.fr" – für flache Registrierungen – sind aus zwei Buchstaben bestehende Domain-Namen unzulässig[158]. Aus einer Ziffer und einem Buchstaben bestehende Domains dagegen sind erlaubt. Für die übrigen beschränkten Bereiche dürfen nur aus zwei Buchstaben bestehende Domains registriert werden. Dies gilt auch für den offenen Bereich „.com.fr". In Frankreich besteht keine ausdrückliche Regel, dass andere TLDs nicht registriert werden dürfen. Wegen des restriktiven Vergabesystems und den Regeln über die Mindestlänge werden viele TLDs von vornherein für eine Registrierung nicht in Betracht kommen.

Das liberalste System in Bezug auf die Zeichenlänge weist Dänemark auf. Dort können sogar nur aus einem Zeichen bestehenden Domain-Namen registriert werden[159].

c) Markenrechtliche Entwicklung

Zu bedenken ist, wie bei dem Ausschluss von Zahlendomains, auch hier, dass die Markenrechtsrichtlinie und die auf ihr basierenden nationalen Markengesetze einen Kennzeichenschutz für nur aus zwei oder sogar nur einem Zeichen bestehenden Kennzeichen eröffnen[160]. Voraussetzung für die Markenfähigkeit ist allein die abstrakte Unterscheidungseignung eines Zeichens, vgl. § 3 Abs. 1 MarkenG, Art. 2 MRL, Art. 4 GMV.

Demnach ist eine markenrechtliche Eintragungsfähigkeit auch einzelner Buchstaben oder einzelner Zahlen sowie von aus zwei Zeichen bestehenden Buchstaben-Zahlenkombinationen nicht von vornherein ausgeschlossen. Der amtlichen Begründung zum Markengesetz lässt

---

[154] SIDN, Technical Requirements, 2.
[155] DNS BE, Terms and Conditions, 2.
[156] FCCN, Rules, 2.3.1.2. a).
[157] IEDR, Obtaining an Internet Domain within .IE, 3.1.
[158] AFNIC, Naming Charter, II. 3. 9.
[159] DK Hostmaster, Rules for TLD .DK, 1.4 e.; Syntaxregeln.
[160] *Fezer*, § 8 Rn. 116a; *Ingerl/Rohnke*, § 3 Rn. 24 f.; *Ströbele* in: Althammer, § 8 Rn. 61.

sich entnehmen, dass an einzelnen Buchstaben und niedrigen Zahlen i.d.R. ein Freihaltebedürfnis bestehen soll, im Übrigen aber eine Einzelfallprüfung den Ausschlag geben soll[161].

In Umsetzung dieser gesetzgeberischen Vorgabe haben das Bundespatentgericht und die Instanzgerichte des ordentlichen Rechtswegs die Eintragungsfähigkeit von aus zwei Zeichen bestehenden Kennzeichen in der Vergangenheit wiederholt bejaht[162] und die für einen Markenschutz erforderliche Unterscheidungskraft bei Einzelbuchstaben wiederholt abgelehnt[163]. Es finden sich aber auch Entscheidungen des Patentgerichts, in denen einzelnen Zahlen oder Buchstaben die Eintragungsfähigkeit nicht verwehrt wurde[164].

Die Prüfungsrichtlinien des HABM zur Gemeinschaftsmarke sehen im Gegensatz dazu vor, dass einer lediglich aus einer oder zwei Zeichen bestehenden Bezeichnung regelmäßig keine konkrete Unterscheidungskraft zukommen soll, sofern diese nicht in ungewöhnlicher Form wiedergegeben werden oder andere besondere Umstände hinzutreten[165]. In der Beschwerdeentscheidung des HABM zur Buchstabenkombination „IX" in Standardschrift klang aber bereits eine liberalere Auffassung an[166] und das Amt prüft heute die Freihaltebedürftigkeit von Zwei-Buchstaben-Marken in jedem Einzelfall[167]. Der BGH hat unter Kritik an der Prüfungsrichtlinie des HABM sogar den Einzelbuchstaben „K" als eintragungsfähig für verschiedene Waren der Klassen 6, 17 und 19 (Türen und Fenster aus Metall, Schlösser, Dichtungen, Briefkästen u.a.) angesehen[168].

Festzuhalten bleibt, dass ein Kennzeichenschutz an aus einem und zwei Zeichen bestehenden Buchstaben- und Zahlen- sowie Buchstaben-Zahlenkombinationen nicht von vornherein ausscheidet und vielmehr je nach Produkt oder Dienstleistung im Einzelfall durchaus vorliegen kann.

d) Bewertung

Zumindest mit Blick auf nur aus zwei Zeichen bestehenden Domain-Namen und im Einzelfall auch bei Einzelbuchstaben und -zahlen gilt

---

[161] Begr. zum MarkenG, BT-Drucks. 12/6581, S. 70.
[162] *BPatG* Jahresbericht 1997, C. II. 2; *Fezer*, § 8 Rn. 116b/116e.
[163] *BPatG* Jahresbericht 1997, C. II. 2.; *Fezer*, § 8 Rn 116b.
[164] *BPatG* GRUR 1999, 1086 – Zahl 1; wortgleich: *BPatG* GRUR 1999, 1088 – Zahl 6 (Rechtsbeschwerden Az. I ZB 23/99 und Az. I ZB 22/99, wurden jeweils mit Beschluss v. 18.04.2002 zurückgewiesen); BPatGE 42, 267, 269–271 – Buchstabe Z.
[165] *HABM* Prüfungsrichtlinien, 8. 3.
[166] *HABM* GRUR Int. 1998, 613 – IX; s.a. *Fezer*, § 8 Rn. 116a.
[167] *Bender*, MarkenR 1999, 117, 122 Fn. 60.
[168] *BGH* GRUR 2001, 161, 162 – Buchstabe „K"; noch offengelassen: *BGH* GRUR 2000, 231 f. – FÜNFER.

D. Missbrauchskontrolle 115

damit gleichermaßen der oben geforderte Gleichlauf von Markenrecht und Domain-Registrierung[169]. Ein weitergehendes Interesse der NICs oder der Allgemeinheit an einem Ausschluss solcher Registrierungen besteht nicht. Die DENIC weist in ihren Antworten zu häufig gestellten Fragen zwar darauf hin, dass der Ausschluss einer Registrierung von aus zwei Zeichen und ebenso aus nur einem Zeichen bestehenden Domains der Befürchtung Rechnung trägt, dass die Verwendung solcher Kombinationen als SLDs dem jeweiligen Inhaber einen ungerechtfertigten Wettbewerbsvorteil verschaffen könnte[170]. Dieses Argument verliert jedoch dann seine Durchschlagskraft, wenn ein Domain-Interessent, sich auf ein Kennzeichenrecht an einer bestimmten Zeichenkombination berufen kann.

Wegen der essentiellen Bedeutung des Mediums Internet für die Darstellung eines Unternehmens und seiner Produkte wird auch an dieser Stelle für eine Konformität mit dem Markenrecht plädiert. Es ist nicht einsichtig, warum die aus einzelnen Buchstaben oder Zahlen bestehenden Domain-Namen der Allgemeinheit und damit auch Kennzeicheninhabern mit legitimen Interessen ohne Not entzogen werden sollten. Es erscheint als missbräuchlich, wenn einem Unternehmen wie Vodafone, die in Deutschland bekannte Marke „D2" als Domain-Name verweigert wird, oder die mit großem Werbeaufwand positionierte Marke „O2" der ViagInterkom Mutter, BT Wireless, nicht auch als Domain-Name genutzt werden kann. British Telecom muss sich unter den derzeit geltenden Registrierungsbestimmungen der DENIC mit der weniger attraktiven und intuitiven Domain „O2online.de" zufrieden geben. In Schweden wird ein dieser Lösung teilweise entsprechendes Modell praktiziert. Dem grundsätzlichen Ausschluss von nur aus zwei Zeichen bestehenden Domain-Namen steht eine Praxis gegenüber, die immerhin eine Ausnahme für in Schweden allgemein bekannte Bezeichnungen vorsieht[171].

3) Höchstlänge

Einen zwingenden technischen Standard stellt dagegen die maximale Länge einer SLD von 63 Zeichen dar. Ursprünglich wurde eine Höchstlänge von nur 24 Zeichen empfohlen und das Domain-Namenformat von den NICs in dieser Weise beschränkt[172]. In RFC 1032 vom Novem-

---

[169] Siehe oben 1) b).
[170] Siehe Fn. 145.
[171] NIC-SE, Regulation A; Explanation Regulation A.
[172] Vgl. *Harrenstien/Stahl/Feinler*, RFC 952, Oktober 1985, S. 1; für „.de" siehe: *Bettinger* in: Mayer-Schönberger/Galla/Fallenböck, S. 146.

ber 1987 wurde wegen der einfacheren Verwaltung der Domain-Datenbanken sogar noch eine maximale Länge von nur 12 Zeichen als optimales Maß empfohlen[173]. Die europäischen Registrierungsstellen erlauben heute fast übereinstimmend die Registrierung von aus 63 Zeichen bestehenden Domain-Namen. Einzig Finnland will die TLD und den Trennpunkt in die Rechnung miteinbeziehen und beschränkt Registrierungen deshalb auf 60 Zeichen[174]. Diese Regelung beruht auf einem falschen Verständnis des einschlägigen RFCs und ist daher abzulehnen[175]. Griechenland dagegen erlaubt nach den aktuellen Vergabebestimmungen entsprechend dem veralteten Standard nur 24 Zeichen[176]. Spanien erlaubt zwar auch die Registrierung von 63 Zeichen, empfiehlt aus nicht näher bezeichneten praktischen Gründen aber eine Höchstlänge von 24 Zeichen[177]. Praktische Relevanz haben die Längenbeschränkungen kaum, da überlange Domain-Namen wegen des geringen Wiedererkennungswerts sowohl für Unternehmen als auch für Privatleute von geringem Interesse sein dürften[178]. Neue Bedeutung werden die Längenbegrenzungen allerdings mit der Einführung der multilingualen Domain-Namen gewinnen, da nicht lateinische Schriftarten in der Darstellung mehr Oktette benötigen[179]. Nicht technisch bedingte Längenbeschränkungen müssen dann als missbräuchlich im wettbewerbsrechtlichen Sinne bewertet werden.

4) Zeichenformat

Zwingend für die Funktionstüchtigkeit des DNS ist darüber hinaus das vorgegebene ASCII-Zeichenformat, wonach Sonderzeichen wie etwa Umlaute oder der Klammeraffe von der Registrierung ausgeschlossen sind[180]. Gleiches gilt etwa für arabische, asiatische, hebräische oder kyrillische Schriftzeichen. Die Internet Engineering Task Force (IETF) und eine Arbeitsgruppe innerhalb ICANNs (IDN Working Group) arbeiten

---

[173] *Stahl*, RFC 1032, November 1987, S. 3/11.
[174] FICORA, Regulation on Finnish Domain Names, Section 6 subsection 1; *Marko Lahtinen*, TAC Legal Counsel, E-Mail v. 05.07.2001 (auf Ablage beim Autor); i.d.S. auch: *Viefhues* in: Hoeren/Sieber, Teil 6 Rn 18.
[175] *Albitz/Liu*, S. 12; *Mockapetris*, RFC 1035, November 1987, S. 10.
[176] GR Hostmaster, Rules, 3.
[177] ES-NIC, Naming Rules, 3.2.d.
[178] Siehe: *Viefhues* in: Hoeren/Sieber, Teil 6 Rn 18, Fn. 4 für den zum Erscheinungstermin längsten Domain-Namen der Welt.
[179] Vgl. *Huber/Dingeldey*, S. 43 Nr. 38.
[180] Vgl. DENIC, Dokumente/FAQs/Domainregistrierung, Wie muss der Name einer Domain aufgebaut sein? Welche Namen oder Zeichen werden nicht registriert?, 26.03.2002 <http://www.denic.de/doc/faq/domainregistrierung.html#r0005> (Stand: Mai 2002).

an der Einführung sogenannter multilingualer Domains (MDNs) oder auch *Internationalized Domain Names* (iDNS)[181]. Trotz einiger Pilotprojekte ist derzeit nicht absehbar, wann die ersten iDNS tatsächlich einer breiten Masse zugänglich sein werden. Bis zu diesem Zeitpunkt ist der Ausschluss von Sonderschriftzeichen auch für die europäischen Sprachen (griechische, schwedische, finnische, dänische, spanische, portugiesische, irische Schriftzeichen) zwingend. Dementsprechend müssen die nationalen Zeichen bis dahin in das ASCII-Format transformiert werden[182].

5) Zusammenfassung

Die Formatvorgaben der NICs verstoßen gegen Wettbewerbsrecht, insoweit als Kennzeicheninhabern dadurch die Nutzung ihrer Marke auch im Internet verwehrt wird. Dies gilt für den Ausschluss von Zahlendomains und die Mindestlänge von Domain-Namen. Ein technisches Erfordernis für einen solchen Ausschluss besteht anders als für die Höchstlänge und das vorgegebene Zeichenformat nicht. Den Ausschluss rechtfertigende sachliche Gründe liegen nicht vor.

IV. Nachweis der Berechtigung

Eine richtungsweisende Entscheidung für die Ausgestaltung jedes Domain-Namens-Registrierungssystems betrifft die Frage, ob ein Nachweis der Berechtigung zur Nutzung des jeweiligen Domain-Namens verlangt werden soll oder nicht[183]. Teilweise wird als Argument für eine liberale Registrierungspraxis ein direkter Zusammenhang zwischen der Entwicklung des Internets und der schnellen, unkomplizierten und kostengünstigen Verfügbarkeit von Domain-Namen hergestellt[184]. Dem gegenüber steht das Interesse der Inhaber von Kennzeichen- und Namensrechten, vor Verletzungen dieser Rechte geschützt zu werden.

1) Das Internet als Kommunikationsmedium

Ausschlaggebend für die wettbewerbsrechtliche Beurteilung dieser Beschränkung sollte Folgendes sein: Das Internet ist kein zweckgebundenes Medium und insbesondere kein ausschließlich kommerzielles Medium. Das Internet und das *World-Wide-Web* (WWW) können für

---

[181] Siehe dazu: *Kleinwächter*, MMR 01/2001, XVI, XVII f.; *ders.*, MMR 04/2001, XXI, XXII; *ders.*, MMR 08/2001, XVI.
[182] Siehe z.B.: NIC-SE, Regulation B und Appendix 2; ES-NIC, Naming Rules, 3.2.a.; FCCN, Rules, 2.3.1.3.
[183] WIPO First Final Report, S. 17 f. Nr. 47–51; *Bettinger*, CR 1999, 445; *Kur*, GRUR Int. 1999, 212, 214.
[184] WIPO First Final Report, S. 17 Nr. 49.

vielfältige Zwecke verwendet werden. In den Fällen, in denen eine Webpräsenz nicht durch ein kommerzielles Interesse motiviert ist, wird der von einigen NICs auf einem Kennzeichen oder der Firma beruhende Nachweis einer Berechtigung oftmals nicht gelingen. Dies gilt insbesondere für die ccTLDs, in denen Privatpersonen eine Registrierung auch unter ihrem Namen verschlossen bleibt, oder auf einen vorgegebenen Subdomain-Bereich beschränkt wird[185]. Damit bleibt aber einer Vielzahl von Webangeboten der Zugang zu der jeweiligen TLD von vornherein verwehrt. Das Erfordernis führt deshalb zu einer unangemessenen Einschränkung der Kommunikationsmöglichkeiten im Internet. Die Beschränkung hat zur Folge, dass politische[186], kulturelle[187], religiöse[188], gesellschaftskritische[189] oder auch humoristische[190] Angebote, Angebote zur allgemeinen Lebenshilfe[191], Bildungsportale[192] sowie Portale zum Meinungs- und Interessenaustausch[193], Verbraucherschutzinitiativen[194] und ähnliche Angebote[195] nur unter einer bestimmten Firma oder dem Namen einer bestimmten Person im WWW vertreten sein können. Ungeachtet des Sinngehalts und der persönlichen Bewertung mancher Webpräsentation läuft ein solcher Ausschluss dem Zweck des Internets als öffentlichem Kommunikationsmedium[196] und Marktplatz der Meinung in unangemessener Weise zuwider. Das Nachweiserfordernis kann zudem auch Kennzeicheninhaber selbst nachteilig betreffen. Die Eindimensionalität des Namensraums führt dazu, dass auch Kennzeichen- und Namensinhaber bei Gleichnamigkeit darauf angewiesen sind, zur Darstellung ihrer Webpräsenz auf andere als ihrem Namen oder Kennzeichen entsprechende Domains auszuweichen[197].

---

[185] Siehe oben 2. Teil C. V. 2).
[186] Z.B.: „machenmachenmachen.de", „zeit-fuer-taten.de", „nicht-regierungs-faehig.de", „und-das-ist-auch-gut-so.de"; „wahlatlas.de"; vgl. dazu FAZ, In der Witzchen-Klasse liegt die SPD vorn, 02.04.2002, S. 4.
[187] Z.B.: „netzgalerie.de", „webmuseum.de", „netzraum.de".
[188] Z.B.: „islam.de", „juden.de", „kath.de", „atheismus-online.de".
[189] Z.B.: „rechtegewalt.de", „gleichberechtigung.de"; „umwelt-online.de", „frauennetz.de".
[190] Z.B.: „haircrimes.de", „ach-satire.de".
[191] Z.B.: „seelsorge.de", „krebsinformation.de", „kopfschmerz.de", „pollenflug.de".
[192] Z.B.: „wissen.de", „wahlfakten.de", „bildung-lernen.de", „zahlreich.de".
[193] Z.B.: „sperrungsverfuegung.de", „artikel5.de", „abmahnungswelle.de" „naturkost.de", „selbst.de", „lifestyle.de", „diegluecklichenarbeitslosen.de", „kindernetz.de".
[194] Z.B.: „dialerschutz.de", „computerbetrug.de"; „beschwerdezentrum.de".
[195] Z.B.: „preisauskunft.de", „gratisworld.de".
[196] So: *Fezer*, § 3 Rn. 325 f.
[197] Vgl. *OLG Köln* Urt. v. 27.11.2001, 15 U 108/01 – guenter-jauch.de <http://www.bonnanwalt.de>.

Aus diesen Gründen muss ein pauschaler Ausschluss solcher Webangebote durch ein restriktives Domain-Namen-Registrierungssystem als rechtsmissbräuchlich bewertet werden.

Dem steht nicht entgegen, dass das Schutzziel der beschränkenden Regelung als solches von einigem Gewicht ist. Die „Goldgräberstimmung"[198] der Anfangsjahre im Bereich der Domain-Registrierung hat sich zwar in den letzten Jahren vermindert, doch ist die Problematik des Domain-Grabbing, also der Fälle, in denen Domain-Namen zu dem Zweck registriert werden, um die Inhaber der korrespondierenden Kennzeichen- und Namensrechte zu Abschlagszahlungen zu zwingen[199], immer noch virulent. Der Schutz der Kennzeichenrechte im Internet verursacht nicht unerhebliche Kosten für Unternehmen mit einem umfangreichen Markenportfolio. Je nach Strategie handelt es sich dabei um Kosten für Defensivregistrierungen zum Schutz vor unberechtigten Registrierungen durch Dritte oder um Kosten für die Rechtsdurchsetzung oder im Einzelfall auch um „Lösegeldzahlungen" an Domain-Grabber. Die NICs mit einer restriktiven Registrierungspraxis berichten insofern in positiver Form von ihren Erfahrungen. So macht NIC-SE geltend, dass das restriktive Registrierungssystem Domain-Streitigkeiten schon auf der Registrierungsebene verhindere[200]. Aus Frankreich wird berichtet, dass die dort bekannt gewordenen Domain-Namen-Konflikte sich vollständig auf die generischen TLDs bezogen[201].

In einer Interessenabwägung können diese Erwägungen allerdings die wettbewerbsrechtliche Zulässigkeit eines reinen auf Nachweisen beruhenden Systems nicht begründen. Dies ergibt sich schon daraus, dass der Ausschluss möglicher legitimer und mit Blick auf den Zweck des Internets als Meinungsforum wünschenswerter Domain-Namen-Registrierungen und Nutzungen in keinem Verhältnis zu dem verfolgten Zweck des Schutzes von Kennzeichenrechten steht. Bei der Einführung neuer TLDs können, wie im Fall der gTLD „.info", beide Zwecke durch die sog. „Sunrise-Periods", durch welche Kennzeicheninhabern eine Vorabregistrierung ermöglicht wird, miteinander vereint werden[202]. Anders als bei dem generellen Erfordernis des Berechtigungsnachweises

---

[198] *Pfeiffer*, GRUR 2001, 92.
[199] Zum Begriff: *Viefhues* in: Hoeren/Sieber, Teil 6 Rn. 32 Fn. 2 und Rn. 201; *Kort*, DB 2001, 249, 250; *Schwarz* in: JbItalR 14 (2001), S. 109, 112 f.; für eine weitere Begriffsdefinition: *Samson*, S. 64.
[200] WIPO Survey of ccTLDs, S. 18.
[201] *Kur* in: Loewenheim/Koch, S. 325, 330 Fn. 22; *Spindler* in: Immenga/Schwintowski/Lübben, S. 47, 51 Fn. 19; s.a. *Haas*, GRUR Int. 1998, 933, 935 f.; *Sengpiel/Mostardini/Durand*, CRi 06/2001, 171, 174.
[202] Für „.eu": .EU-Einführungsverordnung, Art. 5 Abs. 1 b) und Erwägungsgrund 16.

werden hier die Kommunikationsmöglichkeiten durch die freie Registrierungsmöglichkeit nicht in unangemessener Weise beschränkt, da der jeweilige TLD-Bereich in der auf die Vorabregistrierung folgenden sog. „Landrush-Period" für eine Registrierung durch die Allgemeinheit eröffnet wird. Ein vollständiger Ausschluss kennzeichen- und namensungebundener Registrierungen dagegen läuft dem Wettbewerbsrecht zuwider und stellt sich als Missbrauch ihrer Marktmacht durch die NICs dar.

2) Parallele zum markenrechtlichen Eintragungsverfahren

Diese Schlussfolgerung findet Unterstützung in einem Vergleich der Domain-Vergabe mit dem markenrechtlichen Eintragungsverfahren. Nach dem deutschen Markengesetz können Zeichen, wenn sie mit einer bereits eingetragenen Marke identisch sind, für dieselbe Waren- oder Dienstleistungsklasse im Markenregister eingetragen werden. Der Inhaber des identischen älteren Kennzeichenrechts wird insofern auf ein nachgeschaltetes Widerspruchsverfahren verwiesen, vgl. §§ 9 Abs. 1 Nr. 2, 51, 55 MarkenG. Eine vorherige Kollisionsprüfung erfolgt gem. § 10 MarkenG nur für die notorisch bekannte Marke. Art. 4 Abs. 1, Abs. 4 a) MRL stellt den Mitgliedstaaten einen Schutz vor Parallelregistrierungen frei. Die Mehrzahl der Mitgliedstaaten nimmt keine Kollisionsprüfung von Amts wegen vor[203]. Zuletzt wurde die Praxis in Spanien mit dem neuen Reformgesetz im Jahr 2001 i.d.S. geändert[204]. Auch im Bereich der Gemeinschaftsmarke handelt es sich bei der Markenidentität gem. Art. 8 Abs. 1 a) GMV um keinen von Amts wegen zu berücksichtigenden Umstand. Eine Überprüfung auf Kollisionen vor der Anmeldung einer Marke erfolgt nicht. Es bleibt vielmehr dem jeweiligen Markeninhaber überlassen, eine mögliche Rechtsverletzung im Widerspruchsverfahren gem. Art. 42 GMV geltend zu machen.

Trotz der vielfältigen Unterschiede zwischen Domain-Namen und Kennzeichen, insbesondere der unterschiedlichen Wirkungen von Domain-Namen-Registrierung und Kennzeichenanmeldung, zeigt der Vergleich, dass es sich bei der Forderung nach Eigenverantwortung und -initiative der Kennzeicheninhaber, um einen Gedanken handelt, der dem Kennzeichenrecht nicht fremd ist. Zudem zeigt sich, dass der Ausschluss nur bekannter oder berühmter Marken als, zwar nicht so umfassendes, aber wesentlich milderes Mittel zum Schutz von Kennzeichenrechten im Internet in Betracht kommt. Ein bloßer Ausschluss bestimmter Kennzeichen oder Namen von einer Registrierung durch

---

[203] Vgl. *Fezer*, § 42 Rn. 11.
[204] *Barceló*, CRi 01/2002, 30.

andere als den Berechtigten stellt ein weniger einschneidendes Mittel als das generelle Erfordernis eines Berechtigungsnachweises dar. Durch eine solche Regelung wird der Hemmschuh eines pauschalen Erfordernisses eines Berechtigungsnachweises abgestreift, während die besonders schutzbedürftigen und schützenswerten Kennzeichen dennoch einen erweiterten Schutz erfahren.

3) Ausgestaltung der Nachweisobliegenheit

Will man nicht so weit gehen und dieses restriktive Registrierungsmodell *per se* als wettbewerbswidrig einstufen, so stellt sich jedenfalls die Ausgestaltung des Nachweisverfahrens teilweise als missbräuchlich i.S.d. Wettbewerbsvorschriften dar.

In den Fällen, in denen der Nachweis über ein Markenrecht an dem begehrten Domain-Namen verlangt wird, ist es für Unternehmen von entscheidender Bedeutung, ob das Erfordernis auf die tatsächliche Markeneintragung abstellt oder den Antrag auf Eintragung der Marke ausreichen lässt. Da es unternehmerischer Sorgfalt entspricht, sich einen korrespondierenden Domain-Namen zu sichern, bevor ein neues Produkt mit einer neuen Marke der Öffentlichkeit präsentiert wird, erweist sich das Erfordernis der bereits erfolgten Markeneintragung als Hemmnis für die unternehmerischen Gestaltungsmöglichkeiten.

Demgemäß bestehen in Irland und Portugal Regelungen, nach denen auch eine schlichte Markenanmeldung als Grundlage für eine Domain-Namen-Registrierung akzeptiert wird, ohne dass die tatsächliche Markeneintragung bereits erfolgt sein muss. IEDR in Irland verlangt neben dem Nachweis über den Antrag zur Markeneintragung eine schriftliche Einschätzung eines Sachverständigen, dass die Anmeldung nach dessen Auffassung aller Voraussicht nach zu einer Markeneintragung führen wird[205]. In Portugal reicht ebenfalls der Nachweis über die Markenrechtsanmeldung aus, wobei alle sechs Monate der Nachweis geführt werden muss, dass das Anmeldeverfahren noch fortdauert[206].

In Finnland dagegen bildet nur die bereits eingetragene Marke eine zulässige Grundlage für die Registrierung eines Domain-Namens[207]. Diese Regelung ist aber unangemessen mit Blick auf das Bedürfnis von Unternehmen, sich ihr Markenrecht auch im Internet zu sichern. Jeder Markeneinführung wird nicht nur eine Markenrecherche sondern auch

---

[205] IEDR, Naming Policy, 3.3.3.3.
[206] FCCN, Rules, 2.3.1.7.
[207] FICORA, Regulation on Finnish Domain Names, Section 3 subsection 3/ Section 5 subsection 2; *Marko Lahtinen*, TAC Legal Counsel, E-Mail v. 05.07.2001 (auf Ablage beim Autor).

eine Domain-Recherche vorausgehen. Im Interesse der Unternehmen ist es wettbewerbsrechtlich geboten, Domain-Registrierungen auch auf der Grundlage von Markenanmeldungen zu ermöglichen. Das finnische Modell ist daher ungeachtet der Frage der generellen Zulässigkeit von Nachweiserfordernissen als wettbewerbswidrig zu beurteilen. Wie die Beispiele Irlands und Portugals aufzeigen, bestehen durchaus Möglichkeiten, die Voraussetzung der markenrechtlichen Berechtigung auf weniger restriktive Weise zu sichern.

Ein weiterer Aspekt schwingt bei der Bewertung des französischen Systems mit. Zwar erlaubt die AFNIC eine Domain-Namen-Registrierung auf Grund der Vorlage einer Kopie der Markenanmeldung, sofern die eigentliche Eintragung innerhalb eines Zeitraums von sechs Monaten erfolgt[208]. Diese Ausnahmeregel ist aber auf französische Markenrechte beschränkt. Im Gegensatz dazu bilden Gemeinschaftsmarken nur dann eine taugliche Grundlage für eine Domain-Namen-Registrierung, wenn die endgültige Eintragung als Gemeinschaftsmarke festgestellt ist. Diese Bestimmung ist wegen dieses diskriminierenden Elements ebenfalls als missbräuchlich zu bewerten.

4) Zusammenfassung

Im Ergebnis stößt damit bereits die Ausgestaltung der Nachweispflicht durch einige NICs auf wettbewerbsrechtliche Bedenken. Das einen Berechtigungsnachweis erfordernde restriktive Registrierungsmodell muss aber wegen der Reduzierung der Nutzungsmöglichkeiten unterhalb einer TLD insgesamt als wettbewerbswidrig bewertet werden.

V. Aufteilung in Subdomain-Bereiche

1) Die wettbewerbsrechtliche Zulässigkeit von Subdomains

Soweit die NICs, die von ihnen verwaltete Länder-TLD in Subdomain-Bereiche aufteilen, bestehen insofern wettbewerbsrechtliche Bedenken als diese Subdomains gemeinhin als ungleich unattraktiver gegenüber den flachen TLDs gelten. Diese Einschätzung wird durch die Statistik bestätigt. So berichtet die nic.at Ende Februar 2002 von fast 215.000 Registrierungen unterhalb der flachen TLD „.at" im Vergleich zu nur knapp 14.000 unterhalb von „.co.at" und ca. 2000 unterhalb von „.or.at"[209]. Auch die Erfahrungen in Frankreich und Griechenland

---

[208] AFNIC, Naming Charter, II. 4. 11.
[209] *Richard Wein*, Geschäftsführer der nic.at, E-Mail v. 22.03.2002 (auf Ablage beim Autor).

zeigen, dass die Subdomain-Bereiche weder von den Domain-Kunden noch von den Endnutzern angenommen werden. So ist die französische Eliteuniversität La Sorbonne nicht etwa unter „univ-sorbonne.fr" zu erreichen, wie es die Registrierungsregeln nahe legen, sondern unter „sorbonne.fr". Bis November 2001 war die flache TLD „.fr" Firmen und Organisationen bei Nachweis ihres Namensrechts vorbehalten. Wegen des Unmuts von Unternehmen, die mit ihren Marken bis dahin auf „.tm.fr" ausweichen mussten, wurde der flache Bereich auch auf Registrierungen auf der Grundlage von Markenrechten ausgedehnt[210]. In Griechenland waren bisher Registrierungen nur alternativ unter der flachen TLD oder einer der Unterbereiche erlaubt. Dies hatte zur Folge, dass die Subdomains in Bedeutungslosigkeit zu verfallen drohten. Eine Regeländerung soll daher eine Nutzung der Subdomains zusätzlich zur Registrierung unterhalb der flachen TLD „.gr" erlauben[211].

Dieser verminderten Attraktivität von Subdomain-Bereichen steht der Vorteil der Aufhebung der Eindimensionalität des Domain-Namens-Raums gegenüber. Durch zweckgebundene Unterbereiche kann die markenrechtliche Differenzierung nach bestimmten Waren und Dienstleistungen auf das DNS übertragen werden[212]. Zudem wird damit der Domain-Knappheit unterhalb einer jeden TLD entgegen gewirkt[213]. Je nach Grad der Differenzierung kann so eine Parallelität von kommerziellen und nicht-kommerziellen Angeboten (z.B.: „.com.pt" und „.org.pt"), von privaten und hoheitlichen Angeboten (z.B.: „.sch.uk", „.gov.uk", „.police.uk" sowie „.co.uk" und „.org.uk") oder von Berufsgruppen (z.B.: „pharmacien.fr", „veterinaire.fr", „medecin.fr") hergestellt werden.

Dieses legitime Ziel einer Unterscheidung nach Unterbereichen führt aber dazu, dass diese Problematik einer wettbewerbsrechtlichen Kontrolle entzogen ist. Bei der Entscheidung für oder gegen eine Aufteilung des nationalen Namensraums handelt es sich um eine rechtspolitische Frage. Die Entscheidung für das eine oder das andere System kann den NICs aus diesem Grund nicht als Wettbewerbsverstoß angelastet werden. Diese Frage wurde in der Vergangenheit immer wieder mit unterschiedlichem Ergebnis zum Gegenstand der Diskussion gemacht. Während die Mehrzahl der auf einem System von Unterbereichen operierenden Registries in einer im Rahmen des ersten WIPO-Verfahrens

---

[210] AFNIC, Evolution de la charte de nommage, 15.11.2001 <http://www.nic.fr/nouvelles/2001/marquess.html#> (Stand: April 2002).
[211] GR Hostmaster, E-Mail v. 04.04.2002 (auf Ablage beim Autor).
[212] So der Vorschlag von: *Barger*, 29 J. Marshall L. Rev. 1996, 623, 648 f.; vgl. auch *Linke*, CR 2002, 271, 279; *Winter/Donath*, Mitt. 2000, 291, 293.
[213] *Bettinger*, GRUR Int. 1997, 402, 419; *Reinhart*, WRP 2002, 628, 635.

durchgeführten Erhebung zum Ausdruck brachten, dass das System von Unterbereichen ihrer Ansicht nach nicht zur Verhinderung von Domain-Namen-Konflikten beigetragen habe[214], wurde im Rahmen des Konsultationsprozesses zur Einführung der TLD „.eu" dennoch überwiegend ein System von Unterbereichen befürwortet[215]. Die Kommission hat sich einem konkreten Vorschlag enthalten[216] und auch die Einführungsverordnung legt nur einen allgemeinen Regelungsrahmen fest, überlässt die Ausgestaltung der Registrierungspolitik dagegen dem Registry[217]. Diese Erwägungen verdeutlichen, dass sich die Frage der Subdomain-Bereiche nicht in die Kategorie der wettbewerbsrechtlichen Missbrauchskontrolle fassen lässt.

2) Die Ausgestaltung der Subdomain-Bereiche

An die Feststellung der generellen wettbewerbsrechtlichen Zulässigkeit von Subdomain-Bereichen schließt sich die Frage an, ob die konkrete Ausgestaltung des Systems durch die einzelnen NICs in den Mitgliedstaaten die Missbrauchsschwelle überschreitet.

Das Ziel, eine kennzeichenrechtliche Differenzierung auf die Domain-Namen zu übertragen, kann nur gelingen, wenn den jeweiligen Subdomain-Bereichen eine Unterscheidungskraft auch tatsächlich zukommt. Zweifel ergeben sich insoweit, als die Idee der zweckgebundenen Ausrichtung der Unterbereiche – vergleichbar mit dem von NSI in den Bereichen „.com", „.org" und „.net" praktizierten Verfahren – nicht konsequent durchgesetzt wird. Sowohl in Österreich (für „.co.at" und „.or.at") als auch in Griechenland (für „.com.gr", „.org.gr", „.net.gr" und „.edu.gr") und dem Vereinigten Königreich (für „.org.uk", „.co.uk" und „.me.uk")[218] handelt es sich bei der Subdomain-Aufteilung nur um Empfehlungen, nicht aber um zwingende Vorgaben.

Die Diskussion um die Unterscheidungskraft der einzelnen Domain-Bestandteile wird in Österreich auch für die Bereichsnamen der zweiten Stufe geführt. *Burgstaller* und *Feichtinger* wollen den bereichsspezifischen Subdomains „.ac" und „.gv" sowie den „.co" und „.or" eine besondere Bedeutung bei der Beurteilung der Verwechslungsgefahr

---

[214] WIPO Survey of ccTLDs, III. 17. (e).
[215] Mitt. der Kommission zur Einführung von .EU, 05.07.2000, KOM(2000)421, 1.
[216] Vorschlag für eine Verordnung des Europäischen Parlaments und des Rates zur Einführung des Internet-Bereichs oberster Stufe „.EU" v. 12.12.2000, KOM(2000)827 endg. (ABlEG Nr. C 96 E, 27.03.2001, S. 333–335).
[217] .EU-Einführungsverordnung, Art. 5 Abs. 3.
[218] Nominet UK, General Q&A <http://www.nic.uk/meuk/questions.html> (Stand: April 2002).

zusprechen, nicht aber der flachen TLD „.at"[219]. Trotz der offenen Registrierungsmöglichkeit kommt den offenen SLDs – wie den offenen TLDs auch – eine eingeschränkte *de facto*-Unterscheidungskraft zu. Das Ziel einer dem Kennzeichenrecht entsprechenden Differenzierung durch Subdomain-Bereiche kann durch die Unterbereiche nach dem Vorbild Österreichs, Griechenlands und dem Vereinigten Königreich demnach durchaus erreicht werden. Der Mangel dieser Modelle liegt aber darin, dass die fehlende Kontrolle der zweckgebundenen Ausrichtung zu der Notwendigkeit von Defensiv- und Doppelregistrierungen auf Seiten der Unternehmen führt[220]. Diese Kritik steht nicht im Widerspruch zu der Annahme, dass den TLDs Unterscheidungskraft zukommt und diese nicht austauschbar sind. Es ist zu unterscheiden zwischen der Frage, ob bestimmte TLDs aus der Sicht eines Domain-Kunden austauschbar sind und der Frage, ob dieser sich wegen der faktischen Möglichkeit einer unbeschränkten Registrierung in einem Subdomain-Bereich genötigt sieht, zum Schutz seiner Kennzeichen- und Namensrechte Defensivregistrierungen vorzunehmen.

Aus dieser Erwägung heraus sind Modelle wie das griechische oder das österreichische und die im Vereinigten Königreich praktizierte Ausgestaltung abzulehnen. Bei dem Argument gegen diese Modelle handelt es sich um eine praktische Erwägung. Die wettbewerbsrechtliche Missbrauchsschwelle wird durch diese Systeme dagegen nicht überschritten.

Am anderen Ende der Skala findet sich das französische System. Hier wird die Einhaltung der durch die Subdomains implementierten Differenzierung bereits im Vorfeld der Registrierung überwacht. Auch dieses System ist nicht jeglicher Kritik enthoben. Dem französischen System mag man den Vorwurf einer Überdifferenzierung entgegenhalten. So werden die Vertreter der Anwaltschaft auf die Subdomain-Bereiche „avoues.fr" und „avocat.fr" (früher „barreau.fr") aufgeteilt. Für Notare gibt es darüber hinaus mit „notaire.fr" einen eigenen Unterbereich. Gleichermaßen gibt es eigene Unterbereiche für reguläre Hochschulen (univ-*name*.fr oder u-*name*.fr), technische Universitäten (iut-*name*.fr) und weitere akademische Einrichtungen (ac-*name*.fr, iufm.fr, erba-*name*.fr, educagri.fr). Zudem besteht neben der kommerziellen Angeboten zugedachten Subdomain „.com.fr" mit „.tm.fr" ein eigener Unterbereich für Marken.

---

[219] *Burgstaller/Feichtinger*, S. 20; vgl. auch: ÖOGH MMR 2001, 305, 306 – bundesheer.at I m. Anm. *Schanda*; für „.at" offen gelassen: ÖOGH MMR 2001, 307, 308 – gewinn.at m. Anm. *Schanda*.

[220] Z.B.: <http://www.bankaustria.at> und <http://www.bankaustria.co.at> jeweils mit Redirect-Verknüpfung zu <http://www.bankaustria.com>; <http://www.allianz.gr>, <http://www.allianz.com.gr> und <http://www.allianz.org.gr>.

Diese Vielzahl an Unterbereichen erschwert dem Nutzer die Lokalisierung eines spezifischen Angebots. Dies gilt umso mehr, als die verwendeten Differenzierungen sich dem Nutzer nicht intuitiv erschließen. Besonders deutlich wird dies am Beispiel der Subdomain „.tm.fr", die an die formalrechtliche Position des Domain-Inhabers anknüpft, welche der juristische Laie nicht ohne weiteres nachzuvollziehen vermag (so auch bei: „.tm.se" sowie „plc.uk" und „.ltd.uk"). Dies führt aber dazu, dass die Unterbereiche auch von den Unternehmen nicht angenommen werden.

Insgesamt handelt es sich bei diesen Bedenken jedoch wiederum um Praktikabilitätserwägungen, die nicht zu einer Bewertung dieser Systeme als missbräuchlich im wettbewerbsrechtlichen Sinne führt. Die Missbrauchsgrenze wäre erst dann erreicht, wenn durch die Ausgestaltung der Unterbereiche potenzielle Nutzungen ausgeschlossen würden[221]. Ein solcher Ausschluss erfolgt zwar in Frankreich tatsächlich, doch hängt dies nicht mit dem System der Unterbereiche zusammen – schließlich bleibt eine Registrierung unterhalb von „.fr" weiterhin eröffnet –, sondern unmittelbar mit dem Erfordernis des bereits erörterten Berechtigungsnachweises.

3) Zusammenfassung

Im Ergebnis handelt es sich bei der Frage, ob und wie eine Aufteilung in Subdomain-Bereiche erfolgen soll, um eine rechtspolitische Frage, der mit den Mitteln des Wettbewerbsrechts nicht Herr zu werden ist.

VI. Ausschluss bestimmter Begriffe

1) Vorüberlegungen

In den TLDs, in denen ein Berechtigungsnachweis verlangt wird, wird die Domain-Registrierung von gegen die guten Sitten verstoßenden, generischen und hoheitlichen Begriffen schon weitgehend durch die marken- und registerrechtlichen Regelungen verhindert. Es entspricht dem Konzept des europäischen Markenrechts, bestimmte freihaltebedürftige Begriffe von einer kennzeichenrechtlichen Monopolisierungsmöglichkeit auszunehmen, vgl. Art. 7 Abs. 1 GMV, Art. 3 Abs. 1, Abs. 2 MRL, § 8 Abs. 2 MarkenG. Da das Erfordernis eines Berechtigungsnachweises wegen seiner Wettbewerbswidrigkeit aufzuheben ist, wird die Frage nach der wettbewerbsrechtlichen Zulässigkeit des Ausschlusses bestimmter Begriffe virulent.

---

[221] Vgl. die Argumentation oben IV. 1).

2) „Unsittliche" Begriffe

Soweit die NICs ganz allgemein „unsittliche" Begriffe von einer Registrierung als Domain-Namen ausnehmen, erscheint problematisch, dass hier marktbeherrschende Unternehmen nach freiem Ermessen darüber befinden können, welche Bezeichnungen nach ihrer Auffassung den moralischen Idealvorstellungen der Mehrheit zuwider laufen.

Da die NICs mit der Domain-Vergabe eine öffentliche Aufgabe wahrnehmen[222], ist es nicht zu beanstanden, dass sie auch gesellschaftliche Verantwortung übernehmen und missbilligenswerte Begriffe von einer Registrierung ausschließen. Vereinzelt wird ein solcher Ausschluss mit Blick auf die Funktion der NICs sogar ausdrücklich gefordert[223].

Die Problematik liegt demnach nicht darin, dass die NICs sittenwidrige Begriffe von einer Registrierung ausschließen. Bedenken bestehen vielmehr im Hinblick auf die fehlende Kontrollmöglichkeit der Entscheidungen der NICs. Interessant, aber letztlich nicht weiterführend, ist die Regelung SIDNs in den Niederlanden, wonach Dritten ausdrücklich die Möglichkeit gegeben wird, Domain-Registrierungen in einem formalisierten Verfahren anzugreifen[224]. Domain-Namen, die einmal auf Grund einer Entscheidung des eigens eingerichteten Beschwerdegremiums von einer Registrierung ausgeschlossen wurden, werden für die Zukunft für eine Registrierung gesperrt[225]. Trotz dieses „Beschwerdeverfahrens" steht die Frage im Raum, ob der Ausschluss im konkreten Fall und für die Zukunft zu Recht erfolgt ist.

Keine Probleme bereiten enge Formulierungen wie in Deutschland oder Dänemark. Ob ein Domain-Name als solcher rechtswidrig ist oder eine Rechtsverletzung darstellt, ist voll justiziabel. So könnte bereits in der Registrierung der von der DENIC gelöschten Domain „heil-hitler.de"[226] ein Verwenden von Kennzeichen verfassungswidriger Organisationen i.S.d. § 86a Abs. 1 Nr. 1, Abs. 2 S. 1 StGB gesehen werden. Die Berechtigung der DENIC, diesen Begriff von einer Registrierung auszuschließen kann nicht bezweifelt werden. Demgemäß vermeidet die .EU-Einführungsverordnung den offenen Begriff der Sittenwidrigkeit. Eine Widerrufsmöglichkeit soll nur bei offensichtlichen Verstößen gegen die öffentliche Ordnung in Betracht kommen[227].

---

[222] Siehe oben 3. Teil B. III.
[223] *Ingerl*, EWiR, 1157, 1158.
[224] SIDN, Regulations, 12.1–12.4; Explanatory Comments, Re. Clause 12.
[225] SIDN, Regulations, 12.5; Explanatory Comments, Re. Clause 12.
[226] Dazu oben 2. Teil C. V. 1) a).
[227] .EU-Einführungsverordnung, Erwägungsgrund 17 S. 2.

Aber auch in Bezug auf die allgemeiner gehaltenen Formulierungen in den Registrierungsbestimmungen einiger NICs[228] bestehen keine wettbewerbsrechtlichen Bedenken. Bei den Registrierungsbedingungen, die sich unmittelbar aus einer staatlichen Verordnung ergeben, wie in Finnland, Spanien und Griechenland, folgt schon aus dem hoheitlichen Moment die volle Justiziabilität einer ablehnenden Registrierungsentscheidung.

Nichts anderes ergibt sich aber für die privatrechtlich ausgestalteten Registrierungsverfahren. Wird die Registrierung eines Domain-Namens unberechtigterweise abgelehnt, so ist diese Ablehnung als missbräuchlich im wettbewerbsrechtlichen Sinne zu beurteilen. Erfolgt die Ablehnung in berechtigter Weise, wird auch die wettbewerbsrechtliche Missbrauchsschwelle nicht überschritten. Der Maßstab für die Beurteilung, ob eine Registrierung zu Recht abgelehnt wurde, kann nicht den allgemein gehaltenen Formulierungen in den Registrierungsbestimmungen der NICs entnommen werden. Diese spielen für das Ergebnis der wettbewerbsrechtlichen Beurteilung keine Rolle. Entscheidend ist vielmehr das im Rahmen der wettbewerbsrechtlichen Interessenabwägung einzustellende öffentliche Interesse an der Unterdrückung einer Registrierung. Auch die Negativliste AFNICs ist demnach vollumfänglich justiziabel.

Die Entscheidung darüber, ob ein Begriff *in concreto* im Einklang mit den öffentlichen Moralvorstellungen von einer Registrierung ausgeschlossen werden kann, liegt bei den Gerichten. Die Formulierungen in den Registrierungsbedingungen der NICs haben, soweit es sich nicht um staatliche Vorgaben handelt, keine Bedeutung für die Beurteilung. Steht ein Ausschluss nicht im Einklang mit dem öffentlichen Interesse, so ist die Ablehnung der Registrierung als Missbrauch einer marktbeherrschenden Stellung zu beurteilen.

3) Geographische Bezeichnungen und hoheitliche Begriffe

a) Problemdarstellung

Die Frage, ob bestimmte dem hoheitlichen Bereich zuzuordnende Begriffe von einer allgemeinen Domain-Registrierung ausgeschlossen werden sollen, fällt wiederum in den Bereich der Rechtspolitik[229]. Dem entsprechen die Überlegungen im Bundesjustizministerium langfristig eine ordnungspolitische Regelung über die Registrierung hoheitlicher Begriffe für den Bereich „.de" zu treffen[230]. Die .EU-Einführungsverordnung sieht ebenfalls vor, dass die Mitgliedstaaten im Einvernehmen mit der Kommission eine begrenzte Liste geographischer und geo-

---

[228] Siehe Nachweise oben 2. Teil Fn. 126.
[229] Vgl. *Ernst*, NJW-CoR 1997, 426, 428.
[230] Siehe oben 2. Teil Fn. 142.

politischer Begriffe von einer Registrierung unterhalb von „.eu" entziehen können²³¹. Ferner sollen öffentliche Einrichtungen von einer Vorabregistrierungsmöglichkeit profitieren²³². Auch bei den neuen gTLDs wurden teilweise Vorkehrungen getroffen, die gebietsbezogene Begriffe von einer Registrierung ausnehmen. Für „.info" existiert demgemäß eine Liste mit insgesamt 327 Begriffen, die einer Registrierung durch die Öffentlichkeit entzogen sind²³³.

Wettbewerbsrechtliche Bedenken bestehen insoweit, als hier privatrechtliche Organisationen über die Zuordnung bestimmter Begriffe zu einem bestimmten Domain-Inhaber entscheiden. Es gibt keinen allgemein gültigen Rechtssatz, nach welchem einer Gemeinde oder einem anderen Hoheitsträger regelmäßig der Vorrang bei der Domain-Registrierung gegenüber einem Namensgleichen zu gewähren ist. Eine solche Zuordnung erhält daher einen diskriminierenden Charakter, wenn Begriffe für einen Namensträger reserviert werden, während andere Namensträger in einer vergleichbaren Lage leer ausgehen. In einer wettbewerbsrechtlichen Interessenabwägung stehen sich damit das Interesse des jeweiligen Hoheitsträgers an der Verwendung seines Namens als Domain-Name und das Interesse des gleichnamigen Unternehmens oder der gleichnamigen Privatperson, ihrerseits unter ihren Namen im Internet vertreten sein zu können, gegenüber.

b) Gebietskörperschaften mit überragender Verkehrsgeltung

Die Interessenabwägung fällt dann mit eindeutigem Ergebnis aus, wenn einer Partei erkennbar und in jedem Fall der Vorrang vor einer anderen Partei zu gewähren ist.

Für den Bereich „.de" gilt Folgendes: Seit der Entscheidung des Landgerichts Mannheim²³⁴ und seither ständiger Rechtsprechung wird dahin gehend judiziert, dass der Internetnutzer bei Domains, die Städte- und Gemeindenamen entsprechen, nicht nur Informationen über die jeweilige Stadt, sondern auch Informationen von der betreffenden Stadt erwartet²³⁵.

---

[231] .EU-Einführungsverordnung, Art. 5 Abs. 2.
[232] .EU-Einführungsverordnung, Art. 5 Abs. 1 b).
[233] Afilias, Reserved Names, 06.02.2002 <http://www.nic.info/whois_search/reserved_names> (Stand: Juni 2002).
[234] *LG Mannheim* CR 1996, 353 – heidelberg.de.
[235] *OLG Köln* CR 1999, 385, 386 – herzogenrath.de m. Anm. *Biere*; wortgleich: *OLG Köln* GRUR 2000, 798, 799 – alsdorf.de; *OLG Brandenburg* K&R 2000, 406, 407 – luckau.de m. Anm. *Gnielinski*; *OLG Karlsruhe* K&R 1999, 423, 424 – badwildbad.com; *LG Lüneburg* CR 1997, 288, 289 – celle.de m. Anm. *Stroemer*; *LG Braunschweig* NJW 1997, 2687 – braunschweig.de; *LG Ansbach* NJW 1997, 2688 – ansbach.de; *AG Ludwigsburg* Urt. v. 24.05.2000, 9 C 612/00, JurPC Web-Dok.
Fortsetzung nächste Seite

Hält jedoch ein Gleichnamiger einen Domain-Namen eines Hoheitsträgers, so besteht ein Anspruch der Stadt oder Gemeinde auf Löschung des Domain-Namens nicht ohne weiteres[236]. Die erste instanzgerichtliche Entscheidung zu dieser Frage durch das Landgericht Augsburg hat dementsprechend einen Anspruch auf Löschung der Domain „boos.de" der kleinen Gemeinde Boos gegen den gleichnamigen Domain-Inhaber und Betreiber einer Kfz-Werkstatt verneint[237]. Das Oberlandesgericht München hat die Entscheidung unter weitgehender Zustimmung in der Literatur bestätigt[238]. In Weiterführung dieser Rechtsprechung hat das Oberlandesgericht Koblenz in der Entscheidung zu „vallendar.de" festgehalten, dass dem Grundsatz der Priorität auch bei der im Rahmen einer Domain-Streitigkeit zwischen einer Gebietskörperschaft und einem gleichnamigen Dritten erforderlichen Interessenabwägung entscheidende Bedeutung zukomme[239]. Eine Durchbrechung des Prioritätsprinzip könne aber erfolgen, soweit es sich bei der Gebietskörperschaft um einen Namensträger von überragender Bekanntheit handele.

Für die Frage der wettbewerbsrechtlichen Missbräuchlichkeit einer Negativliste mit hoheitlichen Begriffen ergibt sich daraus, dass die im Rahmen einer Namensanmaßung nach § 12 S. 1 Alt. 2 BGB erforderliche Zuordnungsverwirrung bei Namen von Gebietskörperschaften mit überragender Verkehrsgeltung auf die Registrierungsebene verlagert werden kann, ohne dass dem Inhalt der Webpage, insbesondere einer etwaigen Gegenerklärung auf der Eingangsseite des Webauftritts, eine weitere Bedeutung zukäme[240]. Der Ausschluss solcher Namen von Gebietskörperschaften mit überragender Verkehrsgeltung von einer Registrierung durch die Allgemeinheit ist damit nicht zu beanstanden. Stellt die Registrierung einer solchen Städtebezeichnung durch einen Dritten – ungeachtet eines bestehenden eigenen Namensrechts – regelmäßig eine Namensverletzung der betroffenen Gebietskörperschaft dar, so ist auch die Reservierung des Domain-Namens gerade für diesen

---

15/2001, Abs. 13 – muenchingen.de; *LG Duisburg* MMR 2000, 618, 170 – cty.de (betrifft Third-Level-Domain). Anders aber bei: „info-duisburg.de" – *LG Düsseldorf* Urt. v. 01.06.2001, 38 O 12/01 <http://www.netlaw.de> und „duisburg-info.de" – *OLG Düsseldorf* CR 2002, 447–449 und Vorinstanz: *LG Düsseldorf* MMR 2001, 626 m. Anm. *Kleinevoss*; s.a. *OLG Rostock* K&R 2000, 303 – mueritz-online.de m. Anm. *Jaeger*.

[236] *Linke*, CR 2002, 271, 274.
[237] *LG Augsburg*, MMR 2001, 243 – boos.de.
[238] *OLG München*, MMR 2001, 692, 693 f. – boos.de; *Hoeren*, EWiR 2001, 847, 848; *Florstedt*, MMR 2001, 825; *Bottenschein*, MMR 2001, 286, 290 f.; kritisch: *Perrey*, CR 2002, 349, 355; anders auch: *Ernst*, NJW-CoR 1997, 426, 428.
[239] *OLG Koblenz* CR 2002, 281 f. – vallendar.de m. Anm. *Eckhardt*.
[240] *Bottenschein*, MMR 2001, 286, 290 f.

Hoheitsträger nicht als missbräuchlich anzusehen. Die im Rahmen einer Namensverletzung durchzuführende Interessenabwägung wird dadurch lediglich mit vorweggenommenem Ergebnis auf die Registrierungsebene verlagert. Die sachliche Rechtfertigung dieser Registrierungsbeschränkung liegt damit in der Verwirklichung des Zuordnungsanspruchs der berühmten Gebietskörperschaft.

c) Weitere hoheitliche Begriffe

Sofern der Verkehr – ähnlich wie bei überragend bekannten Gebietskörperschaften – einen bestimmten Begriff eindeutig einem bestimmten Hoheitsträger zuordnet, so rechtfertigt sich auch hier eine Reservierung des Begriffs gerade für diesen Hoheitsträger. Die deutsche Rechtsprechung hat das Vorliegen einer Namensverletzung wiederholt mit der eindeutigen Zuordnung zu einem bestimmten Hoheitsträger begründet[241]. Die Reservierung dieser Begriffe für die jeweiligen hoheitlichen Namensträger steht demnach ebenso mit dem Wettbewerbsrecht in Einklang.

d) Weniger bekannte Städte- und Gemeindenamen

Schwieriger gestaltet sich die Beurteilung in Bezug auf Namen von Städten und Gemeinden oder Ortsteilen, die eine überragende Verkehrsbekanntheit nicht für sich beanspruchen können. In diesen Fällen wird in Einklang mit dem insofern ausschlaggebenden Gerechtigkeitsprinzip der Priorität regelmäßig der gleichnamige Erstanmelder ein überwiegendes Interesse gegenüber der Stadt oder Gemeinde an dem registrierten Domain-Namen geltend machen können[242].

Die oben gegebene Begründung trägt deshalb außerhalb des Anwendungsbereichs der mit überragender Bekanntheit ausgestatteten Gebietskörperschaften nicht. Die namensrechtliche Perspektive, die einen generellen Vorrang von Gebietskörperschaften gegenüber gleichnami-

---

[241] *LG Berlin* MMR 2001, 57, 58 f. – deutschland.de (der Bundesrepublik Deutschland); *LG Köln* NJW-RR 1999, 629 – zivildienst.de (dem Bundesamt für den Zivildienst); *LG Nürnberg-Fürth* MMR 2000, 629, 630 – pinakothek.de (der bayerischen Staatsregierung); *LG Hannover* K&R 2001, 652, 653 f. – verteidigungsministerium.de m. Anm. *Berlit* (dem Bundesministerium der Verteidigung); *LG Potsdam* Urt. v. 16.01.2002, 2 O 566/01, JurPC Web-Dok. 85/2002, Abs. 18 – polizeibrandenburg.de (dem Land Brandenburg); s.a. *LG Hamburg* K&R 2000, 613 – marine.de („Marine" ist nicht eindeutig der Bundesrepublik zuzuordnen).

[242] *LG Leipzig* Urt. v. 08.02.2001, 11 O 8573/00, JurPC Web-Dok. 6/2002, Abs. 18 – waldheim.de; *LG Coburg* Urt. v. 13.06.2001, 12 O 284/01, JurPC Web-Dok. 212/2001, Abs. 16 – tschirn.de; *LG Düsseldorf* Beschl. v. 22.08.2001, 2a O75/01 – selk.de <http://www.netlaw.de>; *LG Flensburg* MMR 2002, 247 f. – sandwig.de; *LG Flensburg* Urt. v. 18.10.2001, 3 O 178/01, 4. – hasselberg.de <http://www.nelaw.de>; *LG Erfurt* MMR 2002, 396, 397 – suhl.de; s.a. *LG Düsseldorf* MMR 2002, 398, 399 – bocklet.de.

gen Dritten verneint, beruht auf dem Gedanken, dass bei mangelnder überragender Bekanntheit, der Verkehr einen entsprechenden Domain-Namen ohne eindeutiges Ergebnis auch dem gleichnamigen privaten Namensträger oder aber einer gleichnamigen anderen Gemeinde zuordnen wird. Ein Interessenausgleich erfolgt deshalb nach dem Gerechtigkeitsprinzip der Priorität.

Bei Städte- und Gemeindenamen ist die Reservierung des Domain-Namens für einen bestimmten Hoheitsträger jedoch ungeachtet des Ausschlusses etwaiger Gleichnamiger sachlich gerechtfertigt. Dies ergibt sich aus einem überwiegenden öffentlichen Interesse an einer eindeutigen Zuordnung hoheitlicher Begriffe auch im Internet. Während bei der namensrechtlichen Beurteilung dem Aspekt des Allgemeininteresses keine entscheidende Bedeutung zukommt[243], muss etwas anderes für die rechtspolitische Frage nach der Ausgestaltung des Registrierungssystems gelten. Der Vorrang eines Gleichnamigen im Fall der Domain-Namenskollision mit dem Namen einer kleinen Gemeinde ergibt sich aus dem Gerechtigkeitsprinzip der Priorität. Dieses Gerechtigkeitsprinzip gilt aber im Fall einer Regelung der Kollision bereits auf der Registrierungsebene nicht mehr. Es kann dementsprechend von dem Gleichnamigen nicht reklamiert werden, wenn ein anderes im öffentlichen Interesse stehendes Gerechtigkeitsprinzip implementiert wird.

Dieses Ergebnis steht in Einklang mit den Wertungen des Markenrechts, wonach Begriffe von öffentlichem Interesse von der Eintragungsfähigkeit als Marke ausgenommen werden. So schließen Art. 3 Abs. 1 c) MRL, Art. 7 Abs. 1 c) GMV sowie § 8 Abs. 2 Nr. 2 MarkenG, Zeichen und Angaben, die zur Bezeichnung der geographischen Herkunft bestimmt sind, von einer kennzeichenrechtlichen Eintragung aus. Zwar kann dieses Schutzhindernis durch Verkehrsdurchsetzung überwunden werden, vgl. Art. 3 Abs. 3 S. 1 MRL, Art. 7 Abs. 3 GMV, § 8 Abs. 3 MarkenG, doch rechtfertigt die Eindimensionalität des Domain-Namens-Raums eine andere Bewertung in Bezug auf die Domain-Namen. Bekräftigung findet diese Schlussfolgerung durch den Ausschlussgrund der Art. 3 Abs. 1 h), Abs. 2 c) MRL i.V.m. Art 6ter PVÜ, Art. 7 Abs. 1 h) GMV, § 8 Abs. 2 Nr. 6 MarkenG, wodurch Staatswappen und anderen staatlichen Hoheitszeichen sowie kommunalen Wappen die kennzeichenrechtliche Schutzfähigkeit versagt wird. Normzweck der Schutzversagung ist die Verhinderung des kommerziellen Missbrauchs staatlicher Hoheitszeichen[244]. Auf Grund der Reduzierung des Domain-Namensraums auf

---

[243] *OLG München* MMR 2001, 692, 694 – boos.de.
[244] *Fezer*, § 8 Rn. 360.

Wortdarstellungen stellen die Domain-Namen im Internet gleichsam die staatlichen Hoheitszeichen dar. Diese Ausschlussratio ist damit auch auf die Domain-Registrierung übertragbar.

e) Beurteilung für die übrigen Mitgliedstaaten

Ein öffentliches Interesse vermag damit den Ausschluss hoheitlicher Begriffe von einer Domain-Registrierung durch die Allgemeinheit zu rechtfertigen. Wegen des von einem öffentlichen Interesse getragenen Freihaltebedürfnisses gilt dies auch in den übrigen Mitgliedstaaten unabhängig von der Frage, ob im Einzelfall tatsächlich ein namensrechtlicher Vorrang auszusprechen wäre[245]. Die dahin gehenden Negativlisten in den Mitgliedstaaten verstoßen demnach nicht gegen die Wertungen des Wettbewerbsrechts.

f) Zusammenfassung

Der Ausschluss hoheitlicher Begriffe von einer Registrierung durch die Allgemeinheit und die Reservierung solcher Begriffe für die korrespondierenden Hoheitsträger ist wettbewerbsrechtlich nicht zu beanstanden.

4) Die Reservierung bestimmter Begriffe für Private

Bei dem Ausschluss berühmter Kennzeichen und Namen berühmter Persönlichkeiten von einer Registrierung als Domain-Name durch die Allgemeinheit handelt es sich um ein milderes Mittel zu einem generellen Nachweiserfordernis. Einem solchen Konzept entsprechende Regelungen finden sich bisher jedoch ausschließlich in den Mitgliedstaaten, die auch einen Berechtigungsnachweis verlangen[246]. Die Zulässigkeit des Schutzes berühmter Namen und Kennzeichen durch Negativlisten, d.h. eine Registrierung dieser Begriffe nur für die korrespondierenden Zeicheninhaber, wird von einem überwiegenden Interesse dieser Kennzeichen- und Namensinhaber getragen. Das Interesse wiegt so schwer, dass der BGH berühmten Namensträgern einen generellen Vorrang vor gleichnamigen Dritten im Rahmen der nach § 12 S. 1 Alt. 2 BGB erforderlichen Interessenabwägung einräumt[247]. Insofern gilt das zu berühm-

---

[245] Siehe die Beispiele aus Österreich: ÖOGH MMR 2002, 301–305 – bundesheer.at II m. Anm. *Schanda* = K&R 2002, 324, 327 m. Anm. *Thiele*; ÖOGH Entsch. v. 22.03.2001, 4Ob39/01s – rechnungshof.com; ÖOGH Entsch. v. 14.05.2001, 4 Ob 106/01v – adnet.at; ÖOGH Entsch. v. 13.11.2001, 4Ob260/01s – obertauern.at <http://www.rechtsprobleme.at>; ÖOGH Entsch. v. 13.11.2001, 4 Ob255/01f – galtuer.at; ÖOGH Entsch. v. 29.01.2002, 4 Ob 246/01g – graz2003.at <http://www.internet4jurists.at>.
[246] ES-NIC, Naming Rules, 3.3.g; FCCN, Rules, 2.3.2.4. a) und 2.3.9.2. a).
[247] *BGH* MMR 2000, 382, 385 – shell.de.

ten Städtenamen Gesagte[248]. Soweit Namensträgern unter Ausschaltung des Registrierungsprinzips der Priorität ein Vorrang im Rahmen der namensrechtlichen Interessenabwägung eingeräumt wird, kann ein solcher Vorrang auch in zulässiger Weise auf der Registrierungsebene implementiert werden. Bei Kennzeichen mit überragender Verkehrsgeltung zeichnet sich eine ähnliche Entwicklung in der Rechtsprechung ab, d.h. einen auf § 14 Abs. 2 Nr. 3 MarkenG basierenden generellen Vorrang solcher Kennzeichen zu gewähren[249]. Die DENIC soll im Einzelfall sogar verpflichtet werden können, berühmte Marken gänzlich von einer Registrierung auszunehmen[250]. Die Problematik bei einem solchen *a priori*-Ausschluss im Interesse privater Namensträger oder Kennzeicheninhaber liegt deshalb vielmehr bei der Frage, wann eine solche Berühmtheit erreicht ist, dass sich ein genereller Vorrang eines bestimmten Namensträgers gegenüber allen anderen Gleichnamigen und damit potenziell Interessierten und Berechtigten rechtfertigt. Insofern fehlt es, anders als bei hoheitlichen Begriffen[251], an einem verlässlichen objektiven Maßstab für die Beurteilung der Berühmtheit[252]. Obschon eine Negativliste mit entsprechenden Domain-Namen in wettbewerbsrechtlich unbedenklicher Weise von den NICs geführt werden kann, unterliegen sie hinsichtlich der vorweggenommenen Abwägung einer Missbrauchskontrolle[253].

5) Gattungsbegriffe und internetspezifische Begriffe

a) Wettbewerbsrechtliche Zulässigkeit eines Ausschlusses

Auch bei der Entscheidung für oder gegen einen generellen Ausschluss generischer und beschreibender Begriffe von der Domain-Registrierung handelt es sich um eine der wettbewerbsrechtlichen Be-

---

[248] Siehe oben 3) b).
[249] *OLG München* CR 1998, 556, 557 f. – freundin.de m. Anm. *Hackbarth*; *OLG Karlsruhe* MMR 1999, 171 f. – zwilling.de; *OLG Hamburg* ZUM-RD 2001, 131–137 – derrick.de; *Nägele*, WRP 2002, 138, 147 f./150–152; *Viefhues*, MMR 1999, 123–127; *ders*. in: Hoeren/Sieber, Teil 6 Rn. 163/171/175 m.w.N.; *Stroemer*, K&R 2002, 306, 308.
[250] *BGH* MMR 2001, 671, 675 – ambiente.de.
[251] Vgl. z.B.: Die Bundesrepublik Deutschland Staatshandbuch Nordrhein-Westfalen – Verzeichnis der Behörden und Gemeinden und Aufgabenbeschreibung und Adressen, Ausgabe 2001, Köln 2001; Hessen, Ausgabe 2000, Köln 2000; Die Bundesrepublik Deutschland Staatshandbuch – Verbände, Ausgabe 2001, Köln 2001.
[252] *OLG Dresden* CR 2001, 408, 410 – kurt-biedenkopf.de. m. Anm. *Röhrborn* = MMR 2001, 459, 461 m. Anm. *Welzel*; *ders.*, MMR 2001, 744, 746; *OLG Köln* Urt. v. 27.11.2001, 15 U 109/01 – guenter-jauch.de <http://www.bonnanwalt.de>; Vorinstanz: *LG Köln* CR 2001, 622 m. Anm. *Leible/Sosnitza* und m. Anm. *Ernst*; *Strömer*, K&R 2002, 306, 309.
[253] Vgl. zur Sittenwidrigkeit oben 2).

wertung entzogene Frage. Das Gleiche gilt für internetspezifische Begriffe, bei denen es sich nur um eine besondere Form von Gattungsbegriffen handelt. Anders als bei dem strikten Nachweiserfordernis werden bei dem Ausschluss generischer und beschreibender Begriffe nicht sämtliche denkbaren nichtkommerziellen Ausdrucksformen verhindert. Ob ein solcher Ausschluss jedoch erfolgen soll, ist eine rechtspolitische Frage.

Eine solche Bewertung liegt auch der Entscheidung des Bundesgerichtshofs in „mitwohnzentrale.de" zu Grunde[254]. Der BGH hat mit dieser Entscheidung klargestellt, dass die absoluten Schutzhindernisse des § 8 Abs. 2 Nr. 2 MarkenG nicht in analoger Anwendung auf die Domain-Vergabe übertragen werden können[255]. Gleichzeitig hat er aber ausgeführt, dass mit Blick auf Gattungsbegriffe die Implementierung einer restriktiven Registrierungspraxis nach dem Vorbild anderer europäischer Länder durch die DENIC denkbar wäre[256]. Auch wenn die Registrierung eines Gattungsbegriffes nicht als unlauter i.S.d. § 1 UWG eingestuft werden kann, kommt ein Ausschluss solcher Registrierungen dennoch in Betracht. Bei dem Prioritätsprinzip handelt es sich nur um ein mögliches Gerechtigkeitsprinzip, so dass andere Modelle, wie etwa das von Frankreich praktizierte System zahlreicher vorgegebener generischer Unterbereiche, wettbewerbsrechtlich nicht zu beanstanden sind. Die sachliche Rechtfertigung eines solchen Systems kann in Parallele zum Markenrecht in einem Freihaltebedürfnis im Allgemeininteresse gesehen werden. Soweit in anderen Mitgliedstaaten das Gerechtigkeitsprinzip der Priorität für die Zuteilung generischer und beschreibender Begriffe als ungeeignet angesehen wird, handelt es sich demnach nicht um eine missbräuchliche Registrierungspraxis.

Demgemäß wurde das bis Ende 2001 in Irland geltende Verbot generischer und beschreibender Begriffe damit begründet, dass ein Domain-Inhaber sich durch die Registrierung generischer Begriffe einen unlauteren Wettbewerbsvorteil gegenüber anderen Domain-Inhabern verschaffe[257]. Auf der gleichen Erwägung beruhte die Ausnahmeregelung in Irland, nach welcher solche generische Begriffe registriert

---

[254] *BGH* MMR 2001, 666 – mitwohnzentrale.de m. Anm. *Hoeren* = K&R 2001, 583 m. Anm. *Leible/Sosnitza* = CR 2001, 777 m. Anm. *Jaeger-Lenz* = MDR 2002, 45 m. Anm. *Mankowski*.
[255] *BGH* MMR 2001, 666, 668 – mitwohnzentrale.de.
[256] *BGH* MMR 2001, 666, 668 f. – mitwohnzentrale.de.
[257] IEDR, Elaboration on the Generic Name Rule <http://www.domainregistry.ie/policies/generic.html> (Stand: Juni 2001); IEDR, Obtaining an Internet domain within IE, 3.5.

werden konnten, bei denen nach der Einschätzung IEDRs die Gefahr eines Wettbewerbsvorteils nicht erkennbar war.[258] Dies sollte insbesondere bei Vereinigungen, welche alle Interessenvertreter oder Wettbewerber repräsentieren oder auch für gemeinnützige Einrichtungen der Fall sein.

b) Besonderheiten bei bestehendem Kennzeichenschutz

Eine besondere Fragestellung ergibt sich daraus, dass ein Markenschutz an Gattungsbegriffen und beschreibenden Angaben gemäß § 8 Abs. 2 Nr. 1 und 2 MarkenG[259], Art. 3 Abs. 1 b) und c) MRL[260] sowie Art. 7 Abs. 1 b) und c) GMV[261] immer nur bezogen auf bestimmte Waren- und Dienstleistungsbereiche ausgeschlossen ist[262]. Außerhalb dieses Produktbereichs kommt ein Markenschutz durch Eintragung durchaus in Betracht. Zudem besteht die Möglichkeit gem. § 8 Abs. 3 MarkenG, Art. 7 Abs. 3 GMV, Art. 3 Abs. 3 MRL einen Markenschutz durch Verkehrsdurchsetzung zu erwerben.

Soweit FCCN in Portugal für bestehende Markenrechte keine Ausnahme von dem Verbot von beschreibenden Begriffen vorsieht, muss dieser Praxis das überragende Interesse des Kennzeicheninhabers an einer Registrierung als Domain-Name entgegengehalten werden. Dieses Interesse wiegt in den Fällen, in denen das kennzeichenrechtliche Freihaltebedürfnis durch Verkehrsdurchsetzung überwunden wurde, wegen der damit einhergehenden Bekanntheit des Zeichens besonders schwer.

Dieser Lösung steht nicht entgegen, dass eine den § 23 Nr. 2 MarkenG, Art. 6 Abs. 1 lit. b) MRL, Art. 12 b) GMV entsprechende Regelung bei der Monopolisierung eines Domain-Namens unterhalb einer TLD nicht besteht. § 23 Nr. 2 MarkenG wirkt als Gegenpol zu § 8 Abs. 3 MarkenG, indem dem Verkehr die Verwendung der beschreibenden Angabe weiterhin ermöglicht wird[263]. Dieser Einwand kann im portugiesischen System keine Rolle spielen. In der zur Beurteilung eines Missbrauchs notwendigen Interessenabwägung steht dem Interesse des Kennzeicheninhabers nicht etwa das Interesse gegenüber, den beschrei-

---

[258] Als Beispiel wird hier die zulässige Registrierung von „butterfly.ie" genannt, während „irishpubs.ie" unzulässig sein soll.
[259] Gesetz über den Schutz von Marken und sonstigen Kennzeichen (Markengesetz – MarkenG) vom 25.10.1994, BGBl. I 3082, ber. BGBl. 1995 I, 156.
[260] Erste Richtlinie des Rates zur Angleichung der Rechtsvorschriften der Mitgliedstaaten über die Marken (89/104/EWG) vom 21.12.1988 (ABlEG Nr. L 40 v. 11.02.1989, S. 1, ber. ABlEG Nr. L 159 v. 10.06.1989, S. 60).
[261] Pariser Verbandsübereinkunft vom 20.03.1883 zum Schutz des gewerblichen Eigentums in der Stockholmer Fassung vom 14.07.1967, BGBl. 1970 II, 293.
[262] *Fezer*, § 8 Rn. 24/118/122.
[263] *Fezer*, § 23 Rn. 29.

benden Begriff für die Allgemeinheit freizuhalten[264], sondern das Interesse an einem vollständigen Entzug des beschreibenden Begriffs, d.h. die Verwendung durch niemanden. Dieses Interesse muss aber hinter dem Interesse des Kennzeicheninhabers an einer Webpräsentation unter seinem Markennamen zurücktreten. Praktisch betrachtet wiegt das Interesse der Firma Microsoft an der Registrierung der Domain „windows.pt" oder das Interesse der Volkswagen AG an der Registrierung der SLD „volkswagen.pt" schwerer als das Interesse an einem generellen Ausschluss beschreibender Begriffe. Dementsprechend hatte das belgische Handelsgericht in Brüssel der belgischen Registrierungsstelle DNS BE in zwei Entscheidungen aufgegeben, die Gattungsbegriffe „Auto" und unter anderem „Immobilien" unterhalb von „.be" für die jeweiligen Antragsteller als Domain-Namen zu registrieren[265]. Das Gericht stützte den Anspruch jeweils auf Art. 93 des belgischen Gesetzes gegen unlautere Handelspraktiken[266]. Anders als das deutsche UWG setzt das belgische Lauterkeitsrecht kein Wettbewerbsverhältnis voraus, sondern verbietet sämtliche gegen die kaufmännische Anständigkeit verstoßende Handlung[267]. In einem Fall argumentierte das Gericht – in Einklang mit dem hier gefundenen Ergebnis – damit, dass DNS BE nicht befugt sei, die Verwendung von Markenrechten durch deren Inhaber einzuschränken. Im zweiten Fall wurde der Anspruch, ohne dass ein Markenrecht an der Bezeichnung „Auto" bestanden hätte, mit einer Ungleichbehandlung begründet, da auch in der Vergangenheit generische Begriffe nach unklaren Kriterien registriert worden waren. Als Folge dieser Entscheidungen wurden in Belgien Gattungsbegriffe zum Dezember 2001 zur Registrierung freigegeben.

Ein vollständiger Ausschluss einer Registrierung beschreibender Angaben kann im Ergebnis nur dann sachlich gerechtfertigt sein, wenn der Ausschluss in ein System generischer Unterbereiche eingebettet wird und dem Interesse des Kennzeicheninhabers das Interesse an der Nutzung einer Subdomain durch die Allgemeinheit entgegengehalten werden kann.

---

[264] Zu einer solchen Konstellation im Fall der Domain-Namen-Kollision: *OLG Wien* WRP 2002, 349–354 – kinder.at.
[265] Tribunale de Commerce de Bruxelles, Entsch. v. 08.11.2000, A.C. 8.286/2000 – immobilier.be u.a.; Entsch. v. 21.02.2001, A.C. 10.055/2000 – auto.be <http://www.euromedialaw.net>; MMR 06/2001, XIX.
[266] Gesetz vom 14. Juli 1991 über die Handelspraktiken und die Information und den Schutz des Verbrauchers (*Loi sur les pratiques du commerce et la protection des conommateurs*) in: GRUR Int. 1992, 623–638.
[267] *Baumbach/Hefermehl*, Wettbewerbsrecht, UWG Einl Rn. 2; *Schricker/Henning-Bodewig*, WRP 2001, 1367, 1368.

VII. Weitere Beschränkungen

Die weiteren Beschränkungen sind in ihren Wirkungen und nach dem mit ihnen verfolgten Zweck eng miteinander verknüpft. Sowohl bei dem Ausschluss von Domain-Registrierungen durch Privatpersonen als auch bei der numerischen Beschränkung der zulässigen Registrierungen sowie dem Übertragungsverbot handelt es sich um Mittel zur Verhinderung missbräuchlicher und spekulativer Domain-Registrierungen. Als solche stellen sie einen Gegenpol zum Registrierungsprinzip des „first come, first served" dar. Dem gegenüber steht das Interesse von Unternehmen und Privaten an einer den Domain-Handel umfassenden wirtschaftlichen Betätigung sowie darüber hinaus das Interesse von Privatpersonen an einer Teilnahme am Kommunikationsmedium Internet durch eine eigene Domain.

1) Die wettbewerbsrechtliche Zulässigkeit

Die Interessenlage zwischen unlauterer Monopolisierung und der Anerkennung einer Domain als handelbares Wirtschaftsgut greift eine alte Problematik des Kennzeichenrechts auf. Bis zur Änderung des alten Warenzeichengesetzes durch das Erstreckungsgesetz im Jahr 1993 galt in Deutschland das Prinzip der Akzessorietät von Warenzeichen und zu Grunde liegendem Geschäftsbetrieb. Marken konnten vor dieser Änderung nicht ohne den Geschäftsbetrieb übertragen werden, noch konnten Privatpersonen als solche Registrierungen in der Zeichenrolle vornehmen. Heute verwirklicht das europäische Kennzeichenrecht ausnahmslos das Prinzip der Nichtakzessorietät[268]. Marken können demnach frei an Dritte übertragen werden und stellen heute ein selbstständiges Wirtschaftsgut dar[269]. Das markenrechtliche Eintragungsprinzip, nach welchem Markenrechte ohne weitere Voraussetzungen allein durch die Eintragung in das Markenregister entstehen, verstärkt diese Einschätzung noch[270]. Das europäische Markenrecht ermöglicht nunmehr auch Privatpersonen die Eintragung von Marken und als Folge auch einen Handel mit Marken sowie neue Betätigungsfelder im Bereich des Markendesigns und Markenmerchandising[271]. Das markenrechtliche System

---

[268] Art. 17 Abs. 1 GMV, § 27 Abs. 1 MarkenG; siehe im Übrigen die Nachweise bei: *Fezer*, § 27 Rn. 6.
[269] *Fezer*, Einl. Rn. 35; *ders.* WRP 1998, 1, 12; *Ingerl/Rohnke*, Vor §§ 27–31 Rn. 3; *Starck*, WRP 1994, 698.
[270] Art. 6 GMV, Art. 1 MRL, § 4 Nr. 1 MarkenG; vgl. *Fezer*, § 3 Rn. 73.
[271] *Fezer*, § 3 Rn. 74; *Tilmann*, ZHR 158 (1994), 371, 376 f.

trägt mit diesen Möglichkeiten den Bedürfnissen von Unternehmen nach erweiterten Handlungs- und flexiblen Gestaltungsmöglichkeiten in Bezug auf ihre unternehmerische Tätigkeit Rechnung. Ebenso besteht aber ein Bedürfnis, die Handlungsfähigkeiten von Webdesignern und ähnlichen Anbietern zu erweitern, indem diesen – wie es in Deutschland der Fall ist – die Möglichkeit eröffnet wird, komplette Webpräsenzen inklusive der Domain-Registrierung anzubieten. Trotz der Unterschiede zwischen Domain-Namen und Kennzeichen sind diese aus der Sicht ihrer Nutzer in Funktion und Wirkung derart vergleichbar[272], dass sich eine Übertragung der Grundsätze rechtfertigt.

a) Übertragungsverbot

Die vergleichbare Sachlage führt dazu, dass ein vollständiger Ausschluss einer Übertragungsmöglichkeit von Domain-Namen als missbräuchlich i.S.d. Wettbewerbsrechts zu bewerten ist. DNS BE hat im Januar 2002 das Ergebnis einer Umfrage präsentiert, durch welche das Bedürfnis nach Übertragungen von „.be"-Domains ermittelt wurde. Mehr als 80% der ca. 2800 Teilnehmer sprachen sich für die Möglichkeit einer solchen Übertragung aus[273]. Es besteht ein erhebliches praktisches Bedürfnis, solche Übertragungen zuzulassen. In Österreich und dem Vereinigten Königreich werden dem Domain-Inhaber aus diesem Grund sogar Domain-Zertifikate zur Vereinfachung der Abwicklung der Übertragung ausgehändigt[274]. Übertragungen dienen der Verwirklichung neuer Geschäftsmodelle. Angesichts ihres teilweise enormen Werts eignen Domain-Namen sich darüber hinaus als Kreditsicherheit oder im Zwangsvollstreckungsverfahren[275]. Eine Fungibilität von Domain-Namen dient damit auch dem Interesse des Gläubigerschutzes. Soweit dem Domain-Inhaber nur die Möglichkeit bleibt, den Domain-Namen zu löschen und so dem Dritten die Möglichkeit der Neuregistrierung zu ermöglichen, reicht dieses Verfahren für die genannten Zwecke nicht aus. Es trägt das unverhältnismäßige Risiko in sich, dass Dritte das Freiwerden des Domain-Namens zu einer eigenen Registrierung nutzen. Zur Verwirklichung der wirtschaftlichen Betätigungsfreiheit der

---

[272] *Biere*, CR 1999, 387; *Spindler* in: Immenga/Lübben/Schwintowski, S. 47; *Reinhart*, WRP 2001, 13, 19; Kleine Anfrage Mayer u.a., BT-Drucksache 14/3819, S. 2.

[273] DNS BE, Do you think it should be possible to transfer the license of a domainname to a third party? <http://www.dns.be/eng/voteresult.htm> (Stand: April 2002).

[274] nic.at, Die Antworten zum nic.at Domain-Zertifikat, Was bringt das Zertifikat? <http://www.nic.at/german/Zertifikat/Startframe.htm>; Nominet UK, Your Domain Name Registration Certificate <http://www.nic.uk/ref/certs.html> (Stand jeweils: Juni 2002).

[275] *Viefhues* in: Hoeren/Sieber, Teil 6 Rn. 365/381/386/389.

Beteiligten fordert das Wettbewerbsrecht, dass die NICs – wegen der auf Grund ihrer marktbeherrschenden Stellung an sie gerichteten erhöhten Verhaltensanforderungen – zumindest eine Hilfskonstruktion, wie sie unterhalb von „.de" mit der Möglichkeit eines KK-Antrags besteht[276], anbieten. Einige NICs erlauben dementsprechend Übertragungen, sofern der neue Domain-Inhaber die Voraussetzungen einer Erstregistrierung ebenfalls erfüllt[277]. Der vollständige Ausschluss, wie er in Griechenland und Luxemburg praktiziert wird, kann dagegen einer Missbrauchskontrolle nicht standhalten. Auch die belgische Regelung, die eine Übertragung nur zusammen mit dem Geschäftsbetrieb zulässt, kann vor diesem Hintergrund einer wettbewerbsrechtlichen Kontrolle nicht standhalten.

b) Numerische Beschränkungen

Die numerischen Beschränkungen[278] unterliegen der gleichen Bewertung. Diese schränken die Gestaltungsmöglichkeiten der Internet-Dienstleister in unangemessener Weise ein. Dies kann am Beispiel Österreichs nachgezeichnet werden. Für den Bereich „.at" sollte ursprünglich eine Beschränkung von einem Domain-Namen pro Organisation gelten, doch zeigte sich dies als nicht praktikabel, da das österreichische Parlament neben „parlinkom.gv.at" (für ein parlamentarisches Informations- und Kommunikationssystem) zusätzlich die Domain „parlament.gv.at" nutzen wollte[279]. Dementsprechend haben auch die übrigen NICs ihre dahin gehenden Beschränkungen in den letzten Jahren weitgehend aufgehoben[280]. Soweit sich die numerische Beschränkung unmittelbar aus dem Nachweiserfordernis ableitet, folgt die Missbräuchlichkeit bereits aus der Wettbewerbswidrigkeit dieses Erfordernisses. Dies gilt insbesondere für die NICs, die nur die Registrierung eines mit der Firma identischen Domain-Namens erlauben (so in Portugal und Spanien) oder zusätzlich zu dem Nachweiserfordernis eine zahlenmäßige Beschränkung aufstellen (so in Finnland und Schweden).

---

[276] Siehe oben 2. Teil C. V. 3).
[277] AFNIC in Frankreich und FICORA in Finnland: siehe oben 2. Teil C. V. 3).
[278] Siehe oben 2. Teil C. V. 4).
[279] *Rastl*, Es begann an der Uni Wien: 10 Jahre Internet in Österreich, Juni 2000, S. 7.
[280] Griechenland: GR Hostmaster, E-Mail v. 19.03.2002 (auf Ablage beim Autor); Frankreich: AFNIC, Evolution de la charte de nommage, 15.11.2001 <http://www.nic.fr/nouvelles/2001/marquess.html#> (Stand: April 2002); Spanien: Ministerio de Fomento, Orden Marzo/Julio, Disposición transitoria segunda. *Asignación de nombres a personas físicas*; Irland: IEDR, Corporate Names Rule Relaxation, 09.08.2000 <http://www.domainregistry.ie/policies/namingpolicy.html> (Stand: Juni 2002).

c) Privatpersonen

Bei dem Ausschluss von Registrierungen durch Privatpersonen[281] gibt der oben erörterte Aspekt des Internets als Kommunikationsplattform die wettbewerbsrechtliche Bewertung vor. Als Ausnutzen einer marktbeherrschenden Stellung stellt sich damit der vollständige Ausschluss von Privatpersonen von einer Registrierungsmöglichkeit dar, wie er in Spanien und Finnland praktiziert wird. Durch die Verknüpfung von Firma und Domain wird das Internet auf ein kommerzielles Medium reduziert[282]. Soweit damit spekulative Registrierungen verhindert werden sollen, vermag dieses Ziel den generellen Ausschluss von Privatpersonen nicht zu rechtfertigen. Spezielle private Subdomain-Bereiche oder ein effektives Streitbeilegungssystem wären insofern weniger einschneidende Mittel zur Erreichung dieses Zwecks.

Soweit in Irland Privaten eine Vorgabe hinsichtlich des Formats der zulässigen Registrierung gemacht wird, muss auch hier das zum Nachweiserfordernis Gesagte gelten[283]. Die Kommunikations- und Ausdrucksmöglichkeiten im Medium Internet werden dadurch in unangemessener Weise eingeschränkt. Auch in den Niederlanden bestand bis Anfang 2002 eine Formatvorgabe für Domain-Registrierungen Privater. Registrierungen hatten dabei als *Third-Level-Domain* unterhalb eines vorgegebenen aus drei Zahlen bestehenden SLD-Bereichs zu erfolgen[284]. Wegen der geringen Attraktivität dieses Modells hat SIDN nach dem Konsultationsverfahren von dieser Regelung Abstand genommen[285].

Nicht zu beanstanden ist dagegen die Einrichtung einer eigenen Subdomain-Kategorie für Privatpersonen nach dem Vorbild Frankreichs, Schwedens und Portugals, sofern diese sich in ein ausgewogenes System solcher Unterbereiche einfügt[286].

2) Sachliche Rechtfertigung

Eine pauschale Ablehnung der genannten Beschränkungen durch die Parallele zum Kennzeichenrecht erweckt mit Blick auf missbräuchliche Domain-Registrierungen Bedenken. Die Registrierungsbedingungen für „.it" geben einen Anhaltspunkt dafür, welche Motive hinter dem Verbot von Übertragungen stecken. Die gleiche Bestimmung, welche Übertragungen erlaubt, enthält auch einen weitergehenden Hinweis darauf, dass

---

[281] Siehe dazu oben 2. Teil C. V. 2).
[282] Siehe oben IV. 1).
[283] Siehe oben IV. 1).
[284] .nl Final Report, 1.2.4. Nr. 23.
[285] .nl Final Report, 4.5 Nr. 22 f.
[286] Siehe oben V. 2).

das Horten von Domain-Namen und Cybersquatting verboten bleibt[287]. Das Zessionsverbot dient dem Schutz von Kennzeicheninhabern und Namensträgern. Dem gegenüber steht aber wiederum das Interesse, die unternehmerischen Handlungsmöglichkeiten zu erweitern.

In Deutschland hat sich mittlerweile eine Kasuistik herausgebildet, mit der sich die Fälle des Domain-Grabbing zufriedenstellend lösen lassen[288]. Aus anderen Mitgliedstaaten sind entsprechende Lösungen bekannt geworden[289]. Darüber hinaus existieren in einigen Mitgliedstaaten Streitschlichtungsverfahren, die sich dieser Problematik annehmen[290].

Offen scheint aber die Lösung der Fälle, in denen Domains zwar ohne die Absicht bestimmte Kennzeichen- oder Namensinhaber mit Zahlungsforderungen zu überziehen aber auch ohne einen zumindest generellen Benutzungswillen gehortet und so einer Registrierung durch Dritte entzogen werden. Die genannten Beschränkungen sind durchaus geeignet, einem solchen Horten von Domains entgegenzuwirken.

Das Kennzeichenrecht enthält Schutzschranken, die dazu dienen, lediglich als Behinderungsinstrument eingesetzten Kennzeicheneintragungen entgegenzuwirken. So kann gem. §§ 49 Abs. 1, 53, 55 Abs. 1, 2 Nr. 1 MarkenG jedermann im Wege der Popularklage die Löschung einer innerhalb eines Zeitraums von fünf Jahren nicht benutzten Marke wegen Verfalls gerichtlich oder beim DPMA geltend machen. Bei diesem Benutzungszwang handelt es sich um ein international anerkanntes markenrechtliches Grundprinzip[291], das den Mitgliedstaaten durch Art. 10 Abs. 1 MRL verbindlich vorgegeben wird und ebenso in Art. 15 Abs. 1 GMV seinen Ausdruck gefunden hat. Erklärtes Ziel des Benutzungszwangs ist es, die Möglichkeit von Markeneintragungen Dritter dadurch zu erhöhen, dass die Registrierung von Vorratsmarken verhindert wird[292].

Bei der Domain-Registrierung besteht eine solche Schutzschranke gegen Blockaderegistrierungen nicht. Demnach ist es denkbar, dass Domain-Namen für eine unbestimmte Zeit reserviert gehalten werden und ohne erkennbaren Nutzen einer Registrierung durch die Allgemeinheit entzogen werden. Soweit die DENIC darauf verweist, dass Reservierun-

---

[287] RA, Naming Rules, 10.
[288] *Viefhues* in Hoeren/Sieber, Teil 6 Rn. 201; *Hoffmann*, NJW Beilage zu Heft 14/2001, S. 16; *Kur* in: FS Beier, S. 265, 273 f.; *dies.*, CR 1996, 325, 327; *Ernst*, MMR 2001, 368, 372; *Bettinger*, GRUR Int. 1997, 402, 413 f.
[289] Für Österreich: *Burgstaller/Feichtinger*, S. 28; für das Vereinigte Königreich: *Hoffmann*, JurPC Web-Dok. 127/2001, Abs. 14; für Italien: *Holden*, [1999] E.I.P.R., N-104-N-106.
[290] Siehe oben 3. Teil F. V. 2) b) und dort Fn. 203–206.
[291] *Fezer*, Vorb § 25 Rn. 1/5 f./9.
[292] *Ingerl/Rohnke*, § 26 Rn. 8; *Baumbach/Hefermehl*, Warenzeichenrecht, § 1 Rn. 44; *Fezer*, Vorb § 25 MarkenG; Erwägungsgrund 8 MRL.

D. Missbrauchskontrolle

gen unterhalb der TLD „.de" seit dem 1. Februar 1997 nicht mehr möglich seien[293], ist damit nicht etwa gemeint, dass die angemeldete Domain auch tatsächlich benutzt werden muss. Vielmehr bedeutet dies, dass die Delegation eines Domain-Namens die Konnektierung der Domain über mindestens zwei Domain-Name-Server voraussetzt. Außer DNS-LU in Luxemburg stellen die NICs aller Mitgliedstaaten ebenfalls ein solches Konnektivitätserfordernis auf[294]. Eine Verpflichtung zur tatsächlichen Benutzung der registrierten Domain besteht in den übrigen Mitgliedstaaten aber ebenso wenig. Die Ausgestaltung einer Benutzungspflicht dürfte auch erhebliche Schwierigkeiten bereiten, da Domains für verschiedene Anwendungen verwendet werden können[295]. Domains eignen sich u.a. auch für den FTP-Dienst (*File-Transfer-Protocol*) sowie für den reinen E-Mail-Verkehr[296]. Eine Verpflichtung zum Aufsetzen von Webseiten könnte diesen Nutzungsmöglichkeiten nicht gerecht werden. Ob eine konkrete Domain tatsächlich benutzt wird, lässt sich demnach nicht überprüfen, weshalb eine solche Benutzung weder von der DENIC noch von den übrigen NICs der Mitgliedstaaten vorausgesetzt wird.

Eine praktische Möglichkeit, Vorratsregistrierungen von Domain-Namen zu verhindern, besteht in den Registries mit einer liberalen Registrierungspraxis demnach nicht. Das Erfordernis zur Zahlung einer Registrierungsgebühr stellt angesichts der nur geringen Kosten einer Domain keine effektive Schutzschranke gegen Vorratsregistrierungen dar. Gleiches gilt für das Standarderfordernis[297], in periodischen Abständen von meist ein oder zwei Jahren eine Unterhaltungsgebühr für die registrierte Domain zu bezahlen[298].

Diese Überlegungen führen jedoch nicht zu einer Rechtfertigung der einschneidenden Beschränkungen des Übertragungsverbots, des generellen Ausschlusses Privater und der numerischen Limitierung. Als Schutzschranke gegen Sperrdomains ist vielmehr nach milderen Mitteln zu suchen, die die Handlungsmöglichkeiten der interessierten Kreise – kommerzieller und nicht kommerzieller Art – nicht in einer derart einschneidenden Weise beschränken. Denkbar wäre insofern die Implementierung, und, soweit bereits vorhanden, die Ausweitung der Streitschlichtungsverfahren auf Fälle der Registrierung von Sperrdomains.

---

[293] DENIC eG, Dokumente/FAQs/Domainregistrierung, Kann ich mir eine Domain unverbindlich reservieren lassen?, 26.03.2002 <http://www.denic.de/doc/faq/domainregistrierung.html> (Stand: April 2001).
[294] DNS-LU, Domain Name Charter, 5; Terms and Conditions, 1.1.-1.2.
[295] Vgl. die Einschätzung im WIPO-Verfahren: WIPO First Final Report, S. 28 Nr. 91–94.
[296] Vgl. *OLG Frankfurt/Main* MMR 2000, 486, 487 – alcon.de.
[297] Z.B. nic.at, Preise <http://www.nic.at/german/preise.html> (Stand: Juni 2002); FCCN, Rules for .PT, 2.5; s.a. WIPO Survey of ccTLDs, III. 13.
[298] Siehe: iX 07/2002, Whois buh, S. 38.

Darüber hinaus wird der Registrierung von Sperrdomains heute schon durch das Lauterkeitsrecht eine Grenze gesetzt. In Deutschland ist die Frage, inwiefern Domain-Registrierungen als missbräuchlich zu beurteilen sind, durch ein Urteil des Landgerichts Düsseldorf zu der Domain „literaturen.de" zum Gegenstand der juristischen Diskussion geworden[299]. Der Umfang eines solchen wettbewerbsrechtlichen Löschungsanspruches und die Frage der Übertragbarkeit der markenrechtlichen Rechtsprechung zur Spekulationsmarke sind noch ungeklärt[300]. Einen ersten Anhaltspunkt in Bezug auf die Registrierung von Gattungsbegriffen gibt der BGH in seiner Entscheidung zu „mitwohnzentrale.de". Danach kann ein unlauterer Wettbewerbsverstoß vorliegen, wenn der Inhaber einer Gattungsdomain daneben andere Schreibweisen des registrierten Begriffs unter derselben TLD oder denselben Begriff unter anderen TLDs registriert hält[301]. Einen tauglichen Maßstab für die Einschränkung missbräuchlicher Domain-Registrierungen stellt in den übrigen Mitgliedstaaten das jeweilige nationale Lauterkeitsrecht dar[302]. Soweit diese Regelungen einen weniger strengen Maßstab aufstellen als das deutsche allgemeine Wettbewerbsrecht, steht eine Harmonisierung auf der Agenda der Kommission[303]. Wegen der wirtschaftlichen und kommunikativen Bedeutung der Domain-Namen wäre insofern auch eine einheitliche europäische sektorspezifische Regelung dieser Problematik geboten.

Für die Zwecke dieser Arbeit soll die Feststellung ausreichen, dass Schutzschranken bestehen, die von der Rechtsprechung mit Blick auf die Unterschiede von Domain-Namen und Kennzeichen über die Fälle des Domain-Grabbing hinaus fortzuentwickeln sind[304]. Das Übertragungsverbot sowie die numerischen Begrenzungen und der Ausschluss

---

[299] *LG Düsseldorf* MMR 2002, 126 f. – literaturen.de.

[300] Für eine Übertragung: *Fezer*, 3 Rn. 349; *Hoffmann*, NJW Beilage zu Heft 14/2001, S. 22; *Kiethe/Groeschke*, WRP 2002, 27, 31–34; *Graf*, CR 2002, 138–140; *Ubber*, BB 2002, 1167, 1169 f. Einschränkend: *Mietzel/Hero*, MMR 2002, 84–88; *Beckmann*, K&R 2002, 99–101; *Viefhues* in: Hoeren/Sieber, Teil 6 Rn. 179–197.

[301] *BGH* MMR 2001, 666, 669 – mitwohnzentrale.de; kritisch dazu: *Schafft*, CR 2002, 434–441.

[302] Siehe nur die Übersichten bei: *Baumbach/Hefermehl*, Wettbewerbsrecht, UWG Einl Rn. 2–12c; *Köhler/Pieper*, Einf Rn. 112–139.

[303] Grünbuch zum Verbraucherschutz in der Europäischen Union, KOM(2001)531 endg.; *Wiebe*, WRP 2002, 283 f.; *Henning-Bodewig*, GRUR Int. 2002, 389, 395–396.

[304] Dazu z.B. bereits: *OLG Nürnberg* JurBüro 2000, 317–320; *OLG Karlsruhe* MMR 2002, 118, 119 – dino.de; *OLG München* WRP 2002, 111, 113 f./115 – champagner.de; *LG München I* Beschl. v. 09.01.1997, 0041 7-96-MF/SC – dsf.de u.a. <http://www.bettinger.de>; *LG Stuttgart* Beschl. v. 09.06.1997, 11 KfH O 82/97 – hepp.de <http://www.online-recht.de>; *LG Braunschweig* CR 1998, 364, 366 – deta.com; *LG Hamburg* Urt. v. 22.03.2001, 315 O 856/00, JurPC Web-Dok. 7/2002 – schuhmarkt.de.

von Privatpersonen rechtfertigt sich im Ergebnis vor dem Hintergrund der Funktion des Internets als Kommunikationsforum und dem Interesse an den mit dem Medium eröffneten wirtschaftlichen Entfaltungsmöglichkeiten nicht.

E. Ergebnis

Die NICs in den Mitgliedstaaten unterliegen als marktbeherrschende Unternehmen der besonderen Kontrolle des Wettbewerbsrechts. Die von den NICs aufgestellten Beschränkungen werden den daraus resultierenden erhöhten Verhaltensanforderungen teilweise nicht gerecht. So sind die Formatvorgaben, soweit sie nicht von einer technischen Notwendigkeit getragen werden, im Verhältnis zu dadurch von einer Domain-Registrierung ausgeschlossenen Zeicheninhabern als missbräuchlich zu bewerten. Das Gleiche gilt für das Erfordernis eines Berechtigungsnachweises, welches die Kommunikationsmöglichkeiten im Internet in unangemessener Weise einschränkt.

Der Ausschluss bestimmter Begriffe von einer Domain-Namen-Registrierung ist nicht zu beanstanden, soweit ein öffentliches Interesse besteht, wie im Fall sittenwidriger und rechtswidriger Bezeichnungen. Ein überwiegendes öffentliches Interesse führt auch zu einer Rechtfertigung der Reservierung hoheitlicher Bezeichnungen für die korrespondierenden Hoheitsträger sowie sonstiger berühmter Namen und Kennzeichen. Im Fall von generischen und beschreibenden Begriffen kann einem Ausschluss dagegen das überwiegende Interesse der Zeicheninhaber, sich gerade unter diesem Begriff im Internet zu präsentieren, entgegenstehen.

Wettbewerbsrechtlich bedenklich sind auch die Maßnahmen, die die Fungibilität der Domain-Namen durch Übertragungsverbote, numerische Beschränkungen und den generellen Ausschluss von Registrierungen durch Privatpersonen einschränken. Die Gefahr der massenhaften Registrierung von Sperrdomains durch Spekulanten lässt sich durch weniger einschneidende Mittel und die Übertragung der Grundsätze der Rechtsprechung zu den Sperrmarken lösen.

5. Teil: Datenschutzrecht

Ein weiteres Instrumentarium für die rechtliche Kontrolle der Registrierungspraktiken der europäischen NICs bietet das Datenschutzrecht. Datenschutzrechtliche Bedenken bestehen insoweit, als die Registerorganisationen die von ihnen oder den Providern erhobenen Anmeldeinformationen in den Whois-Datenbanken zur weltweiten Abrufbarkeit zu jedem beliebigen Zweck bereit stellen.

A. Beurteilungsgrundlagen

I. Europarechtliche Beurteilungsgrundlage

Die Datenschutzvorschriften in den Mitgliedstaaten stellten sich bis vor kurzem noch sehr unterschiedlich dar[1]. Grundlage für die europarechtliche Beurteilung datenschutzrechtlicher Aspekte bildet heute die EG-Datenschutzrichtlinie von 1995[2]. Die Telekommunikations-Datenschutzrichtlinie von 1997[3] enthält darüber hinaus bereichsspezifische ergänzende Regelungen. Gemäß Art. 3 Abs. 1 der Telekommunikations-Datenschutzrichtlinie fällt die Verarbeitung personenbezogener Daten im Zusammenhang mit der Erbringung öffentlich zugänglicher Telekommunikationsdienste in öffentlichen Telekommunikationsnetzen in den Anwendungsbereich dieser Richtlinie. Dieser Bereich des Zugangs zu einem Telekommunikationsnetz wird im Rahmen der Domain-Vergabe durch die Registerorganisationen nicht berührt.

Darüber hinaus hat das Europäische Parlament einem Entwurf für eine Europäische Richtlinie zum Datenschutz in den elektronischen Kommu-

---

[1] *Dammann/Simitis*, Einl. Erl. 2; *Wuermeling*, S. 5 f. und Fn. 5.
[2] Richtlinie 95/46/EG des Europäischen Parlaments und des Rates vom 24. Oktober 1995 zum Schutz natürlicher Personen bei der Verarbeitung personenbezogener Daten und zum freien Datenverkehr (AblEG Nr. L 281, 23.11.1995, S. 31–50).
[3] Richtlinie 97/88/EG des Europäischen Parlaments und des Rates vom 15. Dezember 1997 über die Verarbeitung personenbezogener Daten und den Schutz der Privatsphäre im Bereich der Telekommunikation (AblEG Nr. L 24, 30.01.1998, S. 1–8).

nikationsmedien[4] zugestimmt. Diese Richtlinie soll die EG-Telekommunikations-Datenschutzrichtlinie ersetzen und deren Anwendungsbereich auf alle elektronischen Kommunikationsnetze und -dienste ausdehnen[5]. Bis zum Inkrafttreten einer Neuregelung[6] liefert jedenfalls die EG-Datenschutzrichtlinie die Grundlage für die Beurteilung der Veröffentlichung von Anmeldeinformationen in den Whois-Datenbanken.

Die EG-Datenschutzrichtlinie war bis Oktober 1998 umzusetzen. Soweit die Richtlinie in Frankreich, Irland und Luxemburg drei Jahre nach Ablauf dieser Frist immer noch nicht umgesetzt worden ist[7], ist sie im Verhältnis zu öffentlichen Einrichtungen unmittelbar anwendbar[8]. Ungeachtet der Organisationsform der NICs in diesen Ländern sind die dort bestehenden datenschutzrechtlichen Regelungen gemeinschaftskonform auszulegen[9]. Aus den Erwägungsgründen Nr. 7 und 8 und Art. 1 Abs. 2 der Richtlinie ergibt sich, dass der Datenschutzstandard innerhalb der EU ein einheitlicher sein soll. Gleichzeitig ergibt sich aus der Richtlinie ein Mindeststandard[10]. Dieser kann daher als Maßstab für die Beurteilung der Veröffentlichung und Abrufbarkeit der Anmeldeinformation dienen.

II. Beurteilungsgrundlage nach deutschem Recht

Für Deutschland kann die Frage nach den auf die Domain-Vergabe anwendbaren datenschutzrechtlichen Regelungen nicht so eindeutig beantwortet werden. In Betracht kommen insofern die bereichsspezifischen datenschutzrechtlichen Regelungen des Teledienstedatenschutzgesetzes (TDDSG)[11] oder der auf dem Telekommunikationsgesetz (TKG)[12]

---

[4] Vorschlag für eine Richtlinie des Europäischen Parlaments und des Rates über die Verarbeitung personenbezogener Daten und den Schutz der Privatsphäre in der elektronischen Kommunikation, KOM(2000)385 endg. (AB1EG Nr. C 365, 19.12. 2001, S. 223–229).

[5] *Gola/Klug*, NJW 2001, 3747, 3749 f.

[6] Voraus. Ende 2003, vgl. FAZ, Mehr Schutz vor unerbetenen Werbebotschaften, 04.06.2002, S. 24.

[7] Übersicht unter: Status of implementation of Directive 95/46 on the Protection of Individuals with regard to the Processing of Personal Data <http://www.europa.eu.int/comm/internal_market/en/dataprot/law/impl.htm> (Stand: Juni 2002).

[8] *Haslach*, DuD 1998, 693–699; Unabhängiges Landeszentrum für Datenschutz Schleswig-Holstein, 22. Tätigkeitsbericht, 10.1.

[9] *Ehmann/Helfrich*, Einl. Rn. 1; *Gola/Klug*, NJW 2001, 3747, 3748; *Brühann* in: Grabitz/Hilf, Sekundärrecht, Bd. 2, A 30, Vorbem. Rn. 57.

[10] *Ehmann/Helfrich*, Einl. Rn. 12 f.; *Dammann/Simitis*, Einl. Erl. 10; *Brühann* in: Grabitz/Hilf, Sekundärrecht, Bd. 2, A 30,Vorbem. Rn. 45; Art. 1 Rn. 8.

[11] Gesetz über den Datenschutz bei Telediensten vom 22. Juli 1997 (BGBl. I 1997, 1870), zuletzt geändert durch Art. 3 und 4 Abs. 2 G v. 14. Dezember 2001 (BGBl. I S. 3721).

beruhenden Telekommunikations-Datenschutzverordnung (TDSV)[13] sowie die subsidiär anwendbaren Regelungen des Bundesdatenschutzgesetzes (BDSG)[14].

III. Abgrenzungen in der Praxis

Nach welchen Rechtsvorschriften sich die datenschutzrechtliche Beurteilung der Veröffentlichung von Anmeldeinformationen durch die DENIC richtet, ist bisher nicht abschließend diskutiert worden[15]. Die Datenschutzbehörden hatten jedoch bereits Anlass, sich mit der Problematik auseinander zu setzen. Der Berliner Datenschutzbeauftragte ordnet die Domain-Vergabe in seinem Jahresbericht von 1999 als Teledienst i.S.d. § 2 Abs. 2 Nr. 5 TDG ein, so dass nach Auffassung der Behörde das Teledienstedatenschutzgesetz zur Anwendung kommt[16]. Das Regierungspräsidium Darmstadt, als die für die DENIC zuständige datenschutzrechtliche Aufsichtsbehörde, hat in einem Tätigkeitsbericht aus dem Jahr 2000 dagegen sowohl auf das TDDSG als auch das BDSG verwiesen[17].

Diese Einschätzung des Regierungspräsidiums deckt sich mit dem Hinweis in den Registrierungsbedingungen der DENIC in der bis August 2000 geltenden Fassung, welche auf beide Gesetze Bezug nahmen[18]. In der Neufassung der Bedingungen bezieht die DENIC sich auf keine konkreten datenschutzrechtlichen Bestimmungen mehr. Die als Registrare tätigen Provider verweisen teilweise ebenfalls sowohl auf das BDSG als auch auf das TDDSG[19]. Der größte deutsche Provider, 1&1, bezieht sich ausschließlich auf § 33 BDSG[20]. Aus diesen Verweisungen

---

[12] Telekommunikationsgesetz vom 25. Juli 1996 (BGBl. I 1996 S. 1120), zuletzt geändert durch Art. 42 G v. 10. November 2001 (BGBl. I S. 2992).
[13] Telekommunikations-Datenschutzverordnung (TDSV) vom 18. Dezember 2001 (BGBl. I 2000 S. 1740).
[14] Bundesdatenschutzgesetz/BDSG vom 20. Dezember 1990 (BGBl. I S. 2954), zuletzt geändert durch Art. 1 des Gesetzes vom 18.05.2001 (BGBl. I S. 904).
[15] Siehe aber: *Hoeren*, Internetrecht, S. 64.
[16] Jahresbericht 1999 des Berliner Beauftragten für Datenschutz und Akteneinsicht, Punkt 5.2.
[17] Vorlage der Landesregierung betreffend den Dreizehnten Bericht der Landesregierung über die Tätigkeit der für den Datenschutz im nicht-öffentlichen Bereich in Hessen zuständigen Aufsichtsbehörden, Hessischer Landtag, Drucksache 15/1539 v. 30.08.2000, 9.2.
[18] Allgemeine Geschäftsbedingungen der DENIC Domain Verwaltungs- und Betriebsgesellschaft eG a.F., § 10 Abs. 2 (auf Ablage beim Autor).
[19] United Domains AG, Allgemeine Geschäftsbedingungen, Juni 2001 <http://www.united-domains.de/suchen-registrieren/agb/> (Stand: November 2001).
[20] Allgemeine Geschäftsbedingungen von 1&1, Punkt 11.1. <http://hosting.1und1.com/PServSessionIdpt_de_DE=ac1704c2RUIWgRszg2Zm50u8t0D1calY/xml/static?_ _page=about.tc> (Stand: Juni 2002).

an sich erfolgt jedoch noch kein Erkenntnisgewinn, da die Provider in der Regel eine Vielzahl von Diensten anbieten, die jeweils einer eigenen Zuordnung unterliegen.

1) Praktische Relevanz einer Abgrenzung

Auf Grund der erheblichen praktischen Bedeutung muss eine Abgrenzung zwischen den Bereichen zwingend erfolgen. Die neuen bereichsspezifischen datenschutzrechtlichen Regelungen dienen dem Zweck, den Datenschutz an die andersartigen Anforderungen der neuen Medien anzupassen[21]. Die Risiken der Datenverarbeitung im Bereich der neuen Medien sind für den Nutzer ungleich größer als im traditionellen Verarbeitungsvorgang auf einem einzelnen Rechner, weshalb die bereichsspezifischen Regelungen eine Neukonzeption des Datenschutzes enthalten. Bis zur Neufassung des BDSG vom Mai 2001 spiegelte sich die besondere Bedeutung der Technik für die datenschutzrechtlichen Regelungen vor allem im Prinzip des Systemdatenschutzes des § 3 Abs. 4 TDDSG a.F. wider. Durch die dritte Fassung des BDSG wurde dieser Grundsatz in § 3a BDSG nunmehr als übergreifendes datenschutzrechtliches Prinzip ausdrücklich verankert[22].

Die Abgrenzung zwischen den Bereichen hat jedoch auch heute insofern noch besondere Relevanz, als die TDSV 2000 nach § 1 Abs. 1 S. 1 auch auf juristische Personen Anwendung findet. Ferner enthalten das TDDSG und die TDSV 2000 anders als das BDSG keine eigenständigen Regelungen für den öffentlichen und den nicht-öffentlichen Bereich, während das neue BDSG diese Unterscheidung aufrechterhalten hat. Auch sind den unterschiedlichen Bereichen verschiedene Aufsichtsbehörden zugewiesen, wie sich aus der Gegenüberstellung von § 38 BDSG und § 8 TDDSG einerseits, mit § 91 TKG andererseits, ergibt.

Die Unterschiede sind jedoch noch vielschichtiger. So erlauben die bereichsspezifischen datenschutzrechtlichen Regelungen eine Einwilligung in elektronischer Form, §§ 3 Abs. 3, 4 Abs. 2 TDDSG, § 4 TDSV 2000, während die Einwilligung nach § 4a Abs. 1 S. 3 BDSG der Schriftform bedarf, sofern nicht wegen besonderer Umstände eine ande-

---

[21] Entwurf eines Gesetzes zur Regelung der Rahmenbedingungen für Informations- und Kommunikationsdienste (Informations- und Kommunikationsdienste-Gesetz – IuKDG), BT-Drucks. 13/7385 vom 09.04.1997, S. 17/21; *Engel-Flechsig*, DuD 1997, 8, 10 f.; *ders.*, ZUM 1997, 231, 236; *ders.*, RDV 1997, 59, 61; *ders.* in: Bartsch/Lutterbeck, S. 61, 74 f.; *Engel-Flechsig/Maennel/Tettenborn*, NJW 1997, 2981, 2985.

[22] Entwurf eines Gesetzes über rechtliche Rahmenbedingungen für den elektronischen Geschäftsverkehr (Elektronischer Geschäftsverkehr-Gesetz – EGG), BT-Drucks. 14/6098 vom 17.05.2001, S. 27.

re Form angemessen erscheint. Zudem ist die Einwilligung nach § 4a Abs. 1 BDSG, falls sie zusammen mit weiteren Erklärungen abgegeben wird, besonders hervorzuheben.

Auch der inhaltlichen Ausgestaltung der Einwilligung werden in den jeweiligen Gesetzen unterschiedliche Grenzen gesetzt. Die Unterrichtungspflichten des § 4 Abs. 1 TDDSG gehen über die in § 4a Abs. 1 S. 2 BDSG normierten Anforderungen an eine wirksame Einwilligung hinaus. Zudem ist der Betroffene nach § 4 Abs. 3 S. 1 TDDSG vor der Erklärung der Einwilligung ausdrücklich auf sein Widerrufsrecht hinzuweisen. Das BDSG sowie die TDSV 2000 enthalten eine solche explizite Hinweispflicht nicht.

In Bezug auf die hier in erster Linie interessierende Problematik der Zulässigkeitsvoraussetzungen der datenverarbeitenden Vorgänge bestehen ebenfalls Unterschiede, wie eine Gegenüberstellung von § 28 Abs. 3 Nr. 3 BDSG mit § 5 Abs. 2 TDDSG a.F. und § 5 Abs. 2 TDSV 2000 verdeutlicht[23].

2) Klassifizierung nach dem Schichtenmodell

Soweit die DENIC unter der URL <http://www.denic.de> eine Webpräsenz anbietet, handelt es sich dabei um einen Teledienst nach § 2 Abs. 1 TDG. Es entspricht allerdings der Praxis der Datenschutzbehörden und der herrschenden Auffassung in der Lehre, nicht auf alle im Rahmen eines Teledienstes erhobenen Daten das TDDSG zur Anwendung kommen zu lassen[24]. Zur Abgrenzung wird das nach Netz, Anwendung und Inhalt differenzierende Schichtenmodell herangezogen[25]. Danach fallen unter das TDDSG alle Daten, die zur Bereitstellung des Dienstes erhoben werden, während für die Inhaltsdaten, die selbst Inhalt des Angebots oder der Nutzung sind, die allgemeinen datenschutzrechtlichen Regelungen des BDSG gelten. Dieses Abgrenzungsmodell

---

[23] Siehe zur Bedeutung der Änderung in der Neufassung: Begr. zum EGG, BT-Drucks. 14/6098, S. 29.

[24] *Gola/Müthlein*, TDG/TDDSG, § 2 Erl. 9.2; *Engel-Flechsig* in: Roßnagel, Einl. TDDSG Rn. 60; *Roßnagel* in: Roßnagel, Einf. Rn. 119; *Bizer* in: Roßnagel, § 3 TDDSG Rn. 49; *Bäumler*, DuD 1999, 258, 259; *Büllesbach*, DuD 1999, 263, 265; *v. Rottenburg*, WM 1997, 2381, 2387; *Engel-Flechsig/Maennel/Tettenborn* NJW 1997, 2987 (Fn. 52); *Müthlein/Gola/Jaspers*, IT-Sicherheit 05/1997, 3, 8 f.; *Engel-Flechsig* in: Beck'scher IuKDG Kommentar, Einf. TDDSG Rn. 32; *ders.*, DuD 1997, 8, 10; *Bizer/Trosch* in: Spindler/Wiebe, 249, 265 f. Rn. 38–40; Arbeitskreis Technik und Arbeitskreis Medien, Orientierungshilfe „Internet", November 2000, 4.1; *Löw*, S. 53 f.; *Büchner* in: Beck'scher TKG Kommentar, § 89 Rn. 13; *Grimm/Löhndorf/Scholz*, DuD 1999, 272, 275; *Bergmann/Möhrle/Herb*, MMuD, Vorbem. Rn. 7.

[25] *Schaar*, MMR 2001, 644, 645, *ders.*, RDV 2002, 4, 5 f.; *ders.*, Datenschutz im Internet, Rn. 247 f.; *Gola/Müthlein*, TDG/TDDSG, § 2 TDG Erl. 9; *Müthlein/Jaspers*, TELE-Gesetze, S. 21–31.

findet nicht uneingeschränkte Zustimmung[26]. *Imhof* begründet seine Gegenauffassung damit, dass das TDDSG ganz allgemein auf alle „bei Telediensten" anfallenden Daten Anwendung finde. *Schmitz* verweist auf den Wortlaut des § 1 Abs. 1 TDDSG i.V.m. § 2 Abs. 1 TDG, der nicht zwischen verschiedenen Datenkategorien unterscheide, sondern alle „personenbezogenen Daten" umfasse.

Mit dem EGG ist der allgemein formulierte Anwendungsbereich des TDDSG in § 1 Abs. 1 S. 1 dahin gehend konkretisiert worden, dass das TDDSG nunmehr ausdrücklich nur bei der Erhebung, Verarbeitung und Nutzung der Daten der Teledienstenutzer durch Diensteanbieter zur Anwendung kommt[27]. Eine eindeutige Aussage für die Domain-Vergabe lässt sich auch anhand der neuen Formulierung nicht treffen. Die Folgerichtigkeit der herrschenden Auffassung ergibt sich aber aus der Konzeption des TDDSG und dem *numerus clausus* von Bestands-, Nutzungs- und Abrechnungsdaten[28].

Die Anwendung des telekommunikationsrechtlichen Datenschutzes kann hier von vornherein ausgeklammert werden. Dieser regelt den technischen Vorgang der Übermittlung von Daten, der bei der Domain-Vergabe nicht in Frage steht. Schon die Einordnung der IP-Adressvergabe als Telekommunikationsdienst ist abzulehnen. Aus technischer Sicht wird die IP-Adresse auf der Grundlage des ISO/OSI-Referenzmodells zwar der Netzwerkschicht zuzuordnen sein[29], doch handelt es sich bei der IP-Vergabe um einen spezifischen Dienst zur Nutzung des Internets und damit um einen Teledienst[30]. Die Domain-Vergabe selbst kann aber um so weniger der Netzwerkebene zugeordnet werden, da Domain-Namen gerade nicht mit technischen Adressen gleichzusetzen sind[31]. Erst die durch die Nameserver realisierte Umsetzung der anwenderfreundlichen Domain-Namen in die von Computern lesbaren IP-Adressen ermöglicht eine Kommunikation zwischen den verschiedenen Rechnern im Netzwerk.

---

[26] *Imhof*, CR 2000, 110, 116; *Schmitz* in: Hoeren/Sieber, Teil 16.4 Rn. 99.
[27] Begr. zum EGG, BT-Drucks. 14/6098, S. 27.
[28] *Engel-Flechsig* in: IuKDG Kommentar, Einf. TDDSG Rn. 32; *ders.* in: Roßnagel, Einl. TDDSG Rn. 60.
[29] *Postel*, RFC 791, September 1981; *Recke*, Medienpolitik, S. 26 f.; *Sieber*, CR 1997, 581, 593; *ders.* in: Hoeren/Sieber, Teil 1 Rn. 43; *ders.*, Verantwortlichkeit, S. 20 Rn. 37–39; *Bleisteiner*, S. 24 f.; *Schmitz* in: Hoeren/Sieber, Teil 16.4 Rn. 15/32.
[30] Bericht der Bundesregierung über die Erfahrungen und Entwicklungen bei den neuen Informations- und Kommunikationsdiensten im Zusammenhang mit der Umsetzung des Informations- und Kommunikationsdienste-Gesetzes (IuKDG), BT-Drucks. 14/1191 vom 18.06.1999, S. 7 f.; *Tettenborn*, MMR 1999, 516, 518.
[31] *Postel*, RFC 791, September 1981, S. 7; *Spindler* in: Immenga/Lübben/Schwintowski, S. 61; *Koenig/Naumann*, K&R 1999, 145, 148 f.; WIPO First Final Report, S. 3 Nr. 10; .nl Final Report, 5.3.2 Nr. 18.

A. Beurteilungsgrundlagen 153

Eine weitergehende Abgrenzung nach dem Schichtenmodell lässt sich bei der Domain-Vergabe nicht mit eindeutigem Ergebnis durchführen. Zunächst darf bei der Einordnung der Domain-Vergabe nicht übersehen werden, dass es sich bei diesem Begriff lediglich um eine Umschreibung mehrerer von der DENIC angebotener Dienste handelt. Die DENIC erbringt im Wesentlichen zwei Leistungen[32]. Die erste Leistung besteht darin, die angemeldeten Domain-Namen in eine Domain-Datenbank einzutragen, welche alle unterhalb von „.de" registrierten Domains enthält. Hierdurch sollen Doppelregistrierungen ausgeschlossen werden. Darüber hinaus betreibt sie den für die Umsetzung der Domain-Namen in die von den Rechnern lesbaren IP-Adressen erforderlichen Namensauflösungsdienst.

3) Problemdarstellung

Bei den von der DENIC mit der Domain-Vergabe übernommenen Verpflichtungen handelt es sich um abtrennbare Leistungsverpflichtungen, die neben der Möglichkeit der Online-Registrierung bestehen. Diese Verpflichtungen können auch isoliert voneinander rechtlich qualifiziert werden. Soweit die Erstregistrierung der Domain geschuldet ist, handelt es sich um eine werkvertragliche Pflicht[33]. Darüber hinaus besteht ein Dauerschuldverhältnis zwischen der DENIC und dem Endkunden insofern, als die Aufrechterhaltung der Konnektierung durch die DENIC geschuldet wird. Des Weiteren kann in dem Bereitstellen von Serverplatz durch die DENIC ein mietvertragliches Element gesehen werden. Ungeachtet der rechtlichen Einordnung dieser vertraglichen Komponenten zeigt sich, dass hier von der Registrierungsmöglichkeit über das Internet hinausgehende abtrennbare Vertragselemente bestehen. Handelt es sich bei dem Angebot einer Online-Registrierung der DENIC um einen Teledienst, so handelt es sich bei den vertraglichen Verpflichtungen der Parteien um den im Vordergrund stehenden Leistungsinhalt. Dieser könnte aber auch offline vereinbart werden. Deutlich wird dies am Beispiel des von DNS-LU in Luxemburg praktizierten Verfahrens. Dort kann eine Domain-Registrierung ausschließlich dadurch erfolgen, dass das online abrufbare Formblatt per Post oder Fax an DNS-LU gesandt wird[34]. Ein solches Verfahren ist aber unpraktisch. Aus diesem Grund erfolgt eine Registrierung in der Regel – u.a. bei der Registrierung

---

[32] *Welzel*, MMR 2001, 462 f.
[33] So auch: *Welzel*, MMR 2001, 131, 132.
[34] DNS-LU, How to register a new domain name <http://www.dns.lu/how_to_register.html> (Stand: März 2002).

einer „.de"-Domain – über das Internet per elektronischer Mail. Bei dieser elektronischen Registrierungsmöglichkeit handelt es sich um den Teledienst. Durch diesen wird die dahinter stehende Leistung der Domain-Registrierung vermittelt. Dabei handelt es sich aber wiederum um die im Schichtmodell referierte Inhaltsebene, so dass für den datenschutzrechtlich erheblichen Vorgang der Erhebung und Veröffentlichung von Anmeldeinformationen demnach das BDSG den einschlägigen Beurteilungsmaßstab bildet.

4) Domain-Vergabe als Teledienst

Ein anderes Ergebnis ergibt sich, wenn man die mit der Domain-Vergabe von den NICs erbrachten Leistungen insgesamt als Teledienste qualifiziert. In Fällen, in denen die gesamte Leistung mittels Teledienst erbracht werden kann, findet das allgemeine Datenschutzrecht gerade keine Anwendung[35]. Beispiele bilden das Online-Spiel oder die Lektüre einer Online-Zeitschrift. In beiden Fällen kann die gesamte Leistung mittels Teledienstes erfolgen. Ist die Domain-Vergabe daher insgesamt als ein solcher Teledienst einzuordnen, so ist die Zulässigkeit der Verarbeitung der zur Durchführung dieser Teledienste erhobenen Daten anhand des TDDSG zu messen.

Bei der Bewertung kommt es demnach entscheidend auf die Frage der Qualifizierung der mit der Domain-Vergabe verbundenen Dienstleistungen an. In systematischer Hinsicht enthält § 2 Abs. 2 TDG Regelbeispiele für Teledienste, während § 2 Abs. 1 TDG eine allgemeine Definition des Begriffs enthält. Ausgangspunkt der Analyse muss dabei die weit gefasste Begriffsdefinition des Teledienstes sein, die gerade dazu dient, die neuen und die zukünftigen Kommunikations- und Informationsdienste in ihrer heterogenen Struktur auf möglichst breiter Basis zu erfassen[36].

Im Evaluierungsbericht der Bundesregierung zum IuKDG von 1999 wird ausgeführt, dass die Möglichkeit, im Internet zu surfen, nicht bereits durch den Aufbau einer ständigen Verbindung über die Telefonleitung zum Provider hergestellt werde und deshalb alle weiteren Dienste wie die Vergabe der IP-Adresse, der Name-Service und das Routing dem Bereich der Informations- und Kommunikationsdienste

---

[35] *Engel-Flechsig* in: Roßnagel, Einl. TDDSG Rn. 60; *ders.* in: Beck'scher IuKDG Kommentar, Einf. TDDSG Rn. 32; *Schaar*, RDV 2002, 4, 6; *ders.*, Datenschutz im Internet, Rn. 252 f.

[36] Begr. zum IuKDG, BT-Drucks. 13/7385, S. 18; *Engel-Flechsig*, ZUM 1997, 231, 234; *ders.* in: Bartsch/Lutterbeck, 61, 72; *Spindler* in: Roßnagel, § 2 TDG Rn. 54; *Tettenborn* in: Beck'scher IuKDG Kommentar, § 2 TDG Rn. 55.

zuzuordnen seien[37]. Es handele sich dabei um spezifische Angebote des Providers zur Nutzung von Informations- und Kommunikationsangeboten im Internet, die als Teledienste zu qualifizieren seien[38].

Obschon dieser Qualifizierung zuzustimmen ist, können daraus keine Schlussfolgerungen für die hier behandelte Frage gezogen werden. Der Evaluierungsbericht diskutiert die Einordnung des Namensauflösungsdienstes aus Nutzersicht. Um Zugriff auf ein bestimmtes Angebot im Internet nehmen zu können, sind die Nutzer gerade auf den DNS-Dienst der DENIC oder des Providers angewiesen. Insofern mag es sich bei der Namensauflösung um einen nach § 2 TDG zu beurteilenden Teledienst handeln. Bei der Domain-Vergabe geht es aber gerade um die Begründung dieser Verpflichtung zur Leistung des Teledienstes „Namensauflösungsdienst". Besonders deutlich wird diese Unterscheidung, wenn man den Umfang der Datenerhebungen in den beschränkten ccTLDs betrachtet. Soweit dort Handelsregisterauszüge, Steuerbescheide, Auszüge aus dem Markenregister und ähnliches mit der Domain-Anmeldung eingereicht werden müssen, handelt es sich dabei um Offline-Daten, die nicht durch die Möglichkeit der Online-Registrierung bedingt sind. Diese Begründung der Leistungsverpflichtung ist aber selbst nicht als Teledienst einzustufen. Das Gleiche gilt für die zweite von der DENIC vorgenommene wesentliche Funktion der Registrierung des Domain-Namens in der Domain-Datenbank.

5) Anwendbarkeit des BDSG

Im Ergebnis ist die Domain-Registrierung nur insoweit als Teledienst zu qualifizieren, als sie über das Internet durchgeführt wird. Für die datenschutzrechtliche Fragestellung heißt das aber, dass die bei der Registrierung erhobenen Daten als Inhaltsdaten nicht im Anwendungsbereich des TDDSG angesiedelt sind. Es handelt sich bei den Anmeldeinformationen nicht um Bestandsdaten, welche die Begründung oder inhaltliche Ausgestaltung zur Vermittlung einer bestimmten Leistung, d.h. des Teledienstes „Anmeldung eines Domain-Namens über das Medium Internet" betreffen und deren Erhebung gerade durch die Nutzung eines Teledienstes ausgelöst wurde. Es handelt sich vielmehr um auf den Leistungsinhalt selbst bezogene Daten. Die Nutzung des Teledienstes stellt sich im Hinblick auf die erhobenen Daten als inzidenter dar. Die durch die DENIC vorgenommene Datenverarbeitung unterliegt deshalb insgesamt dem BDSG.

---

[37] Evaluierungsbericht, BT-Drucks. 14/1191, S. 7 f.
[38] So auch: *Tettenborn*, MMR 1999, 516, 518; *Dix/Schaar* in: Roßnagel, § 6 TDDSG Rn. 35.

6) Zusammenfassung

Als Maßstab der Beurteilung der Veröffentlichung der Anmeldeinformation in den Whois-Datenbanken dient damit zum einen die EG-Datenschutzrichtlinie und zum anderen aus deutscher Sicht das BDSG. Auf die Organisationsform der Registerstellen kommt es in diesem Zusammenhang nicht an, da die EG-Datenschutzrichtlinie keine Unterscheidung zwischen öffentlichen und nicht-öffentlichen Stellen macht. Anders als das TDDSG und die TDSV 2000 unterscheidet die Neufassung des BDSG weiterhin zwischen diesen Bereichen. Auf Grund der privatrechtlichen Organisationsform der DENIC sind insoweit die §§ 27 ff. BDSG einschlägig.

Eine Einschränkung in der Anwendbarkeit erfolgt insofern, als die Richtlinie entsprechend den Regelungen in der Mehrzahl der Mitgliedstaaten – vgl. § 3 Abs. 1 BDSG – ausschließlich für natürliche Personen gilt. Ein weitergehender Schutz auch für juristische Personen ist nach Erwägungsgrund Nr. 24 der EG-Datenschutzrichtlinie allerdings nicht ausgeschlossen. In Italien, Luxemburg und Österreich[39] werden die Daten juristischer Personen dementsprechend ebenfalls vom Datenschutzrecht erfasst[40]. Für Deutschland fordern gewichtige Stimmen für die Zukunft gleichfalls eine Einbeziehung juristischer Personen in den allgemeinen datenschutzrechtlichen Schutzbereich[41]. Nach Angaben der *Domain Name Supporting Organization* (DNSO) sollen im Juni 2001 mehr als 70% der Domain-Namen für Unternehmen registriert gewesen sein[42]. Auch in einigen ccTLDs – in den Niederlanden waren im März 2002 von den knapp 714.000 registrierten Domain-Namen weniger als 700 für Privatpersonen registriert[43] – ist eine starke Dominanz von Unternehmensdomains zu beobachten. In Finnland sind Domain-Registrierungen durch Privatpersonen für private Zwecke sogar gänzlich ausgeschlossen[44]. In Irland wiederum wird das Angebot der Registrierung von Privaten wegen der Formatvorgaben nur in sehr einge-

---

[39] § 4 Nr. 3 Bundesgesetz über den Schutz personenbezogener Daten (Datenschutzgesetz 2000 – DSG) vom 24. November 1999 (BGBl. I Nr. 165/1999).
[40] *Roßnagel/Pfitzmann/Garstha*, Gutachten, S. 67; *Dammann/Simitis*, Art. 2 Erl. 1; *Auernhammer*, § 3 Rn. 6.
[41] *Roßnagel/Pfitzmann/Garstha*, Gutachten, S. 64–66.
[42] DNSO Names Council Whois Survey, Abschnitt: Background.
[43] Siehe: SIDN, Welcome, 18.03.2002 <http://www.domain-registry.nl/sidn_english/flat/Home/> (Stand: März 2002); SIDN, General statistical information <http://www.domain-registry.nl/sidn_english/flat/.nl_Domain_names/Statitics/General_statistical_information/index.htm#2> (Stand: März 2002).
[44] Siehe oben 2. Teil C. V. 2).

schränktem Umfang wahrgenommen[45]. All dies spricht für eine nur sehr geringe praktische Relevanz des datenschutzrechtlichen Problemkomplexes. Die Zahlen für „.de" sehen jedoch anders aus. In Deutschland wird eine zunehmende Anzahl von Domain-Namen von Privatpersonen gehalten – bis Ende 2000 war dies bei 4/5 aller Domain-Namen der Fall[46]. Zudem handelt es sich bei den Kontaktpersonen notwendigerweise um natürliche Personen, was die praktische Bedeutung der datenschutzrechtlichen Fragestellung aufzeigt. Die Europäische Kommission hat den Datenschutz daher als eine der wesentlichen Problemstellungen im Rahmen der Einführung der TLD „.eu" hervorgehoben[47]. Auch aus Nutzersicht – in diesem Fall der Domain-Kunden – begründet das Vertrauen in den Datenschutz die Akzeptanz des Internets[48].

B. Datenschutzrechtliche Beurteilung

I. Zweckbindungsgebot

Das zentrale Prinzip des Datenschutzrechts ist das Zweckbindungsgebot. Es handelt sich um ein gemeinsames Grundprinzip des europäischen Datenschutzes, welches sowohl in den Datenschutzrichtlinien der OECD von 1980[49], Teil 2 Nr. 9, als auch in der Europäischen Datenschutzkonvention[50], Art. 5 lit. b), verankert ist. Der Zweckbindungsgrundsatz steht auch im Mittelpunkt der datenschutzrechtlichen Regelungen der EG-Datenschutzrichtlinie[51]. Art. 6 Abs. 1 b) der Richtlinie

---

[45] Siehe die Übersicht registrierter Domain-Namen unter: IEDR, Alphabetic Domain Listing 21.05.2001 <http://www.domainregistry.ie/statistics/dom_list.html> (Stand: Juni 2002).
[46] DENIC, Deutschlands Domainhochburgen liegen im Süden und Westen, 18.06.2001 <http://www.denic.de/doc/DENIC/presse/stats2000.html> (Stand: März 2002).
[47] Arbeitspapier der Kommission – Schaffung von .EU als Internet-Bereichsnamen oberster Stufe, 02.02.2000, Zusammenfassung und Schlussfolgerungen/6./8.; Mitteilung der Kommission an das Europäische Parlament und den Rat – Internet-Bereichsnamensystem – Einführung der Bezeichnung .EU als Bereichsname oberster Stufe – v. 05.07.2000, KOM(2000)421, 3.
[48] *Grimm/Löhndorf/Scholz*, DuD 1999, 272 f.; *Roßnagel/Pfitzmann/Garstha*, Gutachten, S. 21; *Bizer*, DuD 2000, 5; *Roßnagel*, DuD 2000, 442; *Engel-Flechsig* in: Roßnagel, TDDSG Einl. Rn. 3–5.
[49] Empfehlungen des Rates der OECD über Leitlinien für den Schutz des Persönlichkeitsbereichs und den grenzüberschreitenden Verkehr personenbezogener Daten vom 23. September 1980.
[50] Übereinkommen zum Schutz des Menschen bei der automatischen Verarbeitung personenbezogener Daten vom 17. September 1980.
[51] *Dammann/Simitis*, Einl. Erl. 31/Art. 6 Erl. 5; *Bizer* in: Roßnagel, § 3 TDDSG Rn. 104; *Simitis*, CR 2000, 472, 474.

verlangt eindeutige und rechtmäßige Zwecke für die Datenverarbeitung. Danach gilt ein Bestimmtheitsgrundsatz, d.h. dem Betroffenen muss klar zu erkennen gegeben werden, zu welchen Zwecken seine Daten erhoben werden, vgl. Art. 10 b) EG-Datenschutzrichtlinie[52]. Der Zweck darf nicht so weit gefasst sein, dass er Verwendungen einschließt, die für sich gesehen nicht rechtmäßiger Zweck der konkreten Datenerhebung sein könnten[53].

Die Mitgliedstaaten hatten bei der Umsetzung der Verpflichtung zur Wahrung des Zweckbindungsgebots nur einen geringen Umsetzungsspielraum[54]. Die Richtlinie knüpfte dabei an ein im deutschen Datenschutzrecht fest verankertes Prinzip an, welches sich unmittelbar aus dem Grundrecht auf informationelle Selbstbestimmung ableitet und als Folge des Volkszählungsurteils im BDSG umfassend festgeschrieben wurde[55]. Persönliche Daten dürfen danach nicht für andere als die der Erlaubnis zu Grunde liegenden Zwecke verwendet werden. Der Betroffene ist bereits zum Zeitpunkt der Erhebung über die konkreten Zwecke der Datenerhebung zu unterrichten, §§ 4 Abs. 3 S. 1 Nr. 2, 28 Abs. 1 S. 2 BDSG. Ein Verstoß gegen die enge Zweckbindung stellt nach dem Gesagten eine Verletzung des Rechts auf informationelle Selbstbestimmung des Betroffenen dar.

Das Zweckbindungsgebot muss deshalb den Ausgangspunkt einer datenschutzrechtlichen Beurteilung der Whois-Dienste bilden[56]. Diese Beurteilung setzt voraus, dass die Zwecke der Veröffentlichung konkret benannt werden. Die datenschutzrechtliche Zulässigkeit ist anhand dieser Zweckbestimmung zu beurteilen.

1) Zweckbestimmung für den Whois-Dienst

Die Zwecke, zu denen die Veröffentlichung und der Abruf der Daten erfolgt, haben sich sowohl in der Praxis als auch in der Theorie seit den Anfängen des Internets verschoben.

Der Whois-Service wurde bereits zu Beginn der achtziger Jahre vom NIC am SRI unter der Bezeichnung „NICNAME" betrieben und erstmals

---

[52] *Ehmann/Helfrich*, Art. 6 Rn. 8.
[53] *Dammann/Simitis*, Art. 6 Erl. 7.
[54] *Ehmann/Helfrich*, Art. 6 Rn. 6; *Dammann/Simitis*, Art. 6 Erl. 19.
[55] BVerfGE 65, 1, 46 (1983) – Volkszählungsurteil; Entwurf eines Gesetzes zur Fortentwicklung der Datenverarbeitung und des Datenschutzes, BT-Drucks. 11/4306 vom 06.04.1989, S. 1/36/44/50; *Tinnefeld/Ehmann*, S. 87; *Simitis*, DuD 2000, 714, 722; *Bizer/Trosch* in: Spindler/Wiebe, S. 249, 256 Rn. 15; *Auernhammer*, § 14 Rn. 1/6, § 28 Rn. 55.
[56] So auch: Gemeinsamer Standpunkt der Internationalen Arbeitsgruppe für den Datenschutz in der Telekommunikation, 04./05.05.2000.

B. Datenschutzrechtliche Beurteilung

in einem RFC von 1982 vorgestellt[57]. Die Datenbank enthielt den Namen, die Anschrift, die Telefonnummer und die Netzwerk-Mailboxadresse jedes Nutzers des entstehenden Netzwerks und verfolgte den Zweck, den Nutzern ein umfassendes Verzeichnis aller anderen Nutzer an die Hand zu geben[58]. Das Verzeichnis diente damit einem Informationsaustausch dieser Nutzer untereinander. Darüber hinaus war die Veröffentlichung von dem Bedürfnis getragen, die technische Verwaltung des Netzes zu ermöglichen[59]. Bis auf wenige kleine Registries betreiben heute alle Verwalter der Länderdomains einen solchen Dienst[60].

Mit dem Wachstum des Netzes haben sich aber auch die Zwecke, für welche der Dienst angeboten wird, gewandelt. Datenschutzrechtliche Fragen spielten in den Anfängen des wachsenden Netzes keine Rolle. Diese wurden erstmals ausführlich im ersten WIPO-Verfahren diskutiert. Ziel dieses Konsultationsprozesses war es, mit einem vorbildlichen Verfahren, Lösungen für die sich häufenden Konflikte zwischen Domain-Namen und Markenrechten in den gTLDs zu erarbeiten[61]. Ausgangspunkt war dabei der Gedanke, dass die Entwicklung innovativer Ideen und des DNS nicht durch eine restriktive Registrierungspraxis behindert werden dürfe[62]. Neben der Implementierung des UDRP wurde ein Schwerpunkt auf die verlässliche Erhebung und umfassende Veröffentlichung von Anmeldeinformationen gelegt[63]. Durch die Veröffentlichung solcher Informationen soll demnach in erster Linie eine Zuweisung von Verantwortlichkeitsbereichen bei der Verletzung von Gewerblichen Schutzrechten und anderen Rechtsverletzungen ermöglicht werden. Der Abschlußbericht zum ersten WIPO-Verfahren lässt die strittige Frage, für welche weiteren Zwecke die Informationen zum Abruf bereit gestellt werden sollen, bewusst offen[64]. Insgesamt wurde aber mit Rücksicht auf datenschutzrechtliche Vorgaben eine enge Zweckbestimmung befürwortet, die kommerzielle Verwendungen wie unerlaubtes E-Mail-Marketing ausschließt.

Bei einer Betrachtung der Registrierungsbestimmungen der NICs in den Mitgliedstaaten zeigt sich, dass eine Zweckbestimmung entgegen dem Gebot der strengen Zweckbindung teilweise nicht getroffen wird

---

[57] *Harrenstien/White*, RFC 812, 01.03.1982.
[58] Universität Karlsruhe, Internet Dienste, Abschnitt: Die Entwicklung von Whois.
[59] Gemeinsamer Standpunkt der Internationalen Arbeitsgruppe für den Datenschutz in der Telekommunikation; *Schaar*, Datenschutz im Internet, Rn. 45.
[60] .nl Final Report, 5.2 Fn. 4.
[61] WIPO First Final Report, S. 7 Nr. 22–25.
[62] WIPO First Final Report, S. 17 Nr. 49.
[63] WIPO First Final Report, S. 20–25 Nr. 66/73/81; *Kur*, GRUR Int. 1999, 212, 215; *Bettinger*, CR 1999, 445, 446.
[64] WIPO First Final Report, S. 27 Nr. 89.

oder aber sehr allgemein gehalten ist. So findet sich in den AGB der nic.at zwar ein Hinweis auf die Veröffentlichung der Anmeldeinformationen, nicht aber eine Auseinandersetzung mit den Zwecken, zu denen diese erfolgt[65]. Die Registrierungsbedingungen für „.be" enthalten zwar eine Zweckbestimmung, doch entspricht diese mit einem Hinweis auf die „Transparenz des Internets für die Öffentlichkeit"[66] nicht der einem strengen Zweckbindungsgebot entsprechenden Bestimmtheit. Dies muss auch für den in den DENIC-Registrierungsrichtlinien enthaltenen Verweis auf eine rechtliche und tatsächliche Erforderlichkeit der Veröffentlichung gelten[67]. Die Registrierungsbedingungen der DENIC enthalten zwar eine datenschutzrechtliche Belehrung aber keine darüber hinausgehende Konkretisierung der Veröffentlichungszwecke[68]. Die AGB der DNS-LU verweisen ebenso allgemein auf die Bedeutung des Whois-Dienstes für die Funktionstüchtigkeit des Internets[69].

Das Problem der konturenlosen Zweckbestimmung ist bekannt. In den Niederlanden wurde die Frage der unzureichenden Unterrichtung der Domain-Anmelder über die Veröffentlichung und der damit verfolgten Zwecke diskutiert und im Ergebnis bemängelt[70]. In der über die DNSO initiierten Umfrage zu den Whois-Diensten hat ICANN die Frage der Zwecke des Whois-Dienstes an die Nutzer gerichtet[71]. Im Abschlußbericht zum ersten WIPO-Verfahren sowie in dem Dokument zum vorbildlichen Verfahren für die ccTLDs wurde eine eindeutige Unterrichtungspflicht über die Zwecke der Datenerhebung und Veröffentlichung vorgeschlagen[72].

Die Einhaltung des Zweckbindungsgrundsatzes setzt voraus, dass die Zwecke der Veröffentlichung der Anmeldeinformationen in den Whois-Datenbanken näher spezifiziert werden. Die schlichte Feststellung, dass es sich bei dem Whois-Dienst um eine essentielle Voraussetzung für das Funktionieren des DNS handelt, reicht nicht aus.

Soweit in der Vergangenheit Diskussionen um die Veröffentlichung der Whois-Daten bereits stattgefunden haben, haben sich drei Gründe für die Veröffentlichung der Anmeldeinformationen in den Whois-Datenbanken herauskristallisiert.

---

[65] nic.at, AGB, 1.5; s.a. Nominet UK, Terms and Conditions, 6.; DK Hostmaster, Rules for the TLD .DK; IIS, Regulations; ES-NIC, Naming Rules; AFNIC, Charte de Nommage.
[66] DNS-BE, Terms and Conditions, 7 c).
[67] DENIC-Registrierungsrichtlinien, IV.
[68] DENIC-Registrierungsbedingungen, § 8.
[69] DNS-LU, Terms and Conditions, 15.1.
[70] .nl Final Report, 5.3.6 Nr. 42/5.4 Nr. 53.
[71] DNSO Names Council Whois Survey, 30.06.2001.
[72] WIPO First Final Report, S. 27 Nr. 89; WIPO ccTLD Best Practices, S. 4.

B. Datenschutzrechtliche Beurteilung

Zunächst dient die Whois-Datenbank schlicht dem Zweck, die Verfügbarkeit eines Domain-Namens zu überprüfen und vor einer Registrierung ähnliche Domains abzufragen[73]. Diese Funktion entspricht dem „is"-in der Wortkreation[74].

Des Weiteren erfüllt die Datenbank eine technische Funktion[75]. Sie ermöglicht die zeitnahe Erreichbarkeit eines Verantwortlichen im Fall von technischen Schwierigkeiten, die in der Domain ihren Ursprung finden. Ferner kann der Domain-Inhaber oder eine verantwortliche Person im Fall von Netzwerkproblemen, wie z.B. Hackerattacken, rechtzeitig gewarnt werden.

Darüber hinaus liefern die veröffentlichten Daten einen Anknüpfungspunkt für Rechtsschutzmaßnahmen im Fall von Rechtsverletzungen, die von einer Domain ausgehen[76]. Den Schwerpunkt der Diskussion bildet insofern die Verfolgung von Kennzeichenrechtsverletzungen. Erfasst werden sollen aber auch andere Rechtsverletzungen sowie das Interesse der Strafverfolgungsbehörden, den Auslöser einer rechtswidrigen Handlung ermitteln zu können. Der Whois-Dienst ermöglicht durch die Zugriffsmöglichkeit in Echtzeit insbesondere eine zeitnahe Rechtsdurchsetzung im gerichtlichen Eilverfahren. Durch die Bereitstellung einer ladungsfähigen Anschrift werden Dritten langwierige und kostspielige Nachforschungen erspart.

2) Zusammenfassung

Die NICs missachten regelmäßig die strenge Zweckbindung einer Datenverarbeitung, indem sie die mit der Datenerhebung und Weiterverarbeitung verbundenen Zwecke in nur unzureichender Weise kommunizieren. Die enge Zweckbestimmung ist dahin gehend vorzunehmen, dass ein Abruf neben der Überprüfung der Verfügbarkeit nur zur Beseitigung technischer Mängel sowie zur Durchsetzung von Rechtsansprüchen erlaubt sein kann.

---

[73] *Kane*, Whois and Data Protection Issues, 16.02.2002; DNSO Names Council Whois Survey, Abschnitt: Background; CENTR Position on Whois, 31.07.2001.

[74] .nl Final Report, 5.2 Nr. 8.

[75] DNSO Names Council Whois Survey, Abschnitt: Background; .nl Final Report, 5.3 Nr. 12.

[76] WIPO Interim Report, 23.12.1998, Nr. 80–81; WIPO First Final Report, S. 19 Nr. 59/S. 23 Nr. 75; WIPO ccTLD Best Practices, S. 4; .nl Final Report, 5.3 Nr. 13; DNSO Names Council Whois Survey, Abschnitt: Background; Mitt. der Kommission zur Einführung von .EU, 05.07.2000, KOM(2000)421, 5.5; *Schaar*, Datenschutz im Internet, Rn. 45.

II. Die aktuelle Notwendigkeit des Whois-Systems

Vor dem Hintergrund dieser Zweckbestimmung stellt sich die Frage, ob ein Whois-Dienst heute überhaupt noch erforderlich ist. Durch die in Deutschland in § 6 TDG normierten und mit Art. 5 ECRL[77] für Europa verschärften Informationspflichten für Telediensteanbieter wird die Veröffentlichung von Whois-Daten – soweit sie den technischen Bereich überschreiten – insgesamt in Frage gestellt.

Die Anbieterkennzeichnungspflicht des TDG besteht gerade als Ausgleich zur Flüchtigkeit des Mediums Internet[78]. Ein persönlicher Kontakt findet dort nicht statt. Es fehlt also die Erfahrung eines direkten Kontaktes mit der Person des Gegenübers und eine Perpetuierung ihrer Identität. Der *Telos* für die Anbieterkennzeichnungspflicht kann auf die Domain-Registrierung und die Veröffentlichung der Anmeldeinformationen in den Whois-Datenbanken übertragen werden[79]. Auch hier bestehen bei Rechtsverletzungen keine Anhaltspunkte über die Person des Gegenübers. Bei einem Vergleich muss aber beachtet werden, dass die Anbieterkennzeichnungspflichten in ihrer Ratio über die datenschutzrechtliche Zweckbestimmung hinausgehen. Die Anbieterkennzeichnungspflicht soll das Verbrauchervertrauen in den elektronischen Geschäftsverkehr fördern und dient damit in erster Linie dem Verbraucherschutz[80]. Darüber hinaus und eng damit zusammenhängend soll aber auch ein Anhaltspunkt für die Rechtsverfolgung im Streitfall gegeben werden. Damit wird ein wesentlicher Zweck erfüllt, dem auch die Veröffentlichung der Anmeldeinformation in den Whois-Datenbanken dient. Die Anbieterkennzeichnungspflicht beschränkt sich nicht auf gewerbsmäßige Angebote, sondern erfasst potenziell jeden Betreiber einer Website, sofern das Angebot geschäftsmäßig erfolgt. Nach der Definition des Art. 2 b) ECRL fallen sowohl natürliche als auch juristische Personen, die einen Dienst in der Informationsgesellschaft anbieten, unter den Begriff des Diensteanbieters. Einigkeit besteht im Einklang mit den Gesetzesmaterialien darüber, dass der Begriff der „Geschäftsmäßigkeit" weiter zu verstehen ist als der Begriff der „Gewerbs-

---

[77] Richtlinie 2000/31 des Europäischen Parlaments und des Rates vom 8. Juni 2000 über bestimmte rechtliche Aspekte der Dienste der Informationsgesellschaft, insbesondere des elektronischen Geschäftsverkehrs, im Binnenmarkt (Richtlinie über den elektronischen Geschäftsverkehr) (ABlEG Nr. L 178, 17.07.2000, S. 1–16).
[78] Begr. zum IuKDG, BT-Drucks. 13/7385, S. 21.
[79] Siehe: WIPO First Final Report, S. 19, Nr. 59.
[80] Begr. zum IuKDG, BT-Drucks. 13/7385, S. 21; *Bizer/Trosch*, DuD 1999, 621 f.; OLG *München* K&R 2002, 256, 257.

mäßigkeit"[81]. Er zielt eher auf eine gewisse Nachhaltigkeit als auf eine Gewinnerzielungsabsicht ab. In der Begründung zum TDG a.F. wird aber auch klargestellt, dass gelegentliche An- und Verkäufe nur dem allgemeinen Recht unterfallen[82]. Das Merkmal der Geschäftsmäßigkeit entspricht dem Anwendungsbereich der ECRL, die zwar nicht ausschließlich den elektronischen Geschäftsverkehr betrifft, aber auf Dienstleistungen beschränkt ist, die „in der Regel gegen Entgelt" erbracht werden[83]. Dies ergibt sich aus der Definition der „Dienstleistung in der Informationsgesellschaft" in Art. 1 Abs. 2 Richtlinie 98/48/EG[84]. Eine allgemeine Kennzeichnungspflicht für jede Webpräsenz besteht demnach nicht. Zudem zeichnen sich die kritischen Fälle gerade dadurch aus, dass der Domain-Name registriert und konnektiert wird, eine Webpräsenz aber nicht geschaltet wird. In diesen Fällen wird aber eine Anbieterkennzeichnungspflicht nach der ECRL in Verbindung mit den in Art. 20 der Richtlinie vorgesehenen Sanktionen – für Deutschland erfolgte die Umsetzung in § 12 TDG – nicht bestehen.

Die Anbieterkennzeichnungspflicht macht die Veröffentlichung von Kontaktinformationen in den Whois-Datenbanken deshalb keinesfalls obsolet. Dies gilt umso mehr, als die Richtlinie in der Mehrzahl der Mitgliedstaaten zum Ablauf der Frist am 17. Januar 2002 nicht umgesetzt worden war. Den Ausschlag gibt aber die Zielrichtung der Kennzeichnungspflicht, die gerade das Verhältnis Anbieter und Verbraucher erfasst, welches durch die Domain-Registrierung nicht zwangsläufig tangiert wird.

Zu keinem anderen Ergebnis führen die auf Art. 4 der Fernabsatzrichtlinie[85] beruhenden Informationspflichten für Vertragsschlüsse im Fernabsatz[86], da diese und die nationalen Umsetzungen, vgl. § 312c BGB, einen noch begrenzteren Anwendungsbereich haben als die ECRL.

III. Das Verbot mit Erlaubnisvorbehalt

Nach dem im Datenschutzrecht geltenden Prinzip des Verbots mit Erlaubnisvorbehalt sind datenschutzrechtlich relevante Vorgänge nur

---

[81] Begr. zum IuKDG, BT-Drucks. 13/7385, S. 21; *Maennel* in: Beck'scher IuKDG Kommentar, § 6 TDG Rn. 9; *Bizer/Trosch*, DuD 1999, 621, 622.
[82] Begr. zum IuKDG, BT-Drucks. 13/7385, S. 21.
[83] *Tettenborn/Bender/Lübben/Karenfort*, Beilage 1 zu K&R 12/2001, S. 2.
[84] Richtlinie 98/48 des Europäischen Parlaments und des Rates vom 20. Juli 1998 zur Änderung der Richtlinie 98/34/EG über ein Informationsverfahren auf dem Gebiet der Normen und technischen Vorschriften (ABlEG Nr. L 217, 05.08.1998, S. 18–26).
[85] Richtlinie 97/7/EG des Europäischen Parlaments und des Rates v. 20. Mai 1997 über den Verbraucherschutz bei Vertragsschlüssen im Fernabsatz (ABlEG Nr. L 144, 04.06.1997, S. 19–27).
[86] .nl Final Report, 5.3.4 Nr. 32.

insoweit zulässig, als eine konkrete gesetzliche Vorschrift sie erlaubt oder eine Einwilligung des Betroffenen vorliegt.

Die Frage nach dem einschlägigen Erlaubnistatbestand kann an dieser Stelle nicht abschließend beantwortet werden[87]. Für die Übermittlung der Anmeldeinformationen an Dritte zum Zwecke der Rechtsverfolgung oder zur Behebung technischer Probleme kommt der Erlaubnistatbestand des Art. 7 f) EG-Datenschutzrichtlinie und für die DENIC des § 28 Abs. 3 Nr. 1 und Nr. 2 BDSG in Betracht. Für die Verfügbarkeit der Anmeldeinformationen in Echtzeit spricht im Fall von technischen Unzulänglichkeiten in erster Linie die Notwendigkeit einer unmittelbaren Kontaktaufnahme. Fraglich ist aber dennoch, ob eine solche Befugnis auch die Veröffentlichung in den Whois-Datenbanken erfasst. Diese Frage tangiert aber die Verwirklichung des Zweckbindungsgebots in den Whois-Diensten. Sind hier wesentliche über die Zweckbestimmung hinausgehende Eingriffe in das Grundrecht auf informationelle Selbstbestimmung möglich, so ist zweifelhaft, ob die Veröffentlichung von den konkreten Erlaubnistatbeständen des Art. 7 f) EG-Datenschutzrichtlinie und § 28 Abs. 1 S. 1 Nr. 1 und Abs. 3 Nr. 2 BDSG gedeckt ist.

Kern der Prüfung muss daher die Beachtung des Zweckbindungsgrundsatzes durch die Whois-Dienste bilden. Die Prüfung der Einhaltung desselben wird im Folgenden vorgenommen.

IV. Umfang der veröffentlichten Information

Ausgehend von den genannten Zwecken unterscheidet sich der Umfang der veröffentlichten Information in den Mitgliedstaaten teilweise erheblich.

1) Allgemeines

Die Verträge der ICANN mit den akkreditierten Registerführern (*Registrar Accreditation Agreement*) sehen für alle gTLDs zwingend vor, dass bestimmte Informationen über den Domain-Inhaber und die Kontaktpersonen bei der Domain-Anmeldung zu erheben und in den Whois-Datenbanken zu veröffentlichen sind[88]. Dies sind neben den die Nameserver betreffenden technischen Spezifikationen, dem Datum der Registrierung und dem Zeitpunkt des Erlöschens der Registrierung:
– Name und Adresse des Domain-Inhabers
– Name, Adresse, E-Mail-Adresse sowie Telefon- und ggf. Faxnummer eines administrativen Ansprechpartners

---

[87] Siehe dazu unten VI.
[88] ICANN Registrar Accreditation Agreement, 17.05.2001, 3.3.

– Name, Adresse, E-Mail-Adresse sowie Telefon- und ggf. Faxnummer eines technischen Ansprechpartners.

Die WIPO differenziert in ihren Vorschlägen nicht nach Kontaktpersonen, schlägt aber die Veröffentlichung aller aufgeführten Angaben für den Domain-Inhaber vor[89].

Die DENIC veröffentlicht heute nur Name und Adresse des Domain-Inhabers sowie des administrativen Ansprechpartners. Beim technischen Ansprechpartner werden zusätzlich die E-Mail-Adresse und die Telefon- sowie ggf. die Faxnummer in das Verzeichnis aufgenommen.

Hervorzuheben sind die NICs in Finnland, Portugal, Irland und Schweden, die eine nur sehr eingeschränkte Informationsabfrage ermöglichen. Bei dem „.fi"-Whois-Dienst und dem entsprechenden Dienst in Portugal wird neben der Verfügbarkeit eines bestimmten Domain-Namens nur der Name des Domain-Inhabers angezeigt[90]. Der Whois-Dienst für den Bereich „.ie" zeigt zusätzlich den Namen des technischen und administrativen Ansprechpartners an. In Schweden wird bei dem Umfang der veröffentlichten Informationen zwischen juristischen und natürlichen Personen differenziert[91]. Im Zweifel wird angenommen, dass eine Domain von einer natürlichen Person gehalten wird, mit der Folge, dass nur die Daten zu der registrierten Domain und der Name des Domain-Inhabers angezeigt werden.

Das Vereinigte Königreich hatte bis September 2001 ausschließlich den Namen des Domain-Inhabers angezeigt. Für nach diesem Zeitpunkt registrierte Domain-Namen gelten neue Bestimmungen, die eine Veröffentlichung weitergehender Informationen über den Domain-Inhaber und den administrativen Ansprechpartner erlauben[92].

2) Vorüberlegungen

Einen Ausfluss des Zweckbindungsgrundsatzes bildet das Prinzip der Datenvermeidung und Datensparsamkeit. Die Reduzierung der Verarbeitung personenbezogener Daten auf das Unvermeidbare ist ein Eckwert der Richtlinie[93]. Das Prinzip findet seine Ausformung in § 3a BDSG in der Forderung nach einem Systemdatenschutz. Es besagt, dass

---

[89] WIPO First Final Report, S. 22 f. Nr. 73; WIPO ccTLD Best Practices, S. 4 f.
[90] FCCN, Pesquisa <http://www.fccn.pt/cons_dns/usrpck_call.pesquisa> (Stand: März 2002).
[91] Siehe z.B: <http://www.nic-se.se/sgi-bin/whois/www-to-whois?domain=iis.se> (Stand: März 2002).
[92] Nominet UK, Newsletter Nr. 10, S. 1 <http://www.nominet.org.uk/news/nomnews/issue10.pdf> (Stand: Juni 2002); Nominet UK, Terms and Conditions, 6.
[93] *Dammann/Simitis*, Einl. Erl. 31.

bereits durch die Gestaltung der Systemstrukturen einer unzulässigen Datenverwendung mit dem Ziel vorgebeugt werden soll, so wenige personenbezogene Daten wie möglich zu erheben. Danach hat sich die Gestaltung und Auswahl der für die Datenverarbeitung verwendeten technischen Einrichtungen an den Prinzipien der Datensparsamkeit und der Datenvermeidung zu orientieren. Die Strenge des Prinzips zeigt sich in der Konkretisierung in § 3a S. 2 BDSG mit der Verpflichtung im Rahmen des technisch Möglichen und Zumutbaren von einer Anonymisierung oder Pseudonymisierung Gebrauch zu machen, so dass im Idealfall gar keine personenbezogenen Daten erhoben werden[94].

Das praktische Bedürfnis einer Anonymisierung verdeutlicht der Vorgang um die Domain „bundesnachrichtendienst.de". Zeitungsberichten zu Folge musste der Bundesnachrichtendienst im Jahr 1999 bei der Anmeldung des Domain-Namens unfreiwillig einen Teil seiner Anonymität preisgeben[95]. Im WIPO-Verfahren wurde die Auffassung geäußert, dass die Nutzung des Internets als Kommunikations- und Meinungsaustauschforum eine solche Anonymisierung wegen der Furcht vor Repressalien notwendig mache[96]. Im Ergebnis wurde die Möglichkeit, den Registrar-Provider als Domain-Inhaber fungieren zu lassen, als ausreichende Ausweichalternative erachtet. Eine darüber hinausgehende generelle Anonymisierungsmöglichkeit wurde abgelehnt[97].

Eine generelle Anonymisierungsmöglichkeit läuft dem Zweck der Abrufbarkeit in Echtzeit gerade zuwider, so dass dem Ergebnis des WIPO-Verfahrens beizupflichten ist. Die Frage betrifft das Problem der optionalen Veröffentlichung der Daten[98]. Im Übrigen hat sich die Veröffentlichung am Grundsatz der Datensparsamkeit und -vermeidung zu orientieren. Die Bestimmung der Zulässigkeit des Umfangs muss vor diesem Hintergrund erfolgen.

3) Domain-Inhaber

a) Name des Domain-Inhabers

Die Veröffentlichung des Namens des Domain-Inhabers entspricht dem Zweck, geschädigten Dritten eine Rechtsverfolgung zu erleichtern.

---

[94] *Engel-Flechsig* in: Beck'scher IuKDG Kommentar, § 3 TDDSG Rn. 41; *Grimm/Löhndorf/Scholz*, DuD 1999, 272, 274.
[95] Frankfurter Allgemeine Sonntagszeitung, Geheimdienst im Internet: Legende ohne Ende? 05.09.1999, S. 7.
[96] WIPO First Final Report, S. 19 f. Nr. 60.
[97] WIPO First Final Report, S. 22 Nr. 71/72.
[98] Siehe dazu unten VII. 1) b) und c).

Selbst die genannten NICs, die ein restriktives System praktizieren, erlauben die Abfrage nach dem Namen des Inhabers.

b) Anschrift des Domain-Inhabers

Es besteht weitgehende Übereinstimmung darüber, dass die Anschrift des Domain-Inhabers in den Datenbanken zum Abruf bereitstehen sollte[99]. In den Mitgliedstaaten wird heute dementsprechend außer in den Bereichen „.fi", „.ie" und „.pt" ein solcher Abruf ermöglicht. Nach der von der Hessischen Aufsichtsbehörde im Datenschutzbericht von August 2000 geäußerten Auffassung sollen die Veröffentlichung von Name und Anschrift der Domain-Inhaber in der Whois-Datenbank der DENIC eG nicht zu beanstanden sein, da dies sowohl aus technischen, aber vor allem auch aus rechtlichen Gründen erforderlich sei, um den zuverlässigen Betrieb des Netzes in Deutschland sicherzustellen[100]. Dafür spreche zum einen die Möglichkeit, Anknüpfungspunkte für Fragen des Namens-, Urheber- oder Lizenzrechtes zu erhalten, und zum anderen der Aspekt der Rechtssicherheit, der durch die Veröffentlichung im Interesse des Verbraucherschutzes gefördert werde.

Im Ergebnis ist diesen Erwägungen zuzustimmen. Konkret ergibt sich die Notwendigkeit einer ladungsfähigen Anschrift für Deutschland aus § 253 Abs. 1 Nr. 1 ZPO. Danach setzt die wirksame Klageerhebung die Bezeichnung der Parteien voraus. Dazu gehört auch die Angabe der ladungsfähigen Anschrift des Beklagten als zwingendes Erfordernis, ohne welche die Klage unzulässig ist[101]. Die gleichen Voraussetzungen gelten im Eilverfahren[102].

c) Postfach

Die Hessische Aufsichtsbehörde hat darüber hinaus den Ausschluss einer Postfachangabe durch die DENIC genehmigt[103]. Andere NICs der

---

[99] WIPO First Final Report, S. 22, Nr. 73; WIPO ccTLD Best Practices, S. 5; .nl Final Report, 5.4 Nr. 51.

[100] Hess. Landtag, Drucks. 15/1539, 9.2.

[101] BGHZ 102, 332, 335; *Leipold* in: Stein/Jonas, Bd. 2, § 130 Rn. 4; *Foerste* in: Musielak, § 253 Rn. 20; *Lüke* in: MünchKommZPO, § 253 Rn. 56; *Stadler* in: Musielak, § 130 Rn. 3; *Peters* in: MünchKommZPO § 129 Rn. 17; *Thomas/Putzo*, § 253 Rn. 7; *Hartmann* in: Baumbach/Lauterbach/Albers/Hartmann, § 253 Rn. 23.

[102] *Scherer*, DGVZ 1993, 132, 133; *Hartmann* in: Baumbach/Lauterbach/Albers/Hartmann, § 253 Rn. 23; vgl. OLG Frankfurt/Main MDR 1992, 610 (betrifft ladungsfähige Anschrift des Klägers).

[103] Hess. Landtag, Drucks. 15/1539, 9.3; vgl. DENIC-Registrierungsrichtlinien, III.

Mitgliedstaaten schließen eine solche Postfachangabe ebenfalls ausdrücklich aus[104].

Die mit einer Postfachangabe verbundene Verringerung der Privatsphäre ist ungleich geringer als bei der Angabe der persönlichen Anschrift. Die Frage, ob eine Postfachangabe an die Stelle von Straße, Hausnummer, Postleitzahl und Wohnort treten kann, wurde im ersten WIPO-Verfahren mit zustimmendem Ergebnis diskutiert[105]. Ausschlaggebend war der pragmatische Grund, dass kleine Unternehmen des Öfteren nur unter einem Postfach operieren. In Schweden können juristische Personen – deren Kontaktinformationen zwingend veröffentlicht werden – ihre Adresse demgemäß durch die Angabe eines Postfachs ersetzen.

Die Frage, ob eine Postfachangabe die geographische Anschrift ersetzen kann, muss mit Blick auf die Zielsetzung, Dritten die Möglichkeit zu geben, eine Rechtsdurchsetzung auch im Eilverfahren zu ermöglichen, beantwortet werden. Es muss verhindert werden, dass sich Domain-Anmelder hinter einer Postfachadresse verstecken.

Für die „.de"-Domain sind folgende Erwägungen ausschlaggebend: Die eine Rechtshängigkeit nach § 253 Abs. 1 Nr. 1 ZPO begründende Zustellung hat im Regelfall an die ladungsfähige Anschrift zu erfolgen. Diese ist in der Klageschrift anzugeben, § 130 Nr. 1 ZPO. Eine Postfachangabe reicht insofern nicht aus[106]. Die Geschäftsstelle kann die von ihr zu bewirkende Zustellung selbst durch eingeschriebenen Brief mit Rückschein nach § 175 ZPO vornehmen oder nach § 168 Abs. 1 S. 1 ZPO durch Beauftragung der Post oder eines Justizbediensteten vornehmen lassen. Nach § 177 ZPO kann das Schriftstück dem Adressaten an jedem beliebigen Ort übergeben werden. Einen zentralen Anknüpfungspunkt bildet insofern die Wohnung des Adressaten. Eine Ersatzzustellung hat gem. § 178 ZPO (§ 181 ZPO a.F.) zunächst an der Wohnung des Adressaten zu erfolgen. Erst wenn diese fehlgeschlagen ist, kommt eine Ersatzzustellung durch Niederlegung in Betracht[107]. Selbst die Ersatzzustellung nach § 181 ZPO (§ 182 ZPO a.F.) setzt voraus, dass eine schriftliche Mitteilung über die Niederlegung unter der An-

---

[104] SIDN, Explanatory Comments, Re. Clause 1; nic.at, AGB, 1.3; nic.at, Domain-Neuregistrierung und Datenänderung mit ausführlicher Erklärung, Adresse des Domain-Inhabers <http://www.nic.at/german/serviceErklaerung.html> (Stand: März 2002); DK Hostmaster, Requestforms for a new .dk domain, Section 5, Fields 5d-5g <http://www.dk-hostmaster.dk/forms/domain.3.01.engelsk.txt> (Stand: März 2002).
[105] WIPO First Final Report, S. 21, Nr. 68; s.a. WIPO ccTLD Best Practices, S. 5.
[106] *Greger* in: Zöller, § 253 Rn. 8; *Hartmann* in: Baumbach/Lauterbach/Albers/Hartmann, § 253 Rn. 23; *BVerwG* NJW 1999, 2608, 2609 f.; *BGH* NJW 1988, 2114 f.
[107] *BGH* VersR 1974, 809; *BGH* NJW 1976, 149; *Schellhammer*, S. 46 Rn. 78.

schrift des Adressaten erfolgt ist. Ein Einwurf der Mitteilung über die Niederlegung in ein Postschließfach reicht nicht aus[108]. Zu keinem anderen Ergebnis führt der mit dem Zustellungsreformgesetz neu eingefügte § 180 ZPO, der ebenfalls Kenntnis der Wohnungs- oder Geschäftsanschrift voraussetzt.

Mit den gleichen Erwägungen bestand schon im Rahmen der Kennzeichnungspflichten nach § 6 Abs. 1 Nr. 1 MDStV und § 6 Nr. 1 TDG a.F. Einigkeit, dass ein „Postfach" nicht als „Anschrift" i.S.d. Vorschriften angesehen werden kann[109]. Art. 5 ECRL, der Mindestanforderungen für die Anbieterkennzeichnungspflicht festlegt, stellt dies in Abs. 1 b) klar, indem dort konkret die „geographische Anschrift" in Bezug genommen wird[110].

Für den Bereich „.de" ist der Ausschluss einer Postfachangabe von der Zweckbestimmung gedeckt. Ob eine Postfachangabe in den übrigen Mitgliedstaaten eine effektive Rechtsverfolgung ermöglicht, hängt von den prozessrechtlichen Voraussetzungen des jeweiligen Mitgliedstaates ab.

d) Telefon- und Faxnummern

Die vorgehende Argumentation kann allerdings nicht für die Veröffentlichung von Telefon- und Faxnummern gelten, da diese für die Rechtsverfolgung nicht erforderlich sind. Das Argument der DENIC, die mit der Veröffentlichung dieser Information eine möglichst schnelle Behebung technischer Probleme ermöglichen wollte, akzeptierte die Hessische Aufsichtsbehörde nicht, da zu diesem Zweck die Veröffentlichung der Telefonnummer des technischen Ansprechpartners genüge. Die DENIC und die nic.at veröffentlichen Telefonkontaktnummern daher nur auf freiwilliger Basis als „opt-in"[111].

Es entspricht weitgehend internationalem Konsens, dass die Telefonnummer des Domain-Inhabers von einer Abrufbarkeit ausgenommen werden soll. Zu diesem Ergebnis kam auch SIDN in dem in den Niederlanden durchgeführten Konsultationsverfahren[112]. Dennoch finden sich

---

[108] *BVerwG* NJW 1999, 2608, 2610; *BSG* NJW 1967, 903; *BFH* NJW 1984, 448; *BayObLG* NJW 1963, 600 f.; *OLG Düsseldorf* NJW-RR 1993, 1150, 1151; *Stöber* in: Zöller, § 181 n.F. Rn. 4; *Hartmann* in: Baumbach/Lauterbach/Albers/Hartmann, § 181 n.F. Rn. 16; Hess. Landtag, Drucks. 15/1539, 9.3.

[109] *Ukrow* in: Roßnagel, MDStV § 6 Rn. 33; *Brönneke* in: Roßnagel, TDG § 6 Rn. 46; Hess. Landtag, Drucks. 15/1539, 9.3; *Maennel* in: Beck'scher IuKDG Kommentar, § 6 TDG Rn. 10.

[110] Begr. zum EGG, BT-Drucks. 14/6098, S. 21.

[111] DENIC-Registrierungsrichtlinien, IV; nic.at, Domain Registrierung für .at, co.at, .or.at Domains <http://www.nic.at/german/register.html> (Stand: April 2002).

[112] .nl Final Report, 5.4 Nr. 52.

bei einigen NICs – namentlich sind dies „.be" und „.dk" – auch die Telefonnummern der Domain-Inhaber in den Datenbanken.

e) E-Mail-Adressen

Die Bewertung kann in Bezug auf E-Mail-Adressen nicht anders ausfallen. Das Regierungspräsidium Darmstadt lehnte die Veröffentlichung der E-Mail-Adresse des Domain-Inhabers mit dem Argument ab, dass die im MDStV und dem TDG geforderte Impressumspflicht auf den Namen und die Anschrift beschränkt seien[113]. Diese Argumentation führt jedoch nicht weiter, da mit Art 5 Abs. 1 c) ECRL, § 6 Abs. 1 Nr. 2 TDG die Kennzeichnungspflichten von Diensteanbietern derart erweitert worden sind, dass die Veröffentlichung der E-Mail-Adresse nunmehr zwingend vorgeschrieben ist. Wie bereits ausgeführt, decken sich die Anbieterkennzeichnungspflichten und der Zweck der Veröffentlichung von Whois-Daten nur teilweise[114]. Dies wird auch von der Hessischen Datenschutzbehörde verkannt, wenn diese ausdrücklich auf den Verbraucherschutz Bezug nimmt. Das Erfordernis einer engen datenschutzrechtlichen Zweckbestimmung steht einer Veröffentlichung der E-Mail-Adresse des Domain-Inhabers im Whois-Dienst indes entgegen, da diese für den Zweck einer effektiven Rechtsverfolgung nicht erforderlich ist.

In dem niederländischen Konsultationsprozess wurde darauf hingewiesen, dass sich an dieser Einschätzung möglicherweise etwas ändern könnte, wenn ein alternatives Streitschlichtungssystem eine E-Mail-Kommunikation erforderlich mache[115]. Damit stellt sich aber auch die Frage, ob die Angabe einer E-Mail-Adresse nicht generell zur Förderung von Streitbeilegungsmechanismen sinnvoll ist. Bis November 2000 wies das irische System eine interessante Eigenart auf. Bis zu diesem Zeitpunkt musste jeder Domain-Inhaber unter der Standard-E-Mail-Adresse „postmaster@*domain-name*.ie" erreichbar sein[116]. Diese Regelung beruhte auf RFC 822, welcher eine solche generische Adresse vorsah, um eine Kontaktaufnahme auch bei Nichtvorliegen weiterer Anhaltspunkte zu ermöglichen[117]. Genau genommen bezieht sich diese RFC auf das Format von E-Mail-Texten und nicht auf die Domain-Vergabe. Einer solchen Regelung liegen aber letztlich Erwägungen zu Grunde, die außerhalb des Bereichs der engen Zweckbestimmung liegen. Die soge-

---

[113] Hess. Landtag, Drucks. 15/1539, 9.2.
[114] Siehe oben II.
[115] .nl Final Report, 5.4 Nr. 52.
[116] IEDR, „postmaster@domain.ie" Rule Relaxation <http://www.domainregistry.ie/about/new/nov00-rulechange.html> (Stand: Juni 2002).
[117] *Crocker*, RFC 822, 13.08.1982, S. 33.

nannte *Postmaster*-Regel besteht auch heute noch z.B. in Italien und Frankreich[118].

Gegen die Veröffentlichung von E-Mail-Adressen spricht vor allen Dingen der Aspekt des *Spammings*. Die belgische Registrierungsstelle kündigte im März 2001 an, dass der Whois-Dienst die E-Mail-Adressen der betroffenen Personen und Organisationen für die Zukunft nicht mehr anzeigen würde. Diese Maßnahme ging auf Beschwerden von Domain-Namen-Inhabern wegen des Empfangs von unerwünschter E-Mail-Werbung zurück[119]. Unerwünschte elektronische Werbepost stellt ein reales Problem dar[120]. Eine Studie der Europäischen Kommission vom Februar 2001 kam zu dem Ergebnis, dass die Kosten dieser E-Mail-Werbung sich weltweit für die Internetnutzer auf € 10 Milliarden im Jahr belaufen[121]. Auch aus diesem Grund sind Maßnahmen zur Abrufbarkeit von E-Mail-Adressen des Domain-Inhabers abzulehnen.

f) Zusammenfassung

Im Ergebnis ist nur die Veröffentlichung von Name und geographischer Anschrift des Domain-Inhabers vom Zweck der Ermöglichung einer zeitnahen Rechtsverfolgung gedeckt.

4) Kontaktpersonen

Für die Niederlande wurde in dem von SIDN initiierten Konsultationsprozess davon ausgegangen, dass es sich bei den Angaben zu den übrigen Kontaktpersonen nicht um vom Datenschutz erfasste persönliche Daten handelt[122]. Dort werden darum ohne weiteres die Telefonnummer und die E-Mail-Adresse sowohl des administrativen und des technischen Ansprechpartners veröffentlicht. Zur Begründung wurde ausgeführt, dass diese Kontaktpersonen regelmäßig über die Verwendung ihrer Daten informiert sein werden und eine Zustimmung zu einer Verarbeitung daher auch vorliegen werde. Diese Schlussfolgerung vermengt aber die Frage des relevanten Datums mit der Frage nach einem wirksamen Einverständnis in eine Datenverarbeitung. Bei den veröffentlichten Angaben wie Name, Adresse, E-Mail und Telefonnummer han-

---

[118] RA, Naming Rules, 9.; AFNIC, Naming Charter, Appendix 13.

[119] DNS-BE, New Whois and DAS Service, 12.03.2001 <http://www.dns.be/eng/News/whatsnew12mar2001_2.htm> (Stand: Juni 2001)

[120] FAZ, Wissen ist nicht länger Macht, 26.03.2002, S. T 8; *Lange*, BB 2002, 561–569.

[121] Europäische Kommission, Unsolicited Commercial Communications and Data Protection, Januar 2001, S. 67. Dazu auch: *Jankowski*, K&R 2000, 499–502 sowie *Spindler/Schmittmann*, MMR-Beilage 08/2001, S. 10–19; *Schmittmann*, K&R 2002, 135–138.

[122] .nl Final Report, 5.3.3 Nr. 24.

delt es sich um typische Erscheinungsformen der persönlichen und sachlichen Verhältnisse einer Person[123].

a) Administrativer Ansprechpartner

Die Mehrzahl der europäischen NICs hält auch personenbezogene Daten zum administrativen Ansprechpartner in der jeweiligen Whois-Datenbank zum Abruf bereit. In Deutschland, Luxemburg und im Vereinigten Königreich sind dies nur der Name und die Anschrift. In Österreich, Dänemark und Frankreich finden sich auch Telefonnummern, in Spanien und Italien zudem E-Mail-Adressen. In Belgien und Schweden wird insgesamt auf die Veröffentlichung von Informationen zu dieser Person verzichtet.

Die Notwendigkeit und der Umfang einer Verfügbarkeit der diese Person betreffenden Daten in Echtzeit hängt davon ab, ob solche Informationen für die Rechtsdurchsetzung erforderlich sind. Bei natürlichen Personen ist kein Grund ersichtlich, warum weitere Angaben als diejenigen über den Domain-Inhaber für eine Rechtsdurchsetzung verfügbar sein sollten. Bei juristischen Personen und Personengesellschaften ist zu bedenken, dass diese durch ihre Organe handeln und deshalb auf zur Vertretung berufene Personen angewiesen sind. Die DENIC-Registrierungsrichtlinien beschreiben den administrativen Ansprechpartner in Abschnitt III als die natürliche Person, die als Bevollmächtigter des Domain-Inhabers berechtigt und verpflichtet ist, sämtliche die Domain betreffenden Entscheidungen zu treffen, und damit den primären Ansprechpartner der DENIC darstellt. Die Vollmacht der administrativen Ansprechperson ist demgemäß aus Sicht der DENIC auf den Komplex des Domain-Namens beschränkt. Sie wird vom Domain-Anmelder durch das Akzeptieren der AGB gem. § 167 Abs. 1 BGB als Außenvollmacht gegenüber der DENIC erteilt. Ungeachtet der Frage, ob eine solche Vollmachtserteilung durch AGB-Klausel einer Inhaltskontrolle nach § 307 BGB standhalten kann, handelt es sich damit um eine rechtsgeschäftlich begründete auf den Bereich der Domain beschränkte Generalvollmacht. Es handelt sich damit bei dem administrativen Ansprechpartner nicht zwingend um den gesetzlichen Stellvertreter. Auf die gesetzlichen Vertreter kommt es bei der gerichtlichen Geltendmachung von Ansprüchen aber an. Der gesetzliche Vertreter der AG ist der Vorstand gem. § 78 Abs. 1 AktG. Die GmbH wird gem. § 35 GmbH von den Geschäftsführern vertreten. Für den Verein handelt nach § 26 Abs. 2 BGB der Vorstand. Die OHG und die KG werden durch die

---

[123] *Dammann* in: SDGMW, § 3 Rn. 8; *Dammann/Simitis*, Art. 2 Erl. 2; *Ehmann/Helfrich*, Art. 2 Rn. 17; *Bergmann/Möhrle/Herb*, BDSG, § 3 Rn. 29.

Komplementäre vertreten, §§ 125 Abs. 1, 161 Abs. 2 HGB. Gemäß §§ 253 Abs. 4, 130 Nr. 1 ZPO ist der gesetzliche Vertreter im Fall der Klageerhebung bereits in der Klageschrift zu bezeichnen. Da es sich bei § 130 Nr. 1 ZPO lediglich um eine Ordnungsvorschrift handelt, kann die Benennung zwar nachgeholt werden, eine wirksame Zustellung hat jedoch gem. § 170 Abs. 1 S.1 ZPO (§ 171 Abs. 1 ZPO a.F.) gerade an den gesetzlichen Vertreter zu erfolgen[124]. Ob dabei eine namentliche Benennung sowie eine Angabe der konkreten Vertretungsverhältnisse erforderlich ist, wird unterschiedlich bewertet[125]. Darauf kommt es für die hier interessierende Frage nach der Zulässigkeit und Notwendigkeit einer Veröffentlichung von bestimmten Personennamen in der Whois-Datenbank nicht an, da die Zustellung an die falsche Person jedenfalls zu Lasten der klagenden Partei geht[126]. Eine Benennung der konkreten Person liegt daher im Interesse des Klägers an einer effektiven Rechtsverfolgung. Die Benennung dieser Person auch in der Whois-Datenbank wird daher von der engen Zweckbestimmung gedeckt.

Etwas anderes ergibt sich auch nicht aus § 170 Abs. 2 ZPO. Diese Vorschrift entspricht weitgehend § 171 Abs. 2 ZPO a.F., wonach eine Zustellung bei juristischen Personen und in anderen Fällen zur Vereinfachung an den „Vorsteher" erfolgen konnte. In der Neufassung wurde der Begriff des „Vorstehers" durch den des „Leiters" ersetzt, ohne dass dadurch eine inhaltliche Änderung erfolgen sollte[127]. Dieser Leiter braucht zwar nicht in der Klageschrift bezeichnet zu werden[128], doch bestehen Zweifel wer als Leiter i.d.S. anzusehen ist. Diese Zweifel gehen wiederum zu Lasten der klagenden Partei. Bei einer Behörde ist Leiter der Behördenleiter, bei einer Gemeinde der Bürgermeister und bei Gericht der Präsident[129]. Im Übrigen wird teilweise ausgeführt, dass die Person unabhängig von der gesetzlichen Vertretung befugt sein müsse, die Körperschaft nach außen hin zu repräsentieren[130]. Andere meinen,

---

[124] *Hartmann* in: Baumbach/Lauterbach/Albers/Hartmann, § 130 Rn. 8; *Greger* in: Zöller, § 253 Rn. 8; *Wenzel* in: MünchKommZPO, § 171 Rn. 1; *Schumann* in: Stein/Jonas, Bd. 2, § 253 Rn. 36.

[125] Einerseits: *BGH* NJW 1989, 2689; *Hartmann* in: Baumbach/Lauterbach/Albers/Hartmann, § 170 n.F. Rn. 3/§ 191 a.F. Rn. 6; *Greger* in: Zöller, § 253 Rn. 8. Andererseits: *OLG Stuttgart* NVwZ 1994, 518; *Wenzel* in: MünchKommZPO, § 171 Rn. 1; *Wolzt* in: Musielak, § 171 Rn. 2.

[126] *OLG Frankfurt/Main* MDR 1984, 943; *Wenzel* in: MünchKommZPO, § 171 Rn. 2; *Hartmann* in: Baumbach/Lauterbach/Albers/Hartmann, § 130 Rn. 8.

[127] Begr. zum ZustRG, BT-Drucks. 14/4554 S. 17.

[128] RGZ 69, 298, 300; *Stöber* in: Zöller, 22. Aufl., § 171 Rn. 3; *Wenzel* in: MünchKommZPO, § 173 Rn. 2.

[129] *Wolzt* in: Musielak, § 171 Rn. 5; *Stöber* in: Zöller, 22. Aufl., § 171 Rn. 3.

[130] RGZ 67, 75, 76; *Stöber* in: Zöller, 22. Aufl., § 171 Rn. 3; *Wenzel* in: MünchKommZPO, § 171 Rn. 2.

der Vorsteher bestimme sich nach dem maßgeblichen materiellen Recht oder der Satzung[131]. Auf Grund dieser Unsicherheiten ersetzt die Zustellung nach § 170 Abs. 2 ZPO nicht die Bennennung eines konkreten Vertreters bei Klageerhebung.

Soweit der administrative Ansprechpartner nach den AGB der DENIC zum Zustellungsbevollmächtigten des Domain-Inhabers bestellt wurde, betrifft diese besondere Funktion nur die Fälle, in denen der Domain-Inhaber einen Unternehmens- oder Wohnsitz in Deutschland nicht vorweisen kann. Zudem gilt die Zustellungsbevollmächtigung nach § 174 f. ZPO a.F., auf welche die DENIC verweist, erst ab Rechtshängigkeit[132]. Selbst dann ersetzt der administrative Ansprechpartner den gesetzlichen Vertreter nur für den Prozessabschnitt der Zustellung nach § 171 ZPO (§ 173 ZPO a.F.). Für die weitergehenden Klagevoraussetzungen und insbesondere der Vertretung als Prozessvoraussetzung kommt es auf die Person des administrativen Ansprechpartners nicht an. Bei der gesetzlichen Vertretung handelt es sich um eine Prozessvoraussetzung, die gem. § 56 Abs. 1 ZPO von Amts wegen in jeder Lage des Prozesses zu prüfen ist[133]. Ohne wirksame gesetzliche Vertretung kann ein Versäumnisurteil nach § 331 ZPO gegen den Beklagten nicht ergehen, wenn dessen gesetzliche Vertretung nicht feststeht, § 335 Abs. 1 Nr. 1 ZPO. Auch eine einstweilige Verfügung nach § 935 ZPO wird ohne konkrete Benennung eines gesetzlichen Vertreters nicht erlassen.

In den ccTLDs der übrigen Mitgliedstaaten geht die Person des administrativen Ansprechpartners ebenfalls nicht mit der Person des zur gerichtlichen Vertretung berufenen Repräsentanten konform. Die gerichtliche Vertretung der italienischen *Società per Azioni* richtet sich wie bei der deutschen Aktiengesellschaft nach den zivilrechtlichen Regeln und obliegt damit den Mitgliedern des Verwaltungsrates[134]. Gleiches gilt für die spanische *sociedad anónima* und die schwedische *aktiebolgas*[135]. Die französische *Société Anonyme* dagegen wird durch den Vorstandsvorsitzenden vertreten[136]. Ob die effektive Geltendmachung von Ansprüchen gegen einen beliebigen Domain-Inhaber die Kenntnis dieser Personen voraussetzt, hängt von den jeweiligen prozessrechtlichen Voraussetzungen in den Mitgliedstaaten ab, die einer Harmonisie-

---

[131] *RGZ* 69, 298, 300; *Roth* in: Stein/Jonas, § 171 Rn. 8.
[132] *BGH JZ* 1999, 414, 415 m. Anm. *Roth*.
[133] *BGHZ* 40, 197, 198; *BGH NJW* 2000, 289, 291; *OLG Hamm MDR* 1992, 411, 412; *Schellhammer*, S. 579 Rn. 1200.
[134] *Seibold* in: Hohloch, Italien, Rn. 164 f.
[135] *Martinez* in: Hohloch, Spanien, Rn. 221; *Foerster* in: Hohloch, Schweden, Rn. 234.
[136] *Tillmanns* in: Hohloch, Frankreich, Rn. 241.

rung bisher nicht zugeführt wurden. Die Beispiele verdeutlichen jedoch, dass diese Personen nicht notwendigerweise mit der Person des administrativen Ansprechpartners übereinstimmen.

Eine Veröffentlichung der Kontaktinformationen des administrativen Ansprechpartners steht demnach mit der engen Zweckbestimmung nur dann in Einklang, wenn es sich bei dieser Person auch um den zur gerichtlichen Vertretung berufenen gesetzlichen Vertreter des Domain-Inhabers handelt. Es reicht insofern aus, den Namen dieser Person bereitzustellen. Eine separate Anschrift sowie eine E-Mail-Adresse oder Telefonnummernangabe sind für eine Durchsetzung von Rechtsansprüchen gegen den Domain-Inhaber für den Bereich „.de" nicht erforderlich.

Bestätigt wird dieses Ergebnis wiederum durch einen Vergleich mit der Anbieterkennzeichnungspflicht der Multimediagesetze. § 6 Abs. 1 Nr. 1 TDG sieht – wie bereits § 6 Nr. 2 TDG a.F. (§ 6 Abs. 1 Nr. 2 MDStV) – vor, dass bei juristischen Personen auch der Name der vertretungsberechtigten Person anzugeben ist, um damit eine wirksame Verfolgung zivilrechtlicher Ansprüche zu ermöglichen. Obschon dies in Art. 5 ECRL nicht klar zum Ausdruck kommt, geht es bei der Kennzeichnungspflicht gerade um die Person, die rechtlich verbindlich für die Gesellschaft handeln kann.

In diesem Sinne wurde auch im WIPO-Verfahren die Notwendigkeit der Benennung eines Zustellungsbevollmächtigten verneint[137]. Die Mehrzahl der Kommentatoren hielt die Kontaktinformationen des Domain-Inhabers für ausreichend, um eine effektive Rechtsverfolgung zu sichern. Gleichzeitig wurde aber für die Fälle, in denen es sich bei dem Domain-Inhaber um eine juristische Person oder Organisation handelt, die Veröffentlichung des Namens eines Repräsentanten nahegelegt[138].

Bei dem administrativen Ansprechpartner handelt es sich demnach nicht notwendigerweise auch um die im Fall der Rechtsverfolgung zu benennende Person. Aus diesem Grund erscheint die Abrufbarkeit personenbezogener Daten dieser Person nicht erforderlich. Statt dessen sollte der Schwerpunkt darauf liegen, eine nach den jeweiligen Rechtsordnungen zu benennende vertretungsberechtigte Person bei der Anmeldung zu erfassen und anschließend entsprechend der Zweckbestimmung aufzuführen.

b) Technischer Ansprechpartner

Nach der Zweckbestimmung dient die Veröffentlichung von Informationen über den technischen Ansprechpartner der raschen Fehlerbe-

---

[137] WIPO First Final Report, S. 21, Nr. 69.
[138] WIPO First Final Report, S. 22 f. Nr. 73.

hebung bei technischen Problemen. Dem entspricht es, eine kurzfristige Kontaktaufnahme durch die Abrufbarkeit einer E-Mail-Adresse oder einer Telefonnummer zu ermöglichen.

Die DENIC veröffentlicht demgemäß neben der Adresse sowohl die Telefonnummer als auch die E-Mail-Adresse dieser Kontaktperson. In Belgien, Spanien und Italien deckt sich der Umfang der abrufbaren Daten mit dem für den Bereich „.de". Für den Bereich „.at" erfolgt nur die Veröffentlichung der Telefonnummer zwingend, die Angabe einer E-Mail-Adresse erfolgt freiwillig. In Luxemburg und Irland werden dagegen nur der Name und die Adresse dieser Kontaktperson zur Verfügung gestellt.

Die Hessische Aufsichtsbehörde hat die Veröffentlichung der Telefonnummer des technischen Ansprechpartners durch die DENIC gebilligt[139]. Eine Veröffentlichung der Telefonnummer steht mit der getroffenen Zweckbestimmung in Einklang. Durch die ausschließliche Angabe von Name und Anschrift wird eine unmittelbare Kontaktaufnahme und effiziente Fehlerbehebung nicht gewährleistet. Sowohl die Abrufbarkeit der Telefonnummer als auch der E-Mail-Adresse werden von dieser Zweckbestimmung gedeckt. Elektronische Werbepost und Viren erscheinen dabei als theoretisches Problem, da die technischen Ansprechpartner auf Grund ihrer klaren Aufgabenstruktur und ihres technischen Know-how unattraktive Ziele solcher E-Mail-Attacken sind.

In den Ländern, in denen eine Registrierung nur über besonders qualifizierte Provider erfolgen kann[140], handelt es sich bei dieser Fragestellung weitgehend um ein Scheinproblem, da dort der Provider den Nameserver betreibt und für die Behebung technischer Fehler verantwortlich ist. Dies gilt auch für „.de", da auch hier nur ein verschwindend geringer Anteil der Domain-Namen-Anmeldungen über das Verfahren DENICdirect ohne Zwischenschaltung eines Providers erfolgt[141].

Anders ist die Situation bei großen Unternehmen, die ihre eigenen DNS-Server betreiben und deshalb eine Person innerhalb des Betriebs als verantwortliche Ansprechperson angeben. Soweit dies der Fall ist, sollte nach dem Vorbild Deutschlands, Griechenlands, Irlands und auch Österreichs die Möglichkeit eröffnet werden, die Personenangabe durch die Angabe einer *Role*, d.h. einer Funktion oder Position innerhalb des Unternehmens zu ersetzen[142]. Dies bedeutet, dass nicht eine konkrete

---

[139] Hess. Landtag, Drucks. 15/1539, 9.2.
[140] Siehe oben 2. Teil C. I. 2).
[141] Siehe oben 2. Teil Fn. 66.
[142] DENIC, Hilfe/Domainauftrag, Technischer Ansprechpartner (tech-c), 25.02.2002 <http://www.denic.de/hilfe/domainauftrag.html#CONTACT> (Stand: März 2002).

Person, sondern eine Position mit einer generischen E-Mail-Adresse innerhalb eines Unternehmens angegeben werden kann. Die anzugebende E-Mail-Adresse kann dann z.b. die Form „hostmaster@*domainname*.at" annehmen. Dieses Vorgehen beseitigt nicht nur datenschutzrechtliche Bedenken, sondern hat auch den für Unternehmen praktischen Vorteil, dass die Einträge bei Ausscheiden des Ansprechpartners aus dem Betrieb nicht geändert werden müssen.

c) Rechnungsempfänger

In Dänemark und Spanien finden sich auch Daten zu der dritten Kontaktperson in den Whois-Datenbanken. Dort werden auch Name, Anschrift und Telefonnummer des Rechnungsempfängers zum Abruf bereitgehalten.

Diese Abrufbarkeit wird von keinem der Zwecke der Whois-Datenbank gedeckt. Bei der Veröffentlichung der Daten des Rechnungsempfängers handelt es sich um ein Relikt aus den Tagen, als in den gTLDs das System des *Shared-Registry* noch nicht praktiziert wurde und die Domain-Registrierungen direkt beim Registry vorgenommen wurden. Damals wurden sämtliche Anmeldeinformationen ohne weitere Differenzierung in die Datenbanken aufgenommen. Soweit dies auch heute noch geschieht, ist eine Notwendigkeit nicht zu erkennen. Das Gleiche gilt für die genannten europäischen ccTLDs. Die Veröffentlichung verwundert in Dänemark umso mehr, als Registrierungen dort ausschließlich über akkreditierte Provider erfolgen und diesen die Registrierungsgebühr in Rechnung gestellt wird[143].

Die Veröffentlichung und die Abrufbarkeit von Informationen zu den designierten Rechnungsempfängern läuft der notwendigen engen datenschutzrechtlichen Zweckbestimmung zuwider.

5) Weitere Angaben

In den gTLDs gehört es zum von den Akkreditierungsvereinbarungen vorgegebenen Standard auch die Spezifikationen zu den Nameservern sowie die Angabe zum Tag der Registrierung und zum Erlöschen der Registrierung zum Abruf bereit zu halten.

a) Nameserver

In Bezug auf die Veröffentlichung des Namens und der IP-Adresse der DNS-Server bestehen keine datenschutzrechtlichen Bedenken. Zwar

---

[143] DK Hostmaster, FAQ, What is the price of registration and continued registration and what does the price cover? <http://www.dk-hostmaster.dk/faq2.shtml#7> (Stand: März 2002).

werden diese Daten zumindest dann auch als personenbezogene Daten im Sinne von Art. 2 a) EG-Datenschutzrichtlinie und § 3 Abs. 1 BDSG einzuordnen sein, wenn eine Person oder deren Nutzungsverhalten über diese Daten identifiziert werden kann[144]. Durch die Nameserver wird lediglich der Namensauflösungsdienst betrieben, so dass die Angaben eine Schlussfolgerung nur über die Person des Dienstebetreibers zulassen. Hier gilt jedoch die Besonderheit, dass diese Nameserver in der Regel als kommerzielles Angebot von Providern betrieben werden oder aber im Einzelfall auch von großen Unternehmen, d.h. juristischen Personen. Folgerichtig halten bis auf die NICs in Finnland und Portugal alle anderen Registries der Mitgliedstaaten diese Informationen zum Abruf bereit.

b) Tag der Registrierung

Die Whois-Datenbanken für die Bereiche „.be", „.dk", „.gr", „.it", „.nl" und „.se" lassen darüber hinaus den Tag der Registrierung des Domain-Namens erkennen. Nach den weiten Definitionen für das personenbezogene Datum sowohl in der Datenschutzrichtlinie als auch im BDSG[145] und der strengen Vorgabe des Bundesverfassungsgerichts, dass belanglose Daten als solche nicht existieren[146], wird die datenschutzrechtliche Zulässigkeit auch bezüglich dieser Angabe virulent.

Bei Kollisionen von Domain-Namen mit Kennzeichen kommt dem Datum der Domain-Registrierung keine besondere Bedeutung zu. Bei markenrechtlichen Kollisionen kommt es gem. § 6 MarkenG auf den Zeitpunkt des Erwerbs des Kennzeichenrechts an. In der EG-Markenrechtsrichtlinie wird das Prioritätsprinzip in Art. 5 ebenfalls vorausgesetzt. Da durch die schlichte Registrierung eines Domain-Namens keine Kennzeichenrechte entstehen[147], kommt es auf den Zeitpunkt der Registrierung des Domain-Namens in diesem Zusammenhang nicht an. Soweit aus deutscher Sicht dem Gerechtigkeitsprinzip der Priorität bei einer Kollision von Namensgleichen eine Bedeutung zukommt[148], ergibt sich diese Priorität bereits aus der schlichten Tatsache der früheren Registrierung des Domain-Namens. Entschei-

---

[144] *Schmitz* in: Hoeren/Sieber, Teil 16.4 Rn. 39; *Helfrich* in: Hoeren/Sieber, Teil 16.1 Rn. 30; *Schulz* in: Roßnagel, § 1 TDDSG Rn. 32; *Bergmann/Möhrle/Herb*, BDSG, § 3 Rn. 33.
[145] *Dammann/Simitis*, Art. 2 Erl. 2; *Brühann* in: Grabitz/Hilf, Sekundärrecht, Bd. 2, A 30, Art. 2 Rn. 6; *Helfrich* in: Hoeren/Sieber, Teil 16.1 Rn. 27 f.; *Dammann* in: SDGMW, § 3 Rn. 8; *Bergmann/Möhrle/Herb*, BDSG, § 3 Rn. 21.
[146] BVerfGE 65, 1, 45 (1983) – Volkszählungsurteil.
[147] Dazu: *Fezer*, WRP 2000, 669, 671; *Mietzel/Hero*, MMR 2002, 84, 85 f.
[148] *BGH* MMR 2001, 666, 668 – mitwohnzentrale.de; *BGH* MMR 2002, 382, 385 – shell.de; *Ubber*, BB 2002, 1167, 1169.

dungserheblich kann der Zeitpunkt der Registrierung allerdings in den Fällen der missbräuchlichen Registrierung eines Domain-Namens werden.

In Fällen, in denen ein kennzeichenrechtlicher Unterlassungsanspruch daran scheitert, dass ein Domain-Name nicht im geschäftlichen Verkehr benutzt wird oder aber an der erforderlichen Branchen-, Dienstleistungs- oder Warennähe scheitert, wird die zeitliche Nähe der Domain-Registrierung zu einer Kennzeicheneintragung oder einer geplanten oder vollzogenen Produkteinführung dem Kennzeicheninhaber einen Anhaltspunkt für eine mögliche missbräuchliche Registrierung des Domain-Namens geben können. Dem Zeitpunkt der Registrierung kann durchaus eine Indizwirkung in Bezug auf ein unlauteres Verhalten nach § 1 UWG oder § 826 BGB zukommen.

Die Aufführung des Datums der Registrierung kann dem verletzten Dritten schon im Vorfeld einer gerichtlichen Auseinandersetzung die Möglichkeit einer Bewertung der Erfolgsaussichten einer Klage liefern. Eine solche Erleichterung ist jedoch von der datenschutzrechtlich gebotenen engen Zweckbestimmung nicht mehr gedeckt. Die Abrufbarkeit der Kontaktinformationen soll Dritten einen Anknüpfungspunkt für die Rechtsverfolgung bieten, nicht aber die Prozessführung abnehmen oder erleichtern. Dritte, die sich durch einen Domain-Inhaber in ihren Rechten verletzt sehen, sind den üblichen prozessualen Beweisschwierigkeiten ausgesetzt. Eine Sonderbehandlung rechtfertigt sich jedenfalls mit Blick auf die erforderliche enge Zweckbestimmung nicht.

Die DENIC und einige andere der NICs in der Europäischen Union („.at", „.dk", „.uk", „.it") zeigen darüber hinaus das Datum der letzten Änderung der Whois-Informationen an. Insofern ergibt sich keine andere Bewertung als für den Tag der Registrierung.

6) Zusammenfassung

Der Umfang der in den Whois-Datenbanken veröffentlichten Daten muss entsprechend dem Zweckbindungsgrundsatz und dem daraus folgenden Prinzip der Datenvermeidung und -sparsamkeit auf ein Minimum begrenzt werden.

Die Veröffentlichung einer E-Mail-Adresse und einer Telefonnummer des technischen Ansprechpartners wird von der Zweckbestimmung erfasst, um kurzfristig auf technische Unzulänglichkeiten reagieren zu können und deren Behebung zu ermöglichen. Die Angabe und Veröffentlichung einer *Role* anstatt der Angabe einer Person sollte dabei ausreichen und als Standard in die Registrierungsbedingungen aufgenommen werden.

Ferner erscheint die Veröffentlichung des Namens und der Anschrift des Domain-Inhabers zum Zwecke der kurzfristigen Rechtsdurchsetzung vertretbar.

Alle weiteren Angaben zum Domain-Inhaber und alle Angaben zur Person des administrativen Ansprechpartners und des Rechnungsempfängers gehen über die Zwecke der Datenerhebung hinaus. Dies gilt auch für das Datum der Registrierung und vergleichbare Einträge.

V. Abfragemöglichkeiten

1) Problem der Abfrage für beliebige Zwecke

Die in den Datenbanken gespeicherten Daten sind *de facto* für jeden beliebigen Zweck von jedermann abrufbar. Die Internetnutzer haben sich an die Veröffentlichung bestimmter Informationen über einen Domain-Inhaber und den von diesem gehaltenen Domain-Namen gewöhnt. Heute wird eine Abfrage in den Datenbanken für alle möglichen Zwecke von den Nutzern für legitim erachtet. VeriSign berichtet von täglich mehr als 20 Millionen Abfragen allein in den von ihr betriebenen Whois-Datenbanken[149]. In einer an die Allgemeinheit gerichteten Umfrage hat der Vorstand der DNSO im Juni 2001 die Notwendigkeit des Whois-Dienstes zur Diskussion gestellt[150]. Eine Frage betraf die Zwecke, für welche die Nutzer den Dienst heute in Anspruch nehmen. Die vorläufige Auswertung der mehr als 3000 Antworten zeigt, dass die praktischen Verwendungen über die enge Zweckbestimmung hinausgehen[151]. Zwar gaben etwa 2/3 der Teilnehmer an, den Whois-Dienst für Zwecke der Rechtsverfolgung und der technischen Problembewältigung zu verwenden, wobei auch die Verfügbarkeitsprüfung einen wesentlichen Teil der Nutzung ausmacht[152]. Im Übrigen wird der Whois-Dienst danach aber auch – ohne nähere Zweckbestimmung – dazu verwendet, ganz allgemein festzustellen, wer hinter einem bestimmten Webangebot steht oder wem eine bestimmte Domain gehört. Nur in etwa 2% der Antworten wurde eingestanden, dass Daten auch für kommerzielle Zwecke verwendet werden.

---

[149] gTLD Registry Constituency, VeriSign Global Registry Services Monthly Operator Report – April 2002, Table 5 – Whois Services Activity <http://www.gtldregistries.org/reports/2002/apr/table5.html> (Stand: Juni 2002).

[150] DNSO Names Council Whois Survey, Abschnitt: Background.

[151] DNSO Preliminary Report of the Name's Council's WHOIS Task Force (Ghana-Version, 10–14 März 2002).

[152] DNSO Preliminary Report of the Name's Council's WHOIS Task Force (Ghana-Version, 10–14 März 2002), S. 11.

B. Datenschutzrechtliche Beurteilung 181

Ein eingängiges Beispiel für die Gefahren, die in den Datenbanken lauern, bietet das Angebot des Unternehmens Topsitemarketing. Das Unternehmen bietet eine CD-Rom mit 10 Millionen Einträgen aus den Whois-Datenbanken der TLDs „.com", „.org". „.net" und „.edu" zum Kauf an[153]. Das Angebotspaket enthält zugleich die Software zur Versendung von Massenmails. Auch deutsche Domain-Inhaber sind bereits Opfer von systematischem Einsatz der Whois-Datenbank geworden. Die DENIC berichtete in kurzem zeitlichen Abstand von drei Versuchen, unter vorgetäuschter Autorität mit fingierten Rechnungen für eine nicht näher bezeichnete Webschaltung Domain-Inhaber zu Zahlungen von mehreren hundert DM zu bewegen[154]. In ähnlicher Weise wurden Inhaber von Domain-Namen unterhalb der gTLDs Adressaten von Mahnschreiben mit Zahlungsaufforderung zur Sicherheitsleistung an eine fiktive Domain-Schiedsstelle[155]. Dänischen Domain-Inhabern wurde vom Registry für Domain-Namen unterhalb von „.nu", der Internet Users Society[156], in einer E-Mail-Kampagne der Verlust ihrer „.dk"-Domain angedroht, sofern sie nicht auch einen Domain-Namen unterhalb des Länderkürzels der Südpazifikinsel Niue reservierten[157].

Angesichts der engen Zweckbestimmung erscheint auch bedenklich, dass 16% der Teilnehmer an der Whois-Umfrage der ICANN angaben, den Whois-Dienst stündlich in Anspruch zu nehmen. Die Mehrzahl dieser Antworten stammte dabei von kommerziellen Unternehmen und Providern. CENTR als Repräsentant von über 30 ccTLD Registries spricht in seiner Stellungnahme zu der Umfrage in diesem Sinne ebenfalls von einer Nutzung für den regulären täglichen Geschäftsgang[158].

Auch das WIPO-Verfahren und das niederländische Domain-Verfahren haben weitere praktische Verwendungsmöglichkeiten zu Tage gefördert. So wurde von einigen Teilnehmern an den Konsulta-

---

[153] Topsitemarketing, TSM 4 CD-Roms Domains Toolkit <http://www.topsitemarketing.com/cgi-bin/web.pl???center=toolkit.html> (Stand: März 2002).

[154] DENIC, Vorsicht bei dubiosem Domain-Angebot, 20.04.2001 <http://www.denic.de/doc/DENIC/presse/ddv.html>; Erneut dubioses Angebot an Domaininhaber versandt, 08.06.2001 <http://denic.de/doc/DENIC/presse/zrw.html> Schreiben mit dubiosem Angebot an Domaininhaber versandt, 24.05.2002 <http://www.denic.de/doc/DENIC/presse/domaincheck.html> (Stand jeweils: Juni 2002).

[155] ICANN, Advisory Concerning Deceptive Notices from „XChange Dispute Resolution", 08.04.2002 <http://www.icann.org/announcements/advisory-08apr02.htm> (Stand: Juni 2002).

[156] IUS-N, Homepage <http://www.nunames.nu> (Stand: April 2002).

[157] DK Hostmaster, FAQ, Is DK Hostmaster A/S involved in sending out the circular for .nu? <http://www.dk-hostmaster.dk/faq2.shtml#cen1> (Stand: April 2002).

[158] CENTR Position on Whois („daily routine business").

tionsprozessen das Bedürfnis geäußert, die Kontaktinformationen eines Domain-Inhabers in Erfahrung zu bringen, um mit diesem in Kauf- oder Kooperationsverhandlungen über die Domain treten zu können[159].

Ein Sonderproblem stellt die Möglichkeit der globalen Abfrage dar. Die in den Whois-Datenbanken gespeicherten Informationen sind faktisch nicht nur für jeden beliebigen Zweck, sondern auch noch weltweit abrufbar. Die Daten können damit auch in Drittländer übermittelt werden, die kein „angemessenes Schutzniveau" bieten. Nach der Drittstaatenregelung des Art. 25 Abs. 1 der EG-Datenschutzrichtlinie und §§ 4 b Abs. 2 und 3 BDSG ist eine Übermittlung in andere als die Mitgliedsländer der Europäischen Union nur zulässig, wenn diese ein angemessenes Schutzniveau aufweisen oder eine Ausnahmeregelung die Übermittlung erlaubt. Das BDSG erweitert den Anwendungsbereich des freien Datenverkehrs auf die Vertragsstaaten des Abkommens über den Europäischen Wirtschaftsraum. Die in den Whois-Datenbanken gespeicherten Daten sind dagegen potenziell weltweit abrufbar.

a) Maßnahmen

Einige NICs der Mitgliedstaaten weisen auf den Startseiten der Whois-Abfrage in Gegenerklärungen (*Disclaimer*) darauf hin, dass Abfragen nur für bestimmte internetbezogene Zwecke durchgeführt werden dürfen. In Belgien liefert die Whois-Abfrage seit Juni 2001 zunächst nur den Status der Domain (Verfügbarkeit), die weiteren Informationen über den Domain-Inhaber und die Kontaktpersonen werden erst angezeigt, nachdem der Nutzer auf ein Verbot, die Daten für kommerzielle Zwecke zu verwenden, hingewiesen wurde[160]. Zudem weist das belgische Whois-System eine weitere interessante Eigenart auf: Von einer bestimmten IP-Adresse ausgehende Massenabfragen werden danach automatisch blockiert. Ferner wird die Anzahl der möglichen Abfragen pro Stunde technisch limitiert[161]. Die Feststellung des Zugangs unter einer bestimmten IP-Adresse ist technisch problemlos möglich. Nicht hilfreich ist dieses von der DNS-BE verwendete Verfahren allerdings in den Fällen dynamischer IP-Adressen, die dem Kundenrechner nur temporär bei der Einwahl zugeordnet werden. Informatio-

---

[159] WIPO First Final Report, S. 27 Nr. 89; .nl Final Report, 5.3 Nr. 14.
[160] Z.B. unter: DNS-BE, Whois Legal Statement and Terms and Conditions <http://www.dns.be/eng/cgi/page.cgi?domainname=dns&x=14&y=14> (Stand: März 2002); DNS-BE, New Whois and DAS Service, 12.03.2001 <http://www.dns.be/eng/News/whatsnew12mar2001_2.htm> (Stand: Juni 2001).
[161] DNS-BE, New Whois and DAS Service, 12.03.2001 <http://www.dns.be/eng/News/whatsnew12mar2001_2.htm> (Stand: März 2002).

nen darüber, wie oft ein Abruf erfolgen darf bevor DNS-BE tätig wird, enthalten die Vergabebestimmungen nicht.

Eine Gegenerklärung findet sich auch auf den Webseiten des Abfragedienstes der NIC-SE in Schweden. Danach wird ausdrücklich auf das Verbot der Nutzung für kommerzielle Zwecke und mögliche rechtliche Schritte im Fall des Missbrauchs hingewiesen[162]. Auch der Abfragedienst für unterhalb von „.se" registrierte Domain-Namen begrenzt die Anzahl der von einer IP-Adresse ausgehenden Abfragen durch ein automatisches Erkennungssystem auf ca. 200 Abfragen pro IP-Adresse und Tag.

In Luxemburg bestehen zwei Abfragemöglichkeiten. Es wird getrennt zwischen der Abfrage nach der Verfügbarkeit[163] und der Abfrage der Whois-Informationen[164]. Im Unterschied zum belgischen System sind die Abfragebereiche deutlicher voneinander getrennt. Der Whois-Abfrage ist eine Gegenerklärung vorgeschaltet, die darauf hinweist, dass eine Abfrage nur zu informationellen Zwecken erfolgen darf und insbesondere der Gebrauch der Daten zu kommerziellen Zwecken untersagt ist.

SIDN hat in den Niederlanden ebenfalls ein zweigliedriges System implementiert. Die Abfrage nach den Anmeldeinformationen kann erst erfolgen, nachdem ein Kästchen entsprechend vom Nutzer gekennzeichnet wurde[165]. Unterhalb des Kästchens befindet sich eine Gegenerklärung, durch welche auf die rechtlich beschränkte Verwendbarkeit der abrufbaren Daten hingewiesen wird. Eine solche Erklärung findet sich ebenfalls auf der Ergebnisseite.

Die DENIC weist in einer Gegenerklärung darauf hin, dass die angezeigten Daten nur zu technischen oder administrativen Zwecken des Internetbetriebs genutzt werden dürfen und eine weitergehende Verarbeitung insbesondere zur kommerziellen Nutzung verboten ist. Diese Gegenerklärung erscheint allerdings erst auf der Ergebnisseite der durchgeführten Abfrage.

In Frankreich erfolgt auf der Startseite des Whois-Dienstes eine Verknüpfung zu einer Gegenerklärung[166]. Dieser Hinweis enthält ein Ver-

---

[162] NIC-SE, Domain name searches <http://www.nic-se/domregsearch.shtml> (Stand: März 2002).
[163] DNS-LU, LU Domain Name Registration <http://www.dns.lu/english.html> (Stand: März 2002).
[164] DNS-LU Whois Gateway <http://www.dns.lu/domain-registration/whois.html> (Stand: März 2002).
[165] SIDN, Is the name still available? <http://www.domain-registry.nl/sidn_english/flat/nl_Domain_names/Is_the_name_still_available_/index.shtml> (März 2002).
[166] AFNIC, Whois <http://www.nic.fr/cgi-bin/whois> (Stand: April 2002).

bot, die abgerufenen Daten für andere als internetspezifische Zwecke – insbesondere kommerzielle Zwecke – zu verwenden.

b) Bewertung

Die Abfragepraxis läuft der engen Zweckbestimmung zuwider. Die Internationale Arbeitsgruppe für den Datenschutz in der Telekommunikation hat deshalb gefordert, dass technische Vorkehrungen wie Filtermechanismen implementiert werden, um den Zugriff für unerlaubte Zwecke zu verhindern[167]. In dem niederländischen Domain-Verfahren wurde ebenfalls auf den Grundsatz der Datensparsamkeit hingewiesen und auf die daraus resultierende Notwendigkeit, Maßnahmen zu ergreifen, die einen unberechtigten Abruf verhindern[168].

Im Gegensatz dazu hat sich die WIPO gegen jegliche Filtertechniken ausgesprochen und die Frage nach der technischen Ausgestaltung des Whois-Suchdienstes vollständig ausgeklammert[169].

Die bestehenden technischen Einschränkungen sind insofern begrüßenswert, als sie geeignet sind, die schwerwiegendsten Missbrauchsfälle, d.h. das systematische Abschröpfen der Datenbanken für kommerzielle Zwecke (sog. „milking" oder „harvesting")[170], auszuschalten. Solche technische Vorkehrungen entsprechen dem auf Datenvermeidung ausgerichteten Prinzip des Systemdatenschutzes. Das Problem solcher Sperrvorrichtungen liegt darin, dass sie immer auch durch technische Tricks ausgehebelt werden können. Der Vorteil der IP-Adressen-Blockierung liegt letztlich allein darin, dass die Geschwindigkeit, mit welcher Daten ermittelt werden können, reduziert wird. Wie bei allen Sicherheitssystemen im Internet besteht die Aufgabe der Technik darin, auf Umgehungsmaßnahmen durch entsprechende Weiterentwicklungen zu reagieren.

Zweifel an der Effektivität von Gegenerklärungen bestehen schon deshalb, weil Suchmaschinen wie „allwhois.com" oder „geektools. com" unter Umgehung der Gegenerklärungen einen direkten Zugriff auf die Datenbanken ermöglichen. NIC-SE weist i.d.S. ausdrücklich darauf hin, dass eine solche *Verlinkung* des schwedischen Abfragedienstes verboten ist[171]. In Ergänzung zu solchen Verboten sollten die NICs die Gegenerklärungen zudem sowohl auf der Start- als auch der Ergebnisseite deutlich hervorheben.

---

[167] Gemeinsamer Standpunkt der Internationalen Arbeitsgruppe für den Datenschutz in der Telekommunikation, 04./05.05.2000.
[168] .nl Final Report, 5.2 Nr. 9.
[169] WIPO First Final Report, S. 23 f. Nr. 77–79.
[170] .nl Final Report, 5.3.5 Nr. 40/48.
[171] Siehe z.B: <http://www.nic-se.se/sgi-bin/whois/www-to-whois?domain=iis.se> (Stand: März 2002).

Als Alternative zu diesem sporadisch geschützten Whois-System kommt nur die weitgehende Unterdrückung der Informationen in den Datenbanken in Betracht wie es in Finnland, Irland, Portugal und Schweden der Fall ist und früher auch im Vereinigten Königreich praktiziert wurde.

Nominet UK hat für die unter die alte Regelung fallenden Domain-Inhaber ein förmliches Verfahren implementiert, wonach auf schriftlich begründetem Antrag die zur Rechtsverfolgung notwendigen Daten an Dritte weitergegeben werden[172]. Sowohl IEDR in Irland als auch NIC-SE in Schweden und FCCN in Portugal bieten aber keine förmlichen Verfahren an, nach welchen Dritte im Fall von Rechtsverletzungen oder bei technischen Problemen kurzfristig weitere Informationen über den Domain-Inhaber erhalten können. Dritte sind insofern auf alle weiteren verfügbaren Off- und Online-Quellen angewiesen. Allerdings werden in diesen Ländern auf Grund der restriktiven Registrierungspraktiken Konflikte zwischen Namens- und Kennzeichen mit Domain-Namen schon auf der Registrierungsebene ausgeschaltet. Andere denkbare von der Domain ausgehende Rechtsverletzungen wie *Spamming* oder Viren und Würmer werden erfahrungsgemäß in den liberalen gTLDs ihren Ursprung nehmen, so dass in Kombination mit den Vorgaben von Art. 5 ECRL das praktische Bedürfnis, die Adresse eines Domain-Inhabers zu erlangen, sehr gering ist.

Auch die DENIC kennt ein Antragsverfahren, nach dem mit schriftlicher Begründung im Einzelfall mehr Informationen erfragt werden können, als in der Whois-Abfrage erhältlich sind[173].

Die WIPO hat eingewendet, dass in den Ländern, in denen eine restriktive Veröffentlichungspraxis besteht, die zur Rechtsverfolgung erforderlichen Daten zwar im Ergebnis von der Mehrzahl der regionalen NICs herausgegeben werden, dass dieser Weitergabe aber oft langwierige und kostspielige Verhandlungen vorausgehen[174]. Zur Optimierung sollten die Registrare in jenen ccTLDs, in denen eine Registrierung nur über Provider erfolgen kann, stärker in die Pflicht genommen werden. Dies bietet sich gerade mit Blick auf das Erfordernis eines technischen Ansprechpartners an.

2) Reverse Abfrage

Bis Juni 2000 wurde der Whois-Service für die „.de"-TLD über das Datenbanksystem von RIPE angeboten. Diese Datenbank ermöglichte

---

[172] Nominet UK, Terms and Conditions, § 7.10.
[173] DENIC eG, Dokumente/DENICrecht/FAQs/Ansprüche, Was tue ich, wenn ich zu einer Domain mehr Informationen benötige als in der Whois-Abfrage einsehbar? <http://www.denic.de/doc/recht/faq/ansprueche.html#a001> (Stand: April 2002).
[174] WIPO ccTLD Best Practices, S. 5.

eine Abfrage nach dem Domain-Inhaber und den Kontaktpersonen (sog. reverse Abfrage)[175]. Möglich waren auch kombinierte Abfragen von Namen und E-Mail-Adressen oder ähnlichen Begriffen. Darüber hinaus war eine parallele Abfrage in mehreren der angeschlossenen Datenbanken möglich. Die DENIC hat ihre Whois-Datenbank auf Rüge der Hessischen Aufsichtsbehörde von der Abfrage über das RIPE-System abgekoppelt[176]. Zweck war es gerade, die reverse Abfrage mit Blick auf das Problem der unerwünschten E-Mail-Werbung zu unterbinden. Heute hat keine der in den Mitgliedstaaten betriebenen NICs die Informationen über Daten in der RIPE-Datenbank gespeichert[177]. Die Aufgabe RIPEs betrifft die IP-Adressen und nicht die Domain-Namen. Die Organisation hat aus diesem Grund, und u.a. auch aus datenschutzrechtlichen Erwägungen heraus, bereits ab 1999 die Ausgliederung der die ccTLDs betreffenden Informationen über Domain-Namen aus dem RIPE-System initiiert.

Die Mehrzahl der NICs in den Mitgliedstaaten begrenzt die möglichen Suchkriterien heute auf den Domain-Namen. Neben Deutschland und Österreich sind dies die Beneluxstaaten, Irland, Italien, Portugal und das Vereinigte Königreich. In den übrigen Mitgliedstaaten dagegen kann die Abfrage nach weiteren Kriterien als dem Domain-Namen erfolgen. Dänemark, Frankreich und Griechenland ermöglichen zusätzlich eine Suche nach dem Namen von Domain-Inhabern und dem administrativen Ansprechpartner. Schweden erlaubt Abfragen nach den Organisationsnummern von juristischen Personen, nicht aber nach den Personennummern, die jedem Einwohner Schwedens zugewiesen sind[178]. Der Abfrageservice für die spanische TLD „.es" ermöglicht neben der Abfrage nach dem Domain-Namen auch eine Personen- und Providersuche.

Bei der Beurteilung der reversen Abfrage ist der Kontext zu beachten. So ist zwar auch in Finnland eine Suche auf der Basis des Domain-Inhabers möglich, doch werden hier außer dem Domain-Namen selbst keine weiteren Angaben zu den Umständen der Registrierung angezeigt. Im Ergebnis bedenklicher erscheint die Abfrage in Dänemark. Bei der Suche unterhalb von „.dk" können einzelne Buchstaben durch soge-

---

[175] Übersicht der Abfragemöglichkeiten bei: RIPE whois client <http://www.ripe.net/ripencc/pub-services/db/flags.html> (Stand: März 2002).

[176] DENIC, Mehr Datenschutz bei der Abfrage von Domainnamen, 30.06.2000 <http://www.denic.de/doc/DENIC/presse/datenschutz.html> (Stand: März 2002).

[177] Für .at siehe: nic.at, Whois – FAQs, Datenbanktransfer Ripe – nic.at <http://www.nic.at/german/whois_FAQ.html> (Stand: März 2002); für .nl siehe: .nl Final Report, 5.3.4 Nr. 35.

[178] NIC-SE, Domain name searches <http://www.nic-se.se/domregsearch.html> (Stand: März 2002).

nannte *Wildcards* ersetzt werden, die eine Suche auch dann ermöglichen, wenn der genaue Name einer Person nicht bekannt ist. Bedenklich mit Blick auf den Zweck der reversen Abfrage erscheint auch, dass diese die Daten des Ansprechpartners oder Domain-Inhabers liefert, ohne diese aber in Bezug zum registrierten Domain-Namen zu setzen. Damit wird losgelöst von einer begrenzenden Zweckbestimmung der Abruf personenbezogener Daten – inklusive der Telefonnummer – ermöglicht.

Spanien bietet zwar keine Suche mit *Wildcards*, doch muss hier bei der Suche nicht der vollständige Name angegeben werden, d.h. es genügt die Eingabe des Vor-, Nach- oder Mittelnamens, um ein Ergebnis zu erhalten. Bedenklich erscheint in diesem Zusammenhang vor allem, dass die spanische Datenbank auch die E-Mail-Adresse und Telefonnummer der eingetragenen Kontaktpersonen enthält.

Bei der Bewertung muss bedacht werden, dass es durchaus von Bedeutung sein kann, zu wissen, wie viele und welche Domain-Namen ein potenzieller Domain-Grabber sonst noch registriert hält[179]. So hat das Oberlandesgericht Frankfurt in der Entscheidung zu „praline-tv.de" dem Umstand, dass der Beklagte eine Vielzahl von Domains mit geschäftlichen Bezeichnungen fremder Unternehmen und der Domain „domainszuverkaufen.de" registriert hatte, eine besondere Bedeutung bei der Beurteilung eines rechtsmissbräuchlichen Verhaltens beigemessen[180]. Das Landgericht Düsseldorf folgerte in der Entscheidung zu „epson.de" aus der Tatsache, dass der Domain-Inhaber über 200 Namen und Begriffe, insbesondere bekannte Firmenbezeichnungen großer Unternehmen, registriert hatte, eine für das einstweilige Verfügungsverfahren hinreichend konkrete Begehungsgefahr[181]. In einer weiteren Entscheidung beurteilte das Landgericht Frankfurt einen Vertrag über die Übernahme einer Ansammlung von 92 berühmten Namen und Kennzeichen entsprechenden Domains wegen des erkennbaren Zwecks, den Inhabern der berühmten Bezeichnungen die Domains zu verkaufen, als sittenwidrig i.S.d. § 138 Abs. 1 BGB[182]. Der Anzahl und der Art der registrierten Domains kommt demnach im Einzelfall im Rechtsstreit durchaus eine Indizwirkung zu. Insofern gelten aber die gleichen Grundsätze wie bei dem Umfang der verfügbaren Information[183]. Die

---

[179] *Schafft*, CR 2002, 434, 436.
[180] *OLG Frankfurt/Main* MMR 2001, 532 f. – praline-tv.de; s.a. *LG Hamburg* Urt. v. 22.03.2001, 315 O 856/00, JurPC Web-Dok. 7/2002, Abs. 34 – schuhmarkt.de; *LG Düsseldorf* MMR 2002, 126, 127 – literaturen.de.
[181] *LG Düsseldorf* NJW-RR 1998, 979, 981 f. – epson.de.
[182] *LG Frankfurt/Main* JurPC Web-Dok. 152/1998, Abs. 26.
[183] Siehe oben IV. 5) b).

Beweisführung kann Dritten durch die in den Datenbanken zur Verfügung gestellten Informationen nicht abgenommen werden.

Im Ergebnis sind daher alle über die Abfrage nach dem Domain-Namen hinausgehende Recherchemöglichkeiten mit dem strengen Zweckbindungsgrundsatz nicht vereinbar.

3) Alphabetische Auflistung

In Irland und Dänemark finden sich ebenso wie in Finnland alphabetische Auflistungen aller registrierten Domain-Namen[184].

IEDR weist für „.ie" darauf hin, dass durch die alphabetische Auflistung die Verfügbarkeit eines Domain-Namens festgestellt werden kann. Zu diesem Zweck muss eine Auflistung jedoch nicht erfolgen. Ein Vorteil kann allerdings darin gesehen werden, dass ein Kennzeicheninhaber anhand dieser Liste auch solche Domain-Namen übersichtlich präsentiert bekommt, die zwar nicht identisch zu dem Kennzeichen sind, aber durch ihre Ähnlichkeit mit dem Kennzeichen zumindest potenziell das Kennzeichenrecht verletzen. Hierbei erscheint aber schon fraglich, ob diese zusätzliche Auflistung dem Kennzeicheninhaber einen Mehrwert verschafft. Für Deutschland ist umstritten, ob in diesen Fällen der bloßen Warenzeichenähnlichkeit überhaupt eine kennzeichenrechtliche Verwechslungsgefahr vorliegen kann. So will eine Ansicht, mit dem Hinweis auf das bei Domain-Namen bestehende besondere Freihaltebedürfnis und das sich am aufmerksamen und informierten Nutzer orientierende Verbraucherleitbild, § 14 Abs. 2 Nr. 2 MarkenG dahin gehend reduzieren, dass eine Verwechslungsgefahr nur bei Identität von Domain-Namen und dem in Frage stehenden Kennzeichen in Betracht komme[185]. Andere meinen dagegen, die Besonderheiten des Internets und die damit verbundene besondere Aufmerksamkeit der Nutzer bei der Verwendung von Domains sollten zumindest zur Anwendung eines strengeren Maßstabs bei der Ähnlichkeitsprüfung führen[186]. Nach anderer Ansicht lassen sich die Kollisionsfälle unter Heranziehung herkömmlicher kennzeichenrechtlicher Grundsätze lösen[187].

---

[184] FICORA, Domain names in use <http://cgi.ficora.fi/html/edomains.htm>; IEDR, Alphabetic domain listing <http://www.domainregistry.ie/statistics/dom_list.html> (Stand jeweils: April 2002); DK Hostmaster, DK Whois <http://www.dk-hostmaster.dk/dkwhoisuk.shtml> (Stand: Juni 2001).

[185] *OLG Frankfurt/Main* WRP 1997, 341 f.; *Hoeren*, Internetrecht, 39 f.; *Biermann*, WRP 1999, 997, 1000; *Köhler/Arndt*, Rn. 69; *G. Wagner*, ZHR 162 (1998), 701, 714; *Bücking*, Domainrecht, Rn. 149–154; *ders.* MMR 2000, 656, 658.

[186] *Reinhart*, WRP 2001, 13, 16; *Bettinger*, GRUR Int. 1997, 402, 414 f.; *ders.* in: Mayer-Schönberger/Galla/Fallenböck, S. 146; *Ubber*, WRP 1997, 497, 505; *Wegner*, CR 1999, 250, 253; *Kur*, CR 1996, 590, 592.

[187] *Joller*, MarkenR 2000, 341, 350; *A. Nordemann*, NJW 1997, 1891, 1894; *Fezer*, WRP, 2000, 669 f; *Kort*, DB 2001, 249, 252 f.; vgl. *Renck*, NJW 1999, 3587;

Fortsetzung nächste Seite

Richtigerweise wird man die Fälle mit dem bestehenden Handwerkszeug lösen können. Ein eigenständiges Domain-Recht muss dafür nicht kreiert werden. Allerdings sind die Besonderheiten des Internets in die erforderliche Gesamtabwägung einzustellen, so dass im Ergebnis durchaus in der überwiegenden Zahl der Fälle bei bloßer Kennzeichenähnlichkeit eine Verwechslungsgefahr ausgeschlossen werden muss. Der erste Senat des Bundesgerichtshofes hat in der mündlichen Revisionsverhandlung zu der Domain „defacto.de" demgemäß seine Neigung bekundet, die erhöhte Aufmerksamkeit der Internetnutzer in die Beurteilung der Verwechslungsgefahr einzustellen[188].

Ungeachtet dessen können die datenschutzrechtlichen Bedenken gegen eine alphabetische Auflistung nicht ausgeräumt werden. In Irland sind mehrere Fälle bekannt geworden, in denen die alphabetische Liste als Ausgangspunkt für die Versendung von Massenwerbemails verwendet wurde[189]. DNS-BE in Belgien sieht gerade aus diesem Grund von einer Auflistung aller Domain-Namen ab[190]. In Finnland und Irland erscheint die alphabetische Auflistung weniger bedenklich als in Dänemark, da in diesen Ländern über diese Auflistung in einer weiteren Abfrage nur der Name des Domain-Inhabers und in Irland der weiteren Kontaktpersonen erlangt werden kann. Wie das Beispiel Irland zeigt, besteht jedoch auch in diesen Fällen die Möglichkeit zur Versendung von Massenmails, indem generische Adressen wie „postmaster@*domain-name*.ie" oder „webmaster@*domain-name*.ie" verwendet werden. Viele Provider bieten eine unbegrenzte E-Mail-Weiterleitung an, bei der es auf den vor dem @-zeichen aufgeführten Nutzernamen nicht ankommt.

Im Ergebnis ist die alphabetische Auflistung aller Domain-Namen von der Zweckbestimmung der Abrufbarkeit bestimmter Daten in den Datenbanken nicht gedeckt.

Viefhues, NJW 2000, 3239, 3240 f.; *ders.* in: Hoeren/Sieber, Teil 6 Rn. 89–92, *Poeck* in: Schwarz, 4–2.2, S. 24 ff.; *Apel/Große-Ruse*, WRP 2000, 816, 819 f.; für die Zukunft offen gelassen: *Völker/Weidert*, WRP 1997, 652, 658 f.

[188] Siehe: *Hoeller*, BGH: Verwechslungsgefahr beim Domainstreit, 21.02.2002; Revision unter: I ZR 230/99; Vorinstanz: *OLG Braunschweig* Urt. v. 15.07.1999, 2 U 188/98 – defacto.de <http://www.bonnanwalt.de>.

[189] IE Domain Registry Forum mailing list archive, Spam from thisisyourname.com <http://www.domainregistry.ie/forum/list/archive/0108/msg00000.html> (Stand: März 2002); Another incompetent spammer... <http://www.domainregistry.ie/forum/list/archive/0108/msg00124.html> (Stand: März 2002).

[190] DNS-BE, General FAQ, Can I get a list of all domainnames? <http://www.dns.be/eng/FAQ/faq.htm#9> (Stand: April 2002).

VI. Erlaubnistatbestand

Da die Abfragemöglichkeiten über die von der Zweckbestimmung gedeckten Veröffentlichung hinausgehen, kann diese nur durch den Erlaubnistatbestand der Einwilligung sanktioniert werden. Die übrigen in der Richtlinie und dem BDSG aufgeführten ausdrücklichen Zulässigkeitstatbestände bieten keine Grundlage für die Veröffentlichung der Anmeldeinformationen in den Whois-Datenbanken.

Der Zulässigkeitskatalog des Art. 7 der EG-Datenschutzrichtlinie ist nicht eins zu eins im BDSG umgesetzt worden. Soweit Abweichungen bestehen, ist zu bedenken, dass die durch die Richtlinie vorgezeichneten Erlaubnistatbestände zwar nicht erweitert, aber eingeschränkt werden dürfen[191]. Eine solche Verbesserung des Datenschutzes steht mit dem Ziel der Richtlinie, ein möglichst hohes Schutzniveau zu gewährleisten, im Einklang und ist deshalb als zulässig zu betrachten[192].

1) Zweck der Vertragserfüllung

Insbesondere der Zulässigkeitstatbestand des Art. 7 b) Datenschutzrichtlinie und die entsprechende Regelung in § 28 Abs. 1 Nr. 1 BDSG greifen nicht. Die Veröffentlichung der personenbezogenen Daten ist nicht zum Zweck der Vertragserfüllung erforderlich. Die NICs könnten die Domain-Registrierungen vornehmen, ohne die in Frage stehenden Daten zu erheben und umfangreich zu veröffentlichen. Die Vertragszwecke der Monopolisierung eines Domain-Namens für eine bestimmte Person unterhalb einer bestimmten TLD sowie der Aufnahme in das DNS zur Auflösung des Namen in die von Computern lesbaren IP-Adressen können erreicht werden, ohne dass eine Veröffentlichung der Informationen in den Whois-Datenbanken erfolgt. Es entspricht nicht dem Vertragszweck der Domain-Anmeldung die zur Vertragsdurchführung erforderlichen Daten weitergehend im WWW zur allgemeinen Verfügbarkeit bereit zu stellen.

2) Rechtliche Verpflichtung

Es besteht auch keine rechtliche Verpflichtung i.S.d. Art. 7 c) Datenschutzrichtlinie der NICs, umfassende Daten zu erheben und in den Whois-Datenbanken zu veröffentlichen. Es handelt sich bei der Veröffentlichung vielmehr um ein seit den Anfängen der Domain-Registrierung praktiziertes Verfahren, das auf überlieferter Internet-Standardisierung basiert, nicht aber auf einer rechtlichen Verpflichtung. Beispiele

---

[191] *Dammann/Simitis*, Art. 7 Erl. 2.
[192] So für die Umsetzung im TDDSG: *Dix* in: Roßnagel, § 5 TDDSG Rn. 18.

für solche Verpflichtungen bilden die Aufzeichnungs- und Aufbewahrungspflichten im Handels-, Gewerbe-, Steuer- und Sozialrecht. Nicht erfasst werden dagegen vertragliche Verpflichtungen oder Obliegenheiten[193]. Die WIPO hat im Abschlussbericht zum ersten Domain-Namen-Verfahren die umfassende Veröffentlichung von Anmeldeinformationen empfohlen. Soweit diese Vorschläge die ccTLDs überhaupt betreffen, konnte auch dadurch jedenfalls keine rechtliche Verpflichtung begründet werden. Das BDSG enthält keinen expliziten vergleichbaren Erlaubnistatbestand.

3) Gefahren für die öffentliche Sicherheit und Ordnung

Art. 7 e) Datenschutzrichtlinie enthält einen weiteren Erlaubnistatbestand, der die Wahrnehmung öffentlicher Aufgaben betrifft. Ein entsprechendes Pendant wurde im BDSG in abgeschwächter Form in § 28 Abs. 3 Nr. 2 normiert. Nach diesen Vorschriften können Daten dann durch Hoheitsträger verarbeitet werden, wenn dies zur Abwehr von Gefahren für die öffentliche Sicherheit oder Ordnung erforderlich ist. Dieser Tatbestand erfasst somit z.B. die Anfrage einer Behörde, die Informationen über einen Domain-Inhaber für Zwecke der Strafverfolgung benötigt. Nicht erfasst wird aber die generelle Veröffentlichung solcher Daten in den Datenbanken. Der Zulässigkeitstatbestand der Richtlinie geht jedoch noch weiter. Erlaubt sind danach auch Verarbeitungen zur Wahrnehmung einer Aufgabe, die im öffentlichen Interesse liegt oder in Ausübung öffentlicher Gewalt erfolgt. Dieses Zulässigkeitskriterium mag in Betracht kommen, wenn man die Domain-Vergabe als öffentliche Aufgabe ansieht. Auf der Basis von RFC 1591 soll die Delegation einer ccTLD eine treuhänderische Verantwortung der Registerorganisation zur Folge haben, die im öffentlichen Interesse sowohl des jeweiligen Staates oder Gebiets als auch der Internetgemeinschaft insgesamt wahrgenommen werden müsse[194]. Dieses Verständnis liegt auch den GAC-Grundsätzen zu Grunde, die darüber hinaus betonen, dass die ultimative Kontrolle über die ccTLD bei den jeweiligen Hoheitsträgern liege[195]. Sowohl die Europäische Union als auch alle Mitgliedstaaten – bis auf Griechenland – in individueller Funktion haben Vertreter in das Gremium entsandt und stützen die dort aufgestellten Leitlinien[196]. Versperrt ist die Anwendbarkeit dieses Ausnahmetat-

---

[193] *Dammann/Simitis*, Art. 7 Erl. 7 f.; *Ehmann/Helfrich*, Art. 7 Rn. 22; *Brühann* in: Grabitz/Hilf, Sekundärrecht, Bd. 2, A 30, Art. 7 Rn. 16.
[194] *Postel*, RFC 1591, März 1994, S. 4.
[195] GAC Principles 4.4, 5.1.
[196] GAC, Accredited Representatives to the Governmental Advisory Committee <http://www.noie.gov.au/projects/international/DNS/gac/GAC_reps.htm> (Stand: Juli 2001).

bestandes aber dennoch, da die Zulässigkeit auf klassische Staatsaufgaben wie der Strom- und Wasserversorgung beschränkt ist und deshalb eine Übertragung der Aufgabe an einen Dritten durch entsprechenden Rechtsakt voraussetzt[197]. Dieser Erlaubnistatbestand drängt sich allenfalls für die Registries in Spanien und Griechenland auf, in denen die Registrierungsbestimmungen hoheitlich vorgegeben werden oder in Finnland und eingeschränkt auch Luxemburg, in denen die Vergabe insgesamt reguliert ist. Im Übrigen kann durch die vom GAC geforderten Vertragsschlüsse zwischen den Hoheitsträgern und den Registries eine solche formelle Übertragung nachgeholt werden. Selbst im Fall einer förmlichen Übertragung der Aufgabe der Domain-Verwaltung an ein Registry, hat das zu Art. 7 b) Gesagte jedoch auch hier Gültigkeit. Die Datenverarbeitung in den Whois-Datenbanken ist zur Erfüllung der öffentlichen Aufgabe der Domain-Vergabe nicht erforderlich.

4) Allgemeine Interessenabwägung

Art. 7 f) der Datenschutzrichtlinie normiert darüber hinaus eine generelle Interessenabwägung zwischen dem Interesse des Betroffenen an seinem Recht auf Datenschutz und dem Interesse des für die Datenverarbeitung Verantwortlichen. Dem entspricht § 28 Abs. 1 Nr. 2 BDSG. Werden die Daten an Dritte übermittelt, wird auch deren Interesse in die Abwägung einbezogen, vgl. § 28 Abs. 3 Nr. 3 BDSG.

In dem Verfahren zur Änderung der Registrierungsbestimmungen in den Niederlanden hat SIDN Art. 8 (f) des niederländischen Datenschutzgesetzes[198], der Art. 7 f) EG-Datenschutzrichtlinie fast wörtlich umsetzt, als Rechtsgrundlage für die Veröffentlichung der erhobenen Daten in der Whois-Datenbank herangezogen[199]. Die Interessenabwägung soll danach unter Bezugnahme auf die aufgeführten Zwecke im Interesse einer Veröffentlichung und eines Zugangs in Echtzeit ausfallen[200].

Zuzustimmen ist dieser Ansicht, insoweit als dem Rechtsverfolgungsinteresse in der Richtlinie selbst eine besondere Bedeutung beigemessen wird. Art. 8 Abs. 2 e) der Richtlinie normiert eine Ausnahme vom erhöhten Schutz sensitiver Daten, wenn eine Verarbeitung zur Geltendmachung, Ausübung oder Verteidigung rechtlicher Ansprüche vor Gericht erforderlich ist. Zu bedenken ist aber, dass hier personenbezogene

---

[197] Dammann/Simitis, Art. 7 Erl. 10; Brühann in: Grabitz/Hilf, Sekundärrecht, Bd. 2, A 30, Art. 7 Rn. 18.
[198] Wet Bescherming Persoonsgegevens, 05 april 2001, Stb, 2001, 180; s.a. .nl Final Report, 5.3.2 Nr. 20.
[199] .nl Final Report, 5.3.4 Nr. 26.
[200] .nl Final Report, 5.3.4 Nr. 28–31.

Angaben zur weltweiten Abrufbarkeit durch jeden und zu jedem beliebigen Zweck verfügbar gemacht werden. Der Betroffene entledigt sich damit jeglicher Kontrolle über die weitere Verwendung seiner Daten. Eine solche Verarbeitung widerspricht aus deutscher Sicht dem Postulat des Bundesverfassungsgerichts, dass jeder wissen soll „wer was wann und bei welcher Gelegenheit" über ihn weiß. Bei Vornahme der Abwägung ist ferner zu berücksichtigen, dass bei Bestehen eines Vertragsverhältnisses der Vertragspartner davon ausgehen darf, dass seine Daten nur entsprechend der Vertragszwecke verwendet werden. Die über § 28 Abs. 1 Nr. 1 BDSG hinausgehenden Tatbestände sind deshalb bei Bestehen eines Vertragsverhältnisses eng auszulegen[201].

Soweit die Interessen der NICs betroffen sind, bewahrt die freie Abrufbarkeit diese davor, eine Vielzahl von Anfragen zu beantworten oder statt dessen selbst von den verletzten Dritten in Anspruch genommen zu werden. In der wegweisenden Entscheidung des Bundesgerichtshofs zu „ambiente.de" hat dieser dem Interesse der Internet-Nutzer an einer schnellen und kostengünstigen Registrierung von Domain-Namen eine besondere – in dem Fall streitentscheidende – Bedeutung beigemessen[202]. Dabei hat er in der die Zumutbarkeit bestimmenden Interessenabwägung u.a. auf die personelle Ausstattung der DENIC abgestellt, die eine Überprüfungspflicht von Domain-Anmeldungen in der Registrierungsphase schlechterdings ausschließe. Dem Ausstattungsargument und damit letztlich einem Kostenargument kann bei den datenschutzrechtlichen Fragestellungen jedoch keine besondere Bedeutung zukommen, da das Gesetz in seinen Wertungen selbst die Allokation der Kosten vornimmt[203].

Das einzustellende Interesse Dritter betrifft das Bedürfnis an einer effektiven Rechtsverfolgung. Dabei ist erforderlich, dass der Verletzte die Informationen schnell erhält. Die sog. „Domain-Grabber" spekulieren gerade darauf, dass der Kennzeicheninhaber die Zahlung eines „Lösegelds" einem langwierigen Prozess vorziehen wird. Die Summe wird dabei so angesetzt, dass die Schmerzgrenze in der Abwägung zwischen einem unter Umständen langatmigen Rechtsweg und der schnellen Verfügbarkeit noch nicht erreicht wird[204].

Ein weiterer einzustellender Gesichtspunkt ist das Interesse der Allgemeinheit, an dem aus Sicht der interessierten Internet-Kreise bewährten Whois-System festzuhalten. In dem WIPO-Verfahren wurde ein

---

[201] *Simitis* in: SDGMW, § 4 BDSG Rn. 78/125; *Gola/Jaspers*, S. 21.
[202] BGH MMR 2001, 671, 674 – ambiente.de.
[203] *Simitis* in: SDGMW, § 4 BDSG Rn. 51.
[204] So in: *LG Düsseldorf* NJW-RR 1998, 979, 984 – epson.de.

breiter internationaler Konsens über die Bedeutung der Verfügbarkeit der Anmeldeinformationen erzielt. Es erscheint daher naheliegend, das Recht des Einzelnen auf informationelle Selbstbestimmung im Interesse des überlieferten nationenübergreifenden Systems zurückstehen zu lassen.

Zudem wird durch die Whois-Datenbanken die Rechtssicherheit und der Verbraucherschutz gefördert. Diesen Aspekt hat auch die Hessische Aufsichtsbehörde bei der Beurteilung des Whois-Dienstes für „.de" in ihre Erwägungen einbezogen[205]. Das Gegenargument für eine Berücksichtigung dieses Aspekts liefert sie indes selbst, indem sie ausführt, dass die Domain-Inhaber als Anbieter von Tele- und Mediendiensten verpflichtet seien, ein Impressum zu führen. Diese Impressumspflicht dient gerade dem Verbraucherschutz. Sie besteht immer dann, wenn sich Anbieter und Verbraucher gegenüberstehen. Die Angaben erscheinen in diesem Fall erforderlich. Immer wenn ein Internet-Nutzer einem Domain-Inhaber in der Position als Verbraucher entgegentritt, wird die notwendige Transparenz durch die Regelungen der bußgeldbeschwerten Kennzeichnungspflichten der ECRL und des TDG in Deutschland in genügender Weise erzeugt. Anders als bei § 6 TDG a.F. besteht die begründete Hoffung, dass die Neufassung wegen der auf Art. 12 ECRL und in § 12 TDG umgesetzten Sanktionsmöglichkeiten kein stumpfes Schwert bleiben wird[206]. Der vom Regierungspräsidium Darmstadt gezogenen Analogie liegt ein falsches Verständnis von den Nutzungsmöglichkeiten der Domain-Namen zu Grunde. In den konkreten von der Behörde zu beurteilenden Fällen wurden von den Petenten allerdings tatsächlich Webpräsentationen angeboten, so dass die Parallele nachvollzogen werden kann.

Die Veröffentlichung der Daten in den Whois-Datenbanken kann mit keiner anderen öffentlichen Datenbank verglichen werden. Insbesondere handelt es sich nicht um eine allgemein zugängliche Quelle i.S.d. § 28 Abs. 1 S. 1 Nr. 3 BDSG. Für solche Quellen wie Zeitungen, Adressbücher, Informationsdienste, Fernsprechverzeichnisse, öffentliche Register ohne Zugangsbeschränkung (wie Handels- oder Vereinsregister)[207] hat der Gesetzgeber selbst das überwiegende Interesse der Allgemeinheit an einer Datenverarbeitung normiert. Die Berechtigung zur Veröffentlichung ist bei den allgemein zugänglichen Quellen der Eigenschaft als solcher Quelle vorgelagert. Das Gesetz geht davon aus, dass die Daten in diesen Quellen der Öffentlichkeit zur Verfügung gestellt werden

---

[205] Hess. Landtag, Drucks. 15/1539, 9.2.
[206] *Tettenborn/Bender/Lübben/Karenfort*, Beilage 1 zu K&R 12/2001, S. 40.
[207] *Auernhammer*, § 28 Rn. 24; *Simitis* in: SDGMW, § 28 Rn. 170–173.

dürfen[208]. Eine vorgelagerte Berechtigung zur Veröffentlichung in den Whois-Datenbanken besteht aber gerade nicht. Dass ein Domain-Inhaber sich durch die Domain-Registrierung seiner Privatsphäre enthebe und sich deshalb regelmäßig der Schutzbedürftigkeit in Bezug auf die Veröffentlichung der Daten entledige, kann nicht als entscheidendes Argument herangezogen werden[209]. Diese Argumentation missachtet, dass Domain-Namen gerade für vielfältige Zwecke verwendet werden können, z.B. für den ausschließlich privaten E-Mail-Verkehr. Selbst der Betrieb einer Homepage im WWW kann durch einen Passwort-Zugang auf einen privaten Kreis begrenzt werden. Das Argument trägt allenfalls mit Blick auf die Informationspflichten der ECRL und der Fernabsatzrichtlinie, nicht aber bei privaten Domain-Anmeldungen, die dem Anwendungsbereich dieser Richtlinien enthoben sind.

Teilweise wird die Whois-Datenbank zwar als eine Art Telefonverzeichnis beschrieben[210], doch hat der Vergleich keinen Bestand, da es sich, wie dargelegt, bei der Domain-Vergabe gerade nicht um eine Telekommunikationsdienstleistung handelt[211]. Dennoch kann die Analogie insofern nutzbar gemacht werden, als bei Telefonverzeichnissen gem. § 13 Abs. 2 TDSV die Veröffentlichung ohne eine Zustimmung des Betroffenen zu unterbleiben hat. Die Mehrzahl der nationalen Datenschutzregelungen zur Telekommunikation sehen ebenfalls ein Recht vor, die Telefonnummer nicht publizieren zu müssen[212]. Im WIPO-Verfahren wurde eine solche Analogie aber abgelehnt, da ein Domain-Name anders als eine Telefonnummer eine globale Abrufbarkeit zur Folge hat[213].

Eine Interessenabwägung kann hier nicht dazu führen, dass das Persönlichkeitsrecht des Domain-Inhabers aus Gründen des überwiegenden Allgemeininteresses zurückzustehen hat. Eine weltweite Abrufbarkeit der Daten durch jedermann zu jedem beliebigen Zweck kann nicht mehr als von dieser Ausnahme gedeckt angesehen werden. Durch die Veröffentlichung der Anmeldeinformationen in den Whois-Datenbanken wird der Verarbeitungsradius für diese Daten in einem Maße erhöht, dass eine Interessenabwägung im Fall eines derart schwerwiegenden Eingriffs in das Recht auf informationelle Selbstbestimmung nicht

---

[208] *Schaffland/Wiltfang*, § 4a Rn. 23; *Simitis* in: SDGMW, § 4 Rn. 167.
[209] So aber: DENIC, Dokumente/DENICrecht/FAQs/Domaininhaber, Warum kann jedermann meine Daten in der whois-Abfrage einsehen? <http://www.denic.de/doc/recht/faq/inhaber.html> (Stand: März 2002).
[210] *Heywood/Scrimger*, S. 425.
[211] .nl Final Report, 5.3.2 Nr. 18. Siehe ferner oben A. III. 2).
[212] Gemeinsamer Standpunkt der Internationalen Arbeitsgruppe für den Datenschutz in der Telekommunikation, 04./05.05.2000.
[213] WIPO First Final Report, S. 20 Nr. 61.

zu Gunsten der NICs oder Dritter ausfallen kann. Das Recht auf informationelle Selbstbestimmung umfasst das Recht jedes Einzelnen selbst über die Preisgabe und Verwendung seiner persönlichen Daten zu bestimmen[214]. Die Betroffenen haben daher zur Begründung der Zulässigkeit der Verarbeitung ihrer Daten in den Whois-Datenbanken in diese Verarbeitung einzuwilligen. Die anderslautende Argumentation scheint von dem Willen getragen, das aus Sicht der am DNS interessierten Kreise funktionierende System ohne Rücksicht auf die Rechtsordnung rechtfertigen zu wollen. Aus Sicht des deutschen Datenschutzrechts entspricht nur diese Schlussfolgerung den strengen Vorgaben des Volkszählungsurteils, nach denen Einschränkungen des Rechts auf informationelle Selbstbestimmung nur im überwiegenden Allgemeininteresse unter Berücksichtigung des Grundsatzes der Verhältnismäßigkeit zulässig sind[215]. Da die Whois-Dateien zweckfremde Nutzungen ermöglichen, muss die Abrufbarkeit der Anmeldeinformationen von einer informierten Einwilligung der Betroffenen gedeckt sein[216].

VII. Einwilligung als Erlaubnistatbestand

An die Feststellung, dass einzig eine Einwilligung die Zulässigkeit einer Veröffentlichung von Anmeldeinformation tragen kann, muss sich die Erkenntnis anschließen, dass auch die Einwilligung einer Zweckbindung unterliegt. Bei der Einwilligung ist erforderlich, dass sie sich konkret auf die festgelegte und eindeutige Zweckbestimmung bezieht[217].

Bei der Veröffentlichung von Anmeldeinformationen in den Whois-Datenbanken wird der Zweckbindungsgrundsatz aber ausgehöhlt. Durch eine Einwilligung in die Veröffentlichung verzichtet der Betroffene auf die Möglichkeit, selbst darüber zu befinden, unter welchen Bedingungen seine Daten benutzt werden.

Die Erhebung und anschließende Veröffentlichung von Anmeldeinformationen in den Whois-Datenbanken gleicht damit einer Vorratsbeschaffung. Der Zweckbindungsgrundsatz steht einer Verarbeitung auf Vorrat aber gerade entgegen[218]. *Ehmann* und *Helfrich* wollen eine Vorratsbeschaffung von Daten dann als zulässig ansehen, wenn bei der

---

[214] BVerfGE 65, 1, 42 (1983) – Volkszählungsurteil; *Tinnefeld/Ehmann*, S. 82 f.
[215] BVerfGE 65, 1, 43 f. (1983) – Volkszählungsurteil.
[216] So im Ergebnis auch: Gemeinsamer Standpunkt der Internationalen Arbeitsgruppe für den Datenschutz in der Telekommunikation, 04./05.05.2000; Hess. Landtag, Drucks. 15/1539, 9.2.
[217] *Ehmann/Helfrich*, Art. 7 Rn. 10/Art. 10 Rn. 22; *Dammann/Simitis*, Art. 10 Erl. 8.
[218] *Simitis*, DuD 2000, 714, 722; *Schild*, EuZW 1996, 549, 551 f.; *Bergmann/Möhrle/Herb*, BDSG, § 4 Rn. 36b.

Erhebung die Bedingung benannt wird, unter der das Datum mit Blick auf den Zweck wieder erheblich wird[219]. Zudem gleicht die so erteilte Einwilligung wegen der tatsächlichen Möglichkeit der Abrufbarkeit für jeden beliebigen Zweck durch jedermann einem Blankoeinverständnis. Pauschale Einwilligungen nehmen den Betroffenen die Möglichkeit, die Tragweite ihrer Entscheidung zu überblicken und sind deshalb unzulässig[220]. Dies gilt in besonderem Maße bei Einbeziehung solche Einwilligungen durch AGB[221].

Eine Einwilligung zur Aufnahme von Anmeldeinformationen in die Whois-Datenbanken muss aber trotz der Nähe eines solchen Einverständnisses zu einer pauschalen Einwilligung möglich sein. Die Zulässigkeit ergibt sich gleichfalls aus dem Recht auf informationelle Selbstbestimmung des Betroffenen, das es nicht zulässt, eine Datenverarbeitung ausschließlich nach objektiven Kriterien zu beurteilen[222]. Es entspricht der modernen Konzeption des Selbstdatenschutzes, dem Betroffenen die Verantwortung für die Datenverarbeitung aufzuerlegen. Gleichzeitig müssen die in den Datenschutzgesetzen getroffenen besonderen Vorkehrungen verstärkt beachtet werden. Als Grundvoraussetzung muss dann aber sichergestellt werden, dass die Einwilligung auf einer freien Willensentscheidung des Betroffenen beruht. Da die Einwilligung eine Ausnahme zur engen Zweckbindung schafft, kommt den Voraussetzungen für die Wirksamkeit einer Einwilligung eine ausgleichende Funktion zu[223]. Den vom Gesetzgeber normierten Verarbeitungsgrenzen, die dazu dienen, die mit einer Einwilligung verbundenen Gefahren aufzufangen, kommt im Rahmen des Erlaubnistatbestandes der Einwilligung daher besondere Bedeutung zu.

1) Informierte Einwilligung auf Grund freier Willensentscheidung

Eine wesentliche Verarbeitungsbedingung in diesem Sinne stellt das Erfordernis der freien Willensentscheidung dar.

a) Unterrichtungspflichten

Eine freie Entscheidung setzt die Kenntnis aller erheblichen Umstände voraus. Die Einwilligung muss daher auf einer informierten Ent-

---

[219] *Ehmann/Helfrich*, Art. 6. Rn. 24.
[220] *OLG Celle* NJW 1980, 347, 348; *Schaffland/Wiltfang*, § 4a Rn. 11; *Simitis* in: SDGMW, § 4 Rn. 55; *Auernhammer*, § 4 Rn. 8.
[221] BGHZ 95, 362, 368; *OLG Hamm* NJW-RR 1986, 927, 931; *LG Halle* CR 1998, 85, 86; *Simitis* in: SDGMW, § 4 Rn. 58; *Schaffland/Wiltfang*, § 4a Rn. 11/13; *Büser*, BB 1997, 213, 216.
[222] *Ordemann/Gola/Schomerus*, § 4 Anm. 5.4; *Simitis* in: SDGMW, § 4 Rn. 56.
[223] *Simitis* in: SDGMW, § 4 Rn. 22/35/37; *Tinnefeld/Ehmann*, S. 212/318.

scheidung des Betroffenen beruhen. Die Datenschutzrichtlinie verlangt insofern eine Einwilligung „ohne Zwang" und „in Kenntnis der Sachlage". Ergänzt wird diese Voraussetzung durch die Unterrichtungspflichten des Art. 10 EG-Datenschutzrichtlinie. Darauf, dass diese Zwecke bei der Domain-Anmeldung der Veröffentlichung nicht genügend kommuniziert werden, wurde bereits hingewiesen[224]. Von einer informierten Einwilligung auch in Bezug auf den Umfang der Veröffentlichung und die potenziellen Nutzungsmöglichkeiten kann nicht gesprochen werden. Für den Bereich „.de" zeugen davon die Beschwerden bei der Berliner und der Hessischen Datenschutzbehörde, die darauf basierten, dass den Betroffenen die Tatsache der Veröffentlichung gänzlich unbekannt geblieben war[225].

Eine informierte Einwilligung setzt voraus, dass die Betroffenen die Tragweite ihrer Einwilligung überblicken können. Sie müssen übersehen können, welche Daten gespeichert werden und an wen sie übermittelt werden dürfen[226]. Sie sind daher auf die mit der Veröffentlichung einhergehende Missbrauchsgefahr hinzuweisen, d.h. die Möglichkeit Dritter, in Umgehung der engen Zweckbestimmung den Dienst auch für andere Zwecke zu verwenden. Eine solche Missbrauchsgefahr kann auch durch technische Vorkehrungen nicht vollkommen ausgeschlossen werden. Der Betroffene muss auf dieses Risiko hingewiesen werden.

Art. 10 c) erster Spiegelstrich der Richtlinie und § 4 Abs. 3 S. 1 Nr. 3 BDSG sehen zudem eine Unterrichtungspflicht in Bezug auf die Empfänger der Daten vor. Sowohl für die Richtlinie als auch für das BDSG reicht dabei aus, dass der Kreis der Empfänger benannt wird. Die Benennung der konkreten Empfänger ist nicht erforderlich. Bei der Domain-Vergabe geht eine solche Benennungspflicht ins Leere, da potenziell jedermann mit Zugang zum Netzwerk die Daten abrufen kann. Dies gilt gerade auch im Hinblick auf die Abrufbarkeit in Drittstaaten, die kein angemessenes Schutzniveau aufweisen. In der durch das EGG geänderten Neufassung des TDDSG wird in § 4 Abs. 1 S. 1 die Unterrichtungspflicht im Fall einer Verarbeitung der Daten in Staaten außerhalb der Europäischen Union besonders erwähnt. Zur Begründung wird ausgeführt, dass insofern ein besonderes Transparenzbedürfnis bestehe[227]. Eine Datenübermittlung in Drittländer soll nach dem gesetzlichen Leitbild auf Grund einer Einzelfallentscheidung erfolgen. Mit der Ver-

---

[224] Siehe oben I. 1).
[225] Jahresbericht 1999 des Berliner Datenschutzbeauftragten, 5.2; Hess. Landtag, Drucks. 15/1539, 9.2.
[226] *Schaffland/Wiltfang*, § 4a Rn. 12.
[227] Begr. zum EGG, BT-Drucks. 14/6098, S. 28.

öffentlichung zur weltweiten Abrufbarkeit wird diese Abwägung aber von vornherein für jedes Land zu Gunsten der Übermittlung entschieden. Gerade auf diesen Umstand werden die Domain-Anmelder unzweideutig hinzuweisen sein. Einzig die Allgemeinen Geschäftsbedingungen von Nominet UK enthalten einen expliziten Hinweis darauf, dass die Daten auch außerhalb des Europäischen Wirtschaftsraums abrufbar sind[228].

Im ersten WIPO-Verfahren wurde die Frage diskutiert, ob eine Benachrichtigung des Domain-Inhabers als Ausgleich im Nachhinein über die seinen Domain-Namen betreffenden Anfragen erfolgen sollte. Dies wurde mehrheitlich verneint, da auf diese Weise ein Schutzschild für die Verletzer von Kennzeichenrechten aufgebaut würde[229]. In den Niederlanden werden alle Abfragen in der „.nl"-Datenbank erfasst und für einen bestimmten Zeitraum gespeichert, um eine Identifizierung der Urheber in Missbrauchsfällen zu ermöglichen[230]. Über die IP-Adresse kann aber nur der Rechner identifiziert werden, von dem eine Abfrage geschaltet wurde, nicht aber die den Rechner bedienende Person. Bei dynamischen Zuweisungen wird zudem die Identifizierung des Rechners vereitelt oder zumindest erschwert. Die vorgeschlagenen Maßnahmen haben daher nur einen sehr begrenzten praktischen Wert. Für die Beurteilung der Frage, ob eine Einwilligung in die Aufnahme bestimmter Informationen in die Whois-Datenbanken von den Domain-Anmeldern wirksam erteilt wird, wird es zukünftig entscheidend darauf ankommen, ob die NICs die Betroffenen umfassend über die Zwecke der Datenbanken und den damit verbundenen Missbrauchsgefahren informieren.

b) Koppelungsverbot

Neben der „Kenntnis der Sachlage" setzt Art. 2 h) EG-Datenschutzrichtlinie für eine wirksame Einwilligung eine Willensbekundung „ohne Zwang" voraus. Dies meint nicht nur die Abwesenheit von Zwang und einer Drohung mit Gewalt, sondern umfasst auch die fehlende Beschränkung der freien Willensentschließung durch ein Abhängigkeitsverhältnis[231]. Das BDSG verlangt gleichfalls eine freie Entscheidung des Betroffenen, § 4a Abs. 1 S. 1. Anders als das TDDSG in § 3 Abs. 4 normiert das BDSG kein ausdrückliches Koppelungsverbot, doch entspricht das Gebot der freien Willensentscheidung dem Zweck des Kop-

---

[228] Nominet UK, Terms and Conditions, 6.1.
[229] WIPO First Final Report, S. 23 Nr. 75.
[230] .nl Final Report, 5.3.6 Nr. 45.
[231] *Dammann/Simitis*, Art. 2 Erl. 23.

pelungsverbots, welcher gerade die freie und eigenständige Willensbetätigung des Nutzers bei der Einwilligung schützen will[232]. In der Konsequenz darf die Nutzung nicht von der Einwilligung in eine Datenverarbeitung für andere Zwecke als die mit dem Vertragszweck verfolgten abhängig gemacht werden[233]. Bei Telediensten führt dies dazu, dass der Anbieter eine Nutzung sowohl mit als auch ohne Einwilligung in weitere Verarbeitungszwecke anzubieten hat[234]. Von der Zielrichtung entspricht dieses Verbot der Willensbekundung „ohne Zwang". Auf die Domain-Registrierung übertragen bedeutet dies, dass eine Registrierung auch ohne Veröffentlichung der Daten in den Whois-Datenbanken ermöglicht werden muss. Das Koppelungsverbot entspringt der Befürchtung, dass die engen gesetzlichen Bestimmungen durch eine aus einer überragenden Stellung der verarbeitenden Stelle heraus erzwungene Einwilligung leichtfertig umgangen werden.

Das Verbot gilt ausdrücklich nur, wenn für den Nutzer keine zumutbare andere Möglichkeit besteht, den Teledienst in Anspruch zu nehmen. Diese Einschränkung bezieht sich auf die in einer Monopolposition eines Anbieters begründete Vormachtstellung[235]. Die Analyse entspricht damit der des GWB. Es kommt darauf an, ob es die Marktsituation dem Anbieter erlaubt, seine Leistung von der Einwilligung des Betroffenen abhängig zu machen[236].

Wie aus der Diskussion um die marktbeherrschende Stellung der NICs deutlich wird, gibt es zu einer spezifischen ccTLD innerhalb der EU für den Nutzer nur unbefriedigende Ausweichmöglichkeiten. Im TDDSG werden Ausweichmöglichkeiten eng definiert. Nach dem eindeutigen Wortlaut des § 3 Abs. 3 TDDSG – „diesen Telediensten" – stellen nur ähnliche Dienste noch keine solche zumutbare Zugangsmöglichkeit dar[237]. Das Gleiche gilt bei subjektiver Unmöglichkeit des Zu-

---

[232] Begr. zum IuKDG, BT-Drucks. 13/7385, S. 22; *Schaar*, MMR 2001, 644/647 f.; *ders.*, Datenschutz im Internet, Rn. 590; *Engel-Flechsig/Maennel/Tettenborn*, NJW 1997, 2981, 2897; *Schmitz* in: Hoeren/Sieber, Teil 16.4 Rn. 62; *Engel-Flechsig* in Beck'scher IuKDG Kommentar, § 3 TDDSG Rn. 28; *Bizer* in: Roßnagel, § 3 TDDSG Rn. 113.

[233] Für Teledienste: *Schmitz* in: Hoeren/Sieber, Teil 16.4 Rn. 62; *Engel-Flechsig* in: Beck'scher IuKDG Kommentar, § 3 Rn. 31.

[234] *Bizer* in: Roßnagel, § 3 TDDSG Rn. 129; *Schmitz* in: Hoeren/Sieber, Teil 16.4 Rn. 62; *Dix* in: Roßnagel, § 5 TDDSG Rn. 54.

[235] *Schmitz* in: Hoeren/Sieber, Teil 16.4 Rn. 62–67; *Engel-Flechsig*, DuD 1997, 474; *ders.* in: Beck'scher IuKDG Kommentar, § 3 TDDSG Rn. 28/32; *Engel-Flechsig/Maennel/Tettenborn*, NJW 1997, 2981, 2987 Fn. 48; *Bizer* in: Roßnagel, § 3 TDDSG Rn. 115/123; *Schaar*, Datenschutz im Internet, Rn. 556.

[236] *Schaar*, MMR 2001, 644; *Schmitz* in: Hoeren/Sieber, Teil 16.4 Rn. 67.

[237] *Bizer* in: Roßnagel, § 3 TDDSG Rn. 125; *Engel-Flechsig* in: Beck'scher IuKDG Kommentar, § 3 TDDSG Rn. 33.

B. Datenschutzrechtliche Beurteilung   201

gangs zur Nutzung anderer Zugangsmöglichkeiten[238]. Diese Prinzipien können auf das Erfordernis der „freien Willensentscheidung ohne Zwang" nach der EG-Datenschutzrichtlinie und dem BDSG übertragen werden. Ein Ausweichen auf andere TLDs stellt danach keine zumutbare identische Zugangsmöglichkeit dar[239]. Wegen des teilweise noch bestehenden Erfordernisses der territorialen Nähe und der Beschränkungen in Bezug auf den registrierbaren Domain-Namen, mag im Einzelfall auch eine subjektive Unmöglichkeit zum Ausweichen auf andere Diensteanbieter bestehen.

Soweit in den ccTLDs nicht eine restriktive Veröffentlichungspraxis besteht, wird den Domain-Anmeldern keine Wahl gelassen. Die Registrierungsbedingungen sind nicht verhandelbar. Entweder der Anmelder akzeptiert sie im Ganzen oder der Domain-Name wird nicht registriert. Die DENIC stellt einzig die Veröffentlichung weitergehender Informationen wie die E-Mail-Adresse und die Telefonnummer des Domain-Inhabers optional. Im Übrigen wird die Veröffentlichung der Anmeldeinformation von der DENIC mit ihren Registrierungsbedingungen und -richtlinien, also durch AGB zur Grundlage der Domain-Registrierung gemacht. Darüber hinaus besteht durch das automatisierte Verfahren ein faktischer Zwang zur Hinnahme der Veröffentlichung. Die Anmeldeformulare werden sowohl im Verfahren DENICdirect als auch bei der Anmeldung über einen Registrar per elektronischer Post übermittelt. Eine andere Anmeldemöglichkeit besteht nicht. Die Registrare akzeptieren dabei oftmals nur ein vollständig ausgefülltes Anmeldeformular. Die Übermittlung unvollständig oder unschlüssig ausgefüllter Formulare wird sowohl von Registraren als auch von einigen Registries teilweise durch eine Filtertechnik verhindert[240].

Die DENIC verstößt deshalb gegen das Koppelungsverbot. Die gleichen Bedenken bestehen gegenüber den Praktiken der übrigen NICs mit Blick auf das Erfordernis, dass die Einwilligung ohne Zwang erteilt werden muss. Verdeutlicht werden kann dies wiederum durch eine Analogie zur Rufnummernzuteilung durch Zugangsanbieter zu Telekommunikationsnetzen, bei der kein Zweifel besteht, dass eine Koppelung der Zuteilung an eine Veröffentlichung persönlicher Daten im

---

[238] *Bizer* in: Roßnagel, § 3 TDDSG Rn. 126 f.; *Engel-Flechsig* in: Beck'scher IuKDG Kommentar, § 3 TDDSG Rn. 34.
[239] Vgl. oben 4. Teil C. II. 1) a).
[240] Z.B.: IEDR, Registration Request Generator <http://www.domainregistry.ie/register/new.html>; 1&1, Bestellvorgang <https://puretec.de/order.html?_spsession=ac1704c1r6RwwP8TvMOml7L64DS2HWZD> (Stand: März 2002); GR Hostmaster, Domain Name Registration Form <http://www.hostmaster.gr/cgi-bin/dnsform.en?greek+1> (Stand: März 2002).

öffentlichen Telefonverzeichnis unzulässig ist, vgl. §§ 89 Abs. 10 TKG, 3 Abs. 2 TDSV.

Dem Domain-Anmelder muss bei der Registrierung des Domain-Namens eine tatsächliche Wahl ermöglicht werden. In Belgien, Dänemark und in den Niederlanden wird schon heute die Möglichkeit eines „opt-out" angeboten. Nimmt der Domain-Anmelder in den Niederlanden diese Option wahr, werden seine persönlichen Angaben durch die des Providers ersetzt[241]. In Dänemark[242] und Belgien[243] kann die weitere Verarbeitung durch eine schlichte E-Mail-Nachricht – in Belgien an die eigens dafür eingerichtete Adresse „privacy@dns.be" – ausgeschlossen werden. In Frankreich besteht die Möglichkeit, einen Ausschluss der Veröffentlichung von Informationen zumindest in dem für Privatpersonen vorgesehenen Bereich unterhalb der Subdomain „.name.fr" zu erlangen[244]. In Griechenland wird bereits im Registrierungsverfahren die Möglichkeit eröffnet, durch Anklicken eines Kästchens die Anmeldeinformationen von einer Veröffentlichung auszuschließen. In diesem Fall werden dann bis auf die technischen Vorgaben zu den Domain-Namen und den Nameservern alle weiteren Angaben in der Datenbank unterdrückt.

c) „opt-in" und „opt-out"

Derartige Maßnahmen sind aus datenschutzrechtlicher Sicht erforderlich. Problematisch erscheint in diesem Zusammenhang – worauf der Berliner Datenschutzbeauftragte hingewiesen hat –, dass die Einbeziehung der Einwilligung über AGB dazu führt, dass ihre Erteilung faktisch als eine nach BGH Rechtsprechung unzulässige Widerspruchslösung ausgestaltet ist[245]. Die Entscheidungen des Bundesgerichtshofs betrafen jedoch die formularmäßige Einverständniserklärung zur Telefonwerbung. Diese stellt nach ständiger BGH Rechtsprechung eine besonders schwerwiegende Beeinträchtigung der verfassungsrechtlich geschützten Privatsphäre dar. Insofern sind die Situationen nicht vergleichbar. Die Möglichkeit der Einbeziehung der Einwilligung über AGB muss daher nicht generell abgelehnt werden, sofern die strengen Informationspflichten eingehalten sind und dem

---

[241] SIDN, Protection of privacy <http://www.domain-registry.nl/sidn_english/flat/General/Rules/Protection_of_privacy/index.html> (Stand: März 2002).

[242] DK Hostmaster, FAQ, How can you obtain anonymity in the DK-whois data base? <http://www.dk-hostmaster.dk/faq2.shtm#cen2> (Stand: März 2002).

[243] DNS-BE, Terms and Conditions, 7.

[244] AFNIC, Naming Charter, II. 26./27.

[245] *BGH* MMR 1999, 477 m. Anm. *Schmittmann*; *BGH* DuD 2000, 427, 428; Jahresbericht 1999 des Berliner Datenschutzbeauftragten, 5.2.

Betroffenen eine echte Wahl gelassen wird[246]. Aus datenschutzrechtlicher Sicht vorzugswürdig ist demnach aber eine „opt-in"-Lösung. Die „opt-out"-Lösung kann dazu führen, dass die Einwilligung leichtfertig aus Bequemlichkeit erteilt wird oder zur bloßen Formalie verkommt. Zeugnis dafür geben die Whois-Datenbanken Belgiens und Dänemarks. Dort finden sich trotz des „opt-out"-Verfahrens in erheblichem Umfang auch die Telefonnummern der Domain-Inhaber. In Österreich und Deutschland erfolgt eine Veröffentlichung derselben dagegen nur auf Initiative des Domain-Anmelders, nicht aber automatisch bei fehlendem Widerspruch.

Eine „opt-in"-Lösung kann technisch problemlos dadurch implementiert werden, dass dem Betroffenen durch Kennzeichnung eines gesonderten Feldes ein aktives Handeln abverlangt wird. Für die NICs bedeutet dieses „opt-in"-Verfahren, soweit die Registrierung zwingend oder wie in Österreich und Deutschland weitgehend über besonders qualifizierte Provider erfolgt, keine Mehrbelastung, da diese über eine interne Verpflichtung auf die Provider abgewälzt werden kann. Diese können verpflichtet werden, sich selbst anstatt der Domain-Inhaber in die Datenbank einzutragen. Damit einhergehend kann bei einer Whois-Abfrage ein Hinweis auf die Möglichkeit, bei einem der engen Zweckbindung entsprechenden berechtigten Interesse, die Kontaktinformationen über den Provider zu erhalten, geschaltet werden. Es entspricht dem Standardprozedere des weltweit zweitgrößten Registrars, Register.com, sich, sofern dies vom Kunden gewünscht wird, an dessen Stelle in die Datenbank einzutragen[247]. Derartige Maßnahmen sind durchaus auch aus Sicht der Registrare sinnvoll, als sie sich durch die größere Akzeptanz der Nutzer zu einem Wettbewerbsfaktor entwickeln können. Darüber hinaus gibt es weitere kommerzielle Anbieter, die sich gegen Zahlung einer Jahresgebühr von US$ 20,– als administrative Ansprechpartner andienen[248].

d) Zusammenfassung

Die Ausgleichsfunktion der besonderen Unterrichtungspflichten verlangt, dass die NICs ihre Anmeldeverfahren dahin gehend ausgestalten, dass die Domain-Anmelder eine informierte Einwilligung geben können. Eine freie Willensentscheidung der Domain-Anmelder setzt dar-

---

[246] *Simitis* in: SDGMW, § 4 Rn. 58.
[247] The Irish Times, Universal database will show who's who on the web, 08.03.2002, S. 58.
[248] DomainMart, Whois Spam Buster <http://www.domainmart.com/DomainNames/information/FAQ-SpamBuster.htm> (Stand: April 2002).

über hinaus voraus, dass diesen die Möglichkeit gegeben wird, selbst über eine Veröffentlichung der persönlichen Informationen durch ein als „opt-in" ausgestaltetes Verfahren zu entscheiden.

2) Form

Die Formvorschriften bilden einen weiteren Gegenpol zur Möglichkeit, die gesetzlichen Verarbeitungsvoraussetzungen durch eine Einwilligung zu ersetzen[249].

a) Problem der Online-Einwilligung

Auf der Basis der Datenschutzrichtlinie muss die Einwilligung „ohne jeden Zweifel" erteilt worden sein. Eine spezielle Form wird nicht verlangt. Eine Einwilligung kann deshalb auch durch eine elektronische oder mündliche Erklärung abgegeben werden[250]. Nach § 4a Abs. 1 S. 3 BDSG bedarf die datenschutzrechtliche Einwilligung der Schriftform, soweit nicht wegen besonderer Umstände eine andere Form angemessen ist. Diskutiert wird die Frage, ob die Verwendung des Mediums Internet generell einen solchen besonderen Umstand darstellen kann[251]. Dagegen spricht, dass das BDSG die bekannten Regelungen des TKG und der TDDSG gerade nicht übernommen hat. Wirklich schwer wiegt dieses Argument allerdings nicht vor dem Hintergrund, dass das BDSG in seiner dritten Fassung angesichts der verstrichenen Umsetzungsfrist der Datenschutzrichtlinie nur einige Prinzipien einer modernen Datenschutzkonzeption verwirklicht hat und eine weitergehende Modernisierung erst in kurzem zeitlichen Abstand nachfolgen soll[252]. Das oben beschriebene Schichtenmodell zur Abgrenzung des BDSG von den bereichsspezifischen Vorschriften lässt sich nur durchhalten, wenn auch die Wertungen der TDSV 2000, des TDDSG und – insbesondere die Erleichterungen in der Neufassung des § 4 Abs. 2 TDDSG – bei der Anwendung des BDSG berücksichtigt werden. Im Übrigen ist auch das Interesse des Betroffenen bei der Bestimmung eines „besonderen Umstandes" einzustellen[253]. Dieses geht aber dahin, eine Domain-Registrierung möglichst unkompliziert in elektronischer Form vornehmen zu können.

Da die Einwilligung bei der Domain-Vergabe zusammen mit anderen Erklärungen abgegeben wird, ist sie gem. § 4 Abs. 1 S. 4 BDSG beson-

---

[249] *Simitis* in: SDGMW, § 4 Rn. 22; *Tinnefeld/Ehmann*, S. 212–214.
[250] *Dammann/Simitis*, Art. 2 Erl. 22; *Ehmann/Helfrich*, Art. 2 Rn. 67 f.
[251] *Schaar*, MMR 2001, 644, 647; *ders.*, RDV 2002, 4, 11; *ders.*, Datenschutz im Internet, Rn. 573 f.; *Bizer/Trosch* in: Spindler/Wiebe, 249, 253 f. Rn. 9; *Schaffland/Wiltfang*, § 4a Rn. 5.
[252] *Gola/Jaspers*, S. 4/6.
[253] *Simitis* in: SDGMW, § 4 Rn. 44.

ders hervorzuheben. Angesichts dieser strengen Voraussetzungen bestehen nach §§ 305 c Abs. 1, 307 Abs. 1 BGB insbesondere Zweifel an der Wirksamkeit der Einbeziehung der Einwilligung über einen schlichten Hinweis in den Allgemeinen Geschäftsbedingungen[254]. Bedenklich erscheint im Hinblick auf das AGB-rechtliche Transparenzgebot auch, dass die DENIC ihre AGB mit den Registrierungsbedingungen und -richtlinien in zwei separate Dokumente aufteilt. Dieses Phänomen kann bei einer Vielzahl der NICs beobachtet werden[255]. Die gleichen Bedenken bestehen in den übrigen Mitgliedstaaten soweit die Einbeziehung der Einwilligung auch dort über die AGB in einem vollautomatisierten Registrierungsverfahren erfolgt mit Blick auf Art. 3 der Richtlinie über missbräuchliche Klauseln in Verbraucherverträgen[256].

Interessant erscheint in diesem Zusammenhang daher, dass nicht alle NICs auf der Basis eines reinen elektronischen Anmeldeverfahrens operieren. So verlangt der DK Hostmaster für den Bereich „.dk" eine schriftliche Bestätigung der Domain-Anmeldung. Der Antragsteller muss sich in einem vorgegebenen Formblatt durch handschriftliche Unterschrift (oder durch elektronische Signatur) den von DIFO aufgestellten Registrierungsbestimmungen in ihrer jeweils gültigen Fassung unterwerfen. Dieser separate Antrag muss nicht zwingend mit dem über den Provider elektronisch übermittelten Antrag eingereicht werden. Die Bestätigung muss dem Registrar aber bei der Übermittlung bereits vorliegen und kann jederzeit vom DK Hostmaster angefordert werden. Auch für die TLDs „.uk"[257], „.it"[258], „.es"[259] und „.pt"[260] wird die Einsendung eines unterzeichneten Bestätigungsschreibens verlangt. In Griechenland muss ein unterzeichneter Vertrag nachgereicht werden[261]. In Luxemburg erfolgt die komplette Registrierung offline. Das online abrufbare Formblatt muss anschließend per Post oder Fax an DNS-LU gesandt werden.

b) Domainspezifisches Vertragsgeflecht

Das Vertragsgeflecht zwischen Provider, DENIC und Endkunden nährt weitere Zweifel an einer wirksamen Einwilligungserteilung[262]. Für den

---

[254] Dazu: *BGHZ* 95, 362; *OLG Karlsruhe* RDV 1988, 146; *Bergmann/Möhrle/Herb*, BDSG, § 4 Rn. 35–39c; *Ordemann/Gola/Schomerus*, § 4 Anm. 5.3.
[255] Siehe Annex II.
[256] Richtlinie 93/13/EWG des Rates vom 5. April 1993 über missbräuchliche Klauseln in Verbraucherverträgen (ABLEG Nr. L 095 v. 21.04.1993, S. 29–34).
[257] Nominet UK, Terms and Conditions, 2.2.
[258] RA, Technical Registration Procedures, 1.2.
[259] ES-NIC, Causas de anulación, 3.
[260] FCCN, Rules (.pt), 2.2.3.2/2.2.4.1.
[261] GR Hostmaster, Rules [.GR], 10.
[262] Hess. Landtag Drucks. 15–1539, 9.2.

Bereich „.de" ist eine wirksame Vertragsbeziehung zwischen der DENIC und dem Endkunden grundsätzlich in Frage gestellt worden[263]. Zweifel ergeben sich daraus, dass die Registrare in ihren AGB nicht deutlich machen, dass sie nur als Mittler zwischen der DENIC und dem Endkunden tätig werden. Die Einbeziehung der DENIC-Registrierungsbedingungen und -richtlinien beruht auf einer internen Verpflichtung des DENIC-Mitglieds gegenüber der DENIC. Diese Verpflichtung wird in der Praxis aber nur unzureichend erfüllt. Das Regierungspräsidium Darmstadt und der Berliner Datenschutzbeauftragte berichten von Domain-Anmeldern aus dem Privatbereich, denen die Veröffentlichungspraxis und die DENIC, als hinter dem Angebot des Providers stehende Registerorganisation, selbst unbekannt geblieben sind[264]. Verschärft wird die Problematik dadurch, dass die DENIC-Mitglieder wiederum mit als Registraren auftretenden Organisationen, den sogenannten *Resellern*, und mit anderen Providern, welche die Domain-Registrierung nur als zusätzlichen Dienst anbieten, zusammenarbeiten. In diesen Fällen erfolgt teilweise weder ein Hinweis auf die DENIC noch auf deren AGB.

3) Höchstpersönlichkeit

Einen weiteren Auffangtatbestand an die Einwilligung stellt das Erfordernis der Höchstpersönlichkeit dar[265]. Bei der Domain-Vergabe treten die Kontaktpersonen in der Regel gar nicht in Erscheinung, obschon auch ihre persönlichen Daten erhoben und veröffentlicht werden. *Ehmann* und *Helfrich* weisen darauf hin, dass in der Richtlinie von der Einwilligung des Betroffenen selbst die Rede ist[266]. Sie folgern daraus, dass eine wirksame Einwilligung der betroffenen Person zugeordnet werden können muss. Ähnlich formulieren *Dammann* und *Simitis*, dass die konkrete Verarbeitung auf eine Entscheidung der betroffenen Person selbst rückführbar sein muss[267]. Diese Formulierungen deuten an, dass auf der Grundlage der Richtlinie neben einer höchstpersönlichen Entscheidung auch eine auf einer feststehenden Stellvertretung basierende Einwilligung möglich sein soll. Die Richtlinie schließt eine solche Stellvertretung jedenfalls nicht aus und überlässt eine Regelung den Mitgliedstaaten[268]. Im Ergebnis muss aber auch eine solche Bevollmäch-

---

[263] *LG Frankfurt/Main* Beschluss v. 23.08.2001, 2–06 O 280/01 <http://www.denic.de> (Stand: Juni 2002); aufgehoben durch: *LG Frankfurt/Main* Urteil v. 25.10.2001, 2/6 O 280/01, MMR 2002, 126.
[264] Hess. Landtag Drucks. 15–1539, 9.2; Jahresbericht 1999 des Berliner Datenschutzbeauftragten, 5.2.
[265] *Simitis* in: SDGMW, § 4 Rn. 35; *Tinnefeld/Ehmann*, S. 212–214.
[266] *Ehmann/Helfrich*, Art. 7 Rn. 10.
[267] *Dammann/Simitis*, Art. 7 Erl. 4.
[268] *Dammann/Simitis*, Art. 2 Erl. 21; *Helfrich* in: Hoeren/Sieber, Teil 16.1 Rn. 54.

tigung zweifelsfrei feststehen. Bei den derzeit von den NICs praktizierten Verfahren bieten sich aus der Sicht der NICs keine Anhaltspunkte dafür, dass die Kontaktpersonen ihre Einwilligung zu der Veröffentlichung ihrer Daten gegeben haben. Im Fall von Unternehmen werden die Kontaktpersonen meist Angestellte des Unternehmens sein. Es ist daher anzunehmen, dass die Veröffentlichung abgesprochen sein wird und mit dem Einverständnis des jeweiligen Ansprechpartners erfolgt. Da aber Restzweifel verbleiben, ist die von der Richtlinie gesetzte hohe Hürde für eine wirksame Einwilligung nicht überwunden.

Die AGB von Nominet UK sprechen diese Frage an, indem der Domain-Anmelder versichert, dass alle Personen, deren Daten in die Whois-Datenbanken aufgenommen werden, ihr Einverständnis dazu erteilt haben[269]. Auch dieser Hinweis in den AGB erfüllt den strengen Standard der Richtlinie nicht.

Unter dem BDSG a.F. war umstritten, ob eine Einwilligung höchstpersönlich abzugeben war[270]. Das neue BDSG vom Mai 2001 hat den Wortlaut des alten Textes übernommen und nicht zu einer Klärung beigetragen. Nach der richtigen Ansicht ist auf die Einwilligung als Substitut für die gesetzliche vorgesehenen Erlaubnistatbestände abzustellen, und die Abgabe der Einwilligung durch einen Bevollmächtigten aus diesem Grund von vornherein abzulehnen[271]. Wollte man eine Einwilligung durch Bevollmächtigte zulassen, käme bei der Domain-Vergabe hinzu, dass die tatsächliche Erteilung der Bevollmächtigung zweifelhaft bliebe. Mutmaßliche Einwilligungen reichen aber gerade nicht aus, um eine Datenverarbeitung zu sanktionieren[272].

Im Ergebnis werden wirksame Einwilligungen der Ansprechpartner regelmäßig nicht vorliegen. Die hier erarbeitete Lösung, nach welcher eine Veröffentlichung von Kontaktinformationen über den administrativen Ansprechpartner generell nicht erforderlich ist und der technische Ansprechpartner durch eine *Role* ersetzt werden kann, beseitigt das Problem der Höchstpersönlichkeit.

C. Ergebnis

Die Veröffentlichung von personenbezogenen Daten in den Whois-Datenbanken verfolgt drei wesentliche Zwecke: Die Whois-Datenban-

---

[269] Nominet UK, Terms and Conditions, 5.1.
[270] Dagegen: *Schaffland/Wiltfang*, § 4a Rn. 24; *Ordemann/Gola/Schomerus*, § 4 Anm. 5.5.
[271] *Simitis* in: SDGMW, § 4 BDSG Rn. 35; *Helfrich* in: Hoeren/Sieber, Teil 16.1 Rn. 52; *Auernhammer*, § 4 Rn. 11.
[272] *Schaffland/Wiltfang*, § 4a Rn. 23.

ken sollen neben der Möglichkeit einer Verfügbarkeitsprüfung eine schnelle technische Problembewältigung sowie eine effektive Rechtsverfolgung ermöglichen.

Der Umfang der Whois-Datenbanken geht teilweise erheblich über die für diese Zwecke erforderlichen Informationen hinaus. Die Veröffentlichung von Anmeldeinformationen muss im Einklang mit dem datenschutzrechtlichen Zweckbindungsgebot auf ein Minimum reduziert werden. Es reicht aus, dass Name und Anschrift des Domain-Inhabers veröffentlicht werden, sofern der gesetzliche Vertreter genannt wird. Weitere Informationen über den Domain-Inhaber oder einen administrativen Ansprechpartner müssen nicht veröffentlicht werden. Die Abrufbarkeit einer E-Mail-Adresse und Telefonnummer ist nur in Bezug auf die technische Zweckbestimmung und den technischen Ansprechpartner erforderlich. Bei diesem sollte die Veröffentlichung einer *Role*, statt einer konkreten Person als allgemein zulässig anerkannt werden.

Die Bedenken, die aus der möglichen weltweiten Abrufbarkeit zu jedem beliebigen Zweck resultieren, können durch eine Einwilligung der Betroffenen zerstreut werden. Dabei sind die Schutzmechanismen zu beachten, die dem Ausnahmecharakter dieses Erlaubnistatbestandes und der informationellen Selbstbestimmung des Betroffenen Rechnung tragen sollen.

Die Einwilligung darf nicht erzwungen werden. Die Einwilligung ist daher im Sinne eines „opt-in" auszugestalten. Als Ausgleich sollten förmliche Verfahren implementiert werden, die Dritten den Zugang zu den für eine zeitnahe Rechtsdurchsetzung notwendigen Informationen ermöglichen.

Die grenzenlose Abrufbarkeit ist entsprechend dem Prinzip des Systemdatenschutzes soweit als möglich durch technische Maßnahmen zu reduzieren und soweit als möglich zu unterbinden. Die Koppelung der Abfragemöglichkeit an die IP-Adresse kann Massenabfragen nicht verhindern. Diese einfache technische Maßnahme stellt aber einen Schritt in die richtige Richtung dar. Solche Maßnahmen schärfen zudem das Unrechtsbewusstsein, das in der derzeitigen Abfragekultur nicht vorhanden ist. Gleiches gilt für die Gegenerklärungen mit dem Hinweis, dass die Datenbanken nur für bestimmte Zwecke verwendet werden können. Ohne solche Zusätze verstärkt sich der Eindruck, die Informationen seien zu jedem beliebigen Zweck abrufbar.

6. Teil: Schluss

A. Zusammenfassung

Die vorliegende Untersuchung hat aufgezeigt, dass die Registrierungspraktiken der nationalen Registries in den Mitgliedstaaten der Europäischen Union auf verschiedene europarechtliche Bedenken stoßen.

I. Binnenmarktrecht

Zunächst verstößt die Koppelung des nationalen Domain-Bereichs an eine Wohn- oder Unternehmenssitzvoraussetzung gegen die in Art. 49 EGV verankerte Dienstleistungsfreiheit und das allgemeine Diskriminierungsverbot des Art. 12 EGV.

Auch das in Deutschland und Luxemburg aufgestellte Erfordernis zur Benennung eines Zustellungsbevollmächtigten muss mit Blick auf die EuZVO überdacht werden. Diese Obliegenheit ist aber aus binnenmarktrechtlicher Sicht so lange nicht zu beanstanden, als nicht eine weitere Vereinfachung innereuropäischer Zustellungen hin zu einem wirklichen Binnenmarktprozess erfolgt.

II. Wettbewerbsrecht

Die nationalen Registries haben für den von ihnen verwalteten TLD-Bereich eine marktbeherrschende Stellung. Auch die gTLD „.com" und die neuen TLDs stellen für ein auf nationaler Ebene operierendes Unternehmen keine gleichwertige Alternative zu einer nationalen TLD dar. Soll ein bestimmter Markt erschlossen werden, ist jede andere TLD weniger attraktiv als die korrespondierende ccTLD. Es bleibt abzuwarten, ob die neue TLD „.eu" für die Zukunft an dieser Einschätzung etwas ändern wird.

Das Marktverhalten der NICs als marktbeherrschenden Unternehmen unterliegt im Rahmen einer wettbewerbsrechtlichen Missbrauchskontrolle erhöhten Verhaltensanforderungen.

Die nicht technisch erforderlichen syntaktischen Formatvorgaben werden diesen Verhaltensanforderungen nicht gerecht, da sie die Handlungsmöglichkeiten von Kennzeicheninhabern in unangemessener Weise einschränken.

Die Beschränkung des Kreises der qualifizierten Domain-Inhaber auf solche, die eine kennzeichen- oder namensrechtliche Berechtigung an einem bestimmten Domain-Namen für sich in Anspruch nehmen können, reduziert das Internet auf ein kommerzielles Medium und schränkt damit die Nutzungsmöglichkeiten für die Allgemeinheit in missbräuchlicher Weise ein.

Anders fällt die Beurteilung für den Ausschluss bestimmter Begriffe von einer Registrierung aus, sofern dem Interesse an einer Registrierung eines Begriffes ein überwiegendes öffentliches Interesse an einem Ausschluss gegenübersteht. So erscheint es nicht als missbräuchlich, wenn sittenwidrige oder der öffentlichen Ordnung zuwider laufende Begriffe von einer Registrierung ausgenommen werden. Gleiches gilt für hoheitliche Bezeichnungen, soweit diese für die korrespondierenden Hoheitsträger reserviert gehalten werden. Der Ausschluss von Gattungsbegriffen stößt dagegen dort auf eine wettbewerbsrechtliche Grenze, wo ein kennzeichen- oder namensrechtliches Interesse an einem solchen Gattungsbegriff besteht und der Ausschluss nicht durch das Interesse an einem differenzierten System generischer Unterbereiche gerechtfertigt wird.

Eine derartige Aufteilung des nationalen Domain-Namen-Raums in thematische Unterbereiche ist in der Form, wie sie von einigen NICs in den Mitgliedstaaten praktiziert wird, wettbewerbsrechtlich nicht zu beanstanden. Eine andere Beurteilung ergäbe sich nur dann, wenn die konkrete Ausgestaltung die Betätigungs- und Entfaltungsmöglichkeiten im Medium Internet – ähnlich dem Nachweiserfordernis – in unangemessener Weise einschränkte.

Eine solche Bewertung widerfährt dem vollständigen Ausschluss von Privatpersonen, dem generellen Übertragungsverbot sowie der numerischen Beschränkung der möglichen Domain-Registrierungen. Als Mittel zur Verhinderung spekulativer und missbräuchlicher Domain-Registrierungen sind diese Maßnahmen zwar als geeignet, aber im Ergebnis als unverhältnismäßig zu beurteilen.

III. Datenschutzrecht

Die in den Whois-Datenbanken abrufbaren Informationen gehen in einigen NICs der Mitgliedstaaten über den nach der erforderlichen engen Zweckbestimmung zulässigen Umfang hinaus. Dies gilt sowohl mit Blick auf den erforderlichen Personenkreis als auch für den Umfang der zu diesen Personen veröffentlichten Informationen.

Die Möglichkeit der weltweiten Abrufbarkeit der Whois-Daten zu jedem beliebigen Zweck führt dazu, dass die Aufnahme der Anmeldeinformationen in diese Datenbanken nur durch eine Einwilligung der Betroffenen sanktioniert werden kann. Das Prinzip des Koppelungsverbots verlangt, dass die Einwilligungserteilung als „opt-in"-Verfahren ausgestaltet wird.

Die teilweise von den NICs implementierten technischen und tatsächlichen Maßnahmen vermögen es nicht, einen missbräuchlichen Abruf der Whois-Daten über die enge Zweckbestimmung hinaus zu verhindern. Dennoch sind solche Maßnahmen als Schritt in die richtige Richtung zu begrüßen.

B. Ausblick

Im Rahmen dieser Arbeit konnten nicht alle Aspekte einer Kontrolle der Registrierungspraktiken der ccTLDs durch europäisches Recht angesprochen werden. In Bezug auf den Adressatenkreis steht noch ein Blick auf die Registrierungspraktiken der Gebiete und Überseeterritorien, die entsprechend der Delegationspraxis der IANA eigene ccTLDs betreiben und gem. Art. 299 EGV in den Anwendungsbereich des EG-Vertrags einbezogen werden, aus. Das Gleiche gilt für die NICs der Beitrittskandidaten, da diese teilweise auf der Basis ähnlich restriktiver Praktiken operieren.

Eine Kontrollmöglichkeit, die außen vor geblieben ist, betrifft die Missbräuchlichkeit der Registrierungsbedingungen auf Grund ihres Charakters als Allgemeine Geschäftsbedingungen. Die Bedenken, die gegen die Rationalisierung der Geschäftsabwicklung durch Einbeziehung in Form von Vertragsklauseln bestehen, wurden im Rahmen der datenschutzrechtlichen Diskussion kurz angedeutet. Solche Bedenken gegen standardisierte vorformulierte Klauseln bestehen insbesondere auch im Hinblick auf die beliebter werdenden verbindlichen Streitschlichtungsverfahren sowie den Umfang des den NICs durch die AGB gewährten Kündigungsrechts und die Vollmachtserteilung für den administrativen Ansprechpartner.

Darüber hinaus könnte in der Zukunft eine außereuropäische Kontrollmöglichkeit an Bedeutung gewinnen. Das in Italien praktizierte Verfahren hat aus europäischer Sicht Modellcharakter, da allen EU-Bürgern gleichermaßen der Zugang zu der italienischen TLD gewährt wird. Allerdings ist auch dieses Modell mit Vorsicht zu genießen. Soweit Beschränkungen in Bezug auf die Nationalität aufgestellt werden, drängt sich die Frage nach einer Handelsschranke auf. Ebenso wird sich die territoriale Beschränkung der neuen TLD „.eu" an den Regeln der Welthandelsorganisation messen lassen müssen. Da die Registrierungsbeschränkung für „.eu" zunächst eine politische und nicht eine geographische darstellt, steht auch die Frage nach der Legitimation der Europäischen Union zur Organisation dieser TLD im Raum.

In der Verwaltung des Domain-Namen-Systems zeichnet sich eine Tendenz zur Verstaatlichung ab. Die Regierungen haben ihren Anspruch auf eine Letztentscheidungsbefugnis in Bezug auf die jeweiligen ccTLDs bereits 1999 in den GAC-Leitlinien deutlich vorgetragen. Diese Entwicklung ist auch in den ccTLDs der Mitgliedstaaten – vor allem durch die Schaffung gesetzlicher Regulierungsmöglichkeiten in Frankreich, Irland und Österreich – spürbar geworden. Die Einführung von „.eu" auf Verordnungsbasis durch die Europäische Union zeugt ebenso von dieser Tendenz. Nährboden fand diese Entwicklung ferner in den Vorschlägen des ICANN-Präsidenten, *Stuart Lynn*, die von der Internet-Gemeinschaft gewählten At-Large-Direktoren durch staatliche Vertreter zu ersetzen. Es ist daher davon auszugehen, dass das Modell der Selbstregulierung im Internet ein Auslaufmodell ist, und der staatliche Einfluss auf die Registrierungssysteme in den ccTLDs und das DNS insgesamt in der Zukunft zunehmen wird. Für den Bereich „.de" deutet sich diese Entwicklung in den vorsichtig vorgetragenen Regulierungsplänen des Bundesministeriums der Justiz an.

Eine zunehmende staatliche Einflussnahme geht nicht zwingend mit einer Implementierung eines restriktiven Vergabesystems einher. Es zeichnet sich im Gegenteil eine zunehmende Tendenz hin zu einem liberalen Registrierungssystem ab. Neben den Niederlanden und Griechenland wurde zuletzt in Schweden für Anfang 2003 eine Auflockerung des Nachweiserfordernisses angekündigt. Diese Entwicklung steht mit den Schlussfolgerungen dieser Arbeit in Einklang. Zukünftige Reformen werden die europarechtlichen Vorgaben beachten müssen. Auch wird zu bedenken sein, dass Domain-Namen für vielfältige Zwecke zum Einsatz kommen können. Die Funktion des Internets als neues Meinungsaustauschforum darf durch ein restriktives Registrierungssystem nicht konterkariert werden.

Künftige Ansätze zu einer Ausgestaltung der Registrierungspraktiken zum Schutz von Namens- und Kennzeicheninhabern werden demgegenüber auch das Postulat von der schnellen und kostengünstigen Möglichkeit zur Registrierung von Domain-Namen als Motor des Internetwachstums hinterfragen müssen. Vergleiche der liberalen Registries mit den restriktiven Registries zeigen, dass auch dort Registrierungen zu akzeptablen Preisen in vernünftigen Zeiträumen durchgeführt werden. Als Mindestschutz bietet sich die weitere Implementierung und Anpassung von Streitschlichtungsverfahren an. Das UDRP wird weitgehend als brauchbare Lösung von Domain-Namenskonflikten angesehen. Die

Kritik richtet sich in erster Linie gegen die uneinheitliche Rechtsanwendung und die dadurch entstehende mangelnde Rechtssicherheit. Die ccTLDs haben dagegen die Möglichkeit, ein Schlichtungsverfahren auf der Basis des jeweiligen Landesrechts zu implementieren und den Anwendungsbereich auf den noch ungelösten Problemkomplex der Sperrdomains auszudehnen.

Zuletzt bleibt für die Zukunft zu hoffen, dass auch die beteiligten Kennzeicheninhaber einen vernünftigen Umgang mit der Domain-Namen-Problematik erlernen. Das Domain-Name-Sharing stellt einen solchen Lösungsansatz dar. Im Übrigen kann auf die Richter des ersten Senats des Bundesgerichtshofs verwiesen werden, die i.d.S. gerne darauf hinweisen, dass die Domain „bgh.de" nicht vom höchsten deutschen Gericht des ordentlichen Rechtszugs gehalten wird.

Annexe

Annex I – Registries in den Mitgliedstaaten der Europäischen Union

TLD	NIC	URL der Startseite*
.at	nic.at Internet Verwaltungs- und Betriebs-GmbH (nic.at)	<http://www.nic.at>
.be	Domain Name Registration Belgium (DNS BE)	<http://www.dns.be/eng/index.shtml>
.de	DENIC Domain Verwaltungs- und Betriebsgesellschaft eingetragene Genossenschaft (DENIC)	<http://www.denic.de>
.dk	DK Hostmaster A/S	<http://www.dk-hostmaster.dk/main.shtml>
.es	ES-NIC	<http://www.nic.es/indexeng.html>
.fi	Finnish Communications Regulatory Authority (FICORA)	<http://www.ficora.fi/englanti/internet/index.htm>
.fr	Association Française pour le Nommage Internet en Coopération (AFNIC)	<http://www.nic.fr/english>
.gr	GR Hostmaster	<http://www.hostmaster.gr/english/index.html>
.ie	IE Domain Registry Limited (IEDR)	<http://www.domainregistry.ie>
.it	Registration Authority Italiana (RA)	<http://www.nic.it/RA/en/index.html>
.lu	Réseau Téléinformatique de l'Education Nationale et de la Recherche (RESTENA) DNS-LU (DNS-LU)	<http://www.dns.lu/english.html>
.nl	Stichting Internet Domeinregistratie Nederland (SIDN)	<http://www.domain-registry.nl/sidn_english/flat/Home>
.pt	Fundação para a Computação Científica Nacional (FCCN)	<http://www.fccn.pt/ingles/dns/index_html>
.se	Network Information Centre Sweden AB (NIC-SE)	<http://www.nic-se.se/inenglish.shtml>
.uk	Nominet UK	<http://www.nic.uk>

° Stand: Juni 2002.

Annex II - Registrierungsbestimmungen für Domain-Namen unterhalb der europäischen ccTLDs (EU)

TLD	Registrierungsbestimmungen	URL*
.at	Allgemeine Geschäftsbedingungen der Firma nic.at Internet Verwaltungs- und Betriebsgesellschaft m.b.H. AGB 2000/Version 1.0 vom 01.06.2000 (zit.: Nic.at, AGB, 1.4.1.)	<http://www.nic.at/german/agbs.html>
	Schlichtungsordnung der Schlichtungsstelle für Domainstreitigkeiten um .at-Domains (ab 01.10.2002) (zit.: nic.at, Schlichtungsordnung)	<http://www.nic.at/streitschlichtung/schlichtungsordnung.pdf>
.be	Terms and conditions of domainname registrations under the „.be" domain operated by DNS, Version 2.1 - 3 december 2001 (zit.: DNS BE, Terms and Conditions)	<http://www.dns.be/eng/pdf/Enduser_Terms_And_Conditions_En_v2_1.pdf>
	Previous Rules and Procedures (zit.: DNS BE, Previous Rules and Procedures)	<http://www.dns.be/eng/Library/webarchiveoldproc.htm>
.de	DENIC-Registrierungsrichtlinien (15.08.2000) (zit.: DENIC Registrierungsrichtlinien)	<http://www.denic.de/doc/faq/vergaberichtlinie.html>
	DENIC-Registrierungsbedingungen (15.08.2000) (zit.: DENIC-Registrierungsbedingungen)	<http://www.denic.de/doc/DENIC/agb.html>
	DENIC-Registrierungsbedingungen a.F.	*auf Ablage beim Autor*

* Stand: Juni 2002.

TLD	Registrierungsbestimmungen	URL*
.es	Naming Rules for the „es" zone (zit.: ES-NIC, Naming Rules)	<http://www.nic.es/normas/indexeng.html>
	6100 ORDEN de 21 de Marzo de 2000 por la que se regula el sistema de asignación de nombres de dominio de Internet bajo el código de país correspondiente a España (.es)	<http://www.nic.es/normas/index.html>
	ORDEN de 12 de julio 2001 por la que se modifica la Orden de 21 de marzo de 2000 por la que se regula el sistema de asignación de nombres de dominio de Internet bajo el código de país correspondiente a España (.es)	<http://www.nic.es/normas/index.html> oder <http://www.nic.es/avisos/nueva_orden_mcyt.html>
	Texto refundido de las disposiciones en vigor de la Orden del Ministerio de Fomento 21 de marzo de 2000 y las de la Orden del Ministerio de Ciencia y Tecnología de 12 de julio de 2001, por la que se regula el sistema de asignación de nombres de dominio de Internet bajo el código de país correspondiente a España (.es) (zit.: Ministerio de Fomento, Orden Marzo/Julio)	<http://www.nic.es/normas/index.html>
	Causas de anulación	<http://www.nic.es/normas/index.html>
.fi	Regulation on the Finnish Domain Names on the Internet of June 09th 2000 (zit.: FICORA, Regulation on Finnish Domain Names)	<http://www.ficora.fi/englanti/document/THK34A2000MENG.pdf>
	Regulation on Configuration of Nameservers of the Internet to Serve Finnish Domain Names of 12 May 1997 (zit.: FICORA, Configuration of Nameservers)	<http://www.ficora.fi/englanti/document/thk3797m.pdf>

* Stand: Juni 2002.

TLD	Registrierungsbestimmungen	URL*
.fr	Naming Charter for the „.fr " Zone, 30.11.2001(zit.: AFNIC, Naming Charter)	<http://www.nic.fr/english/register/charter-fr.pdf>
	Liste des termes fondamentaux, 2001 (zit.: AFNIC, Liste des termes fondamentaux)	<http://www.nic.fr/enregistrement/fondamentaux.html>
.gr	Rules for Domain Name Registration under [.GR] (zit.: GR Hostmaster, Rules)	<http://www.hostmaster.gr/english/index.html>
	General Instructions for DNS name registration (zit.: GR Hostmaster, General Instructions)	<http://www.hostmaster.gr/english/index.html>
	Policy for Handling Disagreements - Disputes about Internet Names (zit.: GR Hostmaster, Dispute Policy)	<http://www.hostmaster.gr/english/index.html>
.ie	Naming and Registration Policy, 18.01.2002 (zit.: IEDR, Naming Policy)	<http://www.domainregistry.ie/policies/namingpolicy.html>
	Obtaining an Internet domain within IE, 23.01.2001 (zit.: IEDR, Obtaining an Internet Domain within .IE)	<http://www.domainregistry.ie/policies/ie_obtain.html>

* Stand: Juni 2002.

TLD	Registrierungsbestimmungen	URL*
.it	The v3.7 of the Naming Rules, approved by the Executive Committee on 19.02.2002. This version is on duty since 05.03.2002 (zit: RA, Naming Rules)	<http://www.nic.it/NA/regole-naming-curr-engl.txt>
	The v3.6 of Technical Registration Procedures approved by the Executive Committee on 19.02.2002. This version is on duty since 05.03.2002 (zit.: RA, Technical Registration Procedures)	<http://www.nic.it/NA/procedure-curr-engl.txt>
	The v1.3 of Technical Transfer Procedures approved by the Executive Committee on 19.07.2001. This version is on duty since 14.08.2001 (zit.: RA, Technical Transfer Procedures)	<http://www.nic.it/NA/riassegnazione-curr-engl.txt>
	The v3.5 of Reserved Domain Names approved by the Executive Committee on 19.02.2002. This version is on duty since 05.03.2002 (zit.: RA, Reserved Domain Names)	<http://www.nic.it/NA/nomi-riservati-curr-engl.txt>
.lu	Preamble of Domain Name Charter, 01.11.2001 (zit.: DNS-LU, Preamble)	<http://www.dns.lu/charter_preamb.html>
	Domain Name Charter, 01.11.2001 (zit.: DNS-LU, Domain Name Charter)	<http://www.dns.lu/charter.html>
	Domain Name Policy for the LU top level domain, November 2001 (zit.: DNS-LU, Terms and Conditions)	<http://www.dns.lu/policy_pr.htm>
	Acceptable Use Policy, 2001 (zit.: DNS-LU, Acceptable Use Policy)	<http://www.dns.lu/aup_html.htm>

° Stand: Juni 2002.

TLD	Registrierungsbestimmungen	URL*
.nl	The Regulations on Domain Name Registration (NL), 13.02.2001 (zit.: SIDN, Regulations)	<http://www.domain-registry.nl/sidn_english/flat/_shared_resources_Downloads/Regulations_on_Domain_Name_Registration_NL_/engels_reglement.pdf>
	Explanatory Comments to the Regulations, 20.02.2001 (zit.: SIDN, Explanatory Comments)	<http://www.domain-registry.nl/sidn_english/flat/_shared_resources_Downloads/Explanatory_Comments_to_the_Regulations/eng_toelichting.pdf>
	Annex 1 Technical Requirements (zit.: SIDN, Technical Requirements)	<http://www.domain-registry.nl/sidn_english/flat/General/Rules/-Regulations_on_Domain_Name_Registration_NL_/Annex_1_Technical_Requirements/index.html>
	Protection of Privacy (zit.: SIDN, Protection of Privacy)	<http://www.domain-registry.nl/sidn_english/flat/General/Rules/-Protection_of_privacy/index.html>
	Final Report .nl Domain Name Debate, 22.11.2001 (zit.: .nl Final Report)	<http://www.domain-registry.nl/sidn_english/flat/_shared_resources_Downloads/Final_Report_nl_Domain_Name_Debate/FinalReportDomainNameDebate.pdf>
.pt	Rules in vigor since the 5 February 2001 (zit.: FCCN, Rules for .PT)	<http://www.fccn.pt/ingles/dns/Regras/?in_menu_option=9094>
.se	General rules for registration of domain names under the top domain of „.se", 05.01.1998 (zit.: NIC-SE, General Rules)	<http://www.nic-se.se/allmanna-villkor-eng.shtml>
	Regulations for the registration of domain names under the „.se" top domain (Domain Name Regulations in Sweden), Version 2.0, January 2000 (zit.: NIC-SE, Regulation)	<http://www.iis.se/regulations.shtml>
	Explanations, Appendix 1 (zit.: NIC-SE, Explanation)	<http://www.iis.se/explanations.shtml>
	Teckentabell med translittereringsalternativ, Appendix 2 (zit.: NIC-SE, Appendix 2)	<http://www.iis.se/regler_app2.shtml>

* Stand: Juni 2002.

Annex II

TLD	Registrierungsbestimmungen	URL*
.uk	Terms and Conditions (zit.: Nominet UK, Terms and Conditions)	<http://www.nic.uk/ref/terms.html>
	General Rules for *.uk* Top Level and Second Level Domains (zit.: Nominet UK, General Rules for .uk)	<http://www.nic.uk/rules/rup2.html>
	Rules for the *.co.uk* Second Level Domain (zit.: Nominet UK, Rules for the .co.uk)	<http://www.nic.uk/rules/rup3.html>
	Rules for *.me.uk* (zit.: Nominet UK, Rules for .me.uk)	<http://www.nic.uk/rules/rup5.html>
	Rules for the *.ltd.uk* and *.plc.uk* Second Level Domains (zit.: Nominet UK, Rules for .ltd.uk and .plc.uk)	<http://www.nic.uk/rules/rup1.html>
	New Dispute Resolution Service Policy (Nominet UK, DRS Policy)	<http://www.nic.uk/ref/drs-policy.html>
	Dispute Resolution Procedure (zit.: Nominet UK, DRS Procedure)	<http://www.nic.uk/ref/drs-procedure.html>

* Stand: Juni 2002.

Annex III – Whois-Dienste für Domain-Namen unterhalb der europäischen ccTLDs (EU)

TLD	NIC	URL*
.at	nic.at	<http://www.nic.at>
.be	DNS BE	<http://www.dns.be/eng/DomainInfo/domainavailable.htm>
.de	DENIC	<http://www.denic.de/servlet/Whois>
.dk	DK Hostmaster	<http://www.dk-hostmaster.dk/dkwhois.php?lang=eng>
.es	ES-NIC	<http://www.nic.es/cgi-bin/consulta.whois>
.fi	FICORA	<http://cgi.ficora.fi/wwwbin/domains.pl?language=eng>
.fr	AFNIC	<http://www.nic.fr/cgi-bin/whois>
.gr	GR Hostmaster	<http://www.hostmaster.gr/cgi-bin/webwhois>
.ie	IEDR	<http://www.domainregistry.ie/search/whois.html>
.it	RA	<http://www.nic.it/RA/en/viaWhois.html>
.lu	DNS-LU	<http://www.dns.lu/whois.html>
.nl	SIDN	<http://www.domain-registry.nl/sidn_english/flat/nl_Domain_names/Is_the_name_still_available_/index.shtml>
.pt	FCCN	<http://www.fccn.pt/cons_dns/usrpck_call.pesquisa>
.se	NIC-SE	<http://www.nic-se.se/domregsearch.shtml>
.uk	Nominet UK	<http://www.nic.uk>

* Stand: Juni 2002.

Annex IV – Beispiele für Boutique-Domains

ccTLD	Land oder Region	Bedeutung/Zielgruppe	URL der Startseite*
.ac	Himmelfahrtsinsel	für akademische Einrichtung	<http://www.nic.ac>
.ag	Antigua und Barbuda	für Aktiengesellschaften; „agriculture"; für die Silberindustrie	<http://www.nic.ag>
.am	Armenien	„am" (englisch „sein"); für Radiostationen	<https://www.amnic.net>
.as	American Samoa	„as" (englisch „wie")	<http://www.nic.as>
.by	Weißrussland	„Bayern"	<http://www.tld.by>
.bz	Belize	„business"	<http://www.belizenic.bz>
.cc	Cocos Keeling Island	„content" und „commerce"	<http://www.nic.cc>
.fm	Mikronesien	für Radiostationen	<http://www.fm>
.la	Laos	„Los Angeles"	<http://www.nic.la/RegistrationAgreement.html>
.md	Moldavien	„medical doctors"	<http://www.register.md>
.mp	Marianen	„market place"	<http://www.marketplace.mp>
.mu	Mauritius	für Musikliebhaber; „my url"	<http://posix.co.za/mu/reg.txt>
.ng	Nigeria	„news groups"	<http://psg.com/dns/ng>
.nu	Niue	„nu" (schwedisch „jetzt")	<http://www.nunames.nu>
.ph	Philippinen	„phone companies"	<http://www.domreg.org.ph>

° Stand: Juni 2002.

ccTLD	Land oder Region	Bedeutung/Zielgruppe	URL der Startseite*
.sr	Surinam	für Senioren	<http://www.sr.net>
.tm	Turkmenistan	„trademark"	<http://www.nic.tm> (Betrieb eingestellt)
.to	Tonga	„to" (englisch „zu")	<http://www.tonic.to>
.tt	Trinidad und Tobago	für Audi TT-Liebhaber	<http://ns1.tstt.net.tt/nic>
.tv	Tuvalu	„television"	<http://www.tv>
.ws	Samoa (ehemals West Samoa)	„website", „webspace", „workstation"	<http://www.samoanic.ws>

* Stand: Juni 2002.

Sachverzeichnis

(Die Zahlen beziehen sich auf die jeweiligen Seiten)

Administrativer Ansprechpartner 19
- als Zustellungsbevollmächtigter 23, 50, 174 f.
- und Datenschutz 164 f., 172 ff., 180, 207 f.

Alternatives DNS 99 ff.

Anbieterkennzeichnungspflicht
- Bedeutung für den Whois-Dienst 162 f., 169, 170, 175, 194

Anmeldeinformation 19 f.
- bei Registrierungen unterhalb der gTLDs 15
- RFC 1032 19, 115 f.
- und Whois, *siehe dort*

Anmeldeverfahren 16 ff.
- für „.at" 17
- für „.de" 16 f.
- für die gTLDs 15
- in den ccTLDs der EU 17 ff.
- und Schriftformerfordernisse 205

.at
- Anzahl der Registrierungen 122
- Registrierungsmodell 21 f.
- Registry 12, 217 (Annex I)

Auslandszustellungen
- Direktzustellungen 74 ff.
- fiktive Inlandszustellungen 71 ff.
- Schwierigkeiten bei Auslandszustellungen 68 f.
- unmittelbarer Behördenverkehr 73 f.

Ausschluss bestimmter Begriffe 126 ff.
- generische und beschreibende Bezeichnungen 31 f., 134 ff.
- geographische und hoheitliche Bezeichnungen 30 f., 128 ff.
- Reservierung für Private 133 f.
- „unsittliche" Begriffe 29 f., 127 f.
- wettbewerbsrechtliche Zulässigkeit 126 ff., 145

.be
- Registrierungsmodell 21
- Registry 137, 217 (Annex I)

Best Practices, *siehe* Vorbildliches Verfahren

Binnenmarktrechtliche Beurteilung 37 ff., 209
- Dienstleistungsfreiheit 39
- Diskriminierungsverbot 45 ff.
- Drittwirkung 38 ff.

Boutique-Domains 54, 95 f.
- Übersicht 225 f. (Annex IV)

Bundesdatenschutzgesetz
- Anwendbarkeit 148 ff., 155 f.

ccTLDs 9 f.
- als Boutique-Domains 54, 95 f.
- Anzahl bestehender ccTLDs 10
- Bedeutung 53 ff., 95
- Domain-Knappheit 55 f., 110 f.
- Verwaltungsstruktur 12 f.

CENTR 4, 16, 181

Datenschutzrechtliche Beurteilung 147 ff., 210 f.
- Bundesdatenschutzgesetz 148 ff., 155 f.
- datenschutzrechtliche Einwilligung 196 ff., 208

- Datenvermeidung und Datensparsamkeit, 165 f., 184
- Erlaubnistatbestände 190 ff.
- europarechtliche Beurteilungsgrundlage 147 f., 156
- Koppelungsverbot 199 ff.
- „opt-in" und „opt-out" 169, 202 f., 208
- Schichtenmodell 151 ff.
- Teledienstedatenschutzgesetz 148 ff.
- Verbot mit Erlaubnisvorbehalt 163 f.
- Whois 19 f.
- Zweckbindungsgebot 157 ff., 196 f., 208

Datenvermeidung und Datensparsamkeit 165 f., 184

.de, *siehe* **DENIC**

DENIC 1, 217 (Annex I)
- Anzahl der Registrierungen 1
- DENICdirect 16 f., 176, 202
- Mitgliedschaft 17
- Reformvorhaben 31, 128, 212
- Registrierungsmodell 23

Dienstleistungsfreiheit
- Drittwirkung 38 ff.
- Rechtfertigung von Eingriffen 44 f.
- Vorliegen versteckter Diskriminierungen 46 ff.

Diskriminierungsverbot
- Drittwirkung 38 ff.
- Rechtfertigung von Eingriffen 45
- Vorbehalt „besonderer Bestimmungen" 61 f.

.dk
- Registrierungsmodell 21
- Registry 12, 217 (Annex I)

DNS-Server, *siehe* Nameserver

Domain-Anmelder, *siehe* Domain-Inhaber

Domain-Anmeldung, *siehe* Domain-Namen-Registrierung

Domain-Inhaber, *siehe auch* Registrant
- besonderes Qualifikationserfordernis 22 ff., 36
- Erfordernis eines Zustellungsbevollmächtigten 23, 49 f.
- persönliche Angaben in den Whois-Datenbanken 15, 19, 164, 166 ff.
- Privatpersonen als Domain-Inhaber, *siehe dort*

Domain-Knappheit 55 f., 110 f.

Domain-Namen
- Domain-Namen-Format 20
- Domain-Namen-Registrierung 13 ff.
- Domain-Streitigkeiten, *siehe dort*
- Immaterialgüterrechte 88, 178
- Nachweiserfordernis der Registrierungsberechtigung 23 ff.
- wirtschaftlicher Wert 1 f.

Domain-Namen-Format 20, *siehe auch* unter Registrierungspraktiken
- Konflikte auf Grund Formatvorgabe 3
- RFC 1034 und 1035 20
- Zulässigkeit einer Höchstlänge 115 f.
- Zulässigkeit einer Mindestlänge 111 ff.
- Zulässigkeit eines bestimmten Zeichenformats 116 f.

Domain-Namen-Registrierung 13 ff.
- als öffentliche Aufgabe, *siehe unter* Domain-Verwaltung
- als Teledienst 149, 154 ff.
- Beschwerdemöglichkeit und Justiziabilität 104 f., 127 f.

Sachverzeichnis

- first come, first served 3 f., 14, 21, 138
- Grundprinzipien 13 f.
- Domain-Name-System 7 ff.
  - Anfänge 7 f.
  - ccTLDs 9 f.
  - gTLDs, *siehe dort*
- Domain-Streitigkeiten
  - Auslandsberührung 65 ff.
  - BGH Entscheidungen 2 f.
  - bei Städte- und Gemeindenamen 128 ff.
  - Domain-Grabbing 119, 142 f., 179, 187, 193
  - eigenständiges Domain-Recht 188 f.
  - Eindimensionalität des Domain-Namens-Raums 3
  - first come, first served 3 f., 14, 21, 138
  - Internationales Zivilverfahrensrecht, *siehe dort*
  - typischer Fall 58 f.
  - Übertragungsanspruch 59
- Domain-Vergabe, *siehe* Domain-Namen-Registrierung, 13 ff.
- Domain-Verwaltung
  - als öffentliche Aufgabe 42 f., 88 f., 127, 191
- Drittwirkung 38 ff.
  - Übertragbarkeit der Drittwirkungsjudikatur 40 ff.

Electronic Commerce Richtlinie 94
- und Anbieterkennzeichnungspflicht 162 f.

Erstanmeldeprinzip, *siehe* first come, first served

.es
- Registrierungsmodell 24 f.
- Registry 12, 217 (Annex I)

.eu 37, 42, 53, 93 f., 96, 124, 127, 128, 157, 209, 211 f.

.fi
- Registrierungsmodell 24
- Registry 12, 217 (Annex I)
first come, first served 3 f., 14, 21, 138

.fr
- Registrierungsmodell 25 f.
- Registry 217 (Annex I)

Gemeinde- und Städtenamen, *siehe* Städte- und Gemeindenamen

.gr
- Registrierungsmodell 22
- Registry 12, 217 (Annex I)

gTLDs
- Anzahl der Registrierungen 1
- die ersten gTLDs 8
- neue gTLDs 4, 10 f., 94 f.
- Registries 10 f.
- Zweckgebundenheit 4, 91 f., 94, 95

.ie
- Registrierungsmodell 23 f.
- Registry 217 (Annex I)

IANA 8 ff., 13, 53, 211
ICANN 4, 10 f.
- Reformüberlegungen 212
- Whois-Umfrage 160

iDNS, *siehe* Multilinguale Domain-Namen

Internationales Zivilverfahrensrecht
- Anerkennung und Vollstreckbarerklärung 76 f.
- Auslandszustellungen, *siehe* Auslandszustellungen
- einschlägige Rechtsquellen 59 ff.
- internationale Zuständigkeit 65 ff.

InterNIC 9
IP-Adressen 7, 15, 18, 98, 199
- als Substitutionsmöglichkeit der Domain 102 f.
- Aufnahme in die Whois-Datenbanken 177 f.
- IP-Adressvergabe 152 f., 154 f.
- Verwechslungsfähigkeit mit Zahlendomains 108 f.
- ISO-Code 10, 53, 112

.it
- Registrierungsmodell 22 f.
- Registry 217 (Annex I)

KK-Antrag 34, 140
Konnektivität
- Begriff 18
- als Registrierungsvoraussetzung 18 f., 142 f.

.lu
- Registrierungsmodell 23
- Registry 12, 217 (Annex I)

Marktabgrenzung
- Austauschbarkeit von TLDs 91 ff.
- Austauschbarkeit und Unterscheidungskraft 96 ff.
- räumlich relevanter Markt 103
- sachlich relevanter Markt 90 ff.
- Substitutionsmöglichkeiten 99 ff.

Marktbeherrschung
- Marktabgrenzung, *siehe dort*
- marktbeherrschende Stellung der NICs 89 ff., 145

Missbrauchskontrolle 104 ff.
- Aufteilung in Subdomain-Bereiche, *siehe unter* Subdomain-Bereiche
- Ausschluss bestimmter Begriffe 126 ff.
- Ausschluss reiner Zahlendomains, *siehe unter* Zahlendomains
- Ausschluss von Privatpersonen, *siehe unter* Privatpersonen
- Ausschluss von TLDs 111 ff.
- Begrenzung auf Höchstlänge 115
- Bewertungsmaßstab 105 ff.
- Erfordernis einer Mindestlänge 111 ff.
- Nachweiserfordernis der Registrierungsberechtigung 23 ff.
- Numerische Beschränkungen 35
- Übertragungsverbote 34 f.

Multilinguale Domain-Namen 116 f.

Nachweiserfordernis der Registrierungsberechtigung 23 ff.
- unterschiedliche Ausgestaltungen 121 f.
- wettbewerbsrechtliche Zulässigkeit 117 ff., 145

Nameserver 11, 152, 164, 177 f.
- Konnektivität 18

Negativlisten, *siehe* Ausschluss bestimmter Begriffe

NICs 6, *siehe auch* Registry
- als Unternehmen 86 f.
- Entstehung 8
- marktbeherrschende Stellung der NICs, *siehe unter* Marktbeherrschung
- Organisationsstruktur 12 f., 38, 41 f.

.nl 12, 217 (Annex I)
- Anzahl der Registrierungen 156
- Konsultationsprozess 37 f., 55, 141, 169, 171, 192
- Registrierungsmodell 21
- Registry 12, 217 (Annex I)

Numerische Beschränkungen 35

Sachverzeichnis

- wettbewerbsrechtliche Zulässigkeit 140, 145

Präsenzpflicht 22 f., *siehe auch* territoriale Beschränkung
Prioritätsprinzip, *siehe* first come, first served
Privatpersonen
- Anzahl der Registrierungen 156 f.
- Registrierungsbeschränkungen 32 f.
- territoriale Beschränkungen als Diskriminierungen, *siehe unter* Diskriminierungsverbot
- wettbewerbsrechtliche Zulässigkeit von Beschränkungen 141, 145

.pt
- Registrierungsmodell 26 f.
- Registry 217 (Annex I)

Rechnungsempfänger 19
- und Datenschutz 177, 180
Registerführer, *siehe* Registrar
Registerorganisation, *siehe* Registry
Registrant 11
Registrar
- Abgrenzung zu Registry 11
- funktion 11
- Registrar Accreditation Agreement 15, 164 f.
Registrierungsbestimmungen, *siehe auch* Registrierungspraktiken
- als Allgemeine Geschäftsbedingungen 105, 211
- Ausgestaltungsmöglichkeiten 3 ff., 117
- Bestimmungen für gTLDs 14 f.
- Übersicht der EU-Registrierungsbestimmungen 218 ff. (Annex II)
Registrierungspraktiken, *siehe auch* Registrierungsbestimmungen

- Anmeldeinformation 19 f.
- Anmeldeverfahren 16 ff.
- Ausschluss bestimmter Begriffe, *siehe dort*
- Ausschluss der TLDs von einer Registrierung 111 ff.
- Beschränkungen für Privatpersonen, *siehe unter* Privatpersonen
- Domain-Namen-Format 20
- Höchstlänge von Domain-Namen 115 f.
- Mindestlänge von Domain-Namen 111 ff.
- Numerische Beschränkungen 35
- Registrierungsmodelle 21 ff.
- Subdomain-Bereiche, *siehe dort*
- territoriale Beschränkungen, *siehe dort*
- Übertragungsverbote 34 f.
Registrierungsverfahren, *siehe* Anmeldeverfahren
Registry, *siehe auch* NICs
- Abgrenzung zu Registrar 11
- funktion 11
- Übersicht der EU-Registries 217 (Annex I)
RFC 1591 13 f., 16, 52, 101, 191
reverse Abfrage 185 ff.

Schichtenmodell 151 ff.
.se
- Registrierungsmodell 27
- Registry 217 (Annex I)
Second-Level-Domain, *siehe* Subdomain-Bereiche
Shared-Registry-System 11 f., 15, 177
Spamming 171, 176, 181, 185, 189
Städte- und Gemeindenamen 128 ff.
- Kasuistik für den Bereich „.de" 129 f., 131 f.

Streitschlichtungsverfahren
– als milderes Mittel zum Erfordernis eines Zustellungsbevollmächtigten 78 f.
Subdomain-Bereiche 21 ff.
– als Substitutionsmöglichkeit 101 f.
– und Zweckgebundenheit 124 ff.
– unterhalb von „.at" 21 f., 124 f.
– unterhalb von „.fr" 25 f., 125 f.
– unterhalb von „.gr" 22, 124 f.
– unterhalb von „.pt" 21 f., 26 f.
– unterhalb von „.se" 27
– unterhalb von „.uk" 21 f., 28, 124 ff.
– wettbewerbsrechtliche Zulässigkeit 122 ff.
Sub-Level-Domains, *siehe* Subdomain-Bereiche
Sunrise-Period 119 f.

Technischer Ansprechpartner 19
– Angabe einer Role 176 f., 179
– und Datenschutz 175 ff., 208
Teledienstedatenschutzgesetz
– Anwendbarkeit 148 ff.
– Schichtenmodell, *siehe unter* Datenschutzrechtliche Beurteilung
Teledienstegesetz
– Anbieterkennzeichnungspflicht, *siehe dort*
– Domain-Vergabe als Teledienst, *siehe unter* Domain-Namen-Registrierung
territoriale Beschränkungen 22 f., 28
– auf Grund eines territorialen Verständnisses 52, 53 ff.
– als formelle Diskriminierungen 46
– als versteckte Diskriminierungen 46 ff.
– Beschwerden bei EU-Kommission 37 f.

– Rechtfertigung formeller Diskriminierungen 51 f.
– Rechtfertigung versteckter Diskriminierungen 52 ff.
– Verhältnismäßigkeit des Erfordernisses eines Zustellungsbevollmächtigten 70 ff., *siehe auch* Auslandszustellungen und Streitschlichtungsverfahren
– Verhältnismäßigkeit der Präsenzpflichten 69 ff.
– Zielrichtung der Präsenzpflichten 57 f.
– zur Erleichterung der Rechtsdurchsetzung 52, 56 ff., 62 ff., *siehe auch* Internationales Zivilverfahrensrecht
– zur Vermeidung einer Domain-Knappheit 52
TLDs
– ccTLDs, *siehe dort*
– gTLDs, *siehe dort*
– und Unterscheidungskraft 96 ff.
– wettbewerbsrechtliche Zulässigkeit eines Ausschlusses von der Registrierung 111 ff.

UDRP 4, 15, 79, 159, 212 f.
Übertragung von Domain-Namen 34 f.
Übertragungsverbote 34 f.
– wettbewerbsrechtliche Zulässigkeit 139 f., 145
.uk
– Registrierungsmodell 21, 22, 28
– Registry 217 (Annex I)
Unterbereiche, *siehe* Subdomain-Bereiche
URL 7 f.
.us 53, 93
Vergabebestimmungen, *siehe* Registrierungsbestimmungen

Sachverzeichnis

Vergabeverfahren, *siehe* Anmeldeverfahren
Vorbildliches Verfahren 3 f., 16,
159 f.

Wettbewerbsrechtliche Beurteilung
85 ff., 209 f.
– Anwendbarkeit der Wettbewerbs-
vorschriften auf die NICs 86 ff.
– Zeichenformatvorgabe, *siehe*
unter Domain-Namen-Format
– Missbrauchskontrolle 104 ff.
– Unternehmenseigenschaft der
NICS, *siehe unter* NICs
– Zwischenstaatlichkeit 85 f.
Whois 19 f., *siehe auch* Anmeldein-
formation
– Abfrage für beliebige Zwecke
180 ff., 208
– aktuelle Notwendigkeit des
Whois-Dienstes 162 ff.
– alphabetische Auflistung 188 f.
– Aufnahme der Nameserver 177 f.
– Aufnahme des Datums der
Domain-Registrierung 178 f.
– Begriff des Whois-Dienstes 19

– Blockierung der IP-Adresse
182 f., 184
– europarechtliche Beurteilungsgrundlage 147 f.
– restriktive Veröffentlichungspraxis 165, 185, 201
– reverse Abfrage 185 ff.
– und Disclaimer 182 ff.
– und Spamming 171, 176, 181,
185, 189
– Umfang der veröffentlichten
Informationen 15, 164 ff., 208
– Whois-Dienste der NICs in der
EU 224 (Annex III)
– Zweckbestimmung 158 ff., 207 f.
WIPO-Verfahren 3 f., 15, 18 f.
– und Datenschutz 159 f., 165 f.,
168, 175, 181 f., 184 f., 191,
193 ff., 199
– und Subdomain-Bereiche 123 f.
– zweites WIPO-Verfahren 16

Zahlendomains 93, 108 ff.
– wettbewerbsrechtliche Zulässigkeit eines Ausschlusses 108 ff.
Zonenverwalter 19